U0872715

普通高等教育物流管理专业规划教材

# 仓储管理

第3版

# Warehousing Management

田　源　编著
李　振　主审

机械工业出版社
CHINA MACHINE PRESS

本书在借鉴与吸收国内外物流、供应链与仓储管理理论以及最新研究成果的基础上，结合我国实际，以仓储管理问题为核心，精练地介绍了仓储管理的内容与作用、仓储设施与设备、储存规划、储存业务管理、商品在库养护、装卸搬运等知识，从综合管理角度简要介绍了库存管理的知识，从分析技术、信息管理、业务等方面介绍了仓储管理技术与方法在理论与实践方面的发展和趋势。

本书注重内容体系的系统性，知识的实用性、丰富性以及使用的方便性，内容严谨、语言精练。每章均由作用、关键、正文、案例、习题与思考题构成，最后一章精选了几个综合性的大案例，非常方便教学使用。本书适合作为相关专业本科生教材及研究生辅导用书，也适合作为物流工作人员培训教材和相关技术人员、管理人员的参考书籍。

**图书在版编目（CIP）数据**

仓储管理/田源编著. —3版. —北京：机械工业出版社，2015.8（2025.1重印）

普通高等教育物流管理专业规划教材

ISBN 978-7-111-50943-1

Ⅰ.①仓… Ⅱ.①田… Ⅲ.①仓库管理-高等学校-教材 Ⅳ.①F253.4

中国版本图书馆CIP数据核字（2015）第168210号

机械工业出版社（北京市百万庄大街22号 邮政编码100037）

策划编辑：易 敏 责任编辑：易 敏 席建英

责任校对：黄兴伟 封面设计：刘 科

责任印制：单爱军

北京虎彩文化传播有限公司印刷

2025年1月第3版第9次印刷

185mm×230mm ·21印张 ·442千字

标准书号：ISBN 978-7-111-50943-1

定价：49.80元

| 电话服务 | 网络服务 |
| --- | --- |
| 客服电话：010-88361066 | 机 工 官 网：www.cmpbook.com |
| 010-88379833 | 机 工 官 博：weibo.com/cmp1952 |
| 010-68326294 | 金 书 网：www.golden-book.com |
| **封底无防伪标均为盗版** | 机工教育服务网：www.cmpedu.com |

# 前　言

本书第 2 版于 2009 年出版以来，承蒙读者厚爱，被多所高校、企业和个人采用，取得了不错的销售成绩。近几年来，仓储管理实践在不断发展变化，第 2 版的部分内容已经不能适应当下需要，需要进行修订。本次修订补充了近年来学科研究与实践中的前沿成果，对结构进行了调整，并补充了部分计算题、案例分析题，以更加方便教学。

随着经济与科学技术的进步，仓储管理的功能在不断延伸，在供应链上发挥着不可替代的作用。对于储存之中的物的管理，至少在可以预见的未来仍是一个不得不面对的问题。如何使得仓储活动更为合理、科学、先进，正是本书试图讨论的中心。

仓储管理的研究范围非常广泛。就笔者理解，仓储就是在“仓”中“储”存“物”，因此，仓储管理就是对“仓”“储”“物”这三个关键词的管理。

仓，指的是仓储活动所需的设施，一般是各种类型的仓库，也包括保税仓库、储备仓库等。对于仓库的管理，范围极广，从仓库是否需要建设的决策开始，到仓库的选址、规模确定、内部布置与布局、设备选择，涉及多个学科的内容。

储，指的是储存，即仓库储存物品所涉及的业务及其管理，内容也极其广泛。例如，进库的物品怎么放、放在哪里——这是物品储存规划、货位管理需要解决的问题，此外还包括商品的出入库业务和在库业务管理。

对于所储存的“物”的管理，需要非常细致。首先，需要保证所储存物品的质量，即需要对商品进行养护。其次，需要对所储物品的数量进行管理，即我们非常熟悉的库存管理与控制。

除此之外，还包含着很多相关的问题，如在储存过程中发生的装卸搬运、包装、流通加工，以及储存的安全、经济核算、成本管理、现代化管理等。

本书介绍的就是上述仓储管理之中的主要内容，但考虑到篇幅以及与本系列其他教材的重复性问题，所以有一些问题没有涉及或者没有详细介绍，请参考相关书籍。需要特别说明的两个问题是：①本书针对的基本是非物流企业的仓储管理工作，物流企业（包括仓储企业）的仓储管理工作相对而言要更简单一些，很多内容和非物流企业也是相通的，在本书中不再特别说明；②对于仓储管理的对象“物”，称呼很多，包括物品、货物、物资、商品等，严格来讲有一定的差别，分别适用于不同的情况，因此在本书中针对不同的情况，会使用不同的说法，不再一一做注解，有不当之处敬请批评指正。

本书共分九章，由北京交通大学田源编写，李振审阅。朱皓洁、王蕊分别提供了案例9-1和案例9-2的资料。特别感谢笔者的硕士研究生导师、我国著名仓储专家李振教授。多年来，他以其高尚的人格和踏实、严谨的治学态度，潜移默化地影响着笔者。经过他非常耐心、细致的审阅和修改，本书才得以成型。

本书在编写过程中参阅了大量国内外教材、书籍和期刊，并在参考文献及脚注中尽可能地逐一列出，在此谨向这些作者表示深深的谢意。但是由于编者疏忽以及有些参考文献难以查明准确出处，其中仍难免有疏漏之处，敬请相关作者见谅并指教。

当今时代，知识更新的速度日益加快，虽然编者期望能够追上其步伐，但是由于水平有限，书中仍有不足之处，恳请广大读者和专家指正。

本书编者制作了配套PPT课件以及部分习题、案例的参考答案，以本书作为教材授课的教师可上机械工业出版社教育服务网（www. cmpedu. com）下载。

田　源

# 目 录

# 第一章

# 概　　论

## 作　用

本章介绍仓储管理的功能、任务、原则、对象、内容及仓储管理模式，并对仓储活动的意义和性质进行说明。以后各章，均由本章展开。

## 关　键

仓储、仓储管理的含义；仓储的意义、性质；仓储的功能；仓储管理的内容；仓储管理模式。

在物流的七个基本功能要素中，运输与储存是主干。运输完成了“流”的过程，而储存完成的是物品停顿过程中最重要的活动。与储存相关的，是物品储存的地点——各类仓库，以及物品如何进行在库保管。仓储管理，解决的就是围绕着储存发生的这一系列的活动。

## 第一节　仓储的沿革

### 一、仓储活动的产生

根据我国国家标准《物流术语》（GB/T 18354—2006）中的定义，所谓仓储（Warehousing），是指利用仓库及相关设施设备进行物品的入库、存储、出库的活动，而储存（Storing）是指保护、管理、储藏商品。可见，和作为物流基本功能要素之一的储存相比，仓储的含义及所包含的活动内容更为宽泛，储存应包含在仓储之中，是其主要活动。仓储随着物品储存的产生而产生，又随着生产力的发展而发展。仓储是商品流通的重要环节之一，也是物流活动的重要支柱。在社会分工和专业化生产的条件下，为保持社会再生产过程的顺利进行，必须储存一定量的物资，以满足一定时间内社会生产和消费的需要。在现代物流中，还有静态仓储和动态仓储的区分：由于物品不能被及时消耗完而需要暂时存放在某一场所，称为静态仓储；将物品存入仓库并对其进行保管、控制、提供出库使用等管理，称为动态仓储。

人类社会自有剩余产品以来，就产生了储存。原始社会末期，当某个人或者某个部落获得食物自给有余时，就把多余的产品储藏起来，同时，也就产生了专门储存产品的场所和条件，于是"窖穴"出现了。在西安半坡村的仰韶遗址，已经发现了许多储存食物和用具的窖穴，它们多密集在居住区内，和房屋交错在一起，这可以说是我国最早的仓库的雏形。在古籍中常常看到有"仓廪""窦窖"这样的词语。"仓"是指专门藏谷的场所；"廪"是指专门藏米的场所。窦窖是指储藏物品的地下室，椭圆形的叫作"窦"，方形的叫作"窖"。古代也有把存放用品的地方叫作"库"。后人接着把"仓"和"库"两个概念合用，逐渐合成一个概念，即把储存和保管物资的建筑物叫作"仓库"，仓库一词也就出现了。

## 二、发达国家仓储业的发展

第二次世界大战以后，世界经济得到了迅速的恢复和发展，货物的流通量越来越大，物流中的矛盾也愈加突出。如何使物流更为畅通、物流过程更为合理，已成为人们关注的问题。随着经济全球化的发展，企业物流费用对于商品总成本的影响越来越突出，因此企业越来越重视通过降低物流费用来提高经济效益。西方国家已在这方面做出了许多努力。例如，20 世纪 50 年代始于美国、20 世纪 70 年代在日本得到高速发展的自动化立体仓库就是这种努力的结果。目前，发达国家一方面发展大型中转仓库，面积可达上万平方米，单层高度达十多米；另一方面，不断进行技术更新，使货物流转更加畅通和迅速。

下面介绍两个代表性国家——美国和日本的仓储发展状况。

### （一）美国的仓储业

经过多年发展，美国仓储业具有如下几个基本特点：

首先，美国的仓储业与其整体物流业一样，社会化水平较高。

美国的仓储业是随着工业的发展而逐步壮大起来的，现已成为一个相对独立的行业。流通领域为工业生产服务的仓库，出现了公共仓库替代生产厂家仓库的趋势，公共仓储公司的形式在近十几年中迅猛发展。这种发展不是公司数量的增加，而是公司规模的扩展。一些大型仓储公司在全国主要地区都建仓库、设立分公司，一个仓库就是一个配送中心。

其次，美国仓储行业普遍推行系统化、程序化、现代化管理，使仓储系统运行达到高效率、高效益。

在管理上，仓储公司把分散在全国各地的仓库视为统一体，进行系统规划、设计和控制，以谋求整体的高效率、高效益。值得提出的是，美国的流通仓库中，90% 都采用托盘—叉车—货架形式的存储搬运机具（货架层间距可以调整），而且以经济效益和生产率的高低为依据来决定对自动化先进机具的取舍，不盲目采用。在制订作业计划时，非常强调把握生产率和灵活机动性这两个环节，并注意充分利用现有工具，使之达到最优化。仓储公司借助电子计算机与现代通信手段，建立庞大的系统网络，既连接自家公司的所有仓库，又连接主要生产厂家、用户和运输公司，由公司总部的指挥中心统一控制，对系统运行过程进行控制。

再次，美国仓储行业高度重视服务质量，实现全方位客户服务。

仓储公司把服务质量视为赖以生存和发展的根基，从而赢得了服务领域宽、服务质量高、服务成本低的美誉。仓储公司提供的最基本服务有加工、配送和信息查询。美国把仓库中的流通加工誉为一种“市场技术”。仓库加工都是根据用户要求进行的，如分解包装后再贴上标签，或把汇集的货物重新组合包装等，这也是配送服务所必需的。配送除须满足按时按量地把所需货物送到用户手中这一基本要求外，还要考虑物流成本问题，尤其是对远距离配送，不但要尽可能地满载，而且要求回程不空驶。

良好服务的关键在于计划与安排好库存和为用户送货（包括用户自提）的时间，及时把货物交给用户。为此，仓储公司设立了一个阵容强大的服务办公室，直接与生产厂商和用户联系。

最后，美国仓储业的另一个显著特点是人员素质较高，非常重视人力资源管理。

激烈的市场竞争促使仓储公司非常重视质量管理，而质量管理的关键又在于人员质量，即员工的素质和工作责任心。为此，仓库一方面采取措施，提高员工素质，增强其工作责任心；另一方面努力创造稳定人心、高效率工作的环境与条件。

提高员工素质，首先是严把招聘关；其次是培训、再培训。招聘员工时要对其进行严格测试（包括职业道德、文字及统计知识等方面）和体检，考核过关后还要培训、跟班实习，直到其能独立工作。独立工作后仍然要跟踪观察、评估，以便继续训练与提高。

以上这些特点，都使得美国的仓储业水平随着物流业的发展而不断发展、前进。

### （二）日本的仓储业

日本作为一个资源缺乏的发达国家，对仓库的建设特别重视，其仓储业的现代化程度较高。在日本，除企业内部物流外，物流中的许多仓储活动主要是由独立的企业承担，政府对仓储业的管理主要是通过法律的约束，如制定了专门的《仓库法》。在仓储经营方面，越来越多的日本仓储企业开始从事拆、分、拼装商品等多种经营业务，并出现众多的为生产企业和商业连锁店服务的配送中心，由此大大减少了各部门内自备仓库中的货物存储量，从而降低了资金的积压。日本认为，在其国民经济中，配送业担当着勿庸置疑的重要角色。它连接着生产与消费。而在商品配送领域，运输和仓储可以比作马车的两个轮子，由它实现生产与消费的有效连接。

目前，日本正处在经济社会迅速变化的时期，仓储业对以下问题比较重视：①规划更有效的商品配送；②应付进口量的增加；③改进信息和自动控制系统；④对物品寄存服务需求做出响应。

日本非常重视仓储业运作水平的提高。随着仓储设施的改进，利用便捷的信息交换系统进行信息传递是不可或缺的。日本已经引入仓储业主与其客户间的电子数据交换（EDI）系统，这使得信息传递在准确性和便捷性方面取得了更大的发展，在人员开支以及其他各种物力节省方面也取得了重大成效。为了满足客户的需要，已开发出了一种标准的物流 EDI 系统，以实现仓储业的信息传递。

同时考虑到工作环境因素以及提高效率和降低总体费用的目标，日本也积极促进自动控制系统的使用。由于货物种类的增加，庞大的事务处理正变得越来越复杂。许多仓储企业正在使用自动条形码检查系统，以简化全过程。这种系统使得任何人都能检查货物的种类及仓库信息，并能准确、及时地控制货物总量及信息。有的企业使用计算机仓储系统，货物的出入库完全由计算机控制系统自动完成，大大节省了企业的人员开支。

1997 年 4 月，日本内阁会议通过了“物流政策总体纲要”。以此纲要为基础，日本交通部制订了物流基础设施的发展计划。仓储业与物流基础设施的改进相配合，以便提供更有效的服务。

总之，世界上的仓储活动正在不断吸收先进的技术和管理方法，从最古老的行业向现代化转变。

### 三、中国仓储活动沿革

中国仓储业虽然具有悠久的历史，但是由于中国经济长期受封建制度的束缚，到近代再加上帝国主义的侵略，使旧中国的生产力水平极其低下，民族工业得不到正常发展，商品生产和交换的规模较小，因此，服务于商品交换又随商品生产的发展而发展的仓储业基本上处于一个低水平状态。

新中国成立以后，社会生产力得到了极大的发展。随着社会主义经济的不断深入发展，仓储业才得到了相应的发展。

中国仓储活动的发展历史大约经历了下列四个阶段：

第一阶段：古代仓储。

如前所述，中国古代商业仓库是随着社会分工和专业化生产的发展而逐渐形成和扩大的。《中国通史》上记载的“邸店”，可以说是商业仓库的最初形式，但由于受当时商品经济的限制，它既具有商品寄存性质，又具有旅店性质。随着社会分工的进一步发展和商品交换的不断扩大，专门储存商品的“塌房”从“邸店”中分离出来，成为带有企业性质的商业仓库。

第二阶段：近代仓储。

中国近代商业仓库，随着商品经济的发展和商业活动范围的扩大，得到了相应的发展。19 世纪的中国把商业仓库叫作“堆栈”，即堆存和保管物品的场地和设备。堆栈业与交通运输业、工商业，以及与商品交换的深度和广度关系极为密切。由于中国工业偏集在东南沿海地区，因此堆栈业也是在东南沿海地区，如上海、天津、广州等地起源最早，也最发达。据统计，1929 年上海码头仓库总计在 40 家以上，库房总容量达到 90 多万吨，货场总容量达到 70 多万吨。

堆栈业初期，只限于堆存货物，其主要业务是替商人保管货物，物品的所有权属于寄存人。随着堆栈业务的扩大、服务对象的增加，旧中国的堆栈业已经划分为码头堆栈、铁路堆栈、保管堆栈、厂号堆栈、金融堆栈和海关堆栈等。近代堆栈业的显著特点是有了明确的业务分类、经营范围、责任业务、仓租、进出手续等。当时堆栈业大多是私人经营的，出于商业竞争和垄断的需要，经营者往往组成同业会，订立同业堆栈租价价目表等。但是，由于整个社会处于半封建半殖民地的经济状态，民族工业不发达，堆栈业务往往是附属于旅馆业，而且随商业交易和交通运输业的盛衰而起落。

第三阶段：社会主义仓储。

新中国成立以后，接管并改造了旧中国留下来的仓库。当时采取对口接管改造的政策，即铁路、港口仓库由交通运输部门接管；物资部门的仓库由全国仓库物资清理调配委员会接管；私营仓库由商业部门对口接管改造；银行仓库，除中央银行、中国银行、交通银行、农业银行等银行所属仓库作为敌伪财产随同银行实行军管外，其余大都归商业部门接管改造；外商仓库，按经营的性质，分别由港务、外贸、商业等有关部门接管收买。对私营仓库的改造是通过公私合营的方式逐步实现的，人民政府通过中华全国工商业联合会加强对私营仓库的领导，限制仓租标准，相继在各地成立国营商业仓库公司（后改为仓储公司），并加入当地的仓库业同业工会，帮助整顿仓库制度。

随着工农业生产的发展、商品流通的扩大，商品储存量相应增加，而原来的仓库大多是企业的附属仓库，在数量上和经营管理上都不能满足社会主义经济发展的需要。为此，党和政府采取了一系列措施，改革仓库管理工作。

在这一阶段，无论是仓库建筑、装备，还是装卸搬运设施，都有很大发展，是旧中国商业仓库所无法比拟的。

第四阶段：现代化仓储。

在一个较长时期里，仓库一直属于劳动密集型企业，即仓库中大量的装卸、搬运、堆码、计量等作业都由人工作业完成。因此，仓库不仅占用了大量的劳动力，而且劳动强度大、劳动条件差，特别是一些危险品仓库，还极易发生中毒等事故。从生产率角度来看，人工作业的劳动效率低下，库容利用率不高。为迅速改变这种落后状况，中国政府在这方面下了很大力气。一方面，重视旧式仓库的改造工作，按照现代仓储作业要求来改建旧式仓库，增加设备的投入，配备各种装卸、搬运、堆码等设备，减轻工人的劳动强度，改善劳动条件，提高仓储作业的机械化水平；另一方面，新建了一批具有先进技术水平的现代化仓库，特别是20世纪60年代以来，随着世界经济快速发展和现代科学技术的突飞猛进，仓库的性质发生了根本性变化，从单纯地进行储存、保管货物的静态储存一跃进入了多功能的动态储存新领域，成为生产、流通的枢纽和服务中心。特别是大型自动化立体仓库的出现，使仓储技术上了一个新台阶。中国于20世纪70年代开始建造自动化仓库，并普遍采用电子计算机辅助仓库管理，使中国仓储业进入了自动化的新阶段。

到了21世纪，随着我国物流业的飞速发展，仓储业也翻开了新的一页，不断追赶着世界先进水平，在体制改革、业务范围拓展、新技术应用、计算机管理、人员素质提高等方面均有较为明显的成就。

目前，我国的仓储业体系大致可以分为四类：社会公共仓储体系、工商企业自建仓储体系、战略储备仓储体系和军队后勤仓储体系。

社会公共仓储体系主要由专业仓储企业构成，它提供公共仓储服务，保管的货物不是自有物品而是客户的物品，有的企业拥有仓储资产并从事仓储经营业务，有的企业不拥有资产而是租赁仓库进行经营。提供公共服务的仓库往往称为公共仓库（Public Warehouse）。

如果企业选择自建仓储体系，则通常不提供社会物流服务，只为自己的生产、供销等业务服务，包括制造企业的原材料库、零部件库、产成品库和商贸企业的仓库等。在企业的分销体系中，通常需要为异地销售租用公共仓库，大企业也有可能异地建库。这类仓库一般称为自营仓库或私有仓库（Private Warehouse）。

为应付各类突发事件，国家及地方政府需要建设储备性质的仓库。这类仓库构成了战略储备仓储体系。目前，中国已经建立了储存能源、矿产、粮食、棉花、肉类、食用油、食盐、食糖等重要商品的战略储备，形成了中央和地方两级储备制度，其中，列入商务部应急数据库的商品有59种，联系企业将近2000家，应急投放的网点达到8000个。除此之外，其他以国家名义建立起储备制度的商品还包括药品、烟叶等。其涉及的机构繁多，除国家物资储备局（主要储存能源、矿产等战略物资）外，还包括商务部、财政部、农业部等。

由于国防和军事的需要，军队建立了自己的仓储体系。仓库作为储备军事物资的有效载体，是连接军事斗争与后勤保障的桥梁，是军事经济工作的有机组成部分。规模适度且科学合理的军队仓库建设布局，是实施有效物资储备和保障并全面提高军事经济效益的重要基础。目前，数量较多且分布较广的三军各类仓库担负着大量的军队物资储备与供应任务，现有在用仓库已经初步构成了我军后勤保障的重要物质基础。

## 第二节 仓储的意义、性质与功能

在社会生产与生活中，由于生产与消费节奏的不统一，总会存在现在用不上或用不了或有必要留待以后用的东西。如何在生产与消费或供给与需求的时间差距里，妥善地保持物质实体的有用性，是物流中仓储环节所要解决的问题。

仓储在物流体系中是唯一的静态环节，也有人称之为时速为零的运输。随着经济的发展，需求方式出现了个性化、多样化的改变，生产方式也变为多品种、小批量的柔性生产方式。物流的特征由少品种、大批量变为多品种、少批量或多批次、小批量，仓储的功能也从重视保管效率逐渐变为重视流通功能的实现。储存相当于物流体系的一个节点。在这里，物质实体在化解其供求之间的时间矛盾时，也创造了新的时间效益（如时令上的差值等）。因此，仓储是物流中的重要环节，储存功能相对于整个物流体系来说，既有缓冲与调节的作用，也有创值与增效的功能。

### 一、仓储的意义

商品的仓储活动是由商品生产和商品消费之间的客观矛盾所决定的。商品在从生产领域向消费领域转移的过程中，一般都要经过商品的仓储阶段，这主要是由商品生产和商品消费在时间上、空间上以及品种和数量等方面的不同步所引起的。也正是在这些不同步中，仓储管理发挥了其重要作用。

#### （一）搞好仓储活动是社会再生产过程顺利进行的必要条件

商品由生产地向消费地转移，是依靠仓储活动来实现的。可见，仓储活动的意义正是由于生产与消费在空间、时间以及品种、数量等方面存在的矛盾而引起的。尤其是在现代化大生产的条件下，专业化程度不断提高，社会分工越来越细，随着生产的发展，这些矛盾又势必进一步扩大。这就要求不能在仓储活动中采取简单地把商品生产和消费直接联系起来的办法，而需要对复杂的仓储活动进行精心组织，拓展各部门、各生产单位之间交换产品的深度和广度，在流通过程中不断进行商品品种上的组合，在商品数量上不断加以集散，在地域和时间上进行合理安排；通过搞活流通，搞好仓储活动，发挥仓储活动连接生产与消费的纽带和桥梁作用，克服众多的相互分离又相互联系的生产者之间、生产者与消费者之间在商品生产与消费地理上的分离，衔接商品生产与消费时间上的不一致，以及调节商品生产与消费在方式上的差异，使社会简单再生产和扩大再生产能在建立一定的商品资源的基础上，保证社会再生产的顺利进行。具体来讲，仓储活动主要从以下几个方面保证社会再生产过程的顺利进行：

1. 克服生产与消费在地理上的分离

从空间方面来说，商品生产与消费的矛盾主要表现在生产与消费在地理上的分离。在自给自足的自然经济里，生产者同时就是其自身产品的消费者，其产品仅供本人和家庭的消费。随着商品生产的发展，商品的生产者逐渐与消费者分离。生产的产品不再是为了本人的消费，而且是为了满足其他人的消费需要。随着交换范围的扩大，生产与消费空间上的矛盾也逐渐扩大。在社会化大生产的条件下，随着生产的发展，这种矛盾进一步扩大，这是由社会生产的客观规律所决定的。举例来说，为了不断地提高生产率，工业生产的规模不断扩大。生产的集中化能以更低的成本生产出更多的产品。但是，与此同时，这将使一种产品的生产工厂的数量不断减少。以前由各地甚至是每个家庭生产的产品，现在往往是由少数的大工厂生产。这些工厂生产的产品，不再是仅仅为了满足本地区的需要，许多产品需要销往其他地区，或者在全国范围内销售，甚至销往国外。生产的规模越大、越集中，越需要寻求更大的市场，将商品运送到更远的地方。另外，生产的社会化，使不同产品的生产在地区间形成分工。为了更加充分地利用不同地区的自然经济条件和资源，一种商品的生产逐渐趋向于在生产该种商品最经济的地区进行。这样，就必须依靠运输把产品运送到其他市场上去。社会化生产的规律决定了生产与消费的矛盾不是逐渐缩小而是逐渐扩大。随着商品生产的发展，不但需要运输的商品品种、数量在增加，而且平均运输的距离也在不断增加。商品仓储活动的重要意义之一就是通过仓储活动平衡运输的负荷。

2. 衔接生产与消费时间上的背离

商品的生产和消费之间，有一定的时间间隔。在绝大多数情况下，今天生产的商品不可能马上就全部卖掉，这就需要产生商品的仓储活动。有的商品是季节性生产、常年消费；有的商品是常年生产、季节性消费；也有的商品是季节性生产、季节性消费，或常年生产、常年消费。无论何种情况，在产品从生产过程进入到消费过程之前，都需要停留一定的时间。商品在流通领域中暂时的停滞过程，形成了商品的仓储。同时，商品仓储又是商品流通的必要条件。为保证商品流通，就必须有商品仓储活动。为了使商品更加适合消费者的需要，许多商品在最终销售以前，要进行挑选、整理、分装、组配等工作，这样便有一定量的商品停留在这段时间内，也形成了商品储存。此外，在商品运输过程中，在车、船等运输工具的衔接上，由于在时间上不可能完全一致，也产生了在途商品对车站、码头、流转性仓库的需要。

3. 调节生产与消费方式上的差别

生产与消费的矛盾还表现在品种与数量方面。一方面，专业化生产将生产的产品品种限制在比较窄的范围之内。专业化程度越高，一个工厂生产的产品品种就越少，规模就越大。但是另一方面，消费者却要求更多的品种和更多样化的商品。于是，在生产方面，每个工厂生产出来的产品品种比较单一，但数量却很大；而在消费方面，每个消费者需要广泛的品种和较少的数量。这就要求在流通过程中不断将产品在品种上加以组合，在数量上不断加以分散。

商品的仓储活动不是简单地把生产和消费直接联系起来，而是需要一个复杂的组织过程，在品种和数量上不断进行调整。只有经过一系列的调整，才能使遍及全国的零售商向消费者提供品种、规格、花色齐全的商品。

总之，商品生产和消费在空间、时间、品种、数量等各方面都存在着矛盾。这些矛盾既不能够在生产领域里解决，也不可能在消费领域里得到解决，而只能在流通领域，通过连接生产与消费的商品仓储活动加以解决。商品仓储活动在推动生产发展、满足市场供应中具有重要意义。

#### （二）搞好仓储活动是保持物资原有使用价值和合理地使用物资的重要手段

任何一种物资，从它生产出来至消费之前，由于其本身的性质、所处的条件，以及自然的、社会的、经济的、技术的因素，都可能使物资使用价值降低。因此，必须进行科学管理，加强对物资的养护，搞好仓储活动，以保护好处于暂时停滞状态的物资的使用价值。同时，在物资仓储过程中，应努力做到流向合理，加快物资流转速度，注意物资的合理分配，合理供料，不断提高工作效率，使有限的物资能及时发挥最大的效用。

#### （三）搞好仓储活动是加快资金周转、节约流通费用、降低物流成本、提高经济效益的有效途径

仓储活动是物质产品在社会再生产过程中必然会出现的一种形态，这对整个社会再生产，对国民经济各部门、各行业的生产经营活动的顺利进行，都有着巨大作用。然而，在仓储活动中，为了保证物资的使用价值在时空上的顺利转移，必然要消耗一定的物化劳动和活劳动，尽管这些合理费用的支出是必要的，但由于它不能创造使用价值，因而，在保证物资使用价值得到有效的保护、有利于社会再生产顺利进行的前提下，费用支出得越少越好。因此，搞好物资的仓储活动，就可以减少物资在仓储过程中的物质耗损和劳动消耗，就可以加速物资的流通和资金的周转，从而节省费用支出，降低物流成本，开拓“第三利润源泉”，提高社会和企业的经济效益。

#### （四）仓储活动是商品流通管理工作的重要组成部分

仓储活动在商品流通管理工作中有特殊的地位和重要的作用。商品流通管理工作的全过程包括供需预测、计划分配、市场采购、订购衔接、货运组织、储存保管、维护保养、配送发料、用料管理、销售发运、货款结算、用户服务等主要环节。各主要环节之间相互依存、相互影响，关系极为密切。其中许多环节属于仓储活动，它们与属于“商流”活动的其他环节相比，所消耗和占用的人力、物力、财力多，受自然的、社会的各种因素影响大，组织管理工作有很强的经济性。因此，仓储活动直接影响到商品流通工作的质量，也直接关系到商品价值的实现。

### 二、仓储的性质

这里所说的仓储活动的性质，是对于生产性和非生产性而言。总的来看，仓储活动是生产性的，这可以从以下几个方面看出：

1. 仓储活动是社会再生产过程中不可缺少的一环

任何产品的生产过程，只有当产品进入消费后才算终结，因为产品的使用价值只有在消费中才能实现。而产品从脱离生产到进入消费，一般情况下都要经过运输和储存。所以说商品的储存和运输一样，都是社会再生产过程的中间环节。

2. 商品仓储活动具有生产三要素

商品仓储活动同其他物质生产活动一样，具有生产三要素，即劳动力、劳动资料（劳动手段）和劳动对象，三者缺一不可。物质的生产过程就是劳动力借助于劳动资料，作用于劳动对象的过程。商品仓储活动的三要素分别是劳动力——仓库作业人员、劳动资料——各种仓库设施、劳动对象——储存保管的物质。商品仓储活动是仓库作业人员借助于仓储设施，对商品进行收发保管的过程。

3. 商品仓储活动中的某些环节实际上已经构成生产过程的一个组成部分

商品仓储活动中的某些环节，实际上已经构成生产过程的一个组成部分。例如，卷板在储存中的碾平及切割、原木的加工、零部件的配套、机械设备的组装等，都是为投入使用做准备，其生产性尤为明显。

商品仓储活动具有生产性质，但它与一般的物质生产活动又不同，主要表现在以下几个方面：

（1）商品仓储活动所消耗的物化劳动和活劳动，不改变劳动对象的功能、性质和使用价值，只是保持和延续其使用价值。

（2）商品仓储活动的产品无实物形态，却有实际内容，即仓储劳务。所谓劳务，是指不是以实物形式而是以仓储活动形式为他人提供的某种特殊使用价值。

（3）商品经过储存保管，其使用价值不变，但价值增加。这是因为商品仓储活动的一切劳动消耗，都要追加到商品的价值中去，追加数量的多少，取决于仓储活动的社会必要劳动量。

（4）作为商品仓储活动的产品——仓储劳务，其生产过程和消费过程是同时进行的，既不能储存也不能积累。

（5）在仓储活动中，还要消耗一定数量的原材料，有适当的机械设备相配合，这部分消耗和设备的磨损要转移到库存商品中去，构成其价值增量的一部分。

## 三、仓储的功能

对于仓储功能的描述，本书基本采用唐纳德 J. 鲍尔索克斯的观点[⊖]，认为从物流角度

---

⊖ 参见：唐纳德 J 鲍尔索克斯，戴维 J 克劳斯，M 比克斯比 · 库珀. 供应链物流管理（英文版）［M］. 北京：机械工业出版社，2002。

看，仓储功能可以按照其所实现的经济利益和服务利益加以分类。

### （一）经济利益

当利用一个或多个设施直接降低物流总成本时，就产生了仓储的经济利益。仓储的基本经济利益有5个：合并（Consolidation）与拼装（Break Bulk）、分类（Assortment）、加工/延迟（Processing/Postponement）、堆存（Stockpiling）、逆向物流（Reverse Logistics）。

#### 1. 合并与拼装

合并与拼装的经济利益，来源于可以利用仓库能力提高运输经济批量，从而降低运费。

通过合并，仓库从多个货源处接收货物，然后将这些货物集合成单一的一票运输，从而有可能得到最低的运输费率，并使得配送更具实效性和可控性，还可以降低在顾客收货时发生货物积压、拥塞的可能性。对于向目的地流出的货物，也是如此。

拼装的主要利益是，把多票小批量装运的物流流程结合起来联系到一个特定的市场地区。拼装仓库可以由单独一家厂商使用，也可以由几家厂商联合起来共同使用出租方式的拼装服务。拼装方案可以使每一个单独的制造商或托运人都享受到物流总成本低于其各自分别直接装运的成本的好处。

因此，合并与拼装都是利用仓库能力来提高运输效率的方法。很多物流计划既包括合并，也包括拼装。二者的过程如图1-1所示。

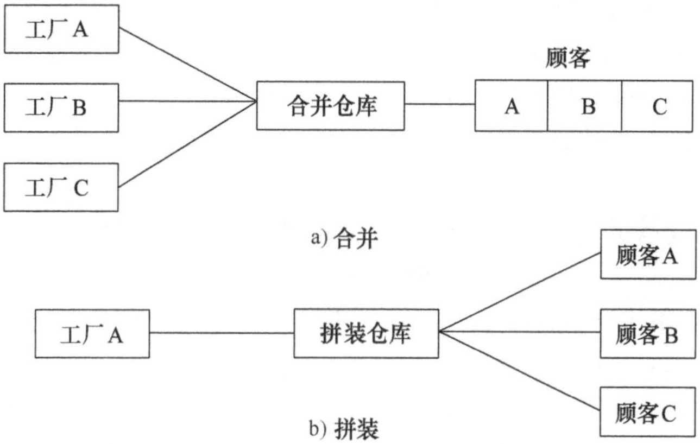


图1-1 合并与拼装

#### 2. 分类

分类的基本经济利益来自对流动中的货物重新进行组合。在物流系统中，交叉站台（Cross Docking）、混合（Mixing）和装配（Assembly）三种形式的分类作业得到了广泛应用。

交叉站台的目的是将来自于多个供应商的库存组合成发往某个特定顾客的一个批次。

零售连锁店的库存流转很快，它们广泛地采用交叉站台作业来进行补货。这种作业需要制造商准时、准确地供货，零售商也要确定发往每个店铺的准确品种和数量，这样才能真正利用交叉站台的优势，并且防止交叉站台仓库的货物积压。交叉站台先从多个制造商处运来整车的货物；收到产品后，有标签的就按顾客进行分类，没有标签的则按地点进行分配；然后，产品就像“交叉”一词的意思那样穿过“站台”，装上指定去适当顾客处的拖车；一旦该拖车装满了来自多个制造商的组合产品，就启程去零售店处。于是，交叉站台的经济利益中包括从制造商到仓库的拖车的满载运输，以及从仓库到顾客的满载运输。由于产品不需要储存，降低了在交叉站台设施处的搬运成本。此外，由于所有的车辆都进行了充分装载，因而更有效地利用了站台设施，使站台装载利用率最大化。

除涉及多个制造商外，混合这种作业的最终结果类似于交叉站台，但是混合通常是在货物供应点和需求点中间的某地进行。在典型的混合作业中，从供应点来的整车货物运入混合仓库，会提前做好运输批量计划，以使运入成本最小。到达混合仓库后，对货物进行卸货作业，随即进行分类，编入每位顾客的货物组合中。在混合过程中，运入的货物还可以和仓库中储存的货物进行组合。仓库可以通过这种作业满足顾客特定的分类需求，使运输成本最小化，并且降低库存。

装配的目的是支持生产。领导级供应商或者一级供应商在临近制造工厂的地方设置仓库，将来自不同的二级供应商的产品和零部件进行装配。制造商原来总是自己进行装配，但是现在通常都愿意利用领导级供应商或一级供应商来进行零部件的分类、安排顺序，并在工厂需要时进行配送。这种增值服务已经成为了趋势。与交叉站台和混合作业相似，装配作业用来在精确的时间和地点向顾客提供其所需的货物组合。

图 1-2 显示了以上三种分类方式的实现过程。

3. 加工/延迟

仓库还可以通过承担最终包装、贴标签和简单的加工等作业，用来延迟最终产成品的完成，一直推迟到知道该产品的需求时为止。例如，蔬菜可以在制造商处加工，制成“光”罐头，即没有贴上标签的罐头产品。一旦接到具体的顾客订单，仓库就能够根据顾客情况给产品加上相应的标签，进行最终包装，从而完成最后一道工序。

加工/延期提供了两个基本经济利益：①风险最小化，因为适应特定顾客需求的最终包装要等到明确需求时才完成；②通过延迟制造，可以只储存基本产品（如光罐头），降低总体存货水平。于是，通过降低风险与降低存货水平，延迟策略使制造商能够降低物流系统的总成本，即使在仓库包装的成本要比直接在工厂完成包装更贵。这种服务也是仓库所能提供的增值服务的一种。

4. 堆存

仓储设施最明显的功能就是用于保护货物及整齐地堆放产品。其经济利益来源于通过堆存克服商品产销在时间上的不一致（如季节生产，但需全年消费的大米）、地点上的不

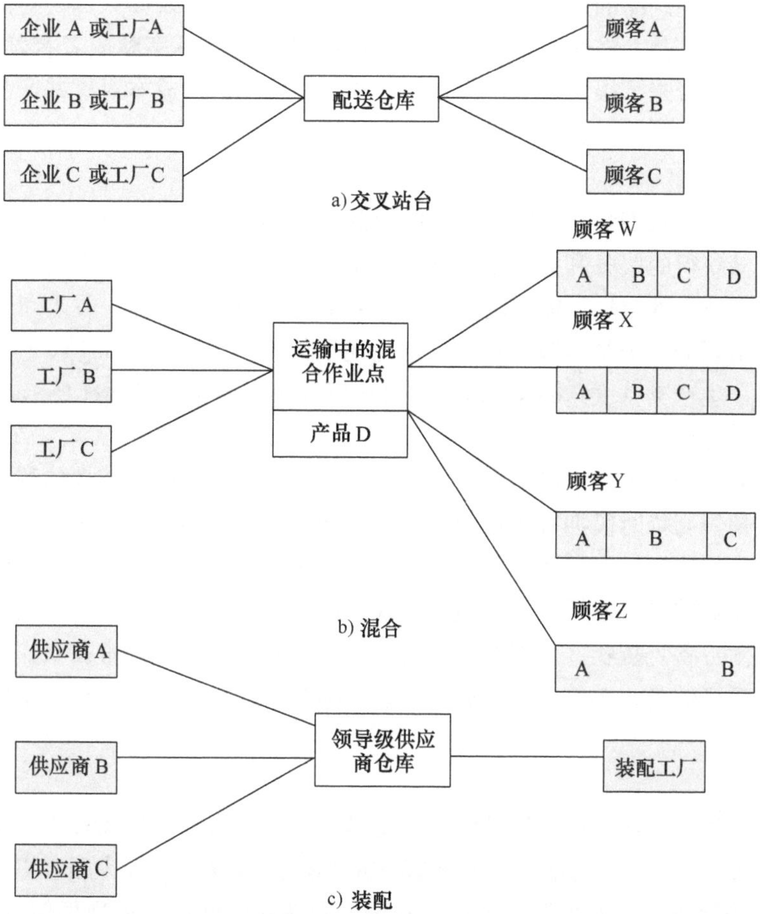


图1-2 分类作业

一致（如甲地生产，乙地销售）、数量上的不平衡（如供过于求）等来保证商品流通过程的连续性。这一点在本节“仓储的意义”这部分内容中已经作了详细的阐释。

5. 逆向物流

在逆向物流的运作过程中，仓储扮演着关键角色。与产品召回、回收、呆废物资清理相关的大部分实际工作都在仓库中完成，而这些工作极大地影响着企业的现金流。逆向物流与受限制产品以及常规产品都有关系。

受限制产品是指对顾客健康或环境保护有潜在危险的召回产品，其回收作业须在严格的审查下完成，以防产生危险。例如，在美国，这种产品的回收和运输部、顾客产品安全调查团、环境保护署等机构有着直接的关系。在我国，这方面的制度和相关规定还不完善。

近几年对于常规产品的逆向物流的关注越来越多。由于涉及面太广，对其回收也要困难很多。无论哪种产品，在逆向物流过程中，往往都是包装不完整或者有着各种残损的，这就对仓库的作业带来了很大困难。而是否能够用尽可能低的成本对这些产品进行装卸搬运、包装、发运等，是关系到企业经济利益的重要问题。

### （二）服务利益

仓库服务可以通过增强获利能力来提供利益，但是这种利益很难量化分析。在物流系统中，通过仓储获得的服务利益应该从整个物流系统来分析。例如，在物流系统中设置仓库来服务于某个特定的市场可能会增加成本，但也会增加市场份额、收入和毛利。

通过仓库实现的4个基本服务利益分别是现场储备（Spot Stocking）、全线储存（Full Line Stocking）、生产支持（Production Support）以及市场经营（Market Presence）。

#### 1. 现场储备

现场储备通常用来支持市场配送，尤其是那些产品具有高度季节性的制造商偏好这种服务。为了在销售高峰时段拥有更强的顾客反应能力，并且能够不用全年都保有库存，也不用总是直接从制造工厂向顾客发货，企业往往更愿意在其战略性市场设置临时库存。这种库存被称为现场储备。使用仓储设施进行现场储备，能够在销售旺季之前在各个临近关键客户的市场附近备足货物，从而获得利益。例如，农业化肥公司常在农作物生长季节在农场附近设置现场储备，销售季节过后，就会大幅减少这种储存点，把剩余的存货撤回到中央仓库。

#### 2. 全线储存

制造商、批发商和零售商仓库的传统用途是根据顾客需求预期储存产品组合，尤其是批发商、零售商，拥有大量不同制造商产品构成的产品组合，可以为顾客提供一站式购买服务。它与现场储备的区别在于仓库利用的程度和持续时间。采用现场储备战略的企业，往往在有限时间段内在大量地点临时设置产品种类较少的组合库存。而采用全线储存战略的企业则倾向于在少数几个战略市场保持常年库存。全线储存可以减少与顾客打交道的供应商数量，从而改善服务水平。另外，产品组合还可以形成较大的货运批量，从而降低运输成本。

#### 3. 生产支持

制造企业一般认为仓库应该为企业提供零部件库存，而生产支持仓库就是实现这种功能的，它可以向装配工厂提供稳定的零部件和材料供给。由于前置时间较长或使用过程中发生重大变化，对企业外购件保有安全储备是完全必要的，这就会提高企业的仓储成本。因此，可以利用生产支持仓库，以经济而又适时的方式，向装配厂供应加工材料、零部件和装配件。其带来的仓储服务利益与前面在经济利益中提到的装配仓库很像，区别在于其规模和仓储目的不同，而且生产制造仓库的平均库存更高、周转更慢。

4. 市场经营

这个利益也许不像其他服务利益那样明显，但是管理者常常认为这是地方仓库的一个主要优势。很多人认为，地方仓库对顾客需求的反应比距离遥远的仓库更快，提供的配送服务也更及时，因此可以帮助企业提高市场占有率，并有可能增加利润。当然，随着运输可靠性的增强和采购技术的提升，距离所造成的这种服务差异有缩小的趋势，但是仍不可否认这种地方仓库在帮助提升市场占有率方面的作用。

## 第三节 仓储管理的内容

### 一、仓储管理的含义

仓储管理是指服务于一切库存物品的经济技术方法和活动，是为了更好地利用所具有的仓储资源，提供高效的仓储服务所进行的计划、控制、组织和协调过程。从全面的角度来看，仓储管理包括获得仓储资源、经营决策、商务管理、储存保管、人力资源管理、安全管理、经济管理等一系列管理工作，其中，直接针对仓储场所及储存物的管理工作一般是关注的重点。

仓储管理是一门经济管理科学，同时也涉及应用技术科学，故属于边缘性学科。仓储管理将仓储领域内生产力、生产关系以及相应的上层建筑中的有关问题进行综合研究，以探索仓储管理的规律，不断促进仓储管理的科学化和现代化。

仓储管理的内涵随着其在社会经济领域中的作用不断扩大而变化。仓储管理从单纯意义上的对货物存储的管理，成为物流过程中的中心环节，它的功能已不是单纯的货物存储，而是兼有包装、分拣、整理、简单装配等多种辅助性功能。因此，广义的仓储管理应包括对这些工作的管理。

### 二、仓储管理的基本内容

关于仓储管理包含的内容，社会各界有各种不同的认识。本书认为，要想清楚了解仓储管理的内容，需要先了解仓储系统的构成。一个完整的仓储系统由硬件系统和软件系统两个方面组成，如图 1-3 所示。

仓储管理既包括图 1-3 中软件系统所涉及的各方面管理工作，也包括对于硬件系统各要素的管理。因此，形象地说，仓储就是在“仓库”中“储存”“物资”，仓储管理的对象是仓储设施设备及库存物资，而仓储管理工作需要人来完成，并由信息系统辅助进行。综合来看，仓储管理具体包括如下几个方面的内容：

#### （一）仓储设施与设备

仓储设施主要是指各种仓库、料棚、堆场等各类储存空间，是仓储工作的场所。在进

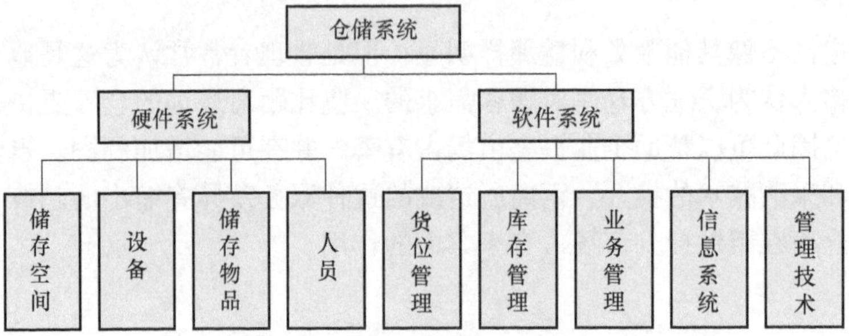


图 1-3 仓储系统的构成

行仓储活动之前，需要先进行设施规划，包括设施选址、规模确定、内部布局、设备的选择与配置等问题。

### （二）储存规划

在物品入库储存之前需要先进行合理的储存规划，即规划好物品储存的具体地点、货位，对储存空间进行有效布置。物品在储存空间存放的考虑因素主要包括储存单位、货位策略、货位指派原则、物品的需求相关性、物品特性、补货的方便性和物品平均在库时间等。对于不使用货架进行直接堆垛的物品需要进行相应的堆垛设计。

物品摆放好后，就要做好有效的在库管理，随时掌握库存状况，了解其品项、数量、位置、入出库状况等所有资料。

### （三）仓储业务管理

仓储业务管理包括储存业务管理、养护管理、相关物流作业管理、其他业务管理等。

储存业务管理是指在对仓储业务流程进行前期规划的基础上，对于采购进货、订单拣货、配送出货、盘点、呆废物资处理等作业进行管理。这其实是仓储管理最基础的工作，其完成好坏直接影响到仓储管理系统的效率。

养护管理是针对物品的不同特性，积极创造适宜的储存条件，采取适当的保管措施，以保证物品质量在储存期间尽可能不发生变化，减少损耗。

相关物流作业包括装卸搬运、包装、流通加工等辅助性工作，对其进行科学管理，才能保证仓储管理工作顺利完成。

其他业务管理包括企业一般都会涉及的仓储质量、成本、绩效、人力资源、合同等方面的管理工作，以及对仓储安全的管理。

### （四）库存管理

库存管理是对物品数量的管理，对于非物流企业而言具有关键作用。因为库存首先是指原材料、在制品、产成品等，这是保证企业顺利运转必不可少的要素。另外，库存很显然还是金钱、资产，因其占压流动资金，企业一般都会想要保持尽可能小的库存量。为了达到控制库存量的目的，可以控制订货进货过程，也可控制销售出库过程。但是很显然，控制销售出库过程，意味着限制了用户的需求，影响了社会需求。所以一般通过控制订货过程来控制库存量。库存管理系统基本上就是通过控制订货策略来控制在库库存量，即对订货点、订货量、订货方法进行管理和控制。

#### （五）仓储信息管理

信息对于管理工作的意义毋庸赘言，针对仓储管理工作的专门的信息系统也在这些年得到了广泛应用。仓库管理系统（Warehouse Management System，WMS）作为一套应用型的操作软件，其所包含的方法和技术为仓储管理的高效进行提供了强大的支持和保证。这套系统主要针对入库、出库业务以及库存管理，还包括仓储数据的管理。

#### （六）仓储管理的技术及发展

现代化的仓储管理发展趋势呈现出了很多特点，对于相关管理技术的要求也越来越高。总体而言，包括客户化管理、交叉站台（Cross- docking）、仓单质押、仓储保税等具体业务的管理技术、信息技术，仓储管理相关的数据分析技术、模拟技术等。

本书第二章至第八章将针对以上内容进行较为详细的阐述。

### 三、仓储管理的类型

不同类型的企业，其仓储管理的对象、内容与要求等也是不同的。一般而言，可以分为以下三种类型：

#### （一）制造企业

制造企业仓储管理的对象是企业制造与销售所需的原材料、半成品和产成品的储存，包括检验入库、在库养护、出库与发运以及一些包装、流通加工等一般性业务工作。制造企业的仓储管理比较复杂，其要求是多方面的，一是要确保在物流过程中仓储物资的价值和使用价值不受损失，为企业内部与外部用户提供良好的仓储服务，简单来讲，就是对物资的收、管、发、运要做到及时、准确、安全、节约；二是对库存数量的管理，主要是对原材料库存数量进行科学管理，在保证供应的基础上尽可能降低仓储成本和库存成本，这项工作往往是由采购、生产、销售、物流等各方共同完成的，仓储部门在提供库存资料、计算仓储成本等方面起重要作用。

#### （二）流通企业

这里所说的流通企业不包括物流企业。流通企业的主要功能是购、销、存，不包括生产制造，因此其首要目的是根据市场的需求来确定商品的品种、数量、规格等，通过加强对市场需求的调查，了解上游企业的生产能力，积极组织货源以满足市场的需求。流通企业仓储管理的对象均是暂时存放在企业的、为了对外销售的货物，因此与制造企业区别很大。其工作重点依然是一般性业务管理与库存数量管理两个方面，其中，库存数量管理的目的与制造企业基本相同，而物资保管与养护工作、确保物资质量的重要性变得更为突出。

（三）物流企业

对专业物流企业（包括仓储企业）而言，仓储管理是其生产经营活动的一个组成部分，都是提供给客户的服务，其管理内容基本包括了前面述及的各项工作，对其要求也与制造企业和流通企业不大相同，保证储存货物的安全、制定并遵守作业规范、提高作业绩效、为客户提供各种基础服务与增值性服务是其重点。库存数量管理显然不是物流企业考虑的问题，物资保管与养护、不断开拓新的服务项目才是物流企业仓储管理的重点。

## 第四节　仓储管理模式

仓储管理模式是物资保管方法和措施的总和。企业、部门或地区拥有一定数量的库存是客观需求，库存控制和保管是企业生产经营过程和部门管理的重要环节。仓储成本是企业物流总成本的重要组成部分，因此，选择适当的仓储管理模式，既可以保证企业的资源供应，又可以有效地控制仓储成本。

### 一、按仓储活动运作方分类的仓储管理模式

仓储管理模式按仓储活动运作方的不同，可以分为自营仓库仓储、租赁仓库仓储和第三方仓储三种。

（一）自营仓库仓储

自营仓库仓储就是企业自己修建仓库进行仓储，并进行仓储管理活动。这种模式的优点包括：

（1）可以更大程度地控制仓储。由于企业对仓库拥有所有权，所以企业作为货主可以对仓储实施更大程度的控制，而且有助于与其他系统进行协调。

（2）管理更灵活。此处的灵活并不是指能迅速增加或减少仓储空间，而是指由于企业是仓库的所有者，所以可以按照企业要求和产品特点来对仓库进行设计与布局。

（3）长期仓储时成本低。如果仓库得到长期的充分利用，可以降低单位货物的仓储成本，从这个角度上说这也是一种规模经济。

（4）可以帮助企业树立良好形象。当企业将产品储存在自有、自建的仓库中时，会给客户一种企业长期持续经营的良好印象，客户会认为企业经营十分稳定、可靠，是产品的持续供应者，有助于提高企业的竞争优势。

这种模式的缺点包括：

（1）仓库固定的容量和成本使得企业的一部分资金被长期占用，投资较大。不管企业对仓储空间的需求如何，仓库的容量是固定的，不能随着需求的增加或减少而扩大或缩小。当企业对仓储空间的需求减少时，仍须承担仓库中未利用部分的成本；而当企业对仓

储空间有额外需求时，仓库却又无法满足。

（2）位置和结构的局限性。如果企业只能使用自有仓库，则会由于数量限制而失去战略性优化选址的灵活性。市场的大小、位置和客户的偏好经常变化，企业如果在仓库结构和服务上不能适应这种变化，将失去许多商业机会。

### （二）租赁仓库仓储

租赁仓库仓储就是委托营业性仓库进行仓储管理。这种模式的优点包括：

（1）从财务角度看，租赁仓库仓储最突出的优点是不需要企业投资。任何一种投资都需要进行详细的可行性分析，而租赁仓库仓储可以使企业避免资本投资和财务风险。企业可以不对仓储设备和设施做出任何投资，只需支付相对较少的租金就可得到仓储服务。

（2）可以满足企业在库存高峰时大量额外的库存需求。大多数企业的存货水平会因为产品的季节性、促销活动或其他原因而变化，利用租赁仓库仓储，则没有仓库容量的限制，从而能够满足企业在不同时期对仓储空间的需求，尤其是库存高峰时大量额外的仓库需求。同时，仓储的持有成本将直接随着储存货物数量的变化而变动，便于管理者掌握。

（3）降低管理难度。工人的培训和管理是任何一类仓库都需要面对的一个重要问题。尤其是对于产品需要特殊搬运或具有季节性特点的企业来说，很难维持一个有经验的仓库员工队伍，而租赁仓库仓储则可以克服这一困难。

（4）营业型仓库的规模经济可以降低货主的仓储成本。由于营业型仓库为众多企业保管大量库存，因此，与企业自建的仓库相比，前者通常可以大大提高仓库的利用率，从而降低仓库物品的单位储存成本；另外，规模经济还使营业型仓库能够采用更加有效的物料搬运设备，从而提供更好的服务；此外，营业型仓库的规模经济还有利于拼箱作业和大批量运输，降低货主的运输成本。

（5）使用租赁仓库仓储时企业的经营活动可以更加灵活。如果企业自己拥有仓库，那么当市场、运输方式、产品销售或企业财务状况发生变化，或者企业搬迁需要改变仓库位置时，原来的仓库就有可能变成企业的负担。如果企业租赁营业型仓库进行仓储，租赁合同通常都是有期限的，企业能在已知的期限内灵活地改变仓库的位置；另外，企业可以不必因仓库业务量的变化而增减员工，还可以根据仓库对整个分销系统的贡献以及成本和服务质量等因素，临时签订或终止租赁合同。

（6）便于企业掌握保管和搬运成本。由于每月可以得到仓储费用单据，所以租赁仓库仓储可使企业清楚地掌握保管和搬运成本，预测和控制不同仓储水平的成本；而企业自己拥有仓库时，很难确定其可变成本和固定成本的变化情况。

这种模式的主要缺点在于以下两个方面：

（1）增加了企业的包装成本。由于营业型仓库中存储了不同企业的各种不同种类的货物，而各种不同性质的货物有可能相互影响，因此，企业租赁仓库进行仓储时必须增强对货物保护性的包装，这会导致额外的包装成本。

(2) 增加了企业控制库存的难度和风险。企业与仓库经营者都有履行合同的义务，但盗窃等对货物的损坏给货主造成的损失将远大于得到的赔偿，因此租赁仓库仓储在控制库存方面将比使用自营仓库承担更大的风险。另外，在租赁仓库中泄漏有关商业机密的风险也比自建仓库大。

**(三) 第三方仓储**

在物流发达的国家，越来越多的企业转向利用第三方仓储（Third-Party Warehousing）或合同仓储（Contract Warehousing）来进行仓储管理。

第三方仓储是指企业将仓储管理等物流活动转包给外部公司，由外部公司为企业提供综合物流服务。第三方仓储不同于一般的租赁仓库仓储，它能够提供专业化的高效、经济和准确的分销服务。企业若想得到高水平的质量和服务，则可以利用第三方仓储，因为这些仓库的设计水平较高，并且符合特殊商品的高标准、专业化的搬运要求；如果企业只需要一般水平的搬运服务，则可以选择租赁仓库仓储。从本质上看，第三方仓储是生产企业和专业仓储企业之间建立的伙伴关系。正是由于这种伙伴关系，第三方仓储企业与传统仓储企业相比，能为货主提供特殊要求的空间、人力、设备和特殊服务。

第三方仓储企业可以为货主提供存储、卸货、拼箱、订货分类、现货库存、在途混合、存货控制、运输安排、信息和货主要求的其他专门物流服务。由此可见，它不仅仅提供存储服务，还可为货主提供一整套物流服务。

与自营仓库仓储和租赁仓库仓储相比较，第三方仓储具有以下优势：

(1) 有利于企业有效地利用资源。利用第三方仓储比企业自营仓库仓储更能有效地处理季节性产业普遍存在的产品淡、旺季存储问题，能够有效地利用设备与空间。另外，由于第三方仓储企业的管理具有专业性，管理专家拥有更具有创新性的分销理念、掌握更多降低成本的方法，因此物流系统的效率更高。

(2) 有利于企业扩大市场。第三方仓储企业具有经过战略性选址的设施与服务，货主在不同位置得到的仓储管理和一系列物流服务都是相同的。许多企业将自营仓库数量减少到有限几个，而将各地区的物流转包给合同仓储公司。通过这种自营仓储和合同仓储相结合的网络，企业在保持对集中仓储设施的直接控制的同时，利用合同仓储来降低直接人力成本，扩大市场的地理范围。

(3) 有利于企业进行新市场的测试。货主企业在促销现有产品或推出新产品时，可以利用短期第三方仓储来考察产品的市场需求。当企业试图进入一个新的市场时，要花很长时间建立一套分销设施；然而，通过合同仓储网络，企业可以利用这一地区的现有设施为客户服务。

(4) 有利于企业降低运输成本。第三方仓储企业同时处理不同货主的大量产品，可以进行拼箱作业，从而通过大规模运输大大降低运输成本。

虽然第三方仓储具有以上优势，但也存在一些不利因素。其中，对物流活动失去直接控制是企业最担心的问题。企业对合同仓库的运作过程和雇用员工等控制较少，这一因素成为产品价值较高的企业利用合同仓储的最大障碍。

## 二、按库存所有权分类的仓储管理模式

在企业的仓储管理非自营的情况下，仓储管理模式按库存所有权可以分为寄售和供应商管理库存等。

1. 寄售

寄售（Consignment）是企业实现“零库存资金占用”的一种有效方式，即供应商将产品直接存放在用户的仓库中，并拥有库存的所有权，用户只在领用这些产品后才与供应商进行货款的结算。这种仓储管理模式的实质是：供应商实现的是产成品库存实物零库存，而产成品库存资金占用不为“零”，用户实现的是库存原材料或存货商品资金占用为“零”，而实物不为“零”。

2. 供应商管理库存

供应商管理库存（Vendor Managed Inventory，VMI）（GB/T 18354—2006 中 6. 6）是按照双方达成的协议，由供应链的上游企业根据下游企业的物料需求计划、销售信息和库存量，主动对下游企业的库存进行管理与控制。供应商管理库存通常可以理解为企业的原材料库存由供应商进行管理，当企业需要时再运送过来。这种模式与 JIT（Just In Time，及时制）系统和 ECR（ Efficient Consumer Response，有效客户反应）有着共同之处。由于 VMI 把库存物资及其仓储管理工作转移给了供应商，因此选择一个有效率、有效益和可信赖的供应商是非常重要的。这种模式如果实施成功，对于下游企业非常有利。

## 三、仓储管理模式的决策

这种决策是非物流企业的一项重要工作，在进行仓储管理之前需要很好地完成，然后再根据不同的模式来确定仓储管理的目标、方向、任务、原则等。基本的仓储管理模式决策，是在自营仓库仓储、租赁仓库仓储和第三方仓储之间进行权衡。决策主要基于两个因素——仓储对企业成功的影响程度和企业对仓储的管理能力。另外，还应从仓储在企业中的战略地位出发，在考察企业仓储能力的基础上，进行成本评价。

1. 决策过程

仓储管理模式的基本决策过程可以参见图 1-4。

2. 成本比较

决策中，最重要也是最困难的，就是仓储成本的分析。三种模式的成本比较如图 1-5 所示。租赁仓库仓储和第三方仓储的成本只包含可变成本，随着存储总量的增加，租赁的空间就会增加；由于营业型仓库一般按库存产品所占用的空间来收费，这样成本就和总周转量成正比，其成本函数是线性的。自营仓库仓储的成本结构中存在固定成本，但由于营

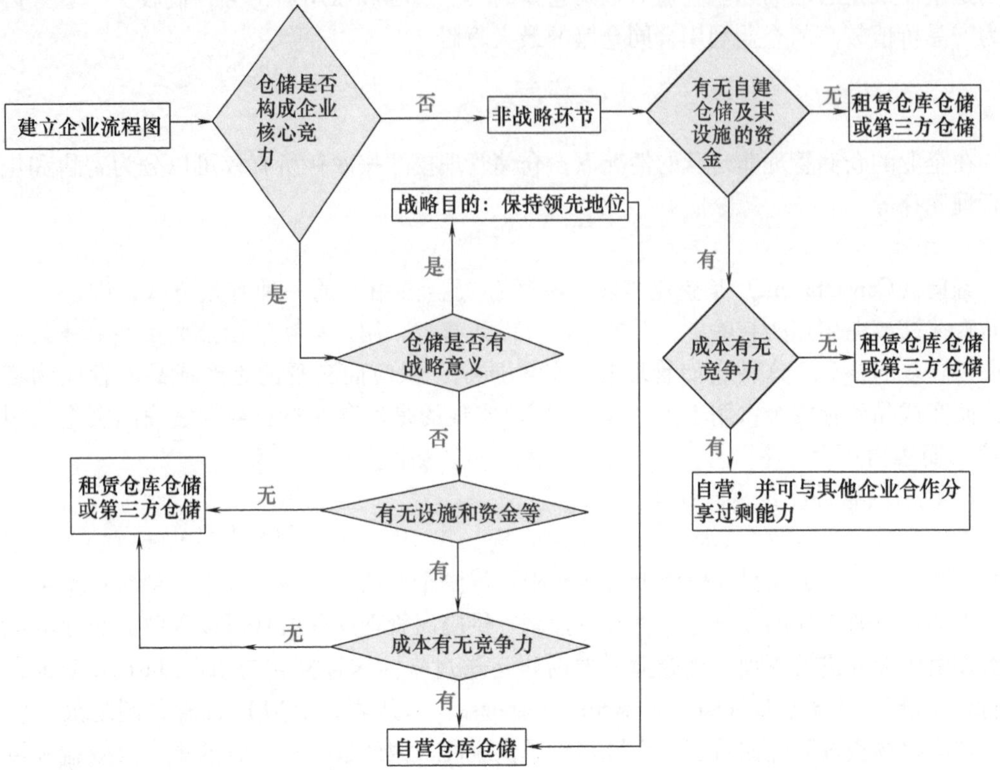


图 1-4　仓储管理模式决策程序

业型仓库具有营利性质，因此自营仓库仓储的可变成本增长速率通常低于租赁仓库仓储和第三方仓储的成本增长速率。当总周转量达到一定规模时，两条成本线相交，即成本相等。这表明在总周转量较低时，选择租赁仓库仓储或第三方仓储较好；随着总周转量的增加，由于可以把固定成本均摊到大量存货中，因此自营仓库仓储则可能会更经济。

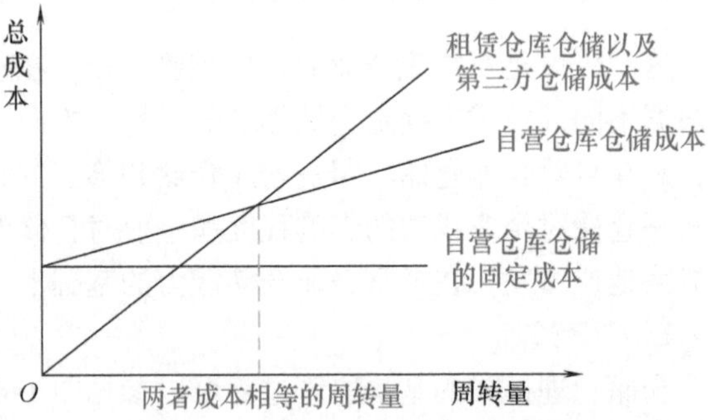


图 1-5　三种仓储管理模式的成本比较示意图

3. 适用条件

由以上分析也可以看出，一个企业是采用自营仓库仓储、租赁仓库仓储还是第三方仓储的仓储管理模式，主要由货物周转总量、需求的稳定性和市场密度三大因素决定。

考虑货物周转量时，由于自营仓库的固定成本相对较高，而且与使用程度无关，因此，只有在存货周转量较高、使得自营仓库仓储的平均成本低于公共仓储的平均成本时，自建仓库仓储才更经济；相反，当周转量相对较低时，选择租赁仓库仓储或第三方仓储则更为明智。

需求的稳定性是选择自营仓储与否的一个关键因素。如果厂商具有多种产品线、仓库具有稳定的周转量，自营仓库仓储的运作将更为经济；反之，采用租赁仓库仓储和利用第三方仓储会使生产和经营更具有灵活性。

市场密度是另外一个影响因素。当市场密度较大或供应商相对集中时，自建仓库将提高企业对供应链的稳定性和成本的控制能力；相反，当供应商和用户比较分散而使得市场密度较低时，在不同地区同时使用几个公共仓库要比用自有仓库去服务一个很大的地区更经济。

总之，自营仓储的前提非常苛刻，租赁仓库仓储和第三方仓储更具有灵活性，而且符合物流社会化的发展趋势。在许多时候，企业可以根据各个区域市场的具体情况，分别采用不同的仓储管理模式，而且可以进行进一步的分析，对于某一项具体的仓储管理活动，采取自营与租赁或第三方仓储相组合的混合模式。

## 四、是否需要设立仓库的决策

通过本章第二节的内容，可以看出，虽然现在很多企业都在提倡和追求低库存甚至零库存，都在努力削减供应链中的库存和仓储环节，但是还是非常有必要设置仓库和进行仓储管理。回顾一下2000年造成日后爱立信被迫出售其手机制造业务的那场零部件供应商的大火[㊀]，以及许许多多由于各种原因造成库存零部件、产成品不足，从而影响企业生产、销售的案例，想必我们会对这个问题有一个不同的认识：尽管电子商务、供应链整合、有效顾客反映（Efficient Customer Response，ECR）、快速响应（Quick Response，QR）和即时配送等理念发展得相当迅速，但是，联系生产商和顾客的供应链永远不可能完全协调一致，不可能达到可以完全取消仓储的地步。爱德华·弗雷兹认为[㊁]，仓储环节在供应链中起着至关重要的作用（见图1-6）。图1-6说明各种物品的库存及其储存场所遍及供应链全过程和物流网络各处，虽然可以进行库存、仓库和流程的整合，但是最终也无法消除仓储的重要性。

也是由于以上所述各种理念的发展，仓储管理所承担的任务及其所起的作用正在发生着变化，且这种变化将一直持续下去。旨在使在途库存最小化的供应链整合活动在很大程度上对供应链物流管理提出了更严格的要求，因此，在准确性和流通时间方面，仓储管理面临的压力越来越大，灵活性将成为仓储管理成功的关键因素。企业可以通过流程设计、

㊀ 参见：http://tech.sina.com.cn/it/t/51693.shtml。

㊁ 参见：爱德华·弗雷兹. 当代仓储及物料管理 [M]. 北京：人民邮电出版社，2004。

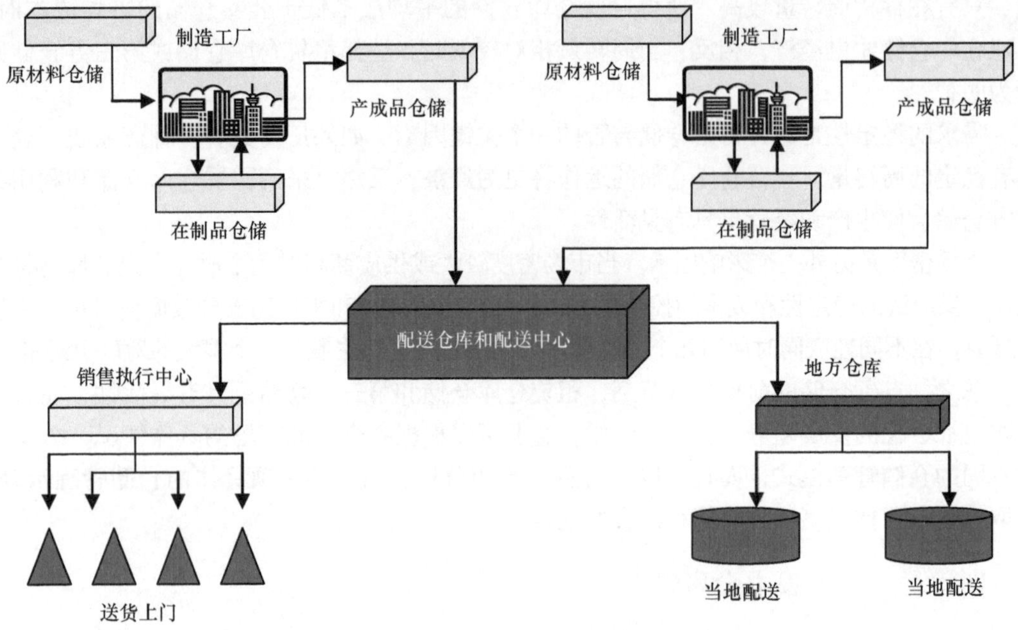


图 1-6　仓储在物流及供应链管理中的地位与作用

系统选择和调整以及作业场所布局设计来提高仓储作业的灵活性。

仓储在供应、生产、销售之间起到了桥梁、链接和支撑的作用，而没有了仓储管理的对象——“物”，企业所有的环节都是无法运转的。因此，可以说，仓储活动不仅不会失去其重要性，而且由于良好的仓储管理可以产生增值效益并真正支持改善企业活动，因此其在物流与供应链管理活动中将变得日益重要。只是，现代的仓储管理与传统意义上的仓储管理相比，显然已经被赋予了更多、更先进、更广泛的含义。

仓储管理的基本场所是仓库，因此企业在进行仓储管理决策时，首先应该考虑的问题是究竟是否需要设立仓库。从物流管理的整体出发去考虑，也就是说，在一个企业的物流网络中，是否需要设立相应的各级物流节点。设立物流节点（主要是各种仓库，如配送中心）会导致仓储费用的上升，但是也会提高运输和生产经营的效率。因此进行是否设立仓库的决策时需要从物流系统整体出发，考虑成本与效益之间明显的“二律背反”现象，才能进行科学决策。看下面的例子㊀：

**【例 1-1】** H 公司的业务，是为客户印刷资料。原来，H 公司采取的方式是将资料印好，然后直接分发给各地的客户需求点。合同签订以后，通常是急活儿，需要将整个公司

㊀ 参见：Ronald H Ballou. 企业物流管理［M］. 北京：机械工业出版社，2002：199。

的劳动力和印刷设备完全投入进来，为某一项活动准备资料，加班加点是常事。印刷完毕后，H公司会交由快递公司直接将资料由印刷厂送到散布在各地的需求点，每个地区都会有多个客户需求点存在。这使得H公司的快递运输费用相当高。

现在，公司换了一个总经理，具有良好的物流管理背景。考虑到现在公司的运营成本过高，他在研究是否可以通过物流管理优化来降低成本。具体的方案是不再将资料直接快递给客户，而是在各地设立中转仓库，采取租赁形式。资料印刷完毕后，先以整车运到各个仓库，然后再由快递公司从大约35个这样的地区中转仓库做短距离运输，送到各需求点。虽然这样会造成仓储费用的增加，但是降低了运输成本。而且因为可以提前印刷好资料存放在仓库中，不必每次都在客户下达订单之后再进行生产，所以生产计划的变动也大大减小，加班加点现象也基本消除，生产成本也可能会因此下降。

该总经理随后做出了一个粗略的成本估算（针对需要印刷500万册资料的典型活动），见表1-1。

表1-1　H公司设立仓库前后的成本对比　（单位：元）

| 项目＼方案 | 从工厂直接运输 | 通过35个仓库运输 | 成本变化 |
|---|---|---|---|
| 生产成本 | 500000 | 425000 | -75000 |
| 运输成本： | | | |
| 至仓库 | 0 | 50000 | +50000 |
| 至当地 | 250000 | 100000 | -150000 |
| 仓储成本 | 0 | 75000 | +75000 |
| 总计 | 750000 | 650000 | -100000 |

由表1-1可以看出，运输成本的降低在抵消增加的仓储成本后还有结余。

企业是否需要设立仓库，必须经过科学决策，而不能只凭一些空泛的分析或者沉迷于一些看上去很好的理论就妄下决定。

## 案　例

### 案例1-1　以仓储管理为核心实施转型

客户选择第三方物流服务时，信息化管理是最基本的要求。上海惠尔物流有限公司借助信息化，成功地由一家传统的运输公司转型为第三方物流公司，完成了“脱胎换骨”的转变。而其信息化需求的核心，是仓储管理。

1. 背景分析

2003年4月，惠尔决定转型。此前，惠尔是一家传统的运输公司，他们的目标是转型为第三方物流公司，开展以储、运一体化为主要内容的物流服务。与此同时，惠尔制定了“通过物流分拨网络的快速扩张、大幅缩短客户响应时间以及电子商务来拓展市场”的战略。

要实现这些美好的“蓝图”，惠尔的领导寄希望于物流信息管理系统。因为物流公司的竞争并非在于车辆的多少，而是在于服务的优劣，主要就是看物流公司能否提供准确的报表反馈，以保证单据处理的及时和准确。但是，惠尔的信息化需求究竟是什么？惠尔究竟要建一套什么样的物流信息管理系统？公司领导莫衷一是。

此时，惠尔信息技术部经理提出：“对于物流管理，仓库是核心，尽管利润点可能不在仓库。拿到仓库，运输就基本拿到了；拿到运输，但拿不到仓库的话，估计客户也很快会丢掉。所以，物流管理的核心是仓储管理，然后可上升到供应链管理。”

基于这种认识，惠尔的整体物流系统建设把仓储管理系统摆在了首位，同时兼顾运输管理系统、客户关系管理系统、电子商务系统等。系统的设计目标，就是要创建一个基于网络的集成的物流管理信息系统，实现企业、客户及相关环节的信息资源的数据共享和数据交换。系统应该具有良好的稳定性和可扩展性，能够同外部系统集成，并且安全可靠。

2. 解决方案

惠尔整个系统的投资总计100多万元，其中软件占60%。与同行业相比，惠尔建这样一套物流信息管理系统的投资额度还达不到中等水平。惠尔认为，合适的就是最好的。基于这种考虑，惠尔最终选择了招商迪辰软件系统有限公司来开发这套系统。其实，迪辰开发的物流信息管理系统并不比其他的物流系统便宜。惠尔之所以选择迪辰，是认为迪辰的物流信息管理系统拥有较好的DAP平台。DAP平台是采用纯Java开发的BS三层架构，能满足惠尔目前的需求及客户在线随时查询的需求。据悉，DAP是迪辰开发的应用于物流及供应链管理领域的标准化的信息技术平台。DAP平台具有行业针对性，可进行图形化操作及管理。

基于DAP平台，迪辰为惠尔要做的就是个性化的开发工作。就惠尔物流信息管理系统的定位，没有太复杂的工作，就是进出库管理、库内管理、增值服务，所以系统不会选太复杂的功能化软件，而是需要流程化软件。

就在建设物流信息管理系统之际，惠尔已开始在全国设立分拨中心。目前，惠尔在全国14个城市设立了分拨中心，仓库总面积达8万$m^2$，其中设在上海的中央分拨中心仓库面积达4万$m^2$。

根据第三方物流服务网点化和核心仓储管理的特点，迪辰首先使系统做到集中化，即集中中央数据库、集中统一接单、集中统一动态管理，这些集中式管理不是记账式管理，而是由系统控制的主动管理。同时，在仓库管理系统和运输管理系统之间，增加了一个订单处理模块，将两大系统协同起来，避免了重复劳动。此外，迪辰还使整个系统实现流程化，按照严格的流程图，一步一步按图操作，完全贯彻了集中化、协同化、流程化的思路。

目前，惠尔各地的分拨中心借助互联网，随时可与客户系统进行连接和数据交换。

**问题：**

为什么惠尔以仓储管理为核心建设信息系统？

# 案例 1-2 仓储外包甩掉存货包袱[㊀]

面对近年来体育用品行业的新趋势，如产品生命周期缩短、消费者个性化倾向明显、体育产品中科技附加值提升等，李宁公司重新对自己进行了定位。2005 年，李宁公司把产品的营销和研发定位为公司的核心竞争力，考虑到存货管理的难度和风险，公司萌生了将仓储外包的想法，并最终选择了新科安达作为合作伙伴。这是国内首例服装行业的仓储外包项目。

## 1. 背景分析

服装消费在时间上具有敏感性，企业必须考虑快速迎合市场需求，尽可能减少因配送不及时造成的断款、断色、断码等现象，同时又要防止产品大量积压对成本以及企业发展的影响。这就造成了服装企业的仓储管理普遍复杂的现状。一般的服装企业库存单元都有成千上万种，再加上本身的条码技术应用并不成熟，企业又缺少现代化仓储管理人才，所以常常是系统显示有货却不能及时配货，发现货物的时候却已过销售季节。对此，有很多服装企业都选择了信息化解决方案来加速商品流转。

但李宁公司意识到，信息化手段并不能完全解决库存问题。仓储环节连接着生产和销售，要管好仓库，除了要掌握产品销售信息、在库信息以及配送信息外，还要对整体存在的问题进行分析和规划。

李宁公司给自己的定位是运动品牌，经营品种主要包括服装、鞋类和体育配件。其中服装和鞋产品占 90%。而服装本身季节性强、货号色号多的产品特性也给李宁公司的仓储管理增加了不小的难度。资料显示，2003 年李宁公司实现净利润人民币 9400 万元，但是存货水平也达到了 2.8 亿元。李宁公司的平均存货周转期在 2003 年维持在 141 天左右，2004 年降到 124 天，2005 年上半年缩短到 97 天。虽然本公司的存货周期缩短，但李宁公司的下游仍然积压了大量存货。作为李宁公司的主要竞争对手，耐克和锐步这样的国际一线运动品牌在中国的存货周转期分别只有 84 天和 64 天，因此提高库存周期是李宁改进仓储管理、减少存货的关键一环。

2005 年之前，李宁公司的仓储管理一直都是自己负责。配合在国内的三个生产大区，李宁公司在北京、上海和广东三水分别建了三个 DC（Distribution Center，分拨中心）。但是，李宁公司 2004 年才投入使用的上海仓库到 2005 年年中时就不能继续扩充仓储面积，从而很难支持业务的快速增长，同时也限制了物流网络规划的合理调整。

面对仓库面积给李宁公司发展带来的制约，公司开始考虑改变原先的管理理念。2005 年，公司暂停了物流设施建设的投入，对仓储管理进行了重新定位，开始有了外包的想法。当时，已有不少专业物流公司在国内都发展了一二十个大的 DC。如果能与其合作，一定比公司自己做来得更经济，同时还能享受到可持续发展的专业化服务。

此前，由于缺少库存分析，李宁公司经常出现货从广东工厂发到北京的仓库，然后再发到华东地区销售，原因就是没有做好规划。因此，李宁公司开始改革其物流部职能，使其发生了本质的改变，从主管操作转变为进行存货规划和管理，并以此指导前端的供应、采购等工作。

李宁公司在国内共有 280 ~ 300 家经销商，有的采购规模上亿元，有的规模只有十几万元。而原来公司对配送周期一直都是统计平均值，追求越短越好。但实际上，无论是经销商的销售能力还是各地区的消

---

㊀ 资料来源：根据《李宁首吃仓储外包西红柿》（赵皎云，环球供应链，2006 年第 3 期）改编。

费水平，都是有差别的。因此在角色转换之后，配送不应只追求快，还要与经销商的营运能力、消费者的需求时间和种类等相配合。所以，现在李宁公司的仓储管理要站在更高的角度连接经销商的需求信息和供应商的供给信息，规划好收发货和车辆的应用效率等。

2005 年，李宁公司在重新定位了核心竞争力后，也下定了将仓储作业外包的决心。

### 2. 解决方案

从 2000 年开始，李宁公司每年的销售量都以 30% 以上的速度增长，这就要求仓储能力和管理水平也要有相应的提升空间，包括仓储空间的使用率、拣配货效率等。这些如果依赖更专业的操作者实现，会比自己完成更有效率。最终，李宁公司确定了和新科安达的仓储外包合作项目。李宁公司认为，这个项目的重要性并不在于金额，而是理念的大幅转变。

李宁公司暂时保留了北京和上海的 DC，取消了位于三水的仓库，移仓到了新科安达位于广州的仓库。三水仓库由简单的铁皮搭建而成，夏天温度过高，经常需要用自来水从仓库顶部往下浇灌来降温，这很容易导致库顶泄漏从而淋湿库内货物。仓库内没有月台，难以提高装卸货物的效率。而且这个仓库没有应用专业的管理软件，无法控制合理库存和有效提升操作效率，很难适应李宁公司高速发展的业务需要。

改进仓储管理当然不如改进仓库的硬件条件那么简单。李宁公司也不可避免地面临着服装行业本身的特点给仓储管理带来的难度。一款衣服在管理上最多可以有 3 个固定的变量：款式、尺寸、颜色。每款衣服都有多种尺寸和颜色，这就形成了多 SKU（Stock Keeping Unit，最小可管理存货单元，即单品）管理。李宁公司的 SKU 多达 2 万多个，而家电企业一般只有 200 多个。而且由于各地经销商要的产品不同，仓库在发货前还要经过重新分拣、打包。这么多的 SKU 加上服装的颜色、尺码、款式多种多样，没有一个很好的仓库管理信息系统无法支撑。此外，服装生产的合并与排序专业性较强，涉及的流程和产品规格复杂，这都增加了仓储管理的难度，使得李宁公司不得不借助一个新科安达这样拥有先进仓库和信息系统的第三方物流公司来解决仓储难题。

多 SKU 管理也给新科安达带来了不小的压力，但这种仓储管理的集中性在信息化和配送上也有很大的优势。新科安达有部分企业客户的产品配送目的地与李宁公司是相同的，这对李宁公司处理小订单配货及降低成本等将有很大帮助。另外，李宁公司还看上了新科安达的网络优势。新科安达在全国有 32 个 DC、800 多名专业员工，负责向全国 1260 个城市送货，能满足客户的市场拓展和变化需求。新科安达的各 DC 可以支持和协调李宁公司仓库所在城市以外地区的服务，而其母公司胜科物流在亚太及全球的网络，也为李宁公司正在拓展的全球业务打下了基础。

除了专业的操作，李宁公司还要求新科安达根据以往的仓储管理经验，定期给他们提出改善建议，一些成功的做法会被借鉴到上海和北京的仓储管理中。所以对于新科安达来说，最大的压力不仅来自按照要求给李宁公司做好仓储管理，还有后续发展的问题，包括明确第二年的目标、投入资源的方式、加大双方合作范围的计划等。

李宁公司的生产和运输早已进行了区域外包。按照现在的仓储外包理念，新科安达不仅要及时、准确地做好收发货工作，还要定期向李宁公司提供各种数据并提出分析和建议。新科安达从收货、发货、盘点、货物可追溯性、先进先出 5 个方面对仓库进行严格管理，并以天、周、月为周期，提供指定格式的库存报表，包括“进货统计表”“出货统计表”“库存统计报表”等。

两个公司的高层管理者每半年就要坐在一起对过去的工作进行梳理，而在相应的经理级别，沟通计划为每季度一次。具体到双方下面的操作人员，则是随时沟通。把李宁公司设在广东三水的仓库移到新科安达的广州仓库只是个开始，随后将启动的合同谈判与后续项目工作包括制定 KPI（Key Performance Indication，关键业绩指标）以及撰写 SOP（Standard Operating Procedure，标准操作规程）。新科安达专门派出经验丰富的客服经理和一线运作人员，考察李宁公司原有的仓库，并同李宁公司的物流人员一起商讨业务流程改造。以后还有其他的仓库外包计划与运输的整合计划等。无论是李宁公司还是新科安达，都还有更多的工作要做。

**问题：**

李宁公司从仓储外包中得到了哪些好处？在这种外包中可能会出现哪些问题？

## 习题

1. 分析仓储活动的意义，并举例说明。
2. 为什么说仓储活动是生产性的？
3. 举例说明仓储的功能。
4. 阐述仓储管理的含义及所包含的内容。
5. 说明按运作方划分的仓储管理模式的种类，并说明选择仓储管理模式的方法。
6. 分析［例 1-1］，回答以下问题。

（1）画图表示 H 企业设立仓库前后不同的供应链结构及物流流程。

（2）如何考虑两种不同决策的影响因素？

（3）谈谈你从此例中得到的启发。

7. A 公司欲在某地开一家新厂，要求物流经理设计最低成本的产成品配送系统。该厂预计每年能销售 2.4 万个产品，试测算下列三种方案的成本，并针对其中最低成本方案，分析其相对于其他方案的除成本之外的益处何在。

（1）工厂附近建一个自有仓库，投资 30 万元。可变成本估计一个产品为 5 元，平均每个产品运费为 12.5 元。本方案中，由于仓库离工厂很近，因此可以忽略将产品从工厂运至仓库的运输成本。固定的仓库投资可以分摊于 10 年中。

（2）在离厂 10km 的公共仓库租借空间，每个产品可变成本为 8 元，平均每个产品运费为 12.5 元。将产品从工厂运至仓库的运输服务费为每个产品 5 元。

（3）将仓储及运输均承包给 FM 物流公司，FM 公司仓库距离工厂 25km。FM 公司要求厂家支付固定投资 15 万元（分 10 年付清），每个产品收取一揽子服务费 20 元。

## 思考题

1. 查阅文献，了解古代某个阶段我国仓库与仓储的状况。
2. 查找相关资料，了解我国及世界仓储发展的现状与趋势。
3. 有人说，零库存要求取消仓库；还有人说，不管现在还是将来仓库都是必需的。你同意哪种观点，为什么？

# 第二章 仓储设施与设备

## 作　用

仓储设施与设备是仓储活动得以进行的硬件基础，其重要性不言而喻。本章介绍仓库、堆场等主要仓储设施，并对其规划以及应用于其中的仓储设备做简要介绍。

## 关　键

仓库的定义、分类；库场选址的目标、原则、影响因素及选址程序；自动化立体库的构成及其优缺点；仓储设备的种类与特点。

仓储设施是仓储活动赖以进行的基本条件，主要指的是各种类型的仓库。

## 第一节　仓　　库

仓库（Warehouse）是保管、储存物品的建筑物和场所的总称，如库房、货棚、货场等。仓库与库存是同时产生的。当生产力发展到一定阶段，有了库存的需要，就出现相应的储存设施。我国“仓库”从原始的储存谷米之类的“仓廪”到近代的“堆栈”——堆存和保管物品的场所与设备，发展到具有一定规模和水平的现代仓库，同样是生产力发展的结果。

### 一、仓库的类型

仓库的种类很多，由于各种仓库所处的地位不同，所承担的储存任务不同，再加上储存物资的品种规格繁多、性能各异，就可以根据不同的分类标准，将仓库分为不同的类型。

### （一）按用途分类

仓库按在商品流通过程中所起的作用，可以分为以下几种：

（1）采购供应仓库。采购供应仓库主要用于集中储存从生产部门收购的和供国际间进出口的商品。这类库场一般设在商品生产比较集中的大、中城市，或商品运输枢纽所在地。采购供应库场一般规模较大；如我国的商业系统的一级和二级采购供应站的库场属于这类。其中，一级供应站面向全国，二级供应站面向省、自治区或经济区。随着市场经济的逐步确立，这种供应站的职能划分已被打破。

（2）批发仓库。批发仓库主要用于收储从采购供应库场调进或在当地收购的商品。这类仓库贴近商品销售市场，是销地的批发性仓库。它既从事批发供货，又从事拆零供货。

（3）零售仓库。零售仓库主要用于为商业零售业做短期储货，以供商店销售。在零售仓库中，存储的商品周转速度较快，而库场规模较小，一般附属于零售企业。

（4）储备仓库。这类仓库一般由国家设置，以保存国家应急的储备物资和战备物资。货物在这类仓库中储存的时间往往较长，并且为保证储存物资的质量须定期更新储存的物资。

（5）中转仓库。中转仓库处于货物运输系统的中间环节，存放那些待转运的货物。这类仓库一般设在铁路、公路的场站和水路运输的港口码头附近。

（6）加工仓库。这种仓库除储存商品外，还兼有挑选、整理、分级、包装等简单的加工功能，以适应消费市场的需要。目前，兼有加工功能的仓库是物流企业仓储服务发展的趋势。

（7）保税仓库。保税仓库是指为满足国际贸易的需要，设置在一国国土以内、海关关境以外的仓库。外国货物可以免税进出这些仓库而无须办理海关申报手续。并且，经批准后，可在保税仓库内对货物进行加工、存储、包装和整理等业务。有时会划定更大的区域用作货物保税，这样的区域则可称为保税区。

以上各类仓库中，采购供应仓库、批发仓库以及零售仓库在物流供应链中形成了前后衔接的关系，如图 2-1 所示。

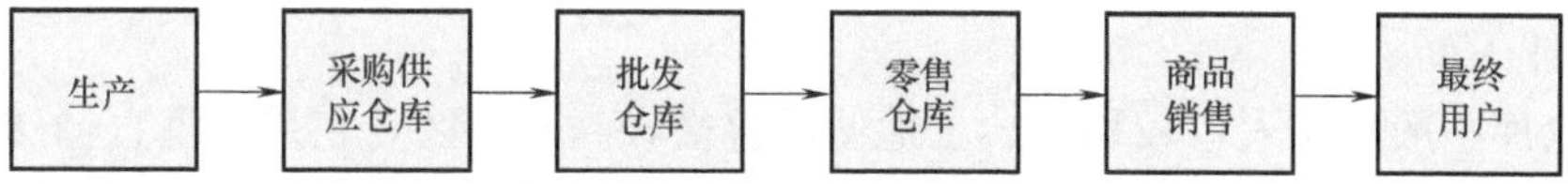


图 2-1　仓库供应链关系

### （二）按保管货物的特性分类

按保管货物的特性不同，仓库可分为以下几类：

（1）原料仓库：保管生产中使用的原材料的仓库。这类仓库一般规模较大，通常设有大型的货场。

（2）产品仓库：保管完成生产但尚未进入流通的产品。一般这类仓库附属于产品制造企业。

（3）冷藏仓库：保管需要冷藏储存的货物，一般多为农副产品、药品等。

（4）恒温仓库：为保持货物存储质量，将库内温度控制在某一范围的仓库。这种仓库规模不大，可以存放精密仪器等商品。

（5）危险品仓库：专门用于保管易燃、易爆和有毒的货物。这类货物的保管有特殊的要求。

（6）水面仓库：利用货物的特性以及宽阔的水面来保存货物的仓库。例如，利用水面保管圆木、竹排等。

### （三）按仓库建筑物的构造分类

#### 1. 单层仓库

单层仓库是最常见、使用很广泛的一种仓库建筑类型。这种仓库没有上层，不设楼梯，如图 2-2 所示。其主要使用特点是：①单层仓库设计简单，在建造和维修上投资较省；②全部仓储作业都在一个层面上进行，货物在库内装卸和搬运方便；③各种设备（如通风、供水、供电等）的安装、使用和维护比较方便；④仓库地面能承受较重的货物堆放。

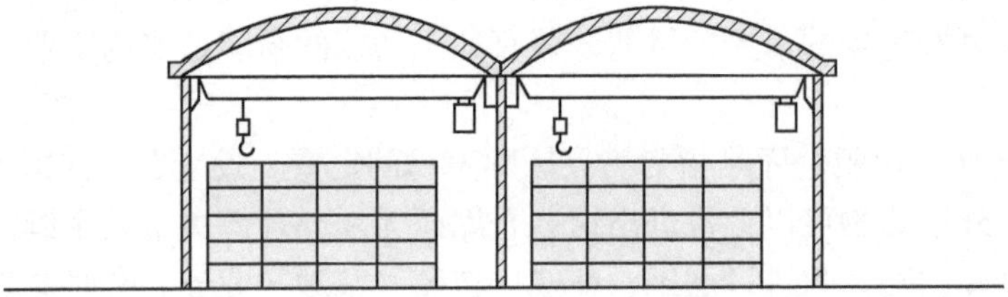

图 2-2　单层仓库示意图

但是，单层仓库的建筑面积利用率较低，在城市土地使用价格不断上涨的今天，在市内建造这类仓库，其单位货物的存储成本较高，故单层仓库一般建在城市的边缘地区。

#### 2. 多层仓库

多层仓库一般建在人口较稠密、土地使用价格较高的市区。它采用垂直输送设备（如电梯或倾斜的带式输送机等）实现货物上楼作业。图 2-3 反映了一种阶梯形的多层仓库，它通过库外起重机将货物吊运至各层平台。多层仓库主要有以下特点：

（1）多层仓库可适应各种不同的使用要求，如办公室与库房可分别使用不同的楼面。

（2）分层的仓库结构将库区自然分隔，有助于仓库的安全和防火，如果火情发生，往往可以被控制在一个层面而不危及其他层面的货物。

(3) 现代的仓库建筑技术已能满足较重的货物提升上楼。

(4) 多层仓库一般建在市区，特别适用于存放城市日常用的高附加值、小型的商品（如家用电器、生活用品、办公用品等）。

多层仓库的最大问题是建造和使用中维护的投资较大，故堆存费用较高，一般适用于高附加值的商品堆存。

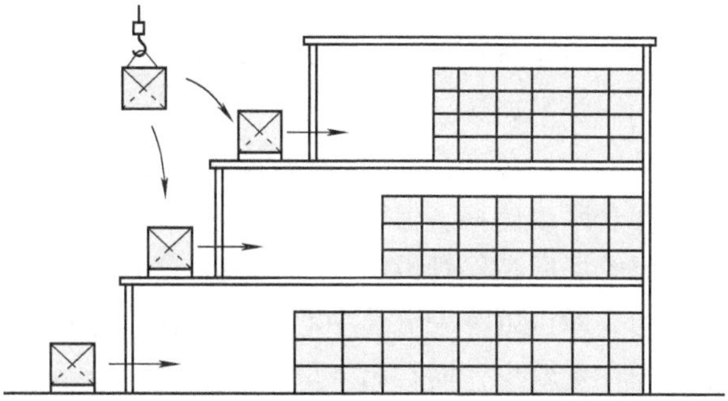

图 2-3 阶梯型多层仓库示意图

3. 立体仓库

立体仓库又称高架仓库，实质上是一种特殊的单层仓库。它利用高层货架堆放货物。一般与之配套的是在库内采用自动化的搬运设备，形成自动化立体仓库。当采用自动化的堆存和搬运设备时，便成为自动化立体仓库。

4. 筒仓

筒仓是用于存放散装的小颗粒或粉末状货物的封闭式仓库，一般置于高架之上。筒仓一般用于存储粮食、水泥和化肥等。

5. 露天堆场

露天堆场是用于货物露天堆放的场所，一般堆放的货物都是大宗原材料，或不怕受潮的货物。

（四）按建筑材料分类

根据仓库所使用的建筑材料不同，可以将仓库分为钢筋混凝土仓库、混凝土块仓库、钢结构仓库、砖石仓库、泥灰墙仓库、木架砂浆仓库和木板仓库等。随着建筑材料的发展，按建筑用材划分的仓库还会有新的种类出现。

（五）按所处位置分类

根据仓库所处的地理位置，可以将仓库分成码头仓库、内陆仓库、车站仓库、终点仓库、城市仓库以及工厂仓库等。

（六）按仓库的管理体制分类

根据仓库隶属关系的不同，按其管理体制可将仓库分为自用仓库和公用仓库。

自用仓库只为企业本身使用，不对社会开放，在物流概念中被称为第一方物流仓库和第二方物流仓库。如我国大型企业的仓库和大多数外贸公司的仓库属于此类。这些仓库由企业自己管理。当然，随着市场经济的影响，已有许多自用仓库在满足自身的需要以后，也逐步向社会开放。

公用仓库是一种专门从事仓储经营管理的、面向社会的、独立于其他企业的仓库，在物流概念中被称为第三方物流仓库。国外的大型仓储中心、货物配送中心属于此类。近年来，我国专门从事仓储业务的企业发展迅速，已在物流系统中扮演着越来越重要的角色。

### （七）按仓库的功能分类

从功能性的角度，仓库可分为储存仓库和流通仓库。

储存仓库以储存、保管为重点，货物在库时间相对较长，仓库工作的中心环节是提供适宜的保管场所和保管设施设备，保存商品在库期间的使用价值。

流通仓库也可称为流通中心。流通仓库与储存仓库的区别在于：货物在库的保存时间较短，库存量较少，而且出入库频率较高。流通仓库虽然也做保管业务，但更多的是做货物的检查验收、流通加工、分拣、配送、包装等工作，在较短的时间内向更多的用户出货。制造厂家的消费地仓库、批发业和大型零售企业的仓库属于这种类型的较多。

## 二、仓库建筑物

为了满足仓储管理的需要，仓库必须配置一定的硬件设施和设备。仓储建筑物由仓库的主体建筑、辅助建筑和辅助性设施构成。

### （一）仓库主体建筑

仓库建筑物有多种类型，可按不同的标准进行分类。按仓库的结构特点，可将仓库建筑物分为三大类，即封闭式仓库（库房）、半封闭式仓库（料棚）和露天式仓库（料场）。

#### 1. 库房

库房是仓库中用于存储货物的主要建筑。库房按其与地面的相互位置关系，可分为地上库房、半地下库房和地下库房。

地上库房施工容易，造价较低，库内干燥，通风采光良好，作业方便。其缺点是受自然因素和周围环境的影响比较大。地下库房与此完全相反，而半地下库房的优缺点则介于两者之间。一般库房多为地上库房，只有存放油脂、油漆、酸类、橡胶及其制品等物料的库房才采用地下或半地下。

库房按其跨度可分为单跨库房、双跨库房和多跨库房。双跨或多跨库房又有等高不等高之分。双跨和多跨库房与单跨库房相比较，在建筑面积相同的情况下，前者可缩短围墙以及其他附属装置的长度，降低工程造价。

库房主要由以下建筑结构组成：

（1）基础：用于承受房屋的重量。库房基础可以分为两种：连续基础和支点基础。

连续基础是由实体墙下采用砖、块石和水泥浆砌成；支点基础是在墙柱下形成柱形基，柱形基础一般间隔 3 ~ 3.5m。

（2）地坪：用于承受堆存的货物。它要求坚固（承受冲击）、耐久（耐摩擦）、有承载能力（$5 \sim 10t/m^2$）以及平坦（便于车辆通行）。

（3）墙壁：库房的维护、支撑结构。其作用是使库内环境尽可能地不受外界气候影响。库房墙壁按其所起作用不同，可分为承重墙、骨架墙和间隔墙。其中，骨架墙是砌在梁柱间，起填充作用和隔离作用的墙。

（4）库门：库门的尺寸应根据进出库场的运输工具携带货物时的外形尺寸确定。对于较长的库房，每隔 20 ~ 30m 应在其两侧设置库门。如果与火车装卸线对应，则库门的间距为 14m。

（5）库窗：用于库内采光和通风。

（6）柱：库房的承重构件。柱子的位置和密度应根据堆码方式、建筑面积、结构类型以及便于车辆行驶等诸方面因素来确定。

（7）库顶：主要作用是防雨雪和保温。库顶建筑的要求是，符合防火安全要求，坚固和耐久。库顶的外形有平顶、脊顶和拱顶三种。

（8）站台：便于装卸和车辆进出仓库。站台平面应与车厢底面和仓库地面平齐，一般比地面高出 1.1m 左右。站台宽度根据库内流动机械的回转半径确定，一般为 6 ~ 8m。站台围绕库房四周构筑。

（9）雨篷：在货物进出仓库时，防止雨雪侵淋。其宽度应大于站台 2 ~ 4.5m。

2. 货棚

货棚也称为料棚，是一种简易的仓库，为半封闭式建筑。货棚用于存放对自然环境要求不高的货物。货棚根据其围墙建筑情况，可以分成敞棚（仅由支柱和棚顶构成）和半敞棚（有一面、两面和三面墙之分）。

3. 露天货场（料场）

露天货场是用于堆存不怕雨淋、风吹的货物，采用油布覆盖时，则可堆存短期存放的、对环境要求不太高的货物。露天货场的地面材料可根据堆存货物对地面的承载要求，采用压实泥地、铺沙地、块石地和钢筋水泥地等。

### （二）仓库辅助建筑

仓库的辅助建筑是指办公室、车库、修理间、装卸工人休息间、装卸工具储存间等建筑物。这些建筑一般需要与存货区保持一定的安全间隔。

### （三）仓库辅助性设施

仓库除以上设施外，还有一些辅助性设施，主要有通风设施、照明设施、取暖设施、提升设施（电梯等）、地磅（车辆衡、轨道衡）以及避雷设施等。

### （四）对仓库建筑物的基本要求

库房、货棚、货场等各种仓库建筑物，结构不同，功能不同，对它们的要求也不同，下面分别加以叙述。

1. 对库房的基本要求

（1）要满足物资保管的要求。储存保管物资是库房的基本功能。库房要为物资保管创造适宜的环境和良好的条件。

对于一般普通库房来说，主要应具有良好的防水（自然降水、雨雪霜露等）、防潮、防风吹日晒、防尘、防有害气体、防盗、防破坏等功能。库房的地坪、墙体和屋顶应具有良好的隔潮性能，库房门窗应有较好的密封性能，墙体和门窗要有足够的坚固性。

取暖保温库房除上述要求外，还应有良好的隔热保温性能，这主要取决于墙体和屋顶的结构材料。此外，门窗的大小、结构和结构材料对库房的隔热保温性能也有一定的影响，如双层门窗的保温效果较好。

对于专用库房来说，由于存放的物资不同，应有不同的要求。如油库，应具有良好的通风性能和隔热性能；酸库应具有一定的耐腐蚀性能和通风保温性能；电石库应有良好的防潮性能和通风性能等。

（2）要满足仓库作业的要求。库存物资要经常进行收发，因此，要求库房应为仓库作业提供方便条件，特别是要满足机械化作业的要求。这些要求包括：库内安装固定装卸搬运设备（桥式起重机或龙门式起重机、电动滑车、堆垛机、升降平台等）；为装卸运输设备入库作业提供方便（库门要足够大、地坪的承载能力要强、库房净空要高）；专用线进库或库边设站台，站台的宽度、长度、高度和两端的坡度要符合机械化作业的要求。

（3）要满足防火安全的要求。物资仓库是集中储存保管大量物资的场所，仓库的防火安全非常重要。

按照仓库储存物品发生火灾危险程度的不同，可将其分为甲、乙、丙、丁、戊五个类别。

甲、乙类主要是自燃、易燃和易爆炸物品，丙类主要是可燃液体和固体；丁类为难燃烧物品；戊类为非燃烧物品。

按照建筑物各部分构件的燃烧性和耐火极限，将建筑物分为一、二、三、四、五等五个建筑耐火等级。建筑物各部分构件的燃烧性可分为三种情况：①非燃烧体，如砖、石、钢材、水泥混凝土等；②难燃烧体，如沥青混凝土、水泥刨花板等；③燃烧体，如木材、竹材、油毡、苇席等。

建筑各部分构件，从受到火的作用时起，到失去支持能力、稳定性，或发生穿透性裂缝，或与火对立面的背面温度升高到150℃时止，这一段对火的抵抗时间称为耐火极限，以小时计。

对于储存不同类别的物资仓库，要求与之相适应的建筑耐火等级的仓库建筑物，可参照表2-1。

**表2-1 仓库建筑物耐火等级**

| 库存物资类别 | 甲 | 乙 | 丙 | 丁 | 戊 |
|---|---|---|---|---|---|
| 建筑耐火等级 | 一、二 | 一、二 | 一、二、三 | 一、二、三、四 | 一、二、三、四 |

2. 对料棚的要求

对料棚的要求与库房一样，应满足物资保管、仓库作业和防火安全的要求。但料棚在保管条件方面与库房不同，因为它只有屋顶和部分围护结构，其主要作用是防止降水及日照对物资的影响，对温度湿度无法控制。而且由于潲雨和日光斜射对料棚内物资的影响，料棚在建筑方面需要注意以下几个方面：

（1）大跨度或双跨。增大料棚的跨度，可增加安全面积，缩小潲雨、日照面积占总面积的比率。

（2）低柱头。料棚内潲雨和日光斜射所达到的深度（即所损失的面积）与料棚的高度成正比，料棚越高，损失的面积越大。

（3）长挑檐。延长料棚的挑檐能对潲雨和日照起一定的阻挡作用。当挑檐足够长时，潲雨和日照不会进入棚内。

（4）高屋脊。加高料棚的屋脊有利于泄水，可减少漏雨，并能扩大棚内空间，有利于防热。

（5）半围护。在料棚四周的垂直方向上，可设部分遮蔽物。无挑檐时设在上部，有挑檐时设在中部或下部，能遮蔽雨雪和日照。

料棚靠库区围墙或库墙修建，可利用围墙或库墙作为一道侧墙，能解决一个侧面的潲雨和日照问题。

3. 对露天料场的要求

料场是储存保管物资的露天场地，无任何固定的遮蔽物，对各种自然因素的侵蚀均不起防护作用，主要靠下垫上苫保护物资不受损失。一般要求料场应具备下列条件：

（1）地势高燥。露天料场地势要高，地下水位要低，地面要保持干燥，不反潮。

（2）排水良好。露天料场应有良好的排水性能，雨后不积水，料场横断面造成人字坡度，在最低处设排水沟，并与排水管道连通，泄水通畅。料场如为软地面，可铺河沙、山皮土，形成渗水层。

（3）地面坚实。料场地坪应有足够的荷载能力，最好采用硬地面，可用水泥混凝土或沥青。如条件不允许，可因地制宜，就地取材，砌筑石块。

（4）交通方便。露天料场应有方便的交通条件，要有专用线通入，并有公路环绕，以便于物资的收发。

（5）设备齐全。一般料场都应安装龙门式起重机，用以完成物资的装卸、搬运、检验、配料、集中等作业；料场应配备检斤设备，如大型台秤、地衡等；在料场还可根据需要，安装固定大型钢制悬臂料架或垛基。此外，料场应有良好的照明条件和供电系统。

（6）环境适宜。料场应远离工厂和锅炉房的烟囱，以防烟尘对物资产生影响。料场应与储灰场等保持一定的距离。场内应清除杂草和垃圾。料场周围不宜栽种落叶树。

如上所述，料棚的保管条件不太好，而且作业不便。露天料场虽然作业方便，但保管条件更差。为了改善保管条件，最好建造封闭式库房，这就需要大量投资，不易实现。而采用充气式仓库和活动料棚，则是解决这一问题的好办法。特别是应大力推广活动料棚。

## 第二节 堆　场

堆场是用于堆放货物的场地，一般情况下为露天料场。堆场上堆存的货物不同，其管理方式也不同。下面分为集装箱堆场、散货堆场、带包装物品堆场三大类分别介绍。

### 一、集装箱堆场

#### （一）集装箱的定义及分类

集装箱（Container）又称“货柜”“货箱”，是具有一定的强度和刚度，专门供周转使用的便于机械操作和运输的大型货物容器。国际标准化组织根据集装箱在装卸、堆放和运输过程中的安全需要，规定了作为一种运输与仓储工具的货物集装箱的条件：能够长期反复使用，具有足够的强度；途中转运不用移动集装箱内的货物，可以直接换装；可以进行快速装卸；具有 $1m^3$ 以上的内容积。

集装箱的种类很多，按照其用途不同，可分为杂货集装箱（Dry Container）、冷藏集装箱（Refrigerated Container）、散货集装箱（Solid Bulk Container）、开顶集装箱（Open Top Container）、框架集装箱（Flat Rack Container）和罐状集装箱（Tank Container）等。除此之外，还有一些特种专用集装箱。如专用于运输汽车，并可分为两层装货的汽车集装箱；可通风并带有喂料、除粪装置，以铁丝网为侧壁的，用于运输活牲畜的牲畜集装箱；备有两层底，专运生皮等有带汁渗漏性质的兽皮集装箱，以及专供挂运成衣的挂衣集装箱等。另外，还有以运输超重、超长货物为目的，并且在超过一个集装箱能装货物的最大重量和尺寸时，可以把两个集装箱连接起来使用，甚至可加倍装载一个集装箱所能装载的重量或长度的平台集装箱。

此外，由于货流在某些运输线上的不平衡产生了折叠集装箱。由于海陆运输条件的差异，目前世界许多地方仍使用子母箱。

#### （二）集装系统

集装系统是以集装方式进行全物流过程各项活动并对此进行综合、全面管理的物流形式。集装系统有时简称集装或集装化，这是许多活动综合的总称。它既是一种包装形式，又远远超出包装的范畴；既是一种运输或储存形式，又不完全只起运输或储存的作用。集装贯穿了物流的全过程，在全过程中发挥作用。

集装有效地将分散的物流各项活动连接成一个整体，是物流系统化中的核心内容和主要方式。集装系统能在多方面起作用，因而许多人已将其看成是干线物流的发展方向。

在集装系统中，首要的问题是将货物形成集装状态，即形成一定大小和重量的组合体。这是集零为整的方式。将零散货物集中成一个单元，称单元组合，又称集装。这样形成的货载叫单元组合货载，又称集装货载。

### （三）设置集装箱堆场要考虑的因素

集装箱等集装设备的出现，也给储存带来了新观念，一般集装箱是密封的，因此其本身便可以作为一栋仓库使用，可以露天直接堆存。在仓储过程中，以集装箱存放货物，形成集装箱堆场，可以直接以集装箱作为媒介，使用机械装卸、搬运，可以从一种运输工具直接方便地换装到另一种运输工具，或从发货方的仓库经由海陆空等不同运输方式，无须开箱检验，也无须接触或移动箱内的货物，直接运送到收货人的仓库，也就省去了入库、验收、清点、堆垛、保管、出库等一系列储存作业。

采用集装箱分区堆存，避免了箱子的随意摆放，而且可以减少倒箱。但是，尽管采用集装箱堆场堆存货物具有上述很多优点，在实际设计集装箱堆场时还是应该考虑下面三方面的因素：

（1）人力资源。由于采用集装箱堆存可以减少许多拆箱、倒箱工作，给进出堆场的装卸作业也带来了许多便利条件，降低了劳动强度，因此，可以在人员数量上比其他形式的堆场有一定的缩减。

（2）土地使用。出于港口运输的需要，集装箱堆场通常设置在港口、码头附近，那么占用港口场地的费用与任何内陆不能相比，并且现在对土地改良和对污染物联合治理的要求越来越高。值得一提的是，地皮和场地一直都是仓库系统设计中财务分析中最重要的因素。因此，尽管集装箱堆场较一般的内陆仓库具有很多优势，但是，它的占地费用是必须要考虑的因素，在实际集装箱堆场的设计中应尽量减少堆场的占地面积。

（3）单位操作和堆存成本。这是一个很明显的问题，但是操作和堆存的真实成本很难精确地确定。尽管这样，在设计集装箱堆场时还是应该尽量充分地考虑各方面的因素。

### （四）集装堆场的目标

在设计集装箱堆场时，除了应该考虑尽量减少上述三要素，还应该尽量达到下面三项目标：

（1）服务的精确性。由于集装箱存放货物无须拆箱，所以，箱内货物的质量和数量完全靠货物证件以及其他相关单据，同时要靠证件及单据进行分类、堆存。所以，在集装箱堆场的存放与管理过程中应尽量认真细致，力求达到服务的精确性。

（2）单位堆存和流转速度。操作要求尽可能快，与堆存区所要求的服务水平相适应。由于要尽量减少堆场的占地面积，所以在设计集装箱堆场、选取存放堆垛方式的过程中，应尽量增大单位堆存，同时尽量缩短保管时间，加快集装箱的流转速度，尽可能充分地发挥集装箱的优越性。

（3）旺季存储能力。这与前面的因素有关系。有这么一条经验：系统设计者应该满足一定时期内95%的库存需求。依服务类型来定，这一定时期可以是一个月、一年。最后的

5%通常要花费巨大的代价才能满足。在集装箱码头，泊位利用率是服务的一个重要因素，所以，应及时抓住储运旺季，充分发挥集装箱堆场的优势，最大限度地提高集装箱堆场的储存能力。

## 二、散货堆场

### （一）散装货物堆垛

对于存放钢材、油桶、日用陶器、瓷器等散装货物的堆场，如何进行堆垛是一个重要的问题。在堆垛时，需要考虑很多货物是要进行苫盖的，必须将垛顶堆成“屋脊”形式或“宝塔”形式，以便两端泄水。具体方法有立柱式堆垛法、交错式堆垛法、风向式堆垛法等。具体内容可以参见本书第四章。

### （二）散货堆场的苫垫

在堆场进行苫垫，是防止各种自然条件影响，保证储存货物质量的一项安全措施。苫垫可分为苫盖和垫底。苫盖和垫底都要根据货物的性能、堆场的实际条件、保管期限，以及季节、温湿度、光照日晒、风力等情况，选择合适的方法和物料。

1. 苫盖

苫盖的基本要求是风刮不开、雨漏不进，垛要整齐，肩有斜度。具体方法有：①苫布苫盖法（包括使用篷布、塑料布苫盖）；②席片苫盖法；③竹架苫盖法；④隔离苫盖法。

2. 垫底

垫底一般是指在货垛下面使用各种物料铺垫，为隔地面的潮湿，便于通风，防止货物受潮、霉变、残损。货物如何垫底，首先取决于储存货物的堆场的现实状况和货物性能这两个基本条件。堆场的实际条件很复杂，堆场多数是泥土、煤渣或水泥地坪，由于地坪本身所含水分的蒸发或冷、暖空气的侵入，会使垛底一、二层货物受潮、霉变。因此，采取垫底措施十分必要。散装货物堆场垫底的具体步骤为：堆场在使用前必须平整夯实，四周开挖明沟，以便于排除积水。堆场上存放的货垛，一般都比较大，分量比较重，所以要选择较坚固耐压的垫底材料，如枕木、水泥块、花岗石等。垫底高度应视气候条件和防汛要求而定，一般应该不低于30cm，地势低洼和可能积水的场地，则要适当加高。垫底贴地一层可放花岗石或水泥条（垫木贴在地面容易腐朽），上面再架设垫木或垫木架。垫木或垫木架不能露在货垛外面，以防雨水顺着垫木流进货垛。

### （三）散货堆场的货位布置形式

大多数散装货场的货位布置形式均采用分区分类布置，即对储存货物在“三一致”（性能一致、养护措施一致、消防方法一致）的前提下，对堆场划分为若干保管区域，根据货物大类和性能等划分为若干类别，以便分类集中堆存。

散货堆场分区分类存放货物的作用有：①可以缩短收、发货作业时间；②可以合理使用有限的堆场占地面积；③可以使堆场管理人员掌握货物进出堆场活动规律，熟悉货物性能，提高管理水平；④可以合理配置和使用机械设施，提高机械化操作程度。

堆场分区分类的方法有：①按照货物种类和性质进行分区分类。这是大多数堆场采用的分类分区方法。就是按货主单位经营货物来分类，把性能互不影响、互不抵触的货物，在同一堆场内划定在同一货区里集中储存。②按照货物发往地区进行分区分类。这种方法主要适用于储存期限不长，而进出数量较大的中转性的堆场。具体做法是，货物按照交通工具划分为公路、铁路、水路，再按到达站、港的线路划分。这种分区分类方法虽然不分货物种类，但是对于危险品、性能互相抵触的货物，也应该分别存放。

### （四）散货堆场货区布置

根据货物不同的性质，对各种堆存的货物进行合理的分类之后即可按照堆场的货区进行分类堆存。堆场的货区布置形式主要有三种：横列式、纵列式和混合式。这几种形式将在本书第五章中进行详细论述。

目前的散货堆场常采用的货位布置形式主要是作业通道呈垂直方向的排列，以利于货物的装卸搬运。在布置货位时，要适当留出垛距，垛距是为了区分不同品种规格或不同批次的货物而划定的分界道，以作为货物进出、检查的通道。

### （五）分区分类的巩固

货物的品种、数量多变，反映在堆场的占用上，就会产生有时有货位而没有足够量的货物、有时货物多而堆场却没有空货位的问题。对此，如果不及时解决，势必打乱分区分类，导致储存货物的整体布局出现混乱。因此，要使分区分类得到贯彻和巩固，必须加强业务联系，掌握储存货物的变化。由于生产、购销、调运等情况的变化，致使货主单位的进销货往往不能按照产、销、供应合同规定的时间和数量进行。所以，货主单位在客观上较难向提供存货堆场的部门提供精确的储存计划。

利用堆场存货的部门为了掌握业务的主动权，必须从客观情况出发，及时掌握储存货物在品种、数量上的动态，以便及时调整货区的堆放方式，做到既能够适应客观条件的变化，又能坚持分区分类。

## 三、带包装物品堆场

带包装物品在堆场的存放方式上基本与前述的方式方法相似，其采用的堆垛方式，可以根据外包装的形式来加以选择。常用的堆垛方式有：

（1）利用商品的外包装直接叠高堆垛。具体方式有：①重叠式堆垛法，又称直叠法；②压缝式堆垛法；③环形式堆垛法，又称圆形堆垛法、交叠法、辫子法；④梯形式堆垛法，又称屋脊式堆垛法；⑤通风式堆垛法等。另外，由于某些货物性能、形状特殊，堆垛方法就需要随之改变。例如，油毛毡钢板网受压后容易影响质量，玻璃平放重压容易破碎，二者都需要采取直立法堆垛。玻璃纸因为直堆容易起皱纹，堆垛必须平放。台秤、无柄煤锹、铁锅等包装简易、形状特殊，不能重压，可采用梯形斜堆法或侧堆法，又称卧龙式堆垛法等。

(2) 利用托盘实行单元化堆垛。托盘上堆放货物的方法，基本上与前面介绍的方式相同，也可分为重叠式、压缝式、环形式、通风式等。托盘堆垛主要用作配合叉车、起重机操作。同时还利用托盘的固定规格，将货物按照一定的数量堆放在一起，作为单元货物，并将托盘互相重叠起来，成为垂直堆垛的货垛。托盘堆垛必须保证货物不伸出托盘边缘，因为货物堆积在托盘上，任何一边伸出，都会导致货物包装的损坏，并使货垛缺乏稳定性。托盘的堆垛方法有两种：一种是平面托盘堆垛法，适用于包装整齐并有一定承压力的货物；另一种是立柱托盘堆垛法，适用于包装不规则、经不起压力或有滑性无法叠高的货物。

## 第三节　自动化立体仓库

所谓自动化仓库（Automatic Warehouse)，是指由计算机进行管理和控制，不需要人工搬运作业而实现收发自动化作业的仓库。立体仓库（Stereoscopic Warehouse）是指采用高层货架，以货箱或托盘储存货物，用巷道堆垛起重机及其他机械进行作业的仓库。将上述两种仓库的作业结合的仓库称为自动化立体仓库。

### 一、自动化立体仓库的组成

自动化立体仓库从建筑形式上看，可分为整体式和分离式两种。整体式是库房货架合一的仓库结构形式，仓库建筑物与高层货架相互连接，形成一个不可分开的整体。分离式仓库是库梁分离的仓库结构形式，货架单独安装在仓库建筑物内。无论哪种形式，高层货架都是主体。

高层货架有各种类型，按照建筑材料的不同，可分为钢结构货架、钢筋混凝土结构货架等；按照货架的结构特点划分，可分为固定式货架和可根据实际需要组装、拆卸的组合式货架；按照货架的高度划分，小于5m的为低层货架，5~15m的为中层货架，15m以上的为高层货架。

目前，国外自动化立体仓库的发展趋势之一是由整体式向分离式发展，因为整体式自动化立体仓库的建筑物与货架是固定的，一经建成便很难更改，应变能力差，而且投资高、施工周期长。

### 二、巷道式堆垛机以及周边设备

巷道式堆垛机又称为堆垛机。它分为巷道式单立柱堆垛机和巷道式双立柱堆垛机，后者如图2-4所示。这是自动化立体仓库的主要搬运、取送设备。它主要由立柱、载货台、货叉、运行机构、卷扬（或升降）机构和控制机构等组成。20 世纪 70 年代以来，巷道堆垛机有了很大的改进，其起升、运行、存取速度等都有明显提高，调速技术、自动控制技术、停准精度、保护措施等也日趋完善。

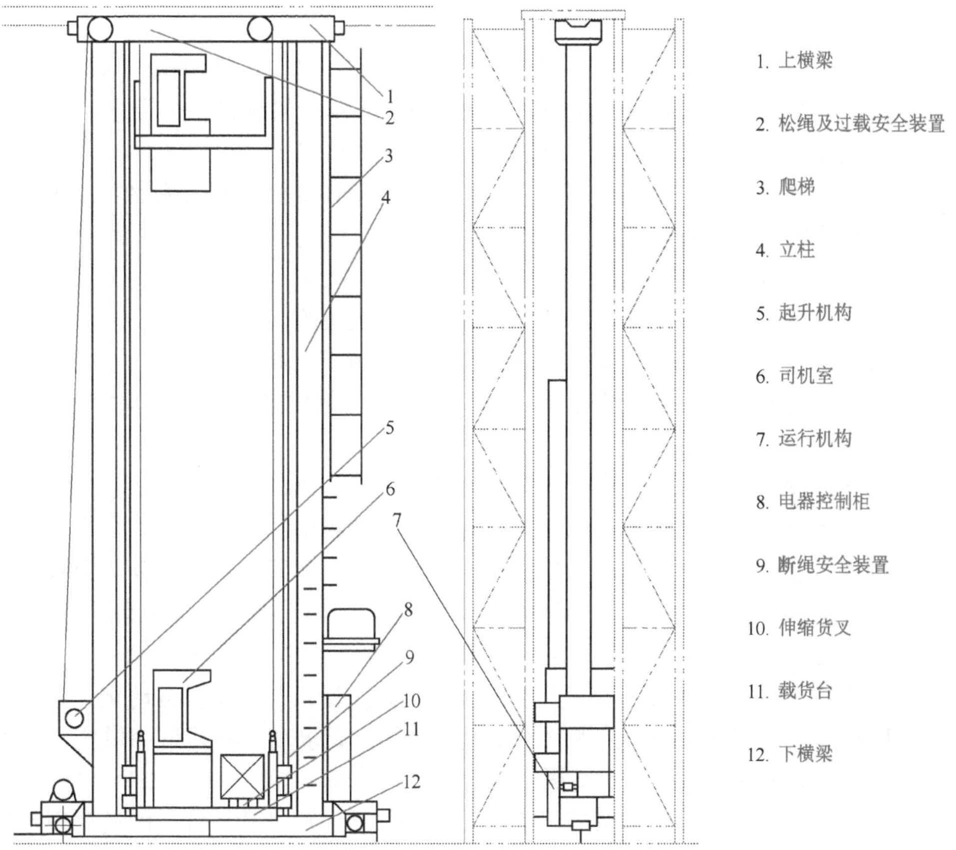


图 2-4　双柱式巷道堆垛机示意图

自动化立体仓库的周边设备，主要有液压升降平台、辊式输送机、台车、叉车、托盘等。这些设备与堆垛机相互配合，构成完整的装卸搬运系统。

控制堆垛机和各种周边设备的运行以及货物的存入与拣出，是由控制系统来完成的，它是自动化立体仓库的“指挥部”和“神经中枢”。自动化立体仓库的控制形式有手动自动控制、随机自动控制、远距离控制和计算机全自动控制四种形式。计算机全自动控制又分为脱机、联机和实时联机三种形式。计算机在仓库控制中发挥着日益重要的作用。

## 三、自动化立体仓库的优缺点

### （一）自动化立体仓库的主要优点

（1）仓库作业全部实现机械化和自动化，一方面能够大大节省人力，减少劳动力费用的支出，另一方面能够大大提高作业效率。

（2）采用高层货架、立体储存，能有效地利用空间，减少占地面积，降低土地购置费用。事实上，国外自动化立体仓库能够得到快速发展，地价昂贵是一个很重要的原因。

（3）采用托盘或货箱储存货物，货物的破损率显著降低。

（4）货位集中，便于控制与管理，特别是使用电子计算机，不但能够实现作业过程的自动控制，而且能够进行信息处理。

### （二）自动化立体仓库的缺点

（1）结构复杂，配套设备多，需要的基建和设备投资高。

（2）货架安装精度要求高，施工比较困难，而且施工周期长。

（3）储存货物的品种受到一定限制，对长大笨重货物以及要求特殊保管条件的货物，必须单独设立储存系统。

（4）对仓库管理和技术人员要求较高，必须经过专门培训才能胜任。

（5）工艺要求高，包括建库前的工艺设计和投产使用中按工艺设计进行作业。

（6）弹性较小，难以应付储存高峰的需求。流通业在实际运作时，常常会有淡旺季或高低峰以及顾客紧急的需求，而自动化设备数目固定，运行速度可调整范围不大，因此，其作业弹性不大。而传统设备只要采用人海战术就可以应付这种紧急需求。

（7）必须注意设备的保管保养，并与设备提供商保持长久联系。自动化仓库的高架吊车、自动控制系统等都是先进的技术性设备，由于维护要求高，必须依赖供应商，以便在系统出现故障时能提供及时的技术支援。

（8）自动化仓库要充分发挥其经济效益，就必须与采购管理系统、配送管理系统、销售管理系统等管理咨询系统相结合，但是这些管理咨询系统的建设需要大量投资。

因此，在选择建设自动化立体仓库时，首先必须综合考虑自动化立体仓库在整个企业中的营运策略地位和设置自动化立体仓库的目的，不能为了自动化而自动化。而后再详细斟酌建设自动化立体仓库所带来的正面和负面影响。最后，还要考虑相应采取的补救措施。所以，在实际建设中必须进行详细的方案规划，进行综合测评，最终确定建设方案。

## 四、我国自动化仓库的发展概况与展望

我国自动化仓库的发展与欧美、日本等发达国家相比起步较晚。国内第一座自动化仓库是郑州纺织机械厂冷作二车间的模具库，建成于 1974 年 2 月。与此同时，国内一些科研机构也开始了自动化仓库的研究工作。起步最早的是原一机部系统的起重机械研究所、

自动化研究所和第九设计院等单位。1974 年，北京汽车制造厂与自动化研究所合作，动工兴建了该厂的自动化仓库。稍后，北京市商业储运公司与河南粮食科研所和中科院自动化研究所合作，兴建了该公司的针织品自动化仓库。

我国的自动化仓库大部分是简易的中低层小型分离式仓库。货架只有单元货架和重力货架两种。作业方式几乎都是巷道堆垛机配以小车、叉车或输送机等周边设备。这些仓库主要分布在机械制造业，其次是商业、电气行业。

在已经建成的自动化仓库中，有一些还处于调试中，有一些则因故障率太高，难以正常使用。

自动化立体仓库是一种新型仓库，也是一种处于发展中的技术。国外自动化立体仓库经过几十年的发展与完善，显示出了它的许多优点。然而，由于国内外的资源状况、经济体制、管理水平、技术水平都各有不同，自动化立体仓库在国外显示的许多优点，并不一定就能在国内表现出来。所以，我们在采用自动化立体仓库这项技术时，一定要从实际出发，考虑我国近期的情况，特别要立足于本单位的实际情况。

衡量一座仓库设计或建筑结构的优点，一个重要的出发点是看它的综合经济效益，而不能单纯地追求形式设备的先进与否。如果在投资、生产效率、储存量、改善劳动条件和作业费用等方面加以比较，总效果是最好的，就可以采用自动化仓库这种形式，反之，则不宜采用。

目前，我国物流系统的作业水平不高，因此，在对系统生产效率的要求不是很高的情况下，人力作业不感到费力而采用机械又太复杂时，应优先考虑使用人力；一般机械可以方便地完成作业，而自动化过于复杂时，应优先考虑一般机械作业。不应试图排除轻微体力劳动和简便的机械作业，一味追求自动化。

## 第四节 特种仓库

特种仓库包含的种类很多，这里只介绍其中主要的两类：冷藏仓库与危险品仓库。

### 一、冷藏仓库

所谓冷藏仓库，就是通过机械制冷方式，使库内保持一定的温度和湿度，以储存食品、工业原料、生物制品和药品等对温度和湿度有特殊要求的货物。

#### （一）冷藏仓库的类型

冷藏仓库可以根据用途的不同分为生产性冷库、分配性冷库和综合性冷库。

生产性冷库是生产企业在产品生产过程中的一个环节，这类冷库设在企业内部，以储存半成品或成品，如肉类加工厂内或药品制造工厂内的冷库便属于此类。这类冷库只对产品做短期储存，储存的产品一般零进整出。这类仓库的规模可根据生产能力以及运输能力来确定。

分配性冷库处于货物的流通领域，为保持已经冷却或冻结的货物以一定的温度和湿度条件而设置。其功能是保持市场供应的连续性和长期储备的需要。这类冷库一般建在大中型城市、交通枢纽和人口稠密的地区。其储存量较大，货物以整进零出的方式出入冷库；但在交通枢纽处的货物则以整进整出方式出入冷库。

综合性冷库是将生产性与分配性融为一体，连接产品的生产和货物的流通。由于这一特点，其容量往往较大，货物进出较为频繁。这类冷库用于当地生产、当地消费的货物储存。

冷藏仓库也可根据其规模分为大型冷库（储量在5000t以上）、中型冷库（储量在500～5000t之间）和小型冷库（储量小于500t）。

### （二）冷藏仓库的构成

冷藏仓库一般由冻结间、冷却货物冷藏间、冻结货物冷藏间、冰库以及货物传输设备、压缩机房、配电间、制冰间和氨库等构成。图2-5是某冷库平面布置的示意图。

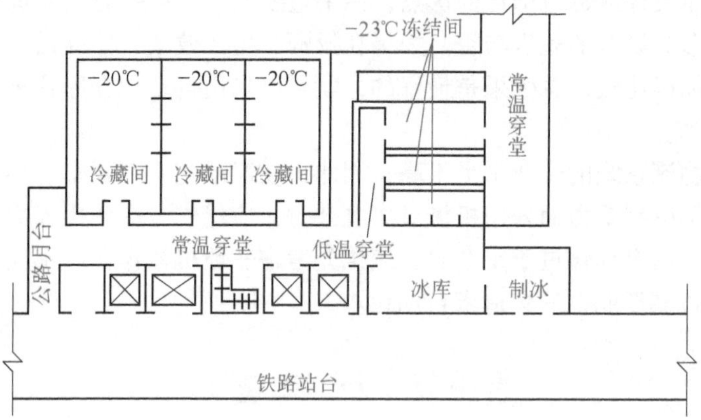


图2-5　某冷库的平面布置

冻结间是对进入冷库的商品（如肉类等）进行冷冻加工的库房。当货物温度较高、湿度较大时，如直接送入冻结间会产生雾气，影响库房的结构，因此，往往需要将这些货物进行预冷却后再进入冻结间。为便于维修，冻结间一般在库外单独建立。

冷却货物冷藏间是保持温度在0℃左右的冷藏间，用于储存冷却保存的商品。其中，果菜类的货物冷却储存要求较高，不容许温度和湿度有明显波动；另外还须安装换气装置，以满足果菜的呼吸要求。

冻结货物冷藏间是保持温度在－18℃左右，相对湿度在95%～98%之间的冷藏间，用于储存冻结的货物，储存时间较长。在冷冻货物冷藏间内须保持微风速循环，以减少含水货物的干缩损耗。

冰库内的温度一般控制在 -4 ~ -8℃，冰库内墙壁及柱子须设防护装置，以防冰块对其的撞击。

货物传输设备用于货物在冷藏仓库内的位移，电梯实现货物的垂直搬运，带式输送机完成货物的水平移动。货物传输设备的数量应根据冷藏仓库的货物吞吐量以及货物周转频率确定。

压缩机房是冷库的制冷动力中心，一般为单层建筑。由于机房内温度较高，故机房应选在自然通风较好的位置，以确保压缩机运行安全。配电间应有较好的通风条件，以保证变压器产生的热量及时扩散。

制冰间的设施一般有制冰池、融冰池、提冰设备等。当快速制冰时，则可采用专门的成套设备。

### （三）冷藏仓库的使用

#### 1. 库房的使用

为确保冻结、冷藏能力的充分发挥，保证生产的安全和储藏货物的质量，维护库房建筑，应设立专门的库房管理小组，并责任到人。冷库必须防水、防潮、防热以及防漏。为此，要防止库内积水，严禁库内带水作业；对库内的冰、霜、水应及时清除，对于没有经过冻结处理的热货不准直接进入低温冷库；冷库间应有专人管理，以防冷气外漏。当冷库房暂时空库时，应注意防止受潮滴水。

要合理利用仓容，改进货物的堆存方式，在地面承载能力允许的范围内，充分利用单位面积的堆存能力，但货堆必须整齐，便于货物进出和检查。在冻结间内，堆存的货物与库顶排管的距离应为 0.2m，而冷却间内货物与吊顶冷风机间距为 0.3m；货物距墙上排管外侧距离应有 0.4m。库内要留有便于操作、确保安全的通道。

#### 2. 货物的储存

要特别注意保证冷库内存储货物的质量，对含水货物应减少干耗，对于食用品应加强卫生检疫。在库内应做到无污染、无霉菌、无异味、无鼠害、无冰霜。

当将货物从冻结间转入冻结货物冷藏间时，货物温度不应高于冷藏间温度 3℃。要严格控制库内温度和湿度的变化，例如冻结货物冷藏间的昼夜温差不得大于 1℃，冷却货物冷藏间的温差不超过 0.5℃。

对于腐烂的货物、受污染的货物以及其他不符合卫生要求包装的食品，在入库前须经过挑选、除污、整理和包装后方可储存。

要注意库内工作人员的个人卫生，应定期对工作人员进行身体检查，对患传染病者须及时调离与冷藏货物发生接触的岗位。

## 二、危险品仓库

仓储中的危险品是指具有燃烧、爆炸、腐蚀、有毒、放射性或者在一定的条件下具有这些特性，并能致人、畜以伤害，或造成财产损失的货物。由于危险品在性能上的这些特点，在仓库类型、布局、结构和管理上有其特殊要求。

### （一）危险品仓库的类型

我国把危险品仓库按其隶属和使用性质分为甲、乙两类。甲类是那些商业仓储业、交通运输业、物资管理部门的危险品仓库，这类仓库往往储量大、品种复杂且危险性较大。乙类是指那些企业自用的危险品仓库。

如按仓库规模，又可分为三级：库场面积大于 $9000m^2$ 的为大型仓库，面积为 550 ~ $9000m^2$ 的为中型仓库，$550m^2$ 以下的为小型仓库。

危险品仓库由于其储存的货物具有危险性，故一般设在郊区较空旷的地带，且位于常年主导风的下风处，并避开交通干线。

### （二）危险品仓库的库区布局

危险品仓库库区布置应严格按照《建筑设计防火规范》要求，设置防火安全距离。大、中型甲类仓库和大型乙类仓库与邻近居民点和公共设施的间距应大于150m，与企业、铁路干线的间距应大于100m，与公路间距应大于50m。在库区内，库房间防火间距根据货物特性取20 ~ 40m，小型仓库的防火间距在12 ~ 40m。易燃商品最好储存在地势较低的位置，桶装易燃液体应存放在库房内。

### （三）危险品仓库的结构

危险品库场建筑形式有地面仓库、地下仓库和半地下仓库，还有窑洞以及露天堆场，在使用中应根据货物的性质采用不同的形式。

1. 易爆炸性货物

易爆炸性货物按其性能可分为点火器材、起爆器材、炸药和其他货物四类。储存易爆炸性商品最好采用半地下库，三分之二于地下，地面库壁用45°斜坡培土，库顶用轻质不燃材料，库外四周修建排水沟。库房面积不宜过大，一般小于 $100m^2$，且要求通风好，并保持干燥。

2. 氧化剂

氧化剂是指那些遇到某些外界影响会发生分解，并引起燃烧或爆炸的物质。储存氧化剂的仓库应采取隔热和降温措施，并保持干燥。

3. 压缩气体

压缩气体是指采用高压罐（如钢瓶）储存的气体或液化气。这些货物受冲击或高温时易产生爆炸。存放压缩气体的仓库应采用耐火材料建筑，库顶用轻质不燃材料，库内高度应大于3.25m，并安装有避雷装置。库门库窗应向外开启，以使爆炸时波及面不那么大。

4. 自燃物品

自燃物品是指能与空气中的氧气发生反应，使货物本身升温，当温度达到自燃点时发生燃烧的物品。这类货物应置于阴凉、干燥、通风的库房内，库壁采用隔热材料。

5. 遇水易燃物品

遇水易燃物品受潮后，会产生化学反应而升温，达到一定温度时会引起自燃。这类货物应被储存在地势较高、干燥，便于控制温度和湿度的库房内。

6. 有毒物品

当有毒物品进入人体或接触皮肤后会引起局部刺激或中毒，甚至造成死亡。会散发毒害气体的货物应单独存放在库房内，且通风条件要好，并配备毒气净化设备。

另外还有易燃物品、腐蚀性物品以及放射性物品等危险物品，一般也应置于阴凉、干燥、通风较好的地方，并且设置专库存放。存放腐蚀物品的仓库应采用防腐涂料，对于放射性物品，则应采用铅板材料铺设库壁和门窗。

**（四）危险品仓库的管理**

危险品仓库管理的一般要求同其他货物仓储管理相同，可参见本书其他内容。这里仅介绍危险品仓储管理中的一些特殊要求。

1. 货物入库

仓库业务员应对货物按交通运输部颁发的《危险品运输规则》要求进行抽查，做好相应的记录，并在货物入库后的2天内对其验收完毕。货物存放应按其性质分区、分类、分库存储。对不符合危险品保管要求的应与货主联系拒收。

在入库验收方法上，主要是以感官验收为主，仪器和理化验收为辅。在验收程序上，可按以下步骤进行：①检验货物的在途运输情况，检查是否发生过混装；②检查货物的外包装上是否沾有异物；③对货物包装、封口和衬垫物进行验查，看包装标志与运单是否一致，容器封口是否严密，衬垫是否符合该危险品运输、保管的要求；④检查货物本身质量，看是否有变质、挥发、变色或成分不符等问题；⑤提出对问题的处理意见，对属于当地的货物，以书面形式提出问题和改进措施，并退货；如为外地货物无法退回，又是一般问题不会造成危险的，可向货主提出整改意见，对于会影响库场安全的货物，则应置于安全地点进行观察，待问题解决后方可入库。

2. 货物保管

对于危险品货物应实行分类分堆存放，堆垛不宜过高，堆垛间应留有一定的间距，货堆与库壁间距要大于0.7m。对怕热、怕潮、怕冻的物品应按气候变化及时采取密封、通风、降温和吸潮等措施。

应对危险品仓库实行定期检查制度，检查间隔不宜超过5天；对检查中发现的问题，应及时以填写“问题商品通知单”的形式上报仓库领导。仓库保管员须保持仓库内的整洁，特别是对残余化学物品应随时清扫。对于残损、质次、储存过久的货物，应及时与有关单位联系催调。

3. 货物出库

一次提货量超过0.5t时，要发出场证，交运输员陪送出场。仓库保管员应按“先进先出”原则组织货物出库，并认真做好出库清点工作。

4. 送货

车辆运送时，应严格按危险品分类要求分别装运，对怕热怕冻的货物须按有关规定办理。

## 第五节　仓储设施规划

### 一、库场选址

#### （一）库场选址概述

库场选址，是指运用科学的方法决定库场的地理位置，使之与企业的整体经营运作系统有机结合，以便有效、经济地达到企业的经营目的。

库场选址包括两个层次的问题：一是选位，即选择什么地区（区域），沿海还是内地、南方还是北方等。二是定址，即地区选定以后，具体选择在该地区的什么位置设置库场，也就是说，在已选定的地区内选定一片土地作为设施的具体位置。选址还包括这样两类问题：一是选择一个单一的库场位置；二是选择多个库场位置。

对企业来说，库场选址对企业的采购成本、服务成本、服务质量都有极大而长久的影响，其重要性显而易见。一旦选择不当，它所带来的不良后果不是通过建成后加强和完善管理等其他措施可以弥补的。因此，在进行库场选址时，必须充分考虑到多方面因素的影响，慎重决策。

#### （二）库场选址的目标及原则

库场的最优选址与该库场所属企业的类型有很大关系。附属于工业企业的库场，其选址主要是为了追求成本最小化；而附属于物流企业的库场，一般都追求收益最大化或服务水平的最优化。

大量的成功案例证明，在选址问题上，定性分析与定量分析同样重要，定性分析是定量分析的前提。在定性分析时，以下几项原则是必须遵循的：

（1）费用原则。经济利益对于任何类型的仓库都是重要的。建设初期的固定费用以及投入运行后的变动费用，都与选址有关。

（2）接近用户原则。对于服务型企业，几乎无一例外地需要遵循这条原则。许多企业将仓库建到服务区域附近，以降低运费，提高对客户需求的反应速度。

（3）长远发展原则。库场选址是一项带有战略性的经营管理活动，因此要有战略意识。选址工作要考虑到企业服务对象的分布状况及未来发展，要考虑市场的开拓。

### （三）库场选址的考虑因素

库场选址的基本原则是有利于促进生产和货物流通，节约流通费用，有利于运输能力的合理利用、货物的安全储存以及环境保护。

库场选址时具体应满足以下要求：

1. 基础设施要素

无论是何种类型的仓库，在选址时都要考虑下列基本要素：

（1）防火防污，保证环境安全。仓库与周围其他建筑物之间必须有安全间隔。在库场选址时，还应注意将油库、化工危险品以及污染性大的库区设在郊外旷野；仓库布置时应尽可能地少占用良田，少拆迁民宅，并且不应长期预留仓库发展用地。

（2）交通便利，有利于商品运输。从便于商品的购销、加速商品流通、降低流通费用出发，对于吞吐量大、商品进出频繁的货物，专用和特种仓库要考虑铺设铁路专用线，建专用码头。

（3）地质良好，有利于仓库建筑。仓库应选择在地质坚实、地势较高且平坦，环境干燥或易建地下仓库的地点，以降低建筑费用。

（4）给水充足，又无水淹危害。库场选址既要用水方便，又要求库区排水系统良好，故在建库选址时，要注意当地的水文情况。

（5）靠近电源，便利仓库作业。现代仓储管理的自动化程度不断提高，这对供电有较高的要求。因此，仓库应选择在电网的附近。

2. 成本因素

建设仓库的成本也是一个重要因素。从运费上考虑，在几个生产地和几个消费地之间建立仓库，则需要运用线性规划模型使运费达到最小。从场地的可获得性和地价看，在城市中心建大型仓库也是不可行的。此外，在什么地方建仓库，很大一部分建筑材料都是在当地获得，因此建筑材料价格低廉也可节省一大笔费用。

3. 时间因素

建立综合物流中心，就是既要使整个供应链的成本最小，又要对顾客的需求做出有效的反应，因此也要考虑货物运送到顾客手中的时间限制。

### （四）库场选址的程序

综合而言，库场选址的程序如图 2-6 所示。定量的方法在很多书籍中都有详细

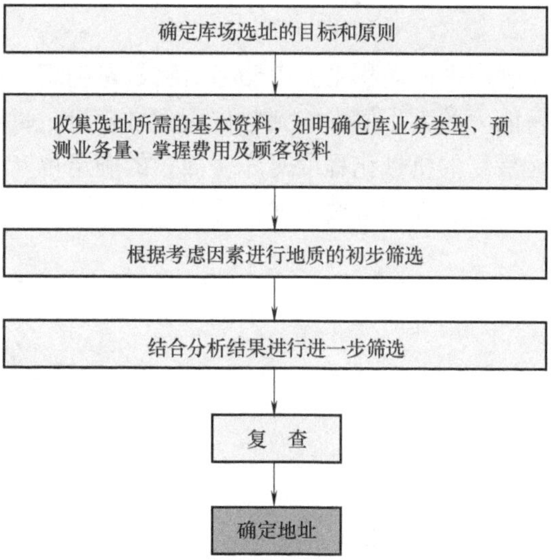


图 2-6　库场选址流程

介绍，这里不再赘述。

## 二、库场规模设计

### （一）仓库规模计算

1. 仓库平面布置

根据仓库的总体设计，科学、合理地对两区（库区、生活区）、四场（业务场所、辅助业务场所、生活区办公场所、生活场所）和其他设施进行具体布置，是充分发挥仓库各部分的功能、促进仓库安全管理和业务发展的客观要求。

仓库平面布置应按照“布局整齐、紧凑适用、节省用地、方便生产、便于管理”的原则进行。

库房的布置要按储存商品的类别和安全性质分组布置，每组间要考虑仓储经营的特点、吞吐量的大小以及作业的合理流程。在库区中央出入方便的地方，可布置吞吐量大、无危险性的货物存储库房，其他库房可布置在两翼或后部；有火灾危险的或有污染性的货物的仓库应布置在下风侧。库房间距应符合《建筑设计防火规范》的有关规定。

库房面积取决于储存商品的总量、种类以及构成。对于单间的无大型设备的仓库，取500～700$m^2$为宜。而对于机械化程度高的大型仓库，其面积可达1000～2000$m^2$。库房的长度应大于装卸线长度；库房的宽度可取长度的1/3～1/8。小型仓库的宽度一般在10～13m，中型仓库为20～25m。库房高度视库内使用设备以及货物堆存高度而定，单层仓库一般为5m，多层仓库的底层为4～5m，上层为3.5～4m，一些采用起重机的库房，其高度可达8m以上。

2. 仓库平面面积

仓库平面面积主要由储存货物数量确定，但还受到其他因素制约，例如，地面结构的承重能力的大小便影响到单位面积堆存量，货物的包装强度影响着堆存高度，库房内装卸搬运货物的机械化程度对库房面积的确定也产生影响。

库场总面积可按下式计算

$$A=\frac{E}{\lambda q} \tag{2-1}$$

$$E=\frac{QK_1}{T}t \tag{2-2}$$

$$K_1=\frac{H_{\max}}{H} \tag{2-3}$$

式中 $A$——库场总面积（$m^2$）；

$E$——库场堆存容量（t）；

$Q$——年库场货物总储量（t）；

$K_1$——库场不平衡系数；

$H_{max}$——月最大货物堆存吨天数（t·天）；

$H$——月平均货物堆存吨天数（t·天）；

$t$——货物在库场的平均堆存期（天）；

$T$——仓库年营运天数（天），一般取350~365天；

$\lambda$——库场总面积利用系数，为有效面积占总面积的百分比。有效面积是实际可供堆存货物的面积，等于总面积中扣除办公室、通道、堆货间距和货堆与墙之间的距离等；

$q$——单位有效面积货物堆存量（$t/m^2$），该值可以根据实际堆存情况进行测定，也可在有关手册中查得。表2-2给出了可供参考使用的不同货种情况下的库场单位有效面积堆存量。

表2-2　单位有效面积货物堆存量

| 货物名称 | 包装 | 单位有效面积货物堆存定额/($t/m^2$) | | 货物名称 | 包装 | 单位有效面积货物堆存定额/($t/m^2$) | |
|---|---|---|---|---|---|---|---|
| | | 仓　库 | 堆　场 | | | 仓　库 | 堆　场 |
| 糖 | 袋 | 1.5~2.0 | 1.5~2.0 | 小五金 | 箱 | 1.2~1.5 | 1.2~1.5 |
| 盐 | 袋 | 1.8~2.5 | 1.8~2.5 | 橡胶 | 块 | 0.5~0.8 | 0.5~0.8 |
| 化肥 | 袋 | 1.8~2.5 | 1.8~2.5 | 日用百货 | 箱 | 0.3~0.5 | 0.3~0.5 |
| 水泥 | 袋 | 1.5~2.0 | 1.5~2.0 | 杂货 | 箱 | 0.7~1.0 | 0.7~1.0 |
| 大米 | 袋 | 1.5~2.0 | 1.5~2.0 | 生铁 | 块 | 2.5~4.0 | 2.5~4.0 |
| 面粉 | 袋 | 1.3~1.8 | 1.3~1.8 | 铝、铜、锌 | 块 | 2.0~2.5 | 2.0~2.5 |
| 棉花 | 捆 | 1.5~2.0 | 1.5~2.0 | 粗钢、钢板 | 件 | 4.0~6.0 | 4.0~6.0 |
| 纸 | | 1.5~2.0 | 1.5~2.0 | 钢制品 | | 3.0~5.0 | 3.0~5.0 |

### （二）堆场规模设计

散货堆场所需面积大小虽然也可根据式（2-1）、式（2-2）和式（2-3）来计算，但式（2-1）中的散货单位面积堆存定额较难确定，究其原因，主要是影响散货堆场面积的因素较多，使该值变化较大。因此，散货堆场的面积应采取特殊办法确定。常用的有图表确定法和容积计算法。限于篇幅，不再具体介绍这两种方法，可以参照相关书籍进行了解。

## 三、仓库总平面区域规划

仓库总平面区域规划，就是根据现代仓库总体设计要求，科学地解决生产和生活两大区域的布局问题，如主要业务场所、辅助业务场所、办公场所、生活设施等，在规定的范围内进行统筹规划、合理安排，最大限度地提高仓库的储存和作业能力，并降低各项仓储作业费用。规模较大的仓库尤其需要这种规划。

仓库一般可以划分为生产作业区、辅助作业区和行政生活区三大部分。现代仓库为适应商品快速周转的需要，在总体规划布置时应注意适当增大生产作业区中收发货作业区面积和检验区面积。

1. 生产作业区

生产作业区是现代仓库的主体部分，是商品仓储的主要活动场所。主要包括储货区、道路、铁路专用线、码头、装卸平台等。

储货区是储存保管、收发整理商品的场所，是生产作业区的主体区域。储货区主要由保管区和非保管区两大部分组成。保管区是主要用于储存商品的区域，非保管区主要包括各种装卸设备通道、待检区、收发作业区、集结区等。现代仓库已由传统的储备型仓库转变为以收发作业为主的流通型仓库，其各组成部分的合理构成比例通常为：合格品储存区面积占总面积的40%~50%；通道占总面积的8%~12%；待检区及出入库收发作业区占总面积的20%~30%；集结区占总面积的10%~15%；待处理区和不合格品隔离区占总面积的5%~10%。

库区铁路专用线应与国家铁路、码头、原料基地相连接，以便机车直接进入库区。库内的铁路线最好是贯通式，一般应顺着库长方向铺设，并使岔线的直线长度达到最大限度。其股数应根据货场和库房宽度及货运量来决定。

仓库道路的布局，是根据商品流向的要求，结合地形、面积、各个库房建筑物、货场的位置，再决定道路的走向和形式。汽车道主要用于起重搬运机械调动及防火安全，同时也要考虑保证仓库和行政区、生活区之间的畅通。仓库道路分为主干道、次干道、人行道和消防道等。

在河网地区建仓库，应尽量利用水路运输的有利条件。首先，应对河道的水文资料进行调查，以便确定码头的位置、建筑式样以及吊装设备。码头位置应选在河床平稳、水流平直、水域堤岸较宽、水足够深的地方，以便于船舶安全靠离码头，进行装卸作业。

2. 辅助作业区

辅助作业区是为仓储业务提供各项服务的设备维修车间、车库、工具设备库、油库、变电室等。值得注意的是，油库的设置应远离维修车间、宿舍等易出现明火的场所，周围须设置相应的消防设施。

3. 行政生活区

行政生活区是行政管理机构办公和员工生活的区域，具体包括办公楼、警卫室、化验室、宿舍和食堂等。为便于业务接洽和管理，行政管理机构一般布置在仓库的主要出入口，并与生产作业区用隔墙分开。这样既方便了工作人员与作业区的联系，又避免了非作业人员对仓库生产作业的影响和干扰。此外，仓库的消防水道应以环行系统布置于仓库全部区域，在消防系统管道上须装有室内外消火栓。消火栓应沿道路设置，并靠近十字路口，一般其间隔不超过100m，距离墙壁不少于5m。根据当地气候，消火栓可建成地下式或地上式。

4. 库房内部规划

按照仓储作业的功能特点以及 ISO 9000 国际质量体系认证的要求，库房储存区域可划分为待检区、待处理区、不合格品隔离区、合格品储存区等。

（1）待检区：用于暂存处于检验过程中的商品。这些商品一般采用黄色的标志以区别于其他状态的商品。

（2）待处理区：用于暂存不具备验收条件或质量暂时不能确认的商品。这些商品一般采用白色的标志以区别于其他状态的商品。

（3）不合格品隔离区：用于暂存质量不合格的商品。处于不合格隔离状态的商品一般采用红色的标志以区别于其他状态的商品。

（4）合格品储存区：用于储存合格的商品。处于合格状态的商品一般采用绿色的标志以区别于其他状态的商品。

为方便业务处理和库内货物的安全，待检区、待处理区和不合格品隔离区应设在仓库的入口处。仓库内除设置上述基本区域外，还应根据仓储业务的需要，设置卸货作业区、流通加工区和出库备货区等。

对于仓储空间的具体布局规划，在本书中不做过多说明，可以参考有关仓储规划的书籍。

## 第六节　仓储设备

为了更高效地实现仓储的基本功能，必须借助于机械设备的帮助支持。仓储机械设备是指在仓库进行生产和辅助生产作业以及保证仓库及作业安全必需的各种机械设备的总称。

仓储设备的种类很多，根据功能的不同，可分为储存设备、装卸搬运设备、计量设备、商品保养和检验设备、机械维修设备以及安全设备等；根据用途的不同，可分为专用设备和通用设备等；根据作业形式的不同，可分为固定式设备、流动式设备和半移动式设备等。下面简要介绍几种主要的仓储设备，有关的详细知识可以参考物流机械设备方面的书籍和物流设备网站。

### 一、叉车

叉车在仓储作业过程中，是比较常用的装卸设备，有万能装卸机械之称，其种类很多。叉车（Fork Lift Truck）是指具有各种叉具，能够对货物进行升降和移动以及装卸作业的搬运车辆。叉车按照其动力种类可分为蓄电池叉车和内燃机叉车两大类（内燃机的燃料又分为汽油、柴油和天然气三种），各有优缺点。蓄电池叉车常用于室内、短距离和工作量较小的搬运作业，内燃机叉车常用于室外、长距离和工作量较大的搬运作业。

随着仓储业的发展，与仓储作业息息相关的机械设备也日趋多样化，叉车的类型也逐渐翻新，产生了更多类型的叉车。基本类型有平衡重力式、前移式和侧载式三大类。最常用的平衡重力式叉车操作灵活方便，工作效率高，但缺点是直角堆垛时需要较宽的作业通道，使仓库的面积利用率大为降低，影响仓库的经济效益。前移式和侧载式叉车所需作业通道宽度较小。有些新型叉车（如侧移货叉车和转塔式叉车）则进一步缩小了所需作业通道宽度，通过叉齿提升高度，从而提高了仓间空间的利用率，克服了普通平衡重力式叉车的缺陷。

高垛叉车（High-Stacking Trucks）可以垂直升降移动约12.19m，从事从侧面叉取无托盘承载货物的操作。物流仓库中也有能够在约为1.42m的窄通道里作业的叉车。特别值得注意的是，近些年来，由于仓库希望提高堆垛密度和总库存容量，因此，出现了越来越多的能在窄通道内作业的叉车。对于长距离运输来说，叉车是不经济的，因为每搬运一单元货物的人工费比率太高。因此，最有效的使用是将叉车用于收货入库和出运货物，以及将货物堆放在高处。

许多叉车作业正在利用新数据通信技术提高生产率。射频数据通信（RFDC）可便于叉车操作人员在仓储作业和配送作业中加速存取的速度。射频数据通信可使工人不必通过手写的或事先打印好的指令工作，只需通过手提的或安装在车上的RF终端接受工作指令。利用RF技术可以向中心数据处理系统提供实时通信，而且当箱上和托盘上设有条形码时，RF技术能让叉车操作人员收到并更新货物查询、顺序、移动和存货的调整情况。

## 二、托盘

托盘（Pallet）是用于集装、堆放、搬运和运输货物的水平平台装置。用托盘集装一定数量的单件货物，并按要求捆扎加固，组成一个运输单位，便于运输过程中使用机械进行装卸、搬运和堆存。托盘是现代工商业生产、运输、储存及包装的很重要的一种工具，随着机械化程度的提高，其使用量越来越大。托盘运输是货物按照一定要求组装在一个标准托盘上，作为一个运输单位以利用铲车或托盘升降进行装卸、搬运和堆存的一种运输方式，它是成组运输的初级形态。托盘运输对提高物流生产率有重要贡献。不过，托盘的投资很高，而且报废也是不容忽视的问题。制造简陋的托盘很容易跌碎，因而更有可能导致货物损坏。

叉车与托盘的共同使用所形成的有效装卸系统大大促进了装卸活动的发展，使装卸机械化水平大幅度提高，使长期以来运输过程中的装卸瓶颈得以解决或改善。

托盘的出现也促进了集装箱和其他集装方式的形成和发展。现在，托盘已成为和集装箱一样重要的集装方式，形成了集装系统的两大支柱。托盘尤其以简单、方便，在集装领域中颇受青睐。

托盘也有很多种类，根据结构的不同，可以分为平板托盘、箱形托盘和柱形托盘等；根据材质的不同，可分为木制托盘、钢制托盘、塑料托盘、纸质托盘及复合托盘等。

## 三、货架

在仓储设备中，货架（Goods Shelf）是指用支架、隔板或托架组成的立体储存货物的设施。货架在物流及仓库中占有非常重要的地位。随着现代工业的迅猛发展、物流量的大幅度增加，为实现仓库的现代化管理，改善仓库的功能，不仅要求货架数量多，而且要求货架具有多功能，并能实现机械化、自动化要求。仓库管理实现现代化，与货架的种类、功能有直接的关系。

### （一）货架的作用及功能

（1）货架是一种架式结构物，可充分利用仓库空间，提高库容利用率，提高仓库储存能力。

（2）存入货架中的货物，互不挤压，物资损耗小，可保证物资本身的性能，减少货物的损失。

（3）货架中的货物存取方便，便于清点及计量，可做到先进先出。

（4）货架储存可以采取防潮、通风、防尘、防盗、防破坏等措施，以提高物资存储质量。

（5）很多新型货架的结构及功能有利于实现仓库的机械化及自动化管理。

### （二）货架的种类

1. 按货架的发展分类

（1）传统式货架。传统式货架包括层架、层格式货架、抽屉式货架、橱柜式货架、U形架、悬臂架、棚架、鞍架、气罐钢筒架、轮胎专用货架等。

（2）新型货架。新型货架包括旋转式货架、移动式货架、装配式货架、调节式货架、托盘货架、进车式货架、高层货架、阁楼式货架、重力式货架、屏挂式货架等。

2. 按货架的运用性分类

按货架的运用性分类，货架可分为通用货架和专用货架。

3. 按货架的制造材料分类

（1）钢货架。

（2）钢筋混凝土货架。

（3）钢与钢筋混凝土混合式货架。

（4）木制货架。

（5）钢木复合货架。

4. 接货架的封闭程度分类

（1）敞开式货架。

（2）半封闭式货架。

（3）封闭式货架。

5. 按结构特点分类

（1）层架。

(2) 层格架。

(3) 橱架。

(4) 抽屉架。

(5) 悬臂架。

(6) 三角架。

(7) 栅形架。

6. 按货架的可动性分类

(1) 固定式货架。

(2) 移动式货架。

(3) 旋转式货架。

(4) 组合货架。

(5) 可调式货架。

(6) 流动储存货架。

7. 按货架结构分类

(1) 整体结构式。货架直接支撑仓库屋顶和围壁。

(2) 分体结构式。货架与建筑物分为两个独立系统。

8. 按货架的载货方式分类

(1) 悬臂式货架。

(2) 橱柜式货架。

(3) 棚板式货架。

9. 按货架的构造分类

(1) 组合可拆卸式货架。

(2) 固定式货架（其中又分为单元式货架、一般式货架、流动式货架和贯通式货架）。

10. 按货架高度分类

(1) 低层货架，高度在5m以下。

(2) 中层货架，高度在5m~15m之间。

(3) 高层货架，高度在15m以上。

11. 按货架载重量分类

(1) 重型货架，每层货架载重量在500kg以上。

(2) 中型货架，每层货架（或搁板）载重量为150~500kg。

(3) 轻型货架，每层货架载重量在150kg以下。

### (三) 普通货架与特种货架

普通货架由竖架、横梁和底板三部分组成。其走道较宽，走道占用的面积一般超过50%。为了弥补这一缺陷，各类特种货架采用减少走道的数量、减小走道的宽度、增加货架进深以及增加货架高度等办法，以降低每一托盘货物所占用的仓容面积。特种货架有窄通道货架、多托盘进深货架、移动货架和中立货架等多种。自动化仓库中的货架，就是一种高层、高储存密度的特种货架。

### 四、其他仓储设备

在仓库中，还经常用到起重机、堆垛机、跨车、牵引车、传送带、非动力搬运车等搬运设备。

起重机适用于装卸大件笨重货物，借助于各种吊索具也可用于装卸其他货物。起重机是唯一以悬吊方式装卸搬运货物的设备。最常用的起重机有龙门起重机、桥式起重机和汽车起重机等几种。

堆垛机是专门用来堆码或提升货物的机械。普通仓库使用的堆垛机（又称上班机）是一种构造简单、用于辅助人工堆垛、可移动的小型货物垂直提升设备。

跨车是一种机动车辆，它可以跨在物体上部，通过液压操纵的各种夹具或吊具提起货物。跨车装有减振装置和悬挂型起升拖架，能在一般路面上快速行驶而不会损坏货物。跨车为四轮转向，转弯半径小。它主要用来跨运长而重的货物和集装箱等。

牵引车是用来牵引仓库平板拖车的电动或机动车辆，一般多为轮胎式，极少采用履带式。国内企业仓库大多使用汽车或拖拉机做牵引车。仓库牵引车对仓库作业的重要性在于当牵引平板拖车与叉车并用时，可使货物装卸、运输、堆码作业完全机械化。

传送带是一种在固定路径上运送散装或小包装件货物的设备。常用的传送带有两种基本类型：一种是动力型传送带；另一种是重力型液柱式或滚轮式传送带。

非动力搬运车在仓库中也经常使用，包括双轮手推车、四轮手推车、平板拖车以及滚轮车等。

## 案　例

### 案例 2-1　某物流公司仓储系统规划[1]

1. 背景分析

雄鹰物流有限公司成立于 2000 年，位于某省省会 X 市，拥有完善的管理体系，具备专业物流配送能力；现有员工 85 人，办公场所 1000m$^2$，自有运营车辆 28 辆（厢式 22 辆、槽式 6 辆），常年挂靠车辆[2] 50

[1] 本案例部分理论知识需要参考第三章内容。

[2] 指社会上不属于本公司但是挂靠于本公司、常年听从本公司指令、参与完成本公司运输任务的车辆。

余辆。公司设有经营部、储运部、财务部、办公室4个职能管理部门。公司现已在X市市内设立了11个物流营业点，开通了X市至全省各地的物流运营线路。公司在X市火车东站、开发区、火车西站建成了面积共7500$m^2$的仓储配送中心，其中在火车东站的仓储配送中心面积近3000$m^2$，储存物品主要涉及食品及日用品。

目前，该公司虽已初步确定了一定的市场基础和竞争优势，具备了一定的竞争实力，但在仓储系统上存在着不少的问题。由于其仓储作业主要是人工作业，依靠自己的仓储设施和设备完成，作业强度大，劳动生产率低，物流成本居高不下，不能形成价格优势。随着业务的快速增长，这严重阻碍了其物流服务的开拓与发展。下面对其仓储系统的现状进行简要分析。

（1）仓库的现代化程度低。仓库内只有几辆手推车，设备陈旧落后，大多数作业仍处于人工作业为主的原始状态，人抬肩扛，工作效率低，且易损坏物品，加大了物流成本。这与公司的经济实力、管理层认识以及远景规划有关。公司现在仅把仓库看作存放货物的地方，因此对设备现代化的要求很低，而且廉价的劳动力使得公司几度放弃改造设备的打算，降低了工作效率。

（2）仓库布局不尽合理。由于公司业务的不确定性，导致不同品种的零散物品占据很大的仓库面积，大大降低了仓库的利用率。仓库内堆码、分区都很混乱，给出入库、盘点等带来诸多不便，往往是提货员拿着一张提货单在仓库里来回寻找，影响了工作效率，也影响了配送，降低了服务质量。

（3）仓库信息系统不完备，信息化和网络化程度低。在公司中，计算机、网络等先进设备与软件基本上不用或者只是初级使用，很大程度上依靠人工进行业务流和信息流的管理。现在，储运部只有两台计算机，接收订单、入账、退货单处理、报损、退厂、查询等工作都只能由它们完成，工作量大而繁，易出错，影响了信息的传递，造成不必要的损失。

（4）管理不善造成时间浪费大，库存成本过大。破损及退回商品没能及时处理所形成的库存占据了大量空间，造成了库存的增大和库存成本的提高。而由于工人在工作中无紧迫感，没人注意在寻找、提取、装卸、摆放等环节中所用的时间，操作比较随意，从而降低了工作效率，造成无法计量的成本损耗。

在追求以最低的成本向顾客提供优质的产品服务的过程中，仓库这一环节扮演着极其重要的角色。一个好的仓库规划，将对仓库作业的效率、储运质量、储运成本和仓库盈利目标的实现产生很大的影响。仓库规划的内容包括仓库选址、确定仓库的大小和数量及仓库的布置与设计等，下面只就雄鹰物流公司位于火车东站的仓库的布置与设计进行改进。

### 2. 解决方案

（1）仓库布局重新规划。雄鹰物流公司火车东站仓库为两层。其基本参数见表2-3。

**表2-3　东站仓库基本参数**

| 参数 | 长×宽×高/m | 面积/$m^2$ | 梁下高度/m | 地面承重/($kg/m^2$) | 柱距/m |
|---|---|---|---|---|---|
| 值 | 65×22×6 | 2860 | 6 | 2500 | （X向）7，（Y向）7 |

现在，该仓库主要用于储存箱装食品，最大堆码高度为1.2m。货物堆放没有规律，随意摆放。基于公司目前的规模及实力，应该根据不同客户进行分类储存，这样便于管理。在对仓库各层进行平面规划时，应遵循仓库规划原则，结合不同客户与物流公司签订的仓储合同中要求的仓储面积进行具体布局。仓库的内部布局还要结合实际，随时调整；为应付特殊情况，库房还要预留一定的机动货位，布局方案示意图如图2-7和图2-8所示。

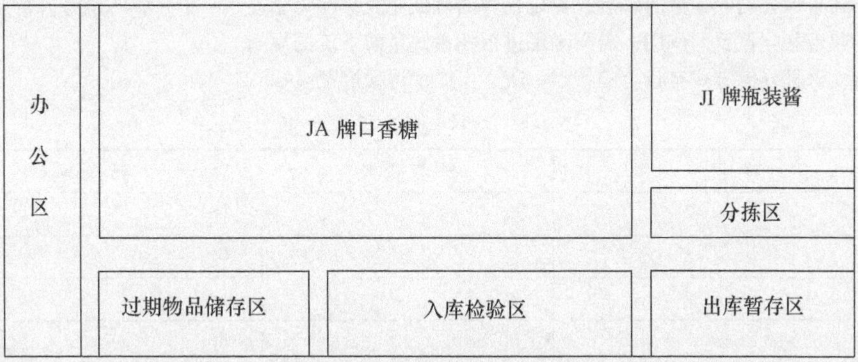


图 2-7　一层平面规划示意图

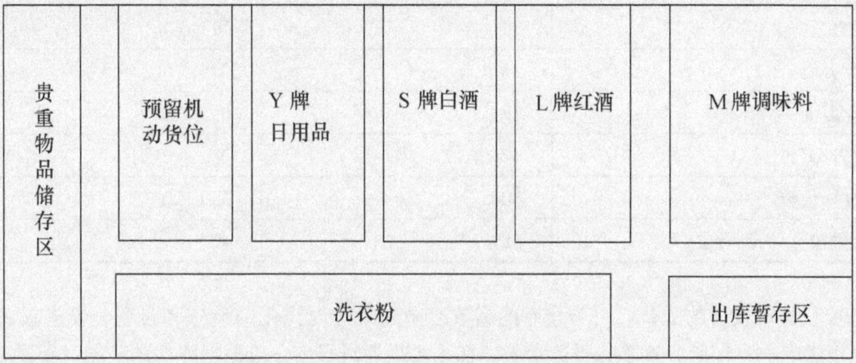


图 2-8　二层平面规划示意图

（2）设置货位。对整个仓库进行分区，即设置库区后，就可以设置货位了。货物在仓库的仓储方式主要有以下 5 种类型：①地面平放式：将保管物品直接堆放在地面上；②托盘平放式：将保管物品直接放在托盘上，再将托盘平放于地面；③直接堆放式：将货物在地面上直接码放堆积；④托盘堆码式：将货物直接堆码在托盘上，再将托盘放在地面上；⑤货架存放式：将货物直接码放在货架上。

按照协议，在雄鹰物流公司东站仓库存放的物品，均须在托盘上码放。所以该仓库货位布置方式有两种方案可供选择：一是托盘堆码式，二是托盘式货架系统。是否选择货架系统用于仓库物品的存放，要分析货架的优缺点，并结合该公司目前的实际情况来权衡抉择。目前，由于该仓库储存能力可以满足需求，尚有部分货位空闲，且储存货物种类不多，如选用货架系统还需较大的投资，因此货物可采用托盘堆码式进行保管。

该仓库首先将货物按不同客户进行分类存放，然后将货物按出货频率的高低进行分区，将那些快速品和比较重的货物存放在存取较为方便的货位，而将那些客户不常选购的慢品存放在较远的货位，而贵重商品则存放至相对隔离的储区中。对于同类产品，再根据包装规格、生产日期等分托盘储存。

仓库货物放置和管理采用固定库位存储方式。运用固定库位存储方式来存储货物，通常货物被储存在仓库的一个固定位置，仓库管理员通过简单的人工操作或记忆就能准确地知道某种货物所在的位置，因而这种方法一般不需要非常先进的仓库处理设备。

当然，随着该公司业务量的扩展，实现仓库的机械化及自动化管理是一个必然的趋势，货架系统在其运作过程中起着相当重要的作用，需要考虑进行托盘式货架系统的规划。

很显然，两种仓储方式有各自的特点，表2-4展示得很清楚。

**表2-4　两种仓储方式的比较**

| 比较项目 | 托盘货架 | 托盘堆码 |
|---|---|---|
| 存货数量 | 大 | 少 |
| 存取速度 | 快 | 慢 |
| 空间利用 | 好 | 差 |
| 先进先出 | 可 | 可 |
| 存取设备 | 前移式叉车 | 手动液压托盘搬运车 |
| 通道宽度/m | 3 | 1 |
| 出入库能力 | 可 | 可 |
| 设备造价/万元 | 35 | 2 |
| 货架造价/万元 | 12 | 0 |
| 工程总投资/万元 | 47 | 2 |
| 总存货量/货位数 | 800 | 500 |
| 平均每货位造价/(元/货位) | 587.5 | 40 |

（3）仓库设施、设备的配备。一个仓库的高效运作离不开现代化的设施和设备，设施设备的配备是否合理将直接影响物流作业的效率和服务水平。在系统规划过程中，应根据库房的功能、布置和面积来选择适当的物流设施设备。这里仅对储存设备和装卸搬运设备的选用加以说明。

根据业务需要和地区气候特点，托盘选用木制材料、平托盘。托盘尺寸应符合国家标准规定，最终选定的规格是1200mm×1000mm×150mm，载重量为1t。

储货区采用托盘堆码式或三层托盘货架，拣货区采用托盘堆码式或低位、普通拣选货架或重力式货架。

根据仓库本身的功能需求和动力条件，所选搬运设备见表2-5。

**表2-5　搬运设备配置**

| 序　号 | 搬运设备名称 | 单　位 | 数　量 |
|---|---|---|---|
| 1 | 手推车 | 辆 | 5 |
| 2 | 手动液压托盘搬运车 | 台 | 4 |
| 3 | 平衡重式叉车 | 台 | 2 |
| 4 | 电梯 | 部 | 2 |

**问题：**

分析该公司进行仓库重新布局后，能够获得哪些效益。

# 案例 2-2 某仓库平面布置分析

某仓库是原铁路某材料厂的物资仓库，该厂建于 1976 年，位于某城市的近郊，占地面积近 100000m²，有库房 6 栋，共 10000 多平方米，货棚 2 栋，共 2000m²，露天货场 20000 多平方米。该仓库有铁路专用线通入。仓库具体布置如图 2-9 所示。

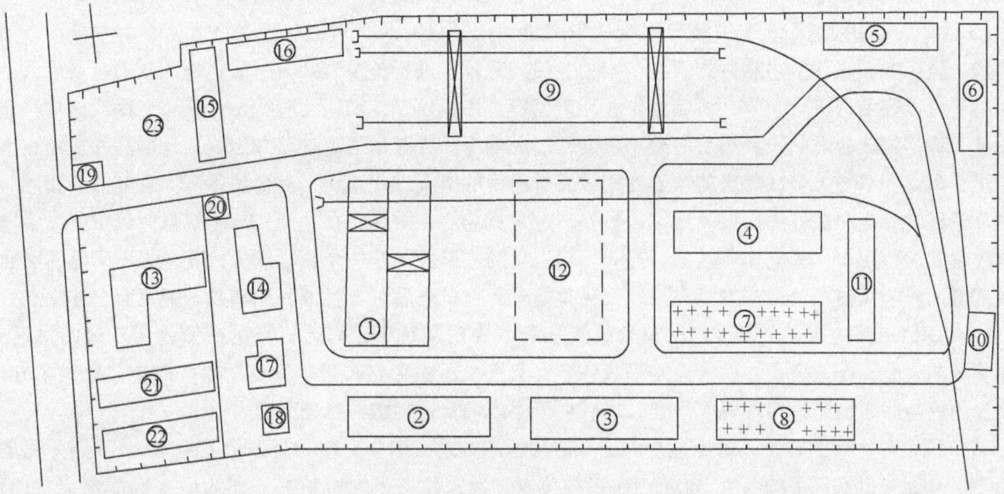


图 2-9 某物资仓库平面布置示意图

注：①金属库房 ②机电产品库房 ③机械配件库房 ④杂品库房 ⑤非金属库房 ⑥非金属库房 ⑦货棚 ⑧货棚 ⑨露天货场 ⑩油库 ⑪包装车间 ⑫预留库房用地 ⑬办公楼 ⑭食堂 ⑮工人休息室 ⑯汽车库 ⑰锅炉房及浴池 ⑱保温库 ⑲门卫室 ⑳医务室 ㉑家属宿舍 ㉒家属宿舍 ㉓备用地

## 1. 库前区的布置

库前区在整个库区的一端，与城市公路相邻，大门开向城市公路方向。办公楼呈 L 形，一面朝向库区主通道，一面临街。办公楼的南侧为家属宿舍，东侧为食堂、锅炉房和浴池等。传达室（门卫）紧靠大门，汽车库、机修间及停车场也距大门较近，工人休息室靠近大门和汽车库。这种布置基本符合库区平面布置的原则，基本上是合理的。如库前区行政及生活用建筑物的布置相对比较集中，办公楼靠近大门且临街便于对外进行业务联系；食堂、锅炉房、浴池集中排列且靠近办公楼，为员工生活提供了方便；工人休息室与汽车库和装卸搬运设备停放场地相邻，便于进行管理；办公楼前面有一定面积的空地，便于对库前区的绿化和美化；库前区留有一定的备用地，且在临街位置，有利于日后的发展；汽车库前留有较大面积的场地，便于停放汽车和装卸搬运设备。其不足之处是库前区与生产区未能完全隔开，尽管设有二道门但不起作用。如果能把库前区各种建筑物与生产区用围墙隔开，不但会给仓库员工的工作、生活带来方便，而且也有利于仓库安全。

## 2. 生产区的平面布置

生产区库房、货棚、货场、铁路专用线及主要道路的布置，基本上是合理的。

（1）库房的布置。库房的平面布置体现了集中与分散相结合的原则。金属库、机电库、配件库之间无不良影响，发生火灾的危险性也比较小，所以靠近库前区集中布置。其中，金属库吞吐量大，靠近出入口并与露天料场相邻，交通运输条件比较方便。非金属材料库和油库分散布置，设在远离火源的库区边缘角落，有利于确保仓库安全。保温库设在生活区内，靠近锅炉房，可缩短供暖管线的长度，提高供暖效果。其不足之处是保温库设在生活区不够合理，给非金属库的布置造成作业不便。

（2）货棚及货场的布置。货棚的布置与库房的布置相协调，必要时可改建为库房。货场位于生活区的一侧，长260m、宽60m，安装有两台龙门式起重机。货场的一端与汽车库和停车场相邻，为机械化作业提供了方便。货场呈条形，有足够的长度，能充分发挥龙门式起重机的作用。

（3）铁路专用线的布置。铁路专用线从东南角切入，分为两股道，一股道进入货场的一侧，东西贯穿货场，位于龙门式起重机悬臂的下方，利用龙门式起重机进行整车装卸。一股道进入双跨金属库，整车金属材料可以在库内进行装卸，可减少作业环节，提高作业效率，加快物资收发。铁路专用线的这种布置从总体上看是比较合理的，其不足之处是机电库、配件库和货棚都远离铁路专用线，这会增加货物在库区的搬运距离。如果进入金属库房的铁路专用线靠近库房的南端进入库房，对金属库房而言其效果相同，但却能靠近机电库房和配件库房以及货棚。另外，进入货场的专用线，在龙门式起重机悬臂的下方，会增加起重小车的运行距离，影响作业效率；同时，起重机的主梁经常是一个悬臂受力，其受力不均容易引起主梁的变形，影响其使用寿命。如将专用线设在龙门式起重机跨度下方且偏一侧铺设，能克服上述缺点。

（4）库区道路的布置。库区内的道路靠近所有的库房和货棚，露天货场的一侧是生产区的主通路，贯穿货场的全长，作业方便；库区道路呈双环形，为汽车运输和装卸搬运设备在库区内作业提供了方便。铁路专用线与库区道路只出现两次平交，也有利于库区内交通运输的畅通无阻。

（5）预留备用地的布置。备用地采取了分散预留的方式，图2-9中⑫是预留的4000m$^2$双跨库房的位置；⑦、⑧原来也是预留的各为1000m$^2$库房的位置，后来建造了两栋货棚；㉓为库前区的预留备用地，对日后的发展是非常必要的。

**问题：**

如果要对该仓库重新进行平面布置，你的方案是什么？

## 习题

1. 说明仓库的分类。
2. 按仓库的结构特点，可以将仓库建筑物分成哪三类？说明其各自的特点与适用范围。
3. 说明对库房的基本要求。
4. 说明对料棚的基本要求。
5. 说明对货场的基本要求。
6. 简述库场选址的目标、原则、影响因素及选址程序。
7. 什么是自动化立体仓库？自动化立体仓库有何优缺点？
8. 企业进行仓库规模决策时，有时需要考虑仓储管理模式的影响，即综合考虑自有仓库空间和租赁仓库空间。试根据下列资料，测算B公司应如何对其仓库规模进行决策才能使仓储总成本最小。B公司计划在某地设立一个仓库用于存储销售给客户的产成品，对明年该仓库存储产品数量（即产成品销量）进行了逐月的预测，单位使用重量单位，具体见表2-6。

表 2-6 B 公司仓库存储需求预测

| 月份 | 需求/kg | 月份 | 需求/kg |
|---|---|---|---|
| 1 | 66500 | 7 | 1303000 |
| 2 | 328000 | 8 | 460900 |
| 3 | 1048500 | 9 | 99900 |
| 4 | 2141000 | 10 | 15300 |
| 5 | 2820000 | 11 | 302200 |
| 6 | 2395000 | 12 | 556700 |
| | | 总计 | 11537000 |

该仓库预计每月库存周转率（每月销量/平均库存量）为 3 次。总库容中 50% 为通道，库容利用率为 70%。货物平均每千克占用 0.5$m^3$ 的库容，可堆码 6m 高。

如果自建仓库，则包含设备在内的造价为 300 元/$m^2$，折旧期限为 20 年。运营成本每千克为 0.5 元。仓库年固定成本为 30 元/$m^2$。

如果租借仓库，则租金为每月 1 元/kg，入库、出库搬运费用为 0.7 元/kg。

试计算 B 公司应建造多大规模的仓库。

9. 一家公司要建设配送中心，该中心为 25 家店铺配送商品。每家店铺平均面积为 400 $m^2$，每月平均销售 800 箱商品。每箱长、宽、高尺寸分别为 0.4 m、0.5 m、0.4 m。假定未来销售增长修正系数为 0.2，配送中心商品平均周转次数为 3 次/月，最大堆垛高度为 2m，存储面积修正系数为 0.3。计算该配送中心最多需要多少存储面积。

## 思考题

1. 自动化立体仓库在我国是否适用？为什么？
2. 你所在地的仓库设施情况如何？通过调研进行说明。

# 第三章

# 储存规划

## 作　用

在商品入库进行储存保管之前，必须先制定规划，指明应如何管理商品的存入及取出的具体活动，包括对储存场所的分配、布置以及对货位的规划。储存规划是商品入库前的一项重要工作，它可以使储存保管活动有秩序地进行，提高场所利用率与管理效率。本章介绍储存规划的内容及方法。

## 关　键

储存规划的任务；储存空间的利用；储存场所的分配与布置；货位规划。

## 第一节　储存规划的基本内容

### 一、储存规划的任务

储存保管的主要任务在于把将来要使用或者要出货的物料做保存，且经常要做库存品的检核控制，不仅要善用空间，还要注意存货的管理。尤其现代仓储形态多样，更要注意空间运用的弹性及存量的有效控制。

储存时间即货物流动性的管理，一般属于库存管理的任务。因此在一般意义上，商品储存规划是根据现有仓储设施和储存任务，对各类、各种商品的储存在空间上做出全面安排，如对储存场所进行分配和布置、建立良好的保管秩序即对货位进行合理规划等。

合理的储存规划是进行商品在库科学保管的前提。储存规划的基本任务是：根据商品本身的特性及其变化规律，合理规划并有效利用现有仓储设施内的储存空间，采取各种行之有效的技术与组织措施，努力实现储存空间的最大化使用，帮助降低存储与装卸搬运、拣选的成本，保证商品出入库与在库保管的有序进行，提高作业效率，使所有货物品种都能随时准备存取，并且帮助商品实现在库的有效移动，为进行商品的科学养护提供整洁、良好的环境。

进行储存规划的步骤如图 3-1 所示。其中，制定储存规划之前需要先进行需求分析，对储存规划的对象进行界定，明确规划的目的，设定相应的绩效指标，了解储存空间与物料的特点等。这种分析的方法与仓储系统分析方法相类似，这里不再赘述。对于其他内容，将在本章后续内容中逐一介绍。

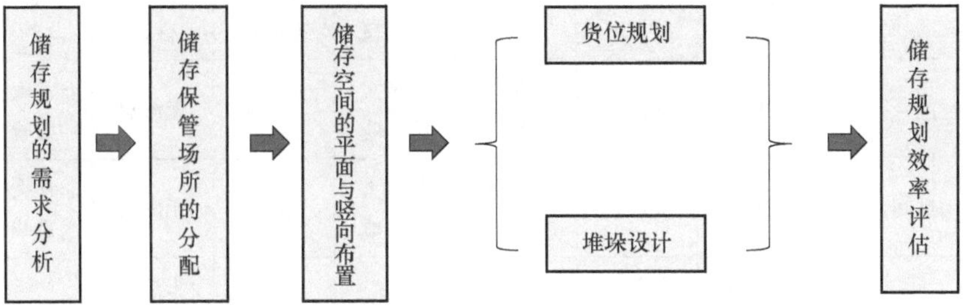


图 3-1 储存规划的步骤

## 二、储存空间

由上面的阐述可以看出，储存规划的对象主要是货物的储存空间，又称保管空间，其功能并不仅仅是表面上的储存货物，在现代物流中，该空间还是为货物的购产销进行配送服务的中转站，因此可以说，储存空间实际上可以称为货物储运的中心枢纽，故如何对其进行更有效、更高效的利用已成为仓储管理者研究的重要课题。

在进行储存空间的布置时，首先考虑的便是要储存的货物大小及其储存形态，以便能提供适当的空间来满足需求，因为在储存货物时，必须规划有大小不同的位置，来对应不同尺寸及数量货物的存放。在进行空间规划之前，必须先进行分类，设定各空间的用途，接着要对其在各方面的权重进行评估，有了权重的比较再进行设计和布置。如果储存空间由于受到多方面限制而无法改变，则要寻求方法来最大化现有储存空间的利用率。

### （一）储存空间的组成

储存空间或者保管空间是指在物流空间中发挥储存保管功能的部分，包括物理空间、潜在可利用空间、作业空间和无用空间。物理空间是指货物实际占用的空间；潜在可利用空间是指保管空间中可以争取利用的空间；作业空间又分为正式作业空间（正式作业所必需的空间）及作业剩余空间（为了作业活动顺利进行所留出的多余空间）；无用空间也称为死空间，如完全不能加以利用的死角等。

### （二）影响储存空间使用的因素

一般认为，影响储存保管空间使用的因素有八项，表现在人、物、设备三个方面。人的要素包括作业方法及作业环境，物的要素包括货物特性、货物储存量和入出库量，设备要素包括保管设备及出入库设备的种类和作业方式，各项因素的影响程度见表 3-1。

表 3-1　保管空间的影响因素

| 构成要素 / 影响因素 / 空间别 | | 人 | | 物 | | | | 设备 | |
|---|---|---|---|---|---|---|---|---|---|
| | | 作业方法 | 作业环境 | 货物特性 | 货物储存量 | 货物入出库量 | 入出库件数 | 保管设备 | 入出库设备 |
| 物理空间 | | 无影响 | 无影响 | 非常大的影响 | 非常大的影响 | 无影响 | 无影响 | 非常大的影响 | 无影响 |
| 潜在利用空间 | | 无影响 | 无影响 | 非常大的影响 | 非常大的影响 | 无影响 | 无影响 | 非常大的影响 | 无影响 |
| 作业空间 | 正式作业空间 | 非常大的影响 | 非常大的影响 | 有影响 | 无影响 | 非常大的影响 | 非常大的影响 | 无影响 | 非常大的影响 |
| | 作业剩余空间 | 非常大的影响 | 非常大的影响 | 无影响 | 无影响 | 有影响 | 有影响 | 无影响 | 有影响 |

### （三）储存空间规划的重点

当储存空间的大小决定后，货物所占的物理空间可由货物保管目标总量体积来决定。在这具体的有限空间内如何提升空间利用率？其关键点又是什么？简单地说，储存空间的规划重点在于柱子间隔、梁下高度及通道布置三个方面。其中，柱子间隔会影响货架的摆放、搬运车辆的移动、输送分类设备的设置；梁下高度会限制货架高度，影响货物堆垛高度；通道布置设计会影响有效保管使用面积的大小及搬运的方便性。这三个要素均能在很大程度上影响储存空间使用率，因此在这里专门进行介绍。

1. 柱子间隔

柱子的设计一般根据建筑物的楼层数、楼层高度、地板载重、地震的抵抗等条件进行。但从储存空间来看，还必须考虑建筑物内的保管效率及作业效率。柱距设计的影响因素一般有三个：

（1）进入仓库内停靠的载货车辆数及种类。不同型号、不同重量的载货车会有不同的体积和长度，对于停靠所需要的空间及柱距也有不同的需求。

（2）存储设备的种类及尺寸。在储存空间的规划中，保证存储设备的布置效率最为重要，存储设备如货架所占的空间应尽可能大，以提高仓库面积的实际使用率，因此需要配合存储设备的规划，来决定柱距。

（3）装卸搬运设备的安置。当对保管区域进行划分时，必须考虑货位前方是否有柱子，因为柱子会影响到叉车与堆垛机的出入、输送机的安装及吊车的移动等。这时，柱距是依据通道宽度及存储设备间隔等尺寸来计算的。

2. 梁下高度

仓库的梁下高度理论上是越高越好，但实际上会受到货物所能堆积的高度、叉车与堆垛机的扬程、货架高度等因素的限制，并且太高也会增加建设成本，对多层仓库而言还会减少楼层数。影响设计仓库梁下高度的因素有如下四点：

（1）保管物品的特点、保管设备的型号和堆垛高度。保管物品的特点不同，所采用的存储方式也不同。采用托盘地面堆码或高层货架两种方式所需的仓库高度差距非常大。而耐叠压的坚硬货物及不耐叠压的货物若都采用地面堆码方式，其对梁下高度的需求也有很大差异。因此必须根据物品特点选用不同的保管设备与堆码方式，并以此来决定梁下高度。

（2）所使用堆垛、搬运机器的种类。各类堆垛机、吊车、货车等堆垛和搬运设备均有其特定的规格设计，这些设计所产生的限制就会影响到梁下高度。例如，堆垛机扬程便直接影响到堆码的高度，其梁下高度就可依此进行估算。

（3）所采用的储存保管设备高度要求。由于各种货架都有其基本架设高度，装设货架时必须达到此高度才有经济效益，因此梁下高度的设计必须能符合所采用保管储存设备的基本高度要求，再加上梁下余度尺寸来设计。

（4）梁下余度的尺寸。梁下余度的尺寸也称为顶距。考虑到消防、空调、采光等因素，在梁下必须放置一些配线、风管、消防设备、灯光照明等，需要预留出一定高度以保证这些设备正常安装，并考虑安全问题。因此在计算梁下高度时必须把梁下余度考虑进去，即梁下高度 = 最大举升的货高 + 梁下余度尺寸。

3. 通道布置

通道的正确安排和尺寸是影响保管效率的一个关键。作为储区与进出货区的通路，通道的设计应能保证存货实现顺利存取、装卸设备的进出，并且考虑尽可能少地占用面积，提高仓库有效保管空间比率。影响通道位置及宽度的因素包括：①通道形式；②搬运设备形式、尺寸、产能、回转半径；③储存货物的尺寸；④与仓库进出口及装卸区的距离；⑤储存的批量尺寸；⑥防火墙的位置；⑦行列空间及柱子间隔；⑧服务区及设备的位置；⑨地板负载重量；⑩电梯及斜道位置；⑪出入方便的考虑。

有关通道的布置将在本章第三节进行介绍。

## 三、储存规划效率的评估

储存规划的效率究竟如何，可以从空间使用效率、作业时间、货物流动性、作业人员感受、单位保管成本等方面来进行考察。

1. 空间使用效率

主要考察储存和盘点的方便性、储存货物数量、出入库设备所占面积比率、梁柱面积、走道的安排布置。相关的评估指标为空间效率指标。空间效率的评估可由实际的保管容积率来判别，计算出的数值越大，空间效率越高。

空间效率 =（实际保管容积/保管空间总容积）×100%

2. 作业时间

作业时间是拣选时间加上在保管时因储位空间的调整而移动货物的时间。

作业时间 = 拣选时间 + 移动时间

3. 货物流动性

一般认为，入出库量越大、存货量越小，则货物流动性越高。流动性的评估一般按月记，以每月的入库量、出库量、存货量三个因素来计算，其值会在 0 ~ 1 之间，越接近 1 其流动性越高。

货物流动性 =（入库货量 + 出库货量）/（入库货量 + 出库货量 + 存货量）

4. 作业人员感受

主要考察作业人员的作业方法及其对作业环境、作业方便性的评价。对于其考察一般是自行定义评价指标，如宽的、窄的、紧凑的、空旷的、大的、小的、舒服的、不舒服的、整齐的、杂乱的、明亮的、暗的等，再采用问卷方式调查作业人员其对作业空间的感觉，进一步将问卷进行数据化，从而得到这个指标的评估值。

5. 单位保管成本

主要考察单位空间的固定保管费用、保管设备费用、其他搬运设备费用等。一般用每立方米的保管费用来估算，该保管费用包含固定保管费用及设备费用。

单位保管成本 = 总保管费用/保管货物量

## 第二节　储存保管场所的分配

所谓储存保管场所的分配，是指在仓库内，为每一种库存商品分配适当的储存保管空间，一般应包括保管区的划分，库房、料棚、料场的分配，确定存入同一库房的商品品种等。合理分配保管场所的目的在于做到物得其所，库尽其用，地尽其力。

### 一、商品保管区的划分

在规模比较大的综合材料厂或仓库，储存商品品种多、数量大，为了便于管理，可按照仓库建筑物的布局和储存商品的类别，划定若干储存保管区。划分储存保管区的方法有：

（1）按商品的理化性质划分。这是将库存商品按其理化性质，分成若干大类，对每一类商品划定一个储存保管区，如划分为金属材料、非金属材料、机电产品等。这种划分储存保管区的方法，有利于针对某类商品的特性采取相应的保管措施，便于对某一类商品进行集中统一管理。

（2）按商品的使用方向分区。这是按照商品的使用方法和用途，将商品分成若干大类，如铁路材料厂可将修车用料、建筑工程用料、通信信号用料等每类商品划定一定的储存保管区。这种分区方法便于对基层用料单位配送物料。其缺点是用于同一方向的商品品种繁多，性质各异，要求不同的保管条件，给保管带来一定的困难。

（3）按不同货主分类。当仓库为几个大货主服务时，为便于与货主工作的衔接，防止货物混淆，往往采用这种方式。

（4）混合分区。混合分区即将上述几种方法结合起来运用，有的按商品的性质分区，有的按商品的用途分区，有的按货主分区。

各种分区方法各有优缺点，通常情况下多采用混合分区法。通用商品按理化性质分类划区（如金属材料、非金属材料），专用商品按用途分类划区（如机车车辆配件、通信信号器材等）。为了业务管理上的方便，对商品的分类划区应与商品目录的分类相一致。

## 二、库房、料棚、料场的分配

仓库划定保管区之后，就要对本保管区的仓储设施进行统一的规划和使用，对本保管区的库房、料棚、料场安排各自的用途，即把本类商品合理地分配到库房、料棚或料场。分配得是否合理，对保管质量、仓库作业、保管费用等具有直接影响，是做好商品保管的基础。

某种商品应储存在什么地方，应综合考虑各方面的因素，如商品的理化性质、加工程度、本身的价值、用途和作用、批量大小、单位重量和体积等。其中，商品的理化性质是划分保管场所的主要依据。此外，商品在库保管时间的长短、仓库所在地的地理气候条件、储存商品的季节等，也是必须考虑的因素。

对于保管的商品大体上可做如下安排：

（1）凡风吹、日晒、雨淋以及温度和湿度变化对其无显著影响者，均可存放在露天料场，如生铁锭块、毛坯、钢轨、大型钢材、铸铁管、中厚钢板、原木、大型粗制配件等。

（2）凡受日晒、雨淋易变质损坏，而温度和湿度的变化对其影响不大者，可存入料棚保管，如中型钢材、钢轨配件、优质木材、耐火砖、电缆等。

（3）凡受雨雪侵袭、风吹日晒及湿度的影响容易损害的商品，应存入普通库房，如小型钢材、优质钢材、金属制品、有色金属材料、车辆配件、水泥、化工原料、机械设备等。

（4）凡受风吹、日晒、雨淋以及温度和湿度变化的影响容易损坏的商品，特别是对温度变化比较敏感的商品，应存入保温库房，如精密仪器仪表、电子器件、高精度量具、轴承、锡及锡制品等。

(5) 凡需特殊的保管条件，易燃易爆或具有毒害性、放射性等商品，应存入专用库房。这主要是各种危险品，如汽油、炸药、压缩气体、毒性物品、腐蚀性物品、放射性物品等。

## 三、对楼库各层的使用分配

楼库多为三层至五层。各层的保管条件和作业条件不同，应合理分配各层用途。

(1) 楼库的最底层。地坪承载能力强，净空比较高，两侧和两端均可设库门和站台，收发作业方便。但地坪易返潮，易受库边道路灰尘的影响。因此，最底层应存放大批量、单位重量大、体积大、收发作业频繁、要求一般保管条件的商品，如金属材料、金属制品等。

(2) 楼库的中间层。楼板承载能力比较差，净空比较低，增加了垂直方向的搬运，只能从竖井借助于升降机或电梯收发商品，作业不方便。但楼板比较干燥，采光通风良好，受外界温度和湿度的影响小，保管条件比较好。所以，中间层适合存放体积较小、重量较轻、要求保管条件比较高的商品，如电工器材、仪器仪表等。

(3) 楼库的最顶层。除具有与中间层相同的条件外，最顶层还有对保管和作业不利的方面。因为屋顶直接受日光照射，受温度的影响比较大，而且收发作业更加不方便。因此，最顶层适合存放收发不太频繁、要求一般保管条件的轻体商品，如纤维制品、塑料制品等。

## 四、确定存入同一库房的商品品种

对存入同一库房的商品，应考虑彼此间的互容性。凡两种商品相互之间不发生或很少发生不良影响的，称两者之间具有互容性。如金属材料、金属制品、金属零配件、机械设备等，彼此之间不影响，允许存入同一库房。但也有些商品因某种原因不宜混存，一般有以下几方面的情况：

(1) 相互影响的商品。如粉尘材料同精密仪器仪表、腐蚀性物品同各种易被腐蚀的商品、大部分化工危险品之间（如炸药与起爆器材，易燃品与自燃物，易燃气体与助燃气体等）容易相互影响。

(2) 要求不同保管条件的商品。如怕潮湿与干燥的商品、怕高温（或低温）的商品与一般商品，由于要求不同的保管条件，不可能在同一库房同时得到满足，所以不宜存入一库。

(3) 要求不同作业手段的商品。如由于体积大小相差悬殊、单位重量相差很大，要求不同的装卸搬运手段，如存入同一库房会给收发作业带来困难，而且影响仓库的有效利用。

## 第三节 储存空间的布置

储存空间的布置，是指将各种商品合理地布置到库房、料棚或料场等保管场所的储存空间中。

储存空间的布置，应满足下列要求：最大限度地提高保管场所的平面利用率和空间利用率；有利于提高商品保管质量；符合技术作业过程的要求，便于日常查点和收发；便于机械化作业等。

储存空间的布置分为平面布置和竖向布置两个方面。平面布置是对库房、料棚、料场内的货垛、料架、通道、垛间距、收发料区等进行合理地划分，正确处理它们在平面上的相互位置关系。竖向布置是库存商品在仓库高度方向的布置，其目的在于更加充分有效地利用仓库空间，便于收发和提高保管质量。

因此下面先介绍平面布置，将竖向布置作为储存空间有效利用的一种方式进行介绍。

### 一、储存空间平面布置要素

下面以库房为例予以说明。

库房内墙线所包围的面积（如有立柱应减去立柱所占的面积）称为可使用面积。库内料架和货垛所占的面积为保管面积，其他则为非保管面积。非保管面积包括通道、墙间距、收发料区、仓库人员办公区等区域的面积。进行平面布置的目的就是尽量扩大保管面积，缩小非保管面积。因此，布置好非保管面积是关键。下面对这几项要素予以说明。

#### （一）通道

库房内的通道分为运输通道（主通道）、作业通道（副通道）和检查通道。运输通道供装卸搬运设备在库走行，其宽度主要取决于装卸搬运设备的外形尺寸和单元装载的大小。运输通道的宽度一般为1.5~3m。如果库内安装有桥式起重机，运输通道的宽度可为1.5m，甚至更窄些。如果使用叉车作业，其通道宽度可通过计算求得。当单元装载的宽度不太大时，可利用下式计算

$$A = R_1 + D + L + C \tag{3-1}$$

式中 $A$——通道宽度；

$D$——货物表面至驱动轴中心线的间距；

$R_1$——外侧转向半径；

$L$——货物长度；

$C$——转向轮滑行的操作余量。

具体可参看图3-2。图3-2中，$W$为货物宽度，$B$为叉车总宽度的一半加内侧转向半径。式（3-1）适用于$W<2B$的场合。

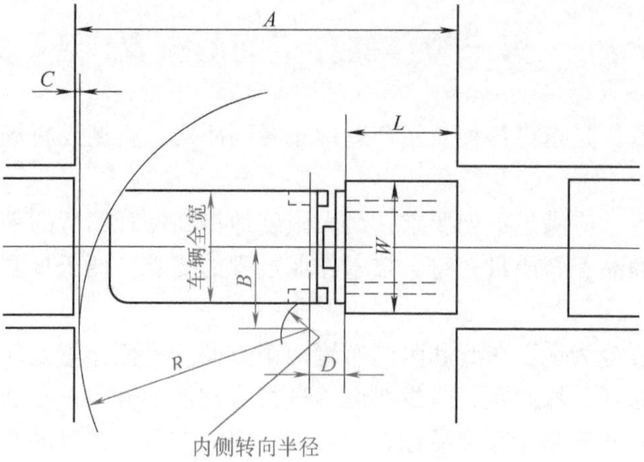


图 3-2　叉车装卸一般货物通道宽度图解

作业通道（副通道）是供作业人员存取搬运商品的走行通道。其宽度取决于作业方式和货物的大小。当通道内只有一人作业时，其宽度可按下式计算

$$a = b + l + 2c \tag{3-2}$$

式中　$a$——作业通道的宽度；

$b$——作业人员身体的厚度；

$l$——货物的最大长度；

$c$——作业人员活动余量。

如果使用手推车进入作业通道作业，则通道宽度应视手推车的宽度而定。一般情况下，作业通道的宽度为 1m 左右。

检查通道是供仓库管理人员检查库存商品的数量及质量时走行的通道。其宽度只要能使检查人员自由通过即可，一般为 0.5m 左右。

影响储存空间利用率的最重要的因素就是通道的设置及宽度，因此良好的通道设计须注意以下问题。

（1）流量经济：让所有通道的人、物移动都形成路径。

（2）空间经济：通道通常须占不少空间，因此仔细设计能带来直接的利益。

（3）设计顺序：主要通道（Main Aisles），像出入部门及厂房间的通道必须首先设计，其次是服务设施的通道，最后是次要通道。

（4）大规模仓库的空间经济：例如，一个 6m 宽的仓库可能有一个宽约 1.5 ~2m 的通道，约占有效地板空间的 25% ~30%；而一个 180m 宽的仓库可能有 3 个宽 3.6m 的通道，只占所有空间的 6%，即使再加上次要通道，也只占 10% ~12%。因此，大仓库在通道设计上可达到大规模空间经济。

（5）危险条件：必须要求通道随时都足够空旷，以保证发生危险时能够尽快逃生。

（6）楼层间的交通：电梯是通道的特例，应该属于竖向布置问题，其目的在于将主要通道的货物运至其他楼层，但要避免阻碍主要通道的交通。

因此，要满足上述的考虑，最好的通道形式应属中枢通道（Backbone Aisle），如图3-3所示，其主要通道穿过库房中央，尽可能直穿，使起点和终点都在出入口，且连接主要交叉通道。

图3-3 中枢通道示例

不同的布置形式有不同的通道空间比例，需要在规划时进行考虑。

### （二）墙间距

为了减少库存商品受到库外温度和湿度的影响，货垛、料架都应与库墙保持一定的距离，不允许货垛、料架直接靠墙堆码和摆放。

墙间距的作用一方面是使货垛和料架与库墙保持一定的距离，避免商品受潮，同时也可作为检查通道或作业通道。墙间距一般宽度为0.5m左右，当兼做作业通道时，其宽度须增加一倍。墙间距兼做作业通道是比较有利的，它可以使库内通道形成网络，作业方便。

### （三）收发料区

收发料区供收料、发料时临时存放商品之用，可划分为收料区和发料区，也可以划定一个收发料区，收料发料共用。

收发料区应靠近库门和运输通道，可设在库房的两端或适中的位置，并要考虑到收料发料互不干扰。对靠近铁路专用线的仓库，收料区应设在专用线的一侧，发料区应设在靠近公路的一侧。如果专用线进入库房，收料区应设在专用线的两侧。

收发料区面积的大小应根据下列因素而定：

（1）一次收发批量的大小。收发料区应能够容纳一个最大批量的商品。如专用线进入库内的金属库，其收料区应能存放1~2个车皮的钢材。

（2）商品规格品种的多少。为了避免收发料时发生混淆，不同规格品种的商品应分开摆放，所以规格品种越多，占用面积越大。

（3）供货和用料单位的数量。对于不同单位的进料和不同用料单位的发料，都应单独存放，避免收发错误。因此，供货和用料单位越多，所占用的收发面积越大。

（4）收发作业效率的高低。收发作业效率高，能加速货位的周转，可节省收发料区的占地。

（5）仓库的设备情况，包括保管、装卸、验收等设备的情况。在收发料区如果大量采用料架，可节省占地面积；库内如设有桥式起重机，可节省装卸机械作业所占的面积；若采用自动电子秤配合桥式起重机作业，可边卸车边码垛或边下垛边装车，能大大节省收发料区的面积。

（6）收发料的均衡性。当收发料在时间上比较均衡时，收发料区的面积能得到充分利用。

（7）发料制度。送料制和领料制对发料区的要求有很大的不同。当采取送料制时，送料前须将各用料单位的料备齐，要占用很多的面积；而采取领料制，发料区面积可大大减少。

### （四）仓库人员办公地点

仓库管理人员需要一定的办公场所。办公场所可设在库内也可设在库外。总的来看，管库人员的办公室设在库内特别是单独隔成房间是不合理的，既不经济又不安全。所以专门的办公地点最好设在库外，另建办公室，使仓库能存放更多的商品。现在大部分仓库都实现了信息化管理，因此在库内往往会设置计算机、条码打印机等办公设备，以方便仓库人员作业。

## 二、储存空间平面布置的形式

储存空间的平面布置有多种形式，如图3-4所示。究竟选用哪种布置方式最有利，要视具体情况而定。要根据库房面积的大小、库房的长宽比、料架的规格尺寸、商品的堆码方式、收发作业的方式和机械化程度等综合考虑，才能提出最佳布置方案。

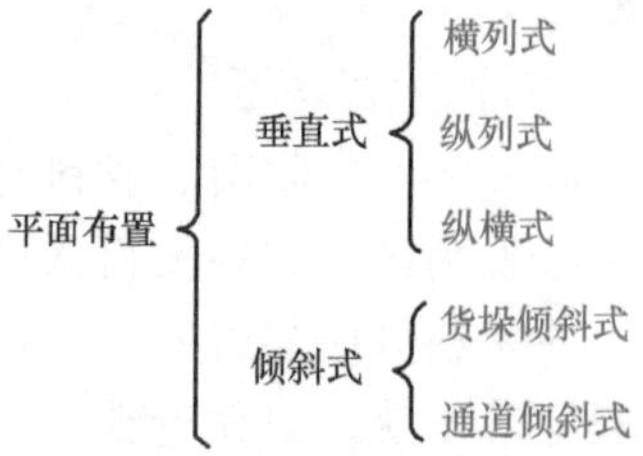

图3-4　平面布置形式

### （一）垂直式布置

垂直式布置是指料架或货垛的排列与库墙和通道互相垂直，如图3-5所示。

横列式布置，是指料架或货垛的长度方向与库房的长度方向互相垂直（与库房的宽度方向平行），如图3-5a所示。这种布置方式的主要优点是：主通道长且宽、副通道短、整齐美观，对商品的查点存取方便；通风和自然采光良好；便于机械化作业。其主要缺点是：主通道占用面积多，仓库面积利用率受到影响。

纵列式布置，是指料架或货垛的长度与库房的长度方向平行（与库房的宽度方向垂直），如图3-5b所示。其优缺点与横列式正好相反。其优点主要是仓库平面利用率比较高，缺点是存取商品不便，通风采光不足。

纵横式布置，是指在同一保管场所，横列式布置和纵列式布置兼而有之，是两种方式的结合，兼有上述两种方式的特点，如图3-5c所示。

### （二）倾斜式布置

倾斜式布置是指料架或货垛与主通道之间不是互相垂直成90°角，而是成60°、45°或

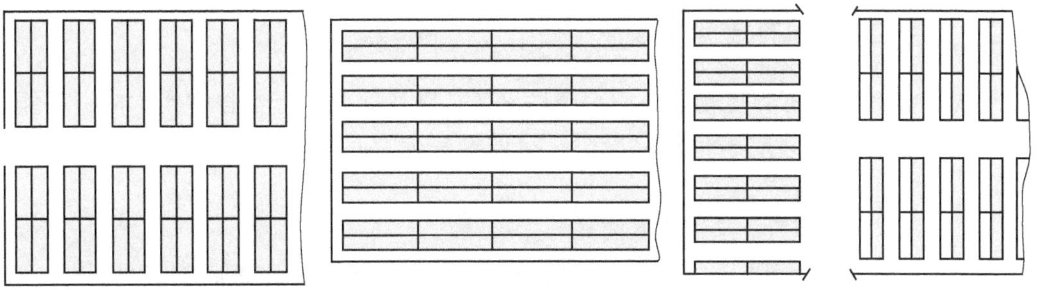

a) 横列式布置示意图　　b) 纵列式布置示意图　　c) 纵横式布置示意图

图 3-5　垂直式平面布置类型

30°的锐角。这种布置方式又分为货垛倾斜和通道倾斜两种情况。

货垛倾斜式，是指货垛的布置与库墙和通道之间成一锐角，如图 3-6a 所示。这种布置方式的最大优点是方便叉车配合托盘进行作业，能缩小叉车的回转角度，提高装卸搬运效率。而最大的缺点是造成不少死角，仓库面积不能被充分利用。

通道倾斜式，是指货垛与库墙之间仍垂直，而通道与货垛和库墙之间成锐角，如图 3-6b所示。这种布置方式的优点是避免了死角，能充分利用仓库面积，而且同样便于商品搬运，提高作业效率。

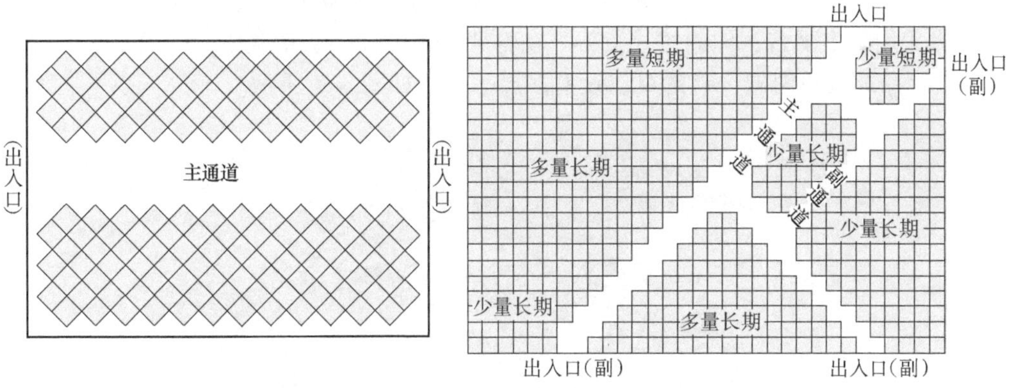


a) 料垛倾斜式布置示意图　　b) 通道倾斜式布置示意图

图 3-6　倾斜式布置的两种形式

倾斜式布置方式只有在一定的条件下方可采用，有很大的局限性。它只适用于品种单一、批量大、用托盘单元装载、就地码垛、使用叉车搬运的商品，在一般的综合仓库不宜采用。

## 三、储存空间的有效利用

在储存空间中，不管货物是地面直接堆垛还是以货架储放，都得占用空间，若能有效利用保管空间，仓储成本自然会减少。有效利用储存空间可以从以下三个方面予以考虑：

### （一）重视竖向布置，向上拓展空间

当合理化设置好梁柱后，在有限的立体空间中，面积固定，要增加利用空间就只有向上发展。或许大家会认为仓库空间向上发展会影响货物搬运工作的安全与困难程度，增加盘点困难，但堆垛技术日新月异，堆高设备更是不断出新以应所需，且非常普及，因此向上发展的困难已不大。

堆高的方法为多利用货架，如驶出/驶入式货架便可叠高10m以上，而窄道式货架更可叠高15m左右，利用这些可叠很高的货架把重量较轻的货物储放于上层，而把较笨重的货物储放于下层，或借托盘来多层堆放，以提高储物量，增加利用空间。还可以利用架上平台等形式。向上拓展空间的竖向布置具体可采取以下形式：

（1）使用料架。将物品直接或装入料箱、托盘后存入料架。

（2）托盘、集装箱堆码。将物品装入集装箱或码放在托盘上，然后把集装箱或托盘进行堆码。

（3）空中悬挂。将某些物品悬挂在库墙或库房的上部结构上。

（4）采用架上平台，即阁楼式货架。在料架上方铺设一层承载板，构成二层平台，可直接堆放物品或摆放料架。有的可以设置多层平台，如图3-7所示。

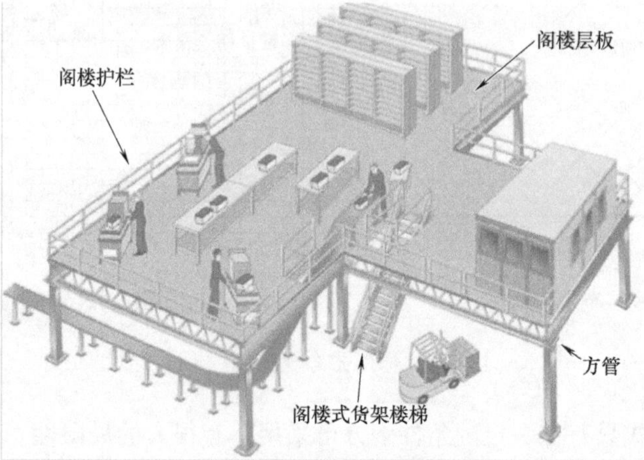


图3-7　架上平台（阁楼式货架）示意图

储存空间的竖向布置潜力很大，在不增加库房面积的情况下，商品的存放向高度方向发展，向空间要货位，可扩大储存能力，节约建筑投资。

### （二）提高平面空间的有效利用率

提高平面利用率可以从以下几个方面考虑：

（1）利用角落设置非储存空间。即将厕所、楼梯、办公室、清扫工具室等设施尽量设置在保管区域的角落或边缘，以免影响保管空间的整体性，这样可以有效增加储存货物的保管空间。

（2）减少通道面积。前文中提到，减少通道面积相对就增加了保管面积。但是，可能会因通道变窄变少而影响作业车辆的通行及回转，因此在空间利用率与作业影响两个条件中，需要根据自己的需求来取个平衡点，不要为一时的扩展保管空间而影响了整个作业的方便性。一般的做法是把通道设定成保管区中行走搬运车辆的最小宽度需求，再于适当长度中另设一较宽通道区域来供搬运车辆回转。表 3-2 举堆垛机的例子说明了装搬设备与通道宽度间的匹配问题。

**表 3-2 通道宽度与适用的堆垛机类型**

| 通道形式 | 通道宽度/m | 堆垛机形式 |
|---|---|---|
| 宽道式 | 3.0～4.5 | 配重式堆垛机 |
| 窄道式 | 2.1～3.1 | 直达式（Reach）堆垛机<br>跨立式（Straddle）堆垛机<br>转柱式（Swing-mast）堆垛机 |
| 超窄道式 | 2.1 以下 | 转叉式（Turret）堆垛机<br>拣取机（Order Picker） |

（3）货架的安装设置应尽量采取方形配置，来减少因货架安置而剩下的无法利用的边角空间。

（4）储存空间顶上的通风管路及配电线槽，宜安装于最不影响存取作业的角落上方，以减少对货架的安置干涉。

### （三）合适条件下可采用自动化仓库

自动化仓库尤其是自动化立体仓库在储存空间的利用率上是最高的，但并不表示它就是最合适的，因为其建设投资较高。对于自动化仓库的选用，必须在了解自己仓储系统的货物特性、量的大小、作业频率的高低以及单元化的程度后，进行严谨的成本效益评估。

### （四）保管、动管空间合理规划

目前以进货、取货功能为中心的侧重于动态仓储的仓库，单纯设立一般的保管区域不能应付其作业所需。为了达到快速存取出货的功能，就必须加设以拣选方便快速为规划重心的区域，可称为动管区域。这就需要对库存种类和数量进行定量分析，然后再确定这两个储存区域空间如何规划分配。一般需要进行库存商品的 ABC 分析、EIQ 分析等，确定究竟应将多少商品置于动管区内，然后再根据动管区要储存的商品数量与一般保管区域要储存商品数量之间的比例关系，确定它们所需空间的比例关系，即

$$\frac{\text{动管储区空间}}{\text{保管储区空间}}=\frac{\text{动管储区保管量}}{\text{库存总保管量}-\text{动管储区保管量}}$$

通过这种空间的划分，可以提高储存空间的利用率以及作业效率。

对于储存空间布置的其他问题，可以参考相关书籍和本章案例进行进一步了解。

## 第四节 堆垛设计

### 一、对商品堆垛的基本要求

商品堆垛是一项技术性的工作，在堆垛设计中应满足以下基本要求：

（1）科学合理。应根据商品的性质、形状、大小、容重、数量、包装等不同情况，确定相应的堆码方式；要按照商品的不同品种、规格、型号、等级、生产厂、进货批次等分别堆垛；应贯彻先进先出的原则；做好下垫上苫，创造良好的保管条件。

（2）稳固安全。垛基要坚实牢固，能承受货垛的全部重量；单位面积的储存量应小于地坪最大承载能力；货垛高度要适宜，保证最下层的商品或包装不受损坏；降低货垛的重心，保持一定的垂直度；进行必要的加固，增强货垛的整体性和稳定性，防止货垛倒塌。

（3）简易方便。垛型应尽量简化，使其容易堆码，省力省工；便于物品的收发查点，有利于实现装卸搬运机械化。人工作业时，货垛高度不宜过高，尽可能采取立柱式或框架式托盘堆码。

（4）整齐美观。货垛排列和料垛本身横竖成线，实行“五五化”堆码，过目成数，标记货签明显可见。但不宜要求过高过严，造成人力物力的浪费。

### 二、商品堆垛设计的内容

为了达到上述基本要求，必须根据保管场所的实际情况、商品本身的特点、装卸搬运条件和技术作业过程的要求，对商品堆垛进行总体设计。设计的内容应包括垛基、垛型、货垛参数、堆码方式、货垛苫盖、货垛加固等。

#### （一）垛基

垛基是货垛的基础，其主要作用是：承受整个货垛的重量，将商品的垂直压力传递给地坪；将商品与地面隔离，起防水、防潮和通风的作用；垛基空间为搬运作业提供方便条件。因此，对垛基提出以下要求：

（1）将整垛商品的重量均匀地传递给地坪，垛基本身要有足够的抗压强度和刚度。为了防止地坪被压陷，应扩大垛基同地坪的接触面积，下垫水泥墩和枕木要有足够的密度。

（2）保证良好的防潮和通风。垛基应为敞开式，有利于空气流通。可适当增加垛基的高度，特别是露天货场的垛基，其高度应为300～500mm。必要时可增设防潮层。露天料场的钢材垛基应保持一定的坡度，以利于排水。

（3）保证垛基上存放的物品不发生变形。露天场地应平整夯实、下垫物应放平摆正，所有下垫物要同时受力，而且受力均匀。大型设备的重心部位应增加下垫物。

垛基分为固定式和移动式两种。移动式又可分为整体式和组合式。组合式垛基机动灵活，可根据需要进行拼装。

### （二）垛型

垛型是指货垛的外部轮廓形状。按垛底的平面形状，可分为矩形、方形、三角形、圆形、环形等。按货垛立面的形状，可分为矩形、方形、三角形、梯形、半圆形，还可组成矩形—三角形、矩形—梯形等复合形状，如图3-8所示。

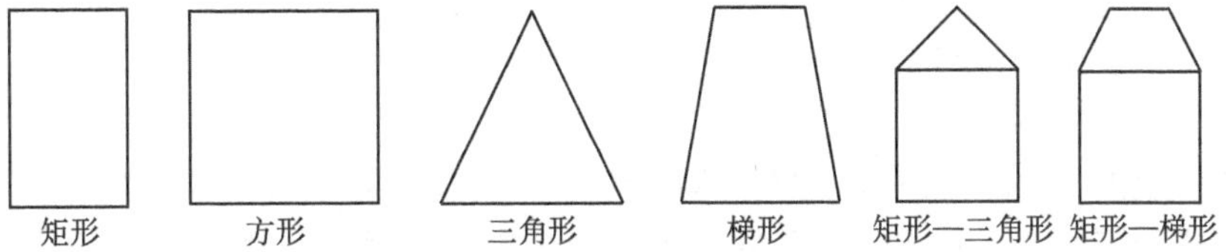


图3-8 货垛立面示意图

各种不同立面的货垛各有优缺点。矩形和方形垛堆码容易、计数方便、库容整齐，能充分利用仓库空间，但稳定性较差。梯形、三角形、半圆形货垛稳定性较好，易苫盖，排水性能好，但不容易堆码，不便于计数，不能充分利用仓库空间。矩形—三角形、矩形—梯形等复合形货垛，是上述两者的结合，兼有两者的特点，多用于露天存料的堆垛。

### （三）货垛参数

货垛参数是指货垛的长、宽、高，即货垛的外廓尺寸。一般应首先确定货垛的长度。可将各种钢材的定尺长度作为货垛的长度，包装成件物品的垛长应为包装长度或宽度的整数倍。具体长度还应根据仓库的平面布置和商品的多少而定。货垛的宽度应根据商品的性质、要求的保管条件、搬运方式、数量多寡以及收发制度等确定，一般多以两个或五个单位包装为货垛宽度。货垛高度主要应根据库房高度、地坪承载能力、商品本身及包装的耐压能力、装卸搬运设备的类型及技术性能、商品的理化性质等来确定。在条件允许的情况下，应尽量增加货垛的高度，以提高仓库的空间利用率。

货垛的长、宽、高互相联系、互相制约，三者必须综合加以考虑。三个参数决定了货垛的大小，每个货垛不宜过大，以利于先进先出和加速物料的周转。

### （四）堆码方式

商品的堆码方式主要取决于商品本身的性质、形状、体积、包装等。一般情况下多采取平放（卧放），使重心最低，最大接触面向下，易于堆码，稳定牢固。但也有些商品不宜平放堆码，必须竖直立放，例如：

（1）片状易碎品，如玻璃、片状砂轮、成卷石棉纸及云母带等。它们的机械强度比较低，抗冲击性能差，当平放时受到垂直压力或撞击易破碎。

（2）某些橡胶、塑料及沥青制品。如橡胶管、成卷橡胶板、人造革、地板布、油毛毡、油纸等，受热后变软发黏，若平放堆垛，受压后易黏结变形，影响质量。

（3）某些桶装、罐装、坛装商品。如油脂、涂料、酸类、压缩气体及液化气体等，由于其封口均在上端，所以应立放，以防渗漏外溢，并便于对其密封性进行检查。

（4）缠绕在辊筒上的物品。如钢丝绳、钢绞线、电缆、纸张等，必须使辊筒两端板直立存放，否则易松动，维护保养困难，搬运不便。

（5）其他具有标志要求立放的商品。

经常采用的堆码方法有正码、骑缝压码、纵横交错压码、反扣码、衬垫码、栽柱堆码、串联式堆码、鱼鳞形堆码、凸凹镶入式堆码等。

### （五）货垛苫盖

货垛苫盖主要是针对露天堆垛的物料，为了防雨雪、防风吹日晒、防尘、防散失等，使用苫盖物进行苫盖。一般多使用篷布、油毡、苇席、塑料薄膜或铁皮制活动苫棚。苫盖中应注意排水良好；苫盖物要与被苫盖物隔离，以免渗水浸湿商品。近几年来，活动料棚得到普遍采用，这是一种代替苫盖的有效措施，应大力提倡。

### （六）货垛加固

为了防止货垛倒塌，对某些稳定性较差的货垛应进行必要的加固。加固是为了增加货垛的整体性。常用的方法有两侧立挡柱、层间加垫板、使用U形架、两侧加楔形木、使用钢丝拉连等。可通过静力学的计算确定加固材料的规格尺寸和数量。

## 三、货垛“五距”的规范要求

货垛的“五距”是指垛距、墙距、柱距、顶距和灯距。叠堆货垛时，不能依墙、靠柱、碰顶、贴灯；不能紧挨旁边的货垛，必须留有一定的间距。

（1）垛距。货垛与货垛之间的必要距离称为垛距，常以支道作为跺距。垛距能方便存取作业，起通风、散热的作用，方便消防工作。库房垛距一般为0.5～1m，货场垛距一般不小于1.5m。

（2）墙距。为了防止库房墙壁和货场围墙上的潮气对商品的影响，也为了开窗通风、消防工作、建筑安全、收发作业，货垛必须留有墙距。墙距分为库房墙距和货场墙距，其中，库房墙距又分为内墙距和外墙距。内墙是指墙外还有建筑物相连，因而潮气相对少些；外墙则是指墙外没有建筑物相连，所以墙上的湿度相对大些。库房的外墙距一般为0.3～0.5m，内墙距为0.1～0.2m；货场只有外墙距，一般为0.8～3m。

（3）柱距。为了防止库房柱子的潮气影响货物，也为了保护仓库建筑物的安全，必须留有柱距，一般为0.1～0.3m。

（4）顶距。货垛堆放的最大高度与库房、货棚屋顶间的距离称为顶距。顶距能便于装卸搬运作业，能通风散热，有利于消防工作，有利于收发、查点。关于顶距一般有如下规定：平房库为0.2～0.5m；人字形库房以屋架下弦底为货垛的可堆高度；多层库房的底层与中层为0.2～0.5m，顶层须大于等于0.5m。

（5）灯距。货垛与照明灯之间的必要距离称为灯距。为了确保储存商品的安全，防止照明灯发出的热量引起靠近商品燃烧而发生火灾，货垛必须留有灯距。灯距严格规定不少于0.5m。

## 四、货垛可堆层数与占地面积的确定

### （一）货垛占地面积

商品在堆垛前，必须先计算货垛的可堆层数及占地面积。对于规格整齐、形状一致的箱装商品，可参考以下公式计算

$$\text{占地面积}=\frac{\text{总件数}}{\text{可堆层数}}\times\text{每件商品底面积}$$

对于规格较多、形状不规则的商品，一般在堆垛时也需要经过方形化处理，例如放置于托盘上，这样也可以较为方便地计算其占地面积。

### （二）货垛可堆层数

计算货垛可堆层数，一般需要满足以下三个要求：货垛高度不超过库房可用高度；单位面积载重量不超过地坪可承载重量；不超过最底层货物的承载能力。

满足货垛不超高要求的可堆层数可按下式进行计算

$$\text{不超高可堆高层数}=\frac{\text{库房可用高度}}{\text{每件商品的高度}}$$

满足地坪不超重要求的可堆层数，如果以单件商品来计算，可参照下式

$$\text{地坪不超重可堆高层数}=\frac{\text{库房地坪每平方米核定载重量}}{\text{商品单位面积重量}}$$

式中

$$\text{商品单位面积重量}=\frac{\text{每件商品的毛重}}{\text{该件商品的底面积}}$$

如果以整垛商品来计算，可参照下式

$$\text{地坪不超重可堆高层数}=\frac{\text{整垛商品实占面积}\times\text{库房地坪每平方米核定载重量}}{\text{每层商品的件数}\times\text{每件商品的毛重}}$$

满足底层商品不超重要求，即在底层商品所能承载重力最大许可范围（在商品的外包

装上一般有标志显示）内的可堆高层数，可按下式进行计算

$$底层商品不超重可堆高层数=\frac{底层商品允许承载的最大重量}{堆高商品单件重量}+1$$

根据这三个要求计算出货垛可堆层数，然后取其中的最小值，即为货垛可堆层数。

**【例 3-1】** 某仓库进了一批木箱装的罐头食品 100 箱。每箱毛重为 25kg，箱底面积为 0.25m²，箱高 0.25m，木箱上标志显示允许承受的最大重压力为 100kg，地坪承载能力为 5t/ m²，库房可用高度为 4.5m。若直接就地堆垛，求该批商品的可堆高层数及货垛高度。

根据以上条件，

$$该商品单位面积重量=25kg/0.25m^2=100kg/m^2=0.1t/m^2$$

地坪不超重可堆高层数 = (5/0.1)层 = 50 层

库房不超高可堆高层数 = (4.5/0.25)层 = 18 层

商品木箱标志表示允许堆高层数 = (100/25 + 1)层 = 5 层

因此，最多可堆 5 层。货垛的高度为 5 × 0.25m = 1.25m。

而如果采用货架存放，只需要考虑库房可用高度和地坪不超重，因此如果不考虑货架层板厚度，便可以存放 18 层。可见使用货架存储可以大大提高仓库空间的利用率。

**（三）货垛底层排列**

在一般情况下，应先计算出货垛可堆高层数，再进行货垛底层排列，它主要包括两个内容：

（1）货垛底数计算：底层商品数的多少与货位的面积成正比，与每件商品的占地面积成反比，与货垛总件数成正比，与货垛可堆高层数成反比。计算公式为

$$底数=\frac{货垛总件数}{可堆高层数}$$

（2）货垛底形排列：货垛底形排列的方式一般是根据货位的面积及每件商品的实占面积来综合安排的。底形排列的好坏，直接关系到货垛的稳定性、收发货作业的方便性，应加以重视。

## 第五节　货位规划

货位规划是建立良好保管秩序的核心内容，必须在货物入库储存前确定好。货位规划主要包括货位存储方式和货物分配原则的确定、货位指派方式的确定，其基础工作包括进行货物编码和货位编号，并需要经常进行货位优化。

### 一、货位存储方式

货位存储方式是指各个货位如何存放商品。货位存储方式有两种基本形式，一种是固

定货位，另一种是自由货位。在此基础上，又衍生出了更为科学合理的形式：分类存放，分类随机存放。还有一种形式是共同存放。

### （一）固定货位存储

所谓固定货位（Delicated Location），就是规定好每一个货位存放商品的规格品种，每一种商品都有自己固定的货位，即使货位空着也不能存放其他商品，常称“对号入座”。

固定货位的主要优点是，各种商品存放的位置固定不变，管库人员容易熟悉货位，并记住货位，收发料时很容易查找。如果绘制成货位分布图，非本库人员也能按图比较容易地找到货位。其缺点是不能充分利用每个货位，因为各种商品的最高储备量不是同时达到，各种商品时多时少，甚至出现无料的现象，但采取固定货位，货位之间不能调整，更不能互相占用，这样就使一部分货位空闲不用，而需要入库的商品又不能入库，这显然是不合理的。特别是在库房比较紧张的情况下，出现这种情况更是不允许的。

一般情况下，选用固定货位的原因包括：储存区安排需要考虑物品尺寸及重量（不适合随机储放）；储存条件对货品储存非常重要，例如，有些品种必须控制温度；易燃物必须限制储放于一定高度以满足保险标准及防火法规；由管理或相容性规则指出某些品种必须分开储放，如饼干和肥皂，化学品和药品；保护重要物品；储区能被记忆，容易提取。

这种形式一般适用于以下两种情况：存储空间大；多种少量商品的储放。

### （二）自由货位存储

自由货位又称随机货位（Random Location）。它与固定货位相反，每个货位可以存放任何一种商品，只要货位空闲，入库的各种商品都可存入，称为“见缝插针”。

自由货位的主要优点是，能充分利用每一个货位，提高仓库的储存能力。其缺点是每个货位的存料经常变动，每种商品没有固定的位置，收发查点时寻找存料比较困难，影响工作效率。

一个良好的货位系统中，采用随机储存能使货架空间得到最有效的利用，因此货位数目得以减少。有模拟研究显示出，随机储存系统与定位储放比较，可节省35%的移动储存时间及增加30%的储存空间，但较不利于货品的拣取作业。因此，随机储放较适用于下列两种情况：存储空间有限，尽量利用储存空间；种类少或体积较大的货品。

在实际运用中，固定货位和自由货位都有一定的局限性，都存在着一些难以解决的问题，所以一般是将两种方式结合起来运用。

### （三）分类存储

所有的储存货品按照一定特性加以分类，每一类货品都有固定存放的位置，而同属一类的不同货品又按一定的原则来指派货位。分类存储（Class Location）通常按以下属性来分类：产品相关性，流动性；产品尺寸、重量；产品特性。

分类存储便于畅销品的存取，具有定位储放的各项优点，而且各分类的储存区域可根据货品特性再做设计，有助于货品的储存管理。其缺点在于，货位必须按各项货品最大在库量设计，因此储区空间平均使用效率较低。

分类存储较固定货位储放具有弹性，但也有与固定货位存储同样的缺点，因而较适用于以下情况：产品相关性大者，经常被同时订购；周转率差别大者；产品尺寸相差大者。

**（四）分类随机存储**

每一类货品有固定存放的储区，但在各类储区内，每个货位的指派是随机的。

分类随机存储（Random within Class Location）具备分类储放的部分优点，又可节省货位数量，提高储区利用率。但是其货品出入库管理及盘点工作的进行困难度较高。

分类随机存储兼具分类存储及随机存储的特色，需要的储存空间介于两者之间。

**（五）共同存储**

确定知道各货品的进出仓库时刻，不同的货品可共享相同货位的方式称为共同存储（Utility Location）。共同存储在管理上虽然较复杂，所需的储存空间及搬运时间却更经济。

## 二、货位分配原则

上述货位存储方式是比较笼统的，还必须配合货位分配原则才能决定储存作业实际运作的模式。配合货位存储方式产生的货位分配原则有多种，可归纳出如下几项：

**（一）与随机货位存储、共同存储相配合**

主要应用的是靠近出口原则，即将刚到达的货品指派到离出入口最近的空货位上。

**（二）与固定货位存储、分类（随机）存储相配合**

1. 以周转率为基础的原则

按照货品在仓库的周转率（销售量除以存货量）来排定货位。首先，依周转率由大到小排一序列，再将此序列分为若干段，通常分为3～5段。同属于一段中的货品列为同一级，依照定位或分类储存法的原则，指定储存区域给每一级的货品。周转率越高，离出入口应越近。

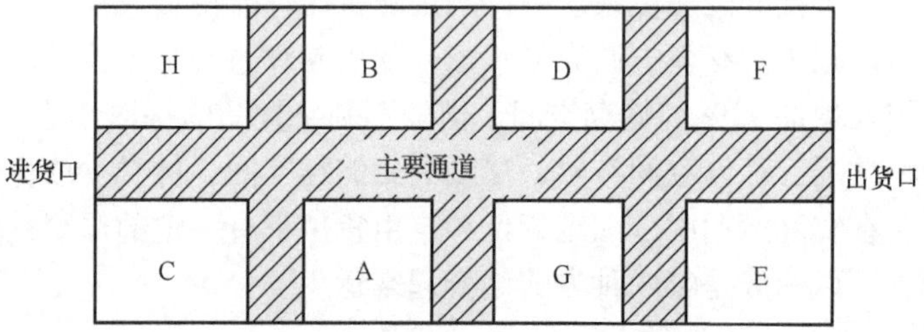


图3-9 进出口分离的货位分配

当进货口与出货口不相邻时，可依进、出仓次数来做存货空间的调整。例如，表3-3显示了8种货物进出仓库情况，当出入口分别在仓库的两端时，可依货品进仓及出仓的次数比率，来指定其储存位置。这个比率越大的，越靠近进货口摆放。图3-9为此8种货物的配置图。

表 3-3 8 种货物进出仓库的情况

| 产品名称 | 进货量 | 进仓次数 | 出货批量 | 出仓次数 | 进仓次数/出仓次数 |
|---|---|---|---|---|---|
| hb001 | 80 托盘 | 60 | 1.0 托盘 | 80 | 0.75 |
| hb002 | 400 箱 | 134 | 6.0 箱 | 134 | 1.0 |
| hb003 | 1500 箱 | 500 | 4.0 箱 | 375 | 1.3 |
| hb004 | 60 托盘 | 60 | 0.7 托盘 | 86 | 0.7 |
| hb005 | 10 托盘 | 10 | 0.2 托盘 | 50 | 0.2 |
| hb006 | 100 托盘 | 100 | 0.4 托盘 | 250 | 0.4 |
| hb007 | 600 箱 | 150 | 2.0 箱 | 300 | 0.5 |
| hb008 | 2000 箱 | 500 | 16.0 箱 | 250 | 2.0 |

2. 相关性原则

相关性大的货品在订购时经常被同时订购，所以应尽可能存放在相邻位置。考虑物品相关性进行储存，可以减短提取路程，减少工作人员疲劳，并简化清点工作。产品相关性大小可以利用历史订单数据做分析。

3. 同一性原则

所谓同一性原则，是指把同一物品储放于同一保管位置的原则。这种将同一物品保管于同一场所来加以管理的管理方式，在管理效果上是能够有所期待的。这显然是配合固定货位存储的。

4. 类似性原则

所谓类似性原则，是指将类似品比邻保管的原则，此原则系根据与同一性原则同样的观点而来。

5. 互补性原则

互补性高的物品也应存放于邻近位置，以便缺料时可迅速用另一品种替代。

6. 先入先出原则

所谓先入先出（First in First out，FIFO），是指先入库储存的物品先出库，这一原则一般适用于生命周期短的商品，如感光纸、食品等。作为库存管理的手段来考虑时，先入先出是必须的，但是若在产品形式变更少、产品生命周期长、保管时的减耗和破损等不易产生等的情况下，则需要考虑先入先出的管理费用及采用先入先出所得到的利益，将两者之间的优劣点比较后，再来决定是否采用先入先出的原则。

7. 面对通道原则

所谓面对通道原则，是指保管物品时，将可识别的标号、名称面向通道摆放，让作业人员容易辨识。为了使物品的储存、取出能够容易且高效率地进行，物品就必须面对通道来保管，这也是仓库内作业能流畅进行的基本要求。

8. 产品尺寸原则

在仓库布置时，要同时考虑物品单位大小及由于相同的一群物品所造成的整批形状，以便能供应适当的空间满足某一特定的需要。所以在储存物品时，必须要有不同大小位置的变化，用以容纳一切不同大小的物品。未考虑储存物品单位大小，将可能造成储存空间太大而浪费空间或储存空间太小而无法存放；未考虑储存物品整批形状也可能造成整批形状太大而无法同处存放（数量太多）或浪费储存空间（数量太少）。一般将体积大的货品存放于进出较方便的位置。

9. 重量特性原则

所谓重量特性原则，是按照物品重量的不同来决定储放物品于保管场所的高低位置上。一般而言，重物应保管于地面上或货架的下层位置，而重量轻的物品则保管于货架的上层位置；若以人手进行搬运作业，人腰部以下的高度用于保管重物或大型物品，而腰部以上的高度则用来保管重量轻的物品或小型物品。此一原则对于采用货架的安全性及人工搬运的作业性有很大的意义。

10. 物品特性原则

物品特性不仅涉及物品本身的危险及易腐性质，同时也可能影响其他的物品，因此在仓库布置设计时必须加以考虑。例如，易燃物的储存，须在具有高度防护作用的建筑物内安装适当防火设备的空间；易失窃物品必须储存在有加锁的笼子、箱、柜或房间内；易腐品要储存在冷冻、冷藏或其他特殊的设备内；易污损品可使用帆布套等覆盖；一般物品要储存在干燥及管理良好的库房，以应客户需要随时提取。

该原则的优点在于：不仅能随物品特性而有适当的储存设备保护，且容易管理与维护。

11. 位置明示原则

位置明示原则是指把储存物品的位置给予明确表示。这个原则的主要目的在于将存取单纯化，减少差错。尤其是对于临时人员、年龄较大的人员等，这项原则非常必要。

12. 叠高原则

所谓叠高原则，即像堆积木一样将货品叠高。以仓库整体有效保管的观点来看，提高保管效率是必然的事，而利用托盘等工具将物品堆高的容积效率要比平放还高。但是必须注意，如果先进先出原则等限制条件很严格，一味叠高是不妥的，应考虑使用合适的货架等保管设备，以便不影响出货效率。

良好的货位存储方式与分配原则相配合，可以大大减少拣取货品所须移动的距离，从而降低成本、提高作业效率。

## 三、货位编码与货物编号

### （一）货位编码

当清楚规划好各储区货位后，为了方便记忆与记录，货位编号、品名、序号、标签记号等用以识别的记录代码就非常重要。实际上，货位的编码就如同货物的住址，而货物编号就如同姓名一般，一封信（记忆系统）在住址、姓名都写清楚的条件下，才能被迅速正确地送到收信人手中。也就是说，每一品类都要有一个地址及姓名，以便在需要时能马上找到它。

货位编码的方法一般有下列四种：

1. 区段式

这是指把保管区域分割成几个区段，再对每个区段进行编码。

此种编码方式是以区段为单位，每个号码所标注代表的货位区域将会很大，因此适用于容易单位化的货物以及大量或保管周期短的货物。在ABC分类中，A、B类货物也很适合这种编码方式。货物以物流量大小来决定其所占的区段大小；以进出货频率来决定其配置顺序。

2. 品类群式

品类群式货位编码是指把一些相关货物集合后区分成好几个品类群，再对每个品类群进行编码。这种编码方式适用于比较容易区分开的商品群及品牌差距大的货物，如服饰、五金等。

3. 地址式

地址式货位编码是指利用保管区域中的现成参考单位，如是库场的第几栋、第几保管区、排、行、层、格等，依照其相关顺序来进行编码。这种编码方式由于所标注代表的区域通常以一个货位为限，且有相对顺序性可依循，使用起来明了又方便，是目前仓储中心使用最多的编码方式。由于货位体积所限，该编码方式适合一些量少或单价高的货物储存使用，如ABC分类中的C类货物。

我国仓库原来常用的四号定位法、六号定位法就是这种方法的体现。例如，四号定位即是由库房号、货架（垛）号、货架（垛）层号和货位顺序号四个号数来表示一个货位。只要知道了这个编号，就知道某种商品存放在几号库房、多少号货架、货架的第几层以及在该层的哪一个货位，查寻料位非常方便。

4. 坐标式

坐标式货位编码是指利用空间概念来编排货位的方式，这种编排方式由于对每个货位定位切割细小，在管理上比较复杂，对于流通率很小、需要长时间存放的货物即一些生命周期较长的货物比较适用。

一般而言，由于储存货物的特性不同，适合采用的货位编码方式也不同。如何选择编码方式主要依据货物的储存量、流动率、保管空间布置及所使用的保管设备。不同的编码方法，对于管理的容易与否也有影响，这些都必须先行考虑上列因素及信息管理设备，才能适宜地选用。如果采用计算机管理，对于货位的编号就相对简单一些。

此外，在实际应用中还需要注意货位编码的标识问题，才能取得好的应用效果。货位编码标识包括一般标识、暂存区标识和动管区标识。一般标志是指在每个货位上（货架上）明确标明品名、货号、货位、条码等，以便容易知道货物放在哪里。暂存区标志是指在进出货暂存区也需要标明储区编号等，一旦有货物放入暂存区便在看板货位对应位置写上品名、货号、数量，而货物取出时便擦除，这样从看板上便可明确目前暂存区的存放情况，作为相关作业的参考依据。动管区标识须标明储区编码以及品名、货号等，如果使用流动货架，那么在流动货架后方也需相关标识，甚至贴上条码，补货时可用条码读取机扫描做确认登录。

### （二）货物编号

货物编号也称为物料编码，是将货物按分类内容，加以有次序的编排，用简明的文字、符号或数字，代替货物的“名称”“类别”及其他有关资料的一种方式。仓库在进货后，商品本身大部分都已有商品号码及条码，但有时为了物流管理及存货管制，配合自己物流作业信息系统，而将商品编一货物代号及物流条码，方便货位管理系统运作，并能掌握货物的动向。

货物编号大致有两种形式：一种是对货物分级的级数不加限制，视实际需要可任意延长，但排列上可能不整齐；另一种是对货物分类级数及所用数字均有一定的限制，不能任意伸展，虽能维持整齐划一的形式，但缺乏弹性，难以适应实际增减的需要。

为识别货物而使用的编号标示可置于容器、产品或货位上，且用明显的颜色、字体、大小，让作业员很容易地获取信息。

货物编号大致可分为下列七种方法：

#### 1. 按数字顺序编号

这个方法从 1 开始一直往下编，常用于账号或发票编号，属于延展式的方法。须有编号索引，否则无法理解编号意义。

#### 2. 数字分段编号

数字分段法是前一方法的小小改变，即把数字分段，每一段代表一类货物的共同特性。此方法要编交叉索引，但比前一方法易查询。

#### 3. 按实际意义编号

在编号时，用部分或全部编号代表货物的重量、尺寸、距离、产能或其他特性。该方法由编号即能了解货物的内容，比较好用。如某货物编号为 TT400 12 R2，TT 表示管状（Tube Type）；400 12 表示 400 × 12mm，是尺寸大小；R 表示产品颜色是红色（Red）；2 表示第 2 生产线。

#### 4. 暗示编号

用数字与文字的组合来编号，编号本身暗示货物的内容，这种方法的优点是容易记忆。例如，编号 BY018 RG01，BY 为材料名称，表示脚踏车（Bicycle）；018 表示材料大小为 18；RG 表示颜色与型号，R 表示红色（Red），G 表示女孩型（Girl’s）；01 表示制造商名称。

5. 分组编号

这个编号法即把货物的特性分成类型、形状、材质/成分、大小四个数字组，至于每一个数字的位数为多少视实际需要而定。

6. 后位数编号

用编号最后的数字，对同类货物做进一步的细分，且可采用杜威式十进位编号法。例如，301 表示饮料，301.1 表示瓶装饮料，301.11 表示可乐，301.12 表示绿茶。

7. 混合编号

此方法是联合使用英文字母与阿拉伯数字来做货物编号，多以英文字母代表货物的类别和名称，其后再用十进位或其他方式编写阿拉伯数字号码。

## 四、货位指派模式

当储存空间、设备、货位编码等一切前置工作都就绪后，接下来便要考虑用何种方法把预备保管的货物指派到最适宜的货位上，如人工指派、计算机辅助指派或全由计算机指派等。至于用哪种方式最好，并非绝对的，必须因地制宜，要配合货物的货位储存单元来互相评量。

1. 货位指派单元

由于进货量的大小或储存设备的使用种类不同，指派货物上架时会有大小、数量不同的货位指派单元，这些货位指派单元大致可分为三种：①个别货位单元，表示每一货位的储存状况均列入管理状态；②纵深货位单元，表示以每道纵深的货位为一个管理单元，每单元以放置一种货物为原则，其储存状况均列入管理状态，涉及的主要储存设备为后推式货架、驶入式货架、流动式托盘货架等；③区域货位单元，表示以客户单一货物的“最常进货批量”“最适宜进货批量”或“最小进货批量”为公倍数，设置一个储区作为管理单元，每区域单元货位以放置一种货物为原则，其储存状况均列入管理状态。

2. 货位指派方式

货位指派方式依信息化使用程度可分三种：人工指派方式、计算机辅助指派方式及计算机全自动指派方式。

货位指派的管理方式可依计算机配合协助程度分成四级，具体见表 3-4，该表同时列出了各货位指派管理方式对不同货位单元的适用性。

**表 3-4 货位指派管理方式及其适用性**

| 货位储存单元（Cell）信息化程度 | 个别货位单元 | 纵深货位单元 | 区域货位单元（储区） |
| --- | --- | --- | --- |
| 1. 未使用计算机，以人工管理指派货位 | 不适合 | 不适合 | 适合 |
| 2. 应用计算机建立货物货位管理档，以人工管理指派货位 | 不适合 | 勉强可用 | 适合 |

（续）

| 货位储存单元（Cell）信息化程度 | 个别货位单元 | 纵深货位单元 | 区域货位单元（储区） |
|---|---|---|---|
| 3. 应用计算机辅助人工管理指派货位 | 勉强可用 | 适合 | 适合 |
| 4. 计算机全自动管理指派货位 | 适合 | 适合 | 适合 |

## 五、货位优化

货位优化（Slotting Optimization），是指在货物当前位置的基础上，基于 SKU（Stock Keeping Unit，存储单元）和计划外因素，对货位进行重新配置，以保证货位分布总是处在较为合理的状态，达到提高拣选效率和降低仓库操作成本的目的。

货位优化的内因是 SKU 变动，即根据货架和货物本身特性的需要进行货位调整。例如，由于频繁地对某些货物进行存取，这些货箱的重量可能发生较大变化，如果货架出现诸如“上重下轻”等严重的不均衡现象，则可能导致货架变形甚至倾覆。因此应遵循“重物应在下”的原则，保证货架的稳定性。

货位优化的外因是各种预想不到的变化因素。在不同时期，货物的需求品种、需求数量和需求频率可能会有较大变化，而存取不同货位上的货物所花路径和时间的代价是不同的，因而货物的货位不应是一成不变的，应根据外界条件的变化，定期对若干货位进行交换。

目前，世界上各种不同的物流管理公司纷纷推出各自的货位优化软件，可以根据是否与 WMS（Warehouse Management System，仓库管理系统）绑定将其分成两类：第一类是货位优化软件与 WMS 绑定，成为其中的一部分，第二类是货位优化软件与 WMS 分离，可以单独购买和使用。虽然各公司推出的货位优化软件的特点各不相同，但是在功能方面有着共同之处：经过先进的运算法则的使用，能够推荐最佳的货物位置，满足货位优化的目标。货位优化往往需要应用一定的分析工具和数学方法、信息手段等来进行，一般需要按照以下步骤进行。

（1）收集所需的基础信息，用以分析货物的历史数据、需求、前置时间、周转率和特别的操作特性等，为确定合理货位提供参考。

（2）确定货位优化的目标和约束。货位优化的最终目标就是降低成本、提高效率，这可以通过提高生产力和将无用的运动减到最少来实现。货位优化的目标可以是多个，如平衡操作者的工作量、提高拣选效率、减少补货工作量、缩短拣选距离等，货位优化是一个多目标决策问题，需要注意各目标利益的平衡。货位优化的约束，是指货位优化中必须考虑的客观限制条件，如货物重量、货位大小、拣选准确率要求等。在进行货位优化的过程中，必须兼顾提高作业效率和满足限制条件这两个方面。

（3）确定算法。多目标优化的方法有很多，如何选择合适的算法来保证货位分布处在较为合理的状态，这是货位优化系统设计中最关键的环节。

对于多目标问题的最优解的方法基本可分为以下两类：①根据决策者对问题的理解（给定各目标在问题中的权重、重要程度或目标期望值等偏好），对多目标进行标量化处理，然后应用数学规划法对其进行单目标优化，获得唯一可行解。常用方法有权重法、约束法、最大最小法和目标规划法等。②基于进化算法的多目标优化法，主要算法之一就是多目标遗传算法。从某种意义上讲，遗传算法特别适合求解多目标优化问题，因为遗传算法并行处理各个目标，避免了目标间加和或优先排序处理。本章案例部分给出了一个利用遗传算法进行货位优化的例子。

（4）软件实现。可以运用适当的语言将算法表达出来，调试并测试提供有效的货位优化结果。

# 案 例

## 案例3-1 某危险品仓库库区规划㊀

### 1. 背景分析

DB国际物流有限公司的仓库属于甲类危险品仓库。按仓库规模划分，公司库场面积大于9000$m^2$，属于大型仓库，并且符合危险品仓库的建库要求，设在郊区的较空旷地带，并避开交通干线。该仓库地理位置偏僻，且位于常年主导风的下风处，符合国家对危险品库选址的要求。同时，仓库距港口25km、距机场15km，临近高速公路网，交通便利。仓库成立十年来，经过不断改进、扩建，现已建成为占地40万$m^2$的危险品库，有符合国家规范的军用和民用爆炸品、危险品及集装箱场地等综合仓库3万余平方米、50栋库房、露天水泥堆场6万余平方米，成为建立危险品物流基地的必不可少的要件。

具体库区布局如图3-10所示。办公区与库区间隔600m，整个库区封闭，库区内主道路有三条，是拱库区与平房库区以及普通库的隔离带。其余的道路依库房位置而设。库内设有集装箱场地，分别在三种库房附近。库内有铁路专用线2条，附近也有一个场地。库内地势复杂，平房库区与普通库区的海拔位置相对较高，普通库区海拔达到30m以上。库区围墙设有高压电网，与库区内的红外线报警系统组成一个安全系统。

目前，公司仓库可存放的已登记注册化学危险品有爆炸品、易燃固体、易燃液体、毒害品、腐蚀品5类化学危险品，烟花爆竹、木材防腐漆、甲醇、乙醇、甲苯、萘、农药、硫化钠、正磷酸等已经陆续存储在库内。现在公司对于这些危险品的存放较为随意，没有划分区域，但是存储的危险品范围的拓宽，却要

㊀ 案例原始资料来源：邵苇苇．北方国际物流有限公司危险品仓储管理研究［D］．大连理工大学，2005.

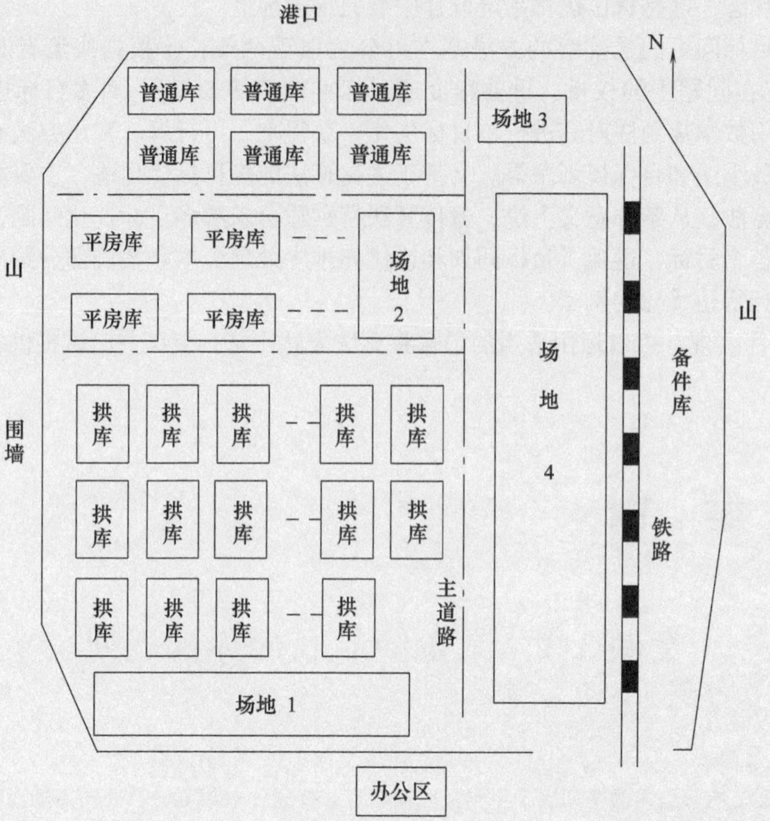


图 3-10　DB 国际物流有限公司库区平面图

求仓库依据各类危险品的性质及保养理论，对存储化学危险品的仓库进行区域划分。对于尚未有储存经验的几类危险品都需要有谨慎可行的存储管理办法。由于条件限制，公司对放射性物品的仓储暂不考虑。

2. 解决方案

DB 公司的仓库是具有营业性的危险品储存周转仓库，为军工物品储备的建设初衷为其赢得了较好的危险品仓储管理的硬件基础。现在需要根据公司新的战略定位对存储的库区进行重新调整。

根据对公司市场调查结果中化学危险品的种类、性质和数量以及仓库现有的设备、人员等条件进行平衡分析，公司对仓库重新进行了总体布局，如图 3-11 所示。以库区内主道路为界，库内南北向主道路以西的区域划为危险品储存区。其中，29 栋拱库与场地 1 划分为爆炸品区、14 栋平房库及场地 2 设定为燃烧品区、6 栋普通库及场地 3 设定为毒害品区。三个区域有道路相隔，安全距离符合标准要求。每个作业区内都设有集装箱装箱场地，装卸方便。原来南北向路西边的场地 1、备件库以及站台划分为铁路专用线作业区。此作业区与储存区相互隔离，既方便铁路装卸作业，又有利于化学危险品的安全储存管理。

（1）爆炸品区。爆炸物品有爆炸品、氧化剂和压缩气体与液化气体。爆炸品按其性能可分为点火器材、起爆器材、炸药和其他爆炸品 4 类。储存易爆炸性商品最好采用半地下库，2/3 于地下，地面库壁用

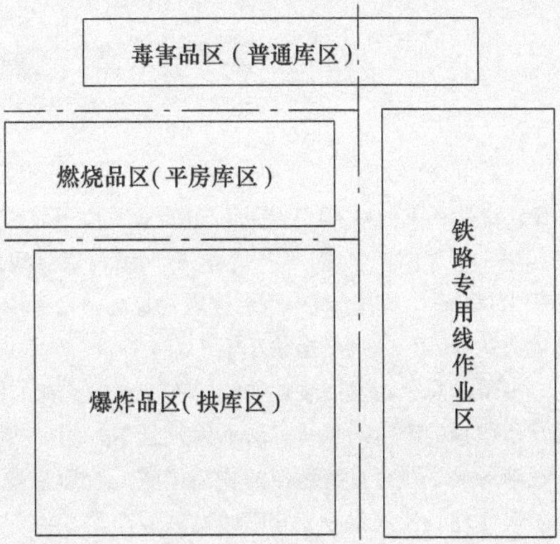


图 3-11 DB 国际物流有限公司库区规划图

45°斜坡培土，库顶用轻质不燃材料，库区四周修建排水沟。库房面积不宜过大，且要求通风良好，并保持干燥。氧化剂是指那些遇到某些外界影响会发生分解，并引起燃烧或爆炸的物质。储存氧化剂的仓库应采取隔热和降温措施，并保持干燥。压缩气体是指采用高压罐储存的气体或液化气，这些货物受冲击或高温时易产生爆炸，存放压缩气体的仓库应采用耐火材料建筑，库顶用轻质不燃材料，库内高度应大于 3.25m，并安装有避雷装置。库门库窗应向外开启，以减小爆炸时的波及面。

DB 公司库区的拱库是钢体结构，外面覆盖覆土，有较高的防爆性能。库温在 5 ~ 25℃之间，相对湿度在 50% ~ 75%之间，库高 5m，库门向外开启，门前有直接与集装箱车等高的作业台，人工与机械作业方便，符合爆炸品存储的条件，故将拱库区划分为爆炸品存储区。场地 1 作为爆炸品装箱作业区。

（2）燃烧品区。燃烧物品包括易燃与可燃液体、易燃与可燃固体、自燃物品、遇水燃烧物品。自燃物品能与空气中的氧气发生反应，使货物本身升温，当温度达到自燃点时发生燃烧。这类货物应置于阴凉、干燥、通风的库房内，库壁采用隔热材料。遇水易燃物品受潮后会产生化学反应而升温，达到一定温度时会引起自燃。这类货物应被储存在地势较高、干燥、便于控制温度和湿度的库房内。易燃与可燃液体、易燃与可燃固体也要求库房通风良好，温度和湿度适宜。

该公司平房库有防爆土围，库房间距为 50m，通风较好，库温在 −26 ~ 3℃之间，湿度在 50% ~ 70%之间，地势较高，通风良好，符合燃烧品存储的条件，故将 14 栋平房库与场地 2 设定为燃烧品储存区。

（3）毒害品区。有毒物品进入人体或接触皮肤后会引起局部刺激或中毒，甚至造成死亡。能散发毒害气体的货物应单独存放，且通风条件要好，并配备毒气净化设备。另外，腐蚀性物品一般也置于阴凉、干燥、通风较好的专门库存放。普通库房面积较小，通风良好，市场调查结果显示毒害品周转量不大，因此将 6 栋通风性能良好的普通库及场地 3 设定为毒害品存储区。

在同一储存区内，性质相互抵触或灭火方法不同的物品不能混存，必须分库、分间储存，并在每个库门前设立安全标志及安全标签。

另外，在落实总体规划的要求和规定后，还须通过信息管理系统具体确定每个库房、货场的货位，明确标志。在具体安排货位时，要保证使用面积指标的完成，根据化学危险品的品种、数量确定垛底的衬垫材料及用量等，安排货场、交通道的平垫修整计划，排水系统的定期疏通以及保持经常性的整齐清洁等。

**问题：**

分析该仓库规划中体现了哪些一般性规划原则。

# 案例3-2　某仓库的改造⊖

## 1. 背景分析

S仓库是一家拥有40年历史的老企业，位于S市市区南部，南距三环路2km，东西300m分别与两条国道相通，紧邻高速公路，库内铁路专用线与京九线接轨，交通条件极为便利。仓库总面积60000$m^2$，库房面积15000$m^2$，其中2003年新建现代化高站台库4900$m^2$，货场面积18000$m^2$。铁路专用线长534m，年吞吐能力达48万t，拥有运输车辆11部。

仓库秉承总公司发展现代物流的先进理念，在与国内外知名大企业的合作中，一方面继承和发扬了传统储运所积累的丰富的工作方法和管理经验，另一方面结合现代物流发展的要求，不断进行着研究和实践，逐渐形成了适合自身运作的物流模式。仓库主要从事生产资料和生活资料的揽货、存储、保管、配送、货运代理及咨询服务。仓库的发展战略是：以各类家电的存储、保管、配送为主，以仓库为物流平台，开展综合性物流服务。

S仓库原来的库房建筑结构均是平房仓库。平房仓库一般采用砖石和木结构建筑，结构简单、建筑费用较低、人工与机械化操作都较方便。但平房仓库的库房面积利用率较低，装卸作业效率较低，不便于物流延伸服务的开展。

## 2. 解决方案

2003年年底，为贯彻落实发展现代物流的战略目标，S仓库投资230万元建成了一座混凝土结构建筑的高站台库房（以下简称站台库），平面布置如图3-12所示。

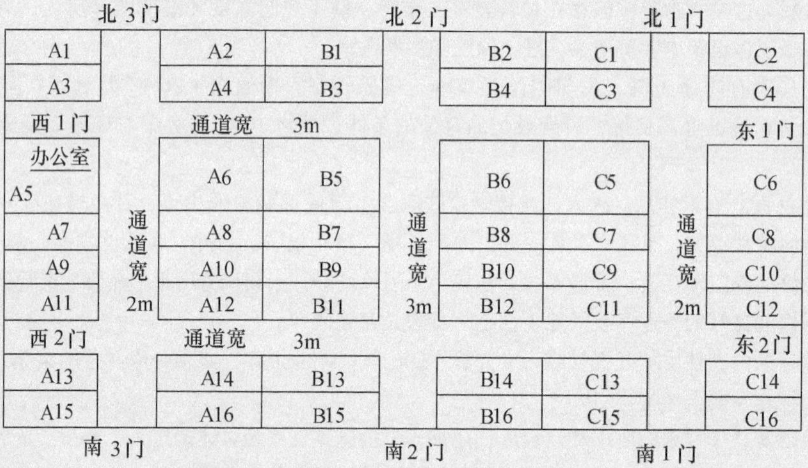


图3-12　S仓库新建站台库平面示意图

---

⊖　案例原始资料来源：刘万勇．中储石家庄东三教仓库现代化物流管理方式的实践与分析［D］．南京理工大学，2003.

站台库东西长81m，南北长60.4m，建筑面积4904m²，北侧为铁路站台，东、西、南三侧为汽运站台，汽运站台宽3m，高1.25m，高度基本上与货车车厢底板高度相同。库内共划分为三个大区，自西向东排列为A区、B区、C区。库内有通道两横三纵，其中“两横一纵”宽为3m，另“两纵”宽为2m。通道设走向标志，以便于装卸有序进行。库房共有10个门，门宽6m，如图3-12所示。西1门南侧建封闭微机办公室一间，用于受理业务、查询存货信息并进行站台库全面调度。A、B、C三大货区自北向南排列，分别划分为16个货位，共计48个货位，每个货位大约70m²。

库房改造情况分析如下：

（1）站台库与平房仓库面积利用率对比。选取某平房库与站台库对比，结果见表3-5。可以看出，站台库的面积利用率高于平房仓库。

**表3-5 站台库与平房仓库面积利用率对比** （单位：m²）

| 库型 | 建筑面积 | 辅助和结构面积 | | | | | 使用面积 | 利用率 | 利用率之差 |
|---|---|---|---|---|---|---|---|---|---|
| | | 外墙面积 | 主通道面积 | 侧门通道面积 | 墙距面积 | 小计 | | | |
| 站台库 | 4904 | 57 | 572 | 427 | 173 | 1229 | 3675 | 74.9% | 7.9% |
| 平房仓库 | 1252 | 133 | 160 | 45 | 75 | 413 | 839 | 67% | |

（2）站台库与平房仓库出入库装卸工作情况对比。由于站台库布局设计较为合理，作业场地大，进出口多，通道畅通，使现有的和潜在的装卸能力充分发挥和挖掘出来，避免了平房仓库常见的装卸现场拥挤、堵塞、紊乱现象。与平房仓库相比，站台库装卸现场的组织工作简单、明晰、高效。

从表3-6可以看出，站台库的装卸质量远优于平房仓库。

**表3-6 站台库与平房仓库的装卸质量（破损率）对比**

| 库型 | 站台库 | 平房仓库 |
|---|---|---|
| 货物装卸破损率 | 0.6% | 3.5% |

（3）站台库与平房仓库人力成本对比。表3-7显示了两种仓库每千平方米库房面积所需理货员人数的对比情况。可以看出，平房仓库的人力成本是站台库的1.67倍。

**表3-7 理货员人数对比**

| 项目 \ 库型 | 站台库 | 平房仓库 |
|---|---|---|
| 库房面积/千平方米 | 4.9 | 11 |
| 理货员数量/人 | 4 | 15 |
| 每千平方米理货员人数 | 0.816 | 1.36 |
| 人力成本对比 | 1 | 1.67 |

（4）站台库有利于实行仓储合理化管理。站台库布局合理，可以有效地采用“先进先出”管理方式，

保证货物储存期不至于过长。另外，按照规划设计，站台库的货位编号实行“四号定位”，即库房号、货位号、货架号、层号实行统一编号，这节约了货物的寻找、存放、取出时间，同时减少了差错，并为物流仓储管理软件创造了良好的运行环境。

综上所述，与平房仓库相比较，站台库的优势明显，为进一步的仓储管理优化提供了条件。

**问题：**

总结该仓库改造后获得的效益，并讨论其他可行的改造方案。

## 习题

1. 简述进行储存规划的任务与基本步骤。
2. 简述储存空间的组成，并分析如何提高储存空间的利用率。
3. 如何对储存规划的效率进行考量？
4. 如何进行储存保管场所的分配？
5. 如何进行储存空间的布置？
6. 什么是货物堆垛的“五距”？
7. 阐述如何进行货位管理与优化。
8. 某仓库进了一批燃气热水器，共 200 箱，每箱毛重 13.5kg，箱底面积为 $0.1m^2$，箱高 0.8m，箱上标志表示最多允许承载的重压力为 50kg，地坪承载能力为 $4.5t/m^2$，库房可用高度为 5m。若直接就地堆垛，该批商品的货垛可堆高层数、货垛高度及占地面积各是多少？
9. 某仓库存放芯片组用了 4 排货架，货架规格为：每层高 1m，宽 1.4m，每个货格长 2m（一个货格放置两箱货品，同一货格不能存放不同物品）。每排共有货格 48 个，货架共可存放 4 层货物。仓库共存放了 8 种不同类型的芯片组，从最小货位号依次存放的芯片组型号如图 3-13 所示。

| | | | | | | | | | | | | |
|---|---|---|---|---|---|---|---|---|---|---|---|---|
| 第一排 | 48 | 44 | 40 | 36 | 32 | 28 | 24 | 20 | 16 | 12 | 8 | 4 |
| | 47 | 43 | 39 | 35 | 31 | 27 | 23 | 19 | 15 | 11 | 7 | 3 |
| | 46 | 42 | 38 | 34 | 30 | 26 | 22 | 18 | 14 | 10 | 6 | 2 |
| | 45 | 41 | 37 | 33 | 29 | 25 | 21 | 17 | 13 | 9 | 5 | 1 |
| 第二排 | 96 | 92 | 88 | 84 | 80 | 76 | 72 | 68 | 64 | 60 | 56 | 52 |
| | 95 | 91 | 87 | 83 | 79 | 75 | 71 | 67 | 63 | 59 | 55 | 51 |
| | 94 | 90 | 86 | 82 | 78 | 74 | 70 | 66 | 62 | 58 | 54 | 50 |
| | 93 | 89 | 85 | 81 | 77 | 73 | 69 | 65 | 61 | 57 | 53 | 49 |
| 第三排 | 144 | 140 | 136 | 132 | 128 | 124 | 120 | 116 | 112 | 108 | 104 | 100 |
| | 143 | 139 | 135 | 131 | 127 | 123 | 119 | 115 | 111 | 107 | 103 | 99 |
| | 142 | 138 | 134 | 130 | 126 | 122 | 118 | 114 | 110 | 106 | 102 | 98 |
| | 141 | 137 | 133 | 129 | 125 | 121 | 117 | 113 | 109 | 105 | 101 | 97 |
| 第四排 | 192 | 188 | 184 | 180 | 176 | 172 | 168 | 164 | 160 | 156 | 152 | 148 |
| | 191 | 187 | 183 | 179 | 175 | 171 | 167 | 163 | 159 | 155 | 151 | 147 |
| | 190 | 186 | 182 | 178 | 174 | 170 | 166 | 162 | 158 | 154 | 150 | 146 |
| | 189 | 185 | 181 | 177 | 173 | 169 | 165 | 161 | 157 | 153 | 149 | 145 |

| 型号 | 货位区域 |
|---|---|
| Intel 945G | 1~35 |
| AMD 780V | 36~65 |
| AMD 770 | 66~92 |
| AMD 690V | 93~115 |
| AMD 770 | 116~140 |
| Intel 975X | 141~160 |
| Intel 945GC | 161~177 |
| AMD 780G | 178~192 |

图 3-13　目前货位分配图

仓库目前没有具体的货位优化模型，货物按照简单的顺序对号入库。这样传统的按照层或者列进行编号，对于仓库管理人员来说比较简单、直观，而且货位编号规则简单，易于查找。但是这样的入库方式缺点明显，造成了很多问题。

由于芯片组属于脆弱产品，所以每个芯片组都会有外包装，一个纸箱所能装下的芯片组数量是100个。物资在库数据见表3-8。在这里，单位质量是按照叉车一次所能取出的最大量计算，也就是以一箱的重量计算，货物的出入库频率值是依据仓库管理系统中提供的企业历史数据得来。

**表3-8 物资在库数据**

| 序 号 | 物资名称 | 在库量/箱/货格 | 质量/(kg/箱) | 出入库频率/(次/周) |
|---|---|---|---|---|
| X1 | Intel 945G | 70/35 | 24 | 110 |
| X2 | AMD 780V | 60/30 | 28.3 | 90 |
| X3 | AMD 770 | 54/27 | 31 | 77 |
| X4 | AMD 690V | 46/23 | 30.4 | 61 |
| X5 | AMD 770 | 50/25 | 25.4 | 55 |
| X6 | Intel 975X | 40/20 | 29 | 42 |
| X7 | Intel 945GC | 34/17 | 24.5 | 30 |
| X8 | AMD 780G | 30/15 | 21.3 | 20 |

试根据以上资料，分析该仓库货位管理现行方法可能存在的问题，并对该仓库货位管理进行优化设计。(提示：可根据不同的货位分配原则进行考虑。)

## 思考题

1. 查找相关资料，了解更多关于货位规划与货位优化的方法。
2. 分析案例3-1中的仓库保管区划分情况。

# 第四章

# 储存业务管理

## 作　用

本章介绍关于商品储存的业务流程与管理知识，包括入库、拣选、出库、盘点、呆废物资管理等。

## 关　键

各项商品储存业务的管理原则与方法。

## 第一节　商品储存业务管理概述

### 一、商品储存业务管理的意义和内容

商品储存业务管理是仓储管理中“储”的重要组成部分，做好这项工作的意义在于：

（1）有利于准确及时地为生产和销售提供商品供给，确保生产和销售的正常进行。

（2）有利于保证商品质量，减少损耗，降低产品成本。

（3）有利于合理储备，加速资金周转，提高企业经济效益。

（4）有利于确保商品储存安全，确保企业生产经营成果。

商品储存业务管理的主要内容包括以下几个方面：①验收入库；②商品保管与养护；③商品发放；④商品盘点；⑤呆废品处理；⑥退货处理；⑦账务处理；⑧安全维护；⑨资料保管。与之相关的业务还包括账务处理、安全维护、资料保管等。图4-1显示了一般的商品储存业务流程。

本章介绍入库、出库、盘点、呆废品处理等内容，在第五章介绍商品保管与养护的内容。

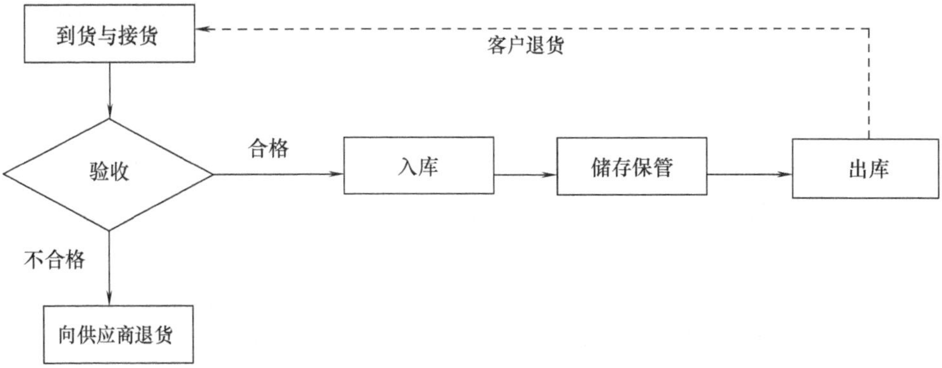


图 4-1　商品储存业务流程

## 二、商品储存业务管理的原则

### (一) 商品仓储存在的主要问题

在一般仓库中，普遍存在着以下储存方面的问题：

(1) 物品堆放不整齐，通道被阻塞。

(2) 无区位标志，查找物品较困难。

(3) 物品或包装箱上无物品名称、编码标志。

(4) 堆放物品无安全意识，存在隐患。

(5) 呆废物品未即时处理。

(6) 需退回供方的不合格品未即时退回。

(7) 发料未按先进先出的原则发放。

(8) 账实不符。

(9) 记账方法不正确。

(10) 仓库无采购订单，未按订单要求收货。

(11) 物料编码不正确或无编码。

(12) 未按时盘点。

(13) 仓库资料保留不善。

### (二) 储存业务的具体原则

针对上述问题，在储存业务管理方面，应注意遵循以下具体原则：

(1) 仓管员应依物料的特性、体积、重量、数量，分库、分类、分区存放。

(2) 仓库人员应绘制仓库平面图，标明各类商品的存放位置，并贴于明显处。

(3) 各类商品应堆放整齐，标识清楚。

(4) 已验收商品、待验收商品和不合格商品应分区存放，并标识清楚。

（5）每月应核对物料账，遇有账实不符，应及时追查原因，经公司负责人核准后方可调整。

（6）仓库应设置相应的消防设备和报警装置。

（7）仓库内应随时保持清洁、干燥和通风。

（8）易燃易爆商品应与其他商品隔离保管，并于明显处标示“严禁烟火”。

（9）建立健全岗位责任制，加强火源、电源管理，做好防火、防汛、防盗、防虫、防潮等工作。

另外，储存管理要求做到“三化”“三保”“三清”“两齐”“三一致”“五防”。

（1）“三化”：仓库规范化、存放系列化、养护经常化。

（2）“三保”：保质、保量、保安全。

（3）“三清”：材料清、规格清、数量清。

（4）“两齐”：库区整齐、工位整齐。

（5）“三一致”：账、物、卡一致。

（6）“五防”：防火、防潮、防盗、防虫、防变形。

### （三）“5S”管理

在发达国家，还发展出了“5S”管理。所谓5S，是指按步骤进行整理、整顿、清扫、清洁和素养的五项活动。

（1）整理：明确区分要与不要，将要的留下来，不要的清除掉。其目的是节省空间，防止误发误用，防止积压变质，只管理需要的商品，以提高管理质量和管理效率。

（2）整顿：把需要的商品以合理的方式分类摆放，并明确标识，以便准确、快速地查找取用，减少混料、错发的现象。整顿时要做到：凡物必分类，有类必有区，有区必有标志。整顿的目的是便于查找货物。

（3）清扫：在整理整顿后，要彻底打扫干净，杜绝污染源。其目的是营造干净明亮的工作环境，有利于提高产品质量。

（4）清洁：一种状态，是维持整理、整顿、清扫的结果。

（5）素养：养成遵守规定的好习惯。

如果能够真正做到这些，那么5S的效能将体现得非常明显，包括减少浪费、提高效率、保证质量、树立企业形象等。

## 三、仓储中的退货管理

退货处理主要涉及接收从不同渠道来的各种退回商品，一般是指企业向外销售后由于各种原因被退回企业的产品。

退货处理涉及的物流部门还包括运输部门，在将退货产品运回企业后，一般会到达仓库，由仓储部门进行下一步的退货操作。首先需要进行验收、清点，决定处理方式。如果属于正常退货，可以再次进入使用或销售，则需要重新入库储存，那么除了账务处理外，其基本业务与正常的储存业务相似。如果需要进行整修或者退回上级供应商，或者进行废弃处理，则一般需要先存入仓库内专门的区域。其中还可能涉及标签的重新处理。基本退货流程如图 4-2 所示。

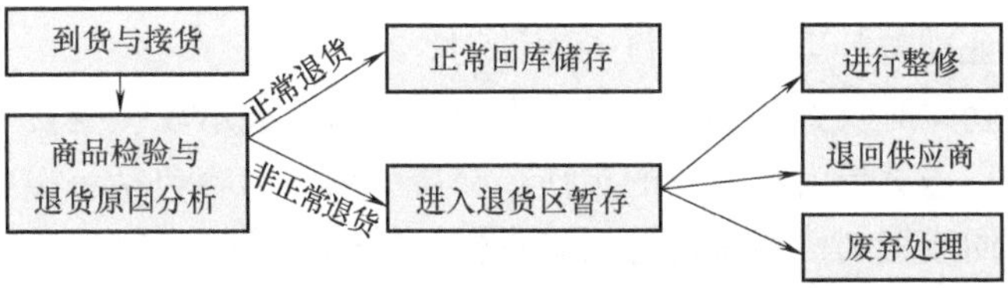


图 4-2　产成品退货的仓储处理流程

1. 正常退货

对于正常退货，仓库管理员收到退货产品和退货单后，经质量验收确定没有问题后直接存入正常存储区域，以备再次出货。账务应凭正常退货单，当天进行数据处理。

2. 非正常退货

由于质量问题、下游经销商滞销问题等造成的退货，都属于非正常退货，需要先将商品放入退货区进行暂存，以备下一步进行处理，不能与正常存储区域混淆。各企业对于这些退货如何处理都有相关规章，和上游供应商和下游客户也都会有相关协定，遵照处理即可。一般情况下，有以下三种处理方式：

(1) 如果是可以解决的质量问题，则进行整修后重新入库待用或待销。

(2) 如果是从上游供应商处购买的产品且有相应退货协定，则无论是否有质量问题，都可以退回上游供应商处。

(3) 无法进行上述处理的进入废弃处理流程，可以参见本章第四节的呆废品处理方式，如企业自己生产的无法整修的有质量问题的产品，以及无法向供应商退货的产品等。

## 第二节　商品验收与入库

商品入库是以商品的接运和验收为中心开展的业务活动，是指接到商品入库通知单后，经过接运提货、装卸搬运、检查验收、办理入库手续等一系列作业环节构成的工作过程。

### 一、验收与入库业务流程

入库业务一般包含四个模块，验收是其中之一，如图 4-3 所示。

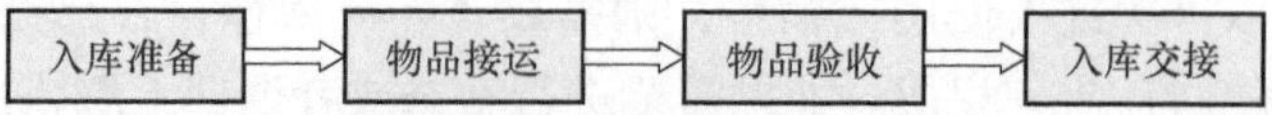


图 4-3　入库业务作业模块

入库准备主要是根据相关部门的通知，做好货位及苫垫材料准备、验收及装卸搬运器械准备、人员及单证准备等工作，制订入库计划。

入库交接是指仓库对收到的货物向送货人进行确认，表示已接受货物。交接手续的办理意味着划清运输、送货部门和仓库的责任。交接手续的内容包括：接收货物，验货，将不良货物提出、退回或编制残损单证等明确责任，并确定收到货物的确切数量、货物表面良好状态；接受文件，即接受送货人送交的货物资料、运输货物的记录、普通记录等，以及随货附带在运输单证上注明的相应文件，如图样、准运证等；签署单证，即仓库与送货人或承运人共同在送货人交来的送货单、交接清单上签字，并留存相应单证。

对于物品接运和验收，将在本节后面做专门说明。

在入库业务四个模块中，所涉及的具体设备、人员操作流程在各仓库管理模式中可能会有所不同，一般入库业务流程图如图 4-4 所示。

## 二、商品接运

### （一）商品接运概述

商品接运可在车站、码头、仓库或专用线进行。商品到达仓库后，仓库人员首先应进行验单，检查随商品同时到达的货单，按照货单开列的收货单位、货物名称、规格、数量以及交货日期等内容，与商品的各项标志逐项进行核对。在验单过程中应注意，如果发现错送，应当拒收退回。对于一时无法退回的商品，必须在清点后另行存放，并且要及时记录待以后处理。如果核对无误，可进行卸载。

商品进入仓库，卸载可以分为人工和机械两种情况。在大型仓库里一般使用装卸机械进行，如叉车、吊车、输送带等。在装卸的过程中，必须注意轻搬轻放，保证商品的安全无损。在条件允许的情况下，应尽可能在卸载的同时按照商品的保管要求，将不同收货单位或不同品种的商品分别堆放，为商品入库做准备。

### （二）商品接运管理

由于商品到达仓库的形式不同，除了一小部分由供货单位直接运到仓库交货外，大部分要经过转运。凡经过交通运输部门转运的商品，均须经过仓库接运后，才能进行入库验收。因此，商品的接运是商品入库业务流程的第一道作业环节，也是商品仓库直接与外部发生的经济联系。它的主要任务是及时而准确地向交通运输部门提取入库商品，要求手续清楚、责任分明，为仓库验收工作创造有利条件。因为接运工作是仓库业务活动的开始，是商品入库和保管的前提，所以接运工作的好坏直接影响商品的验收和入库后的保管保

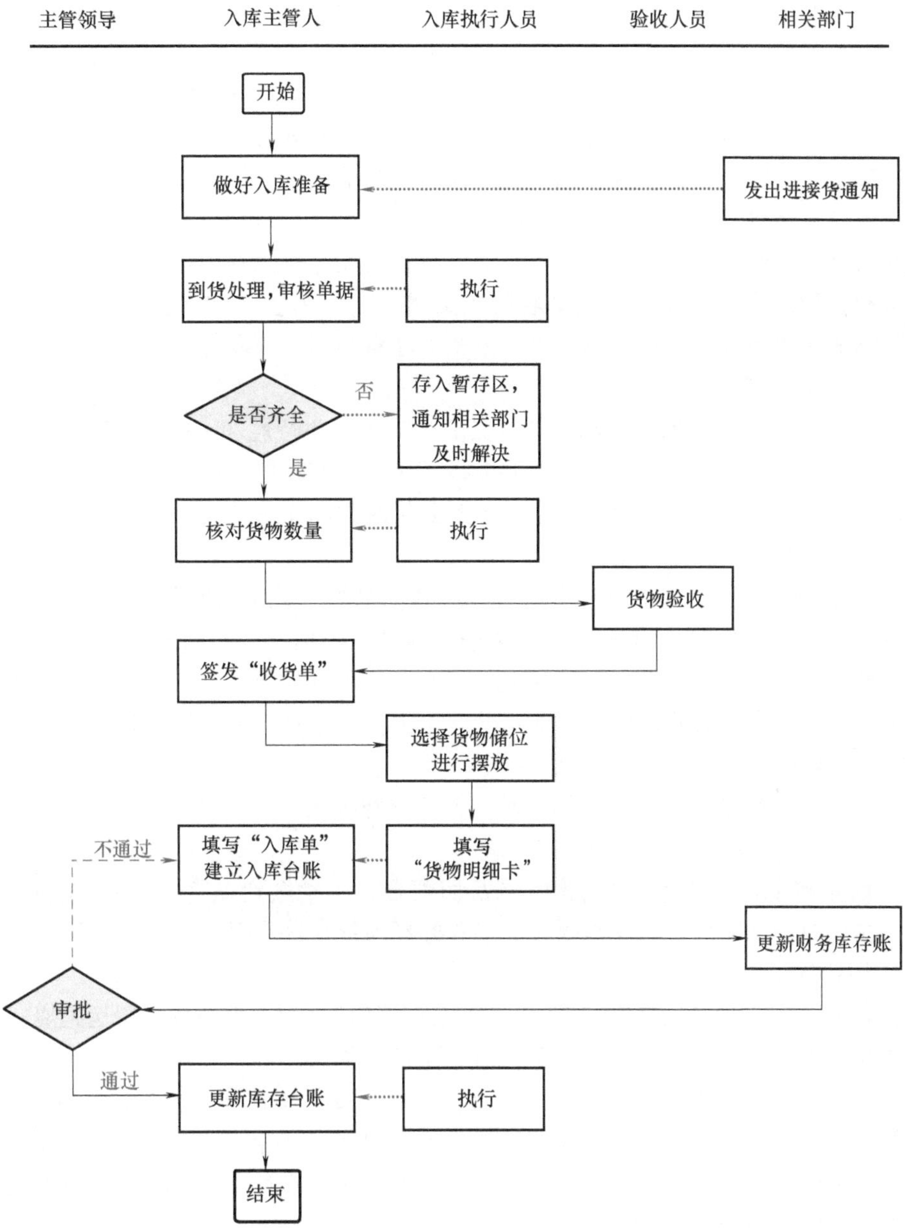
主管领导
入库主管人
入库执行人员
验收人员
相关部门
开始
做好入库准备
发出进接货通知
到货处理，审核单据
执行
是否齐全
否
存入暂存区，通知相关部门及时解决
是
核对货物数量
执行
货物验收
签发“收货单”
选择货物储位进行摆放
不通过
填写“入库单”建立入库台账
填写“货物明细卡”
更新财务库存账
审批
通过
更新库存台账
执行
结束

图 4-4　入库业务流程

养。因此，在接运由交通运输部门（包括铁路）转运的商品时，必须认真检查，分清责任，取得必要的证据，避免将一些在运输过程中或运输前就已经损坏的商品带入仓库，造成验收中责任难分和在保管工作中的困难或损失。

由于接运工作直接与交通运输部门接触，所以做好接运工作还需要熟悉交通运输部门的要求和制度，如发货人与运输部门的交接关系和责任的划分，铁路或空运、海运等运输部门在运输中应负的责任，收货人的责任，铁路或其他运输部门编制普通记录和商务记录的范围，向交通运输部门索赔的手续和必要的证件等。

做好商品接运业务管理的重要意义在于，防止把在运输过程中或运输之前已经发生的商品损害和各种差错带入仓库，减少或避免经济损失，为验收和保管保养创造良好的条件。接运方式主要有四种，现将各种接运方式的注意事项分别叙述如下：

1. 车站、码头接货

（1）提货人员对所提取的商品应了解其品名、型号、特性和一般保管知识、装卸搬运注意事项等。在提货前应做好接运货物的准备工作，如准备好装卸运输工具，腾出存放商品的场地等。提货人员在到货前，应主动了解到货时间和交货情况，根据到货多少，组织装卸人员、机具和车辆，按时前往提货。

（2）提货时应根据运单以及有关资料详细核对品名、规格、数量，并注意商品外观，查看包装、封印是否完好，有无沾污、受潮、水渍、油渍等。若有疑点或货物与货单不符，应当场要求运输部门检查。对短缺损坏情况，凡属运输部门方面责任的，应做商务记录，属于其他方面责任需要运输部门证明的应做出普通记录，由运输员签字，注意记录内容与实际情况要相符合。

（3）在短途运输中，要做到不混不乱，避免碰坏损失。危险品应按照危险品搬运规定办理。

（4）商品到库后，提货员应与保管员密切配合，尽量做到提货、运输、验收、入库、堆码一条龙作业，从而缩短入库验收时间，并办理内部交接手续。

2. 专用线接车

（1）接到专用线到货通知后，应立即确定卸货货位，力求缩短场内搬运距离；组织好卸车所需要的机械、人员以及有关资料，做好卸车准备。

（2）车皮到达后，引导对位，进行检查。查看车皮封闭情况是否良好（货车、车窗、铅封、苫布等有无异状）；根据运单和有关资料核对到货品名、规格、标志并清点件数；检查包装是否有损坏或有无散包；检查是否有进水、受潮或其他损坏现象。在检查中如发现异常情况，应请运输部门派员复查，做好普通或商务记录，记录内容应与实际情况相符，以便交涉。

（3）卸车时要注意为商品验收和入库保管提供便利条件，分清车号、品名、规格，不混不乱；保证包装完好，不碰坏，不压伤，更不得自行打开包装。应根据商品的性质合理堆放，以免混淆。卸车后在商品上应标明车号和卸车日期。

（4）编制卸车记录，记明卸车货位规格、数量，连同有关证件和资料，尽快向保管员交代清楚，办好内部交接手续。

3. 仓库自行接货

（1）仓库受货主委托直接到供货单位提货时，应将这种接货与出验工作结合起来同时进行。

（2）仓库应根据提货通知，了解所提货物的性能、规格、数量，准备好提货所需的机械、工具、人员，在供方当场检验质量、清点数量，并做好验收记录，将接货与验收合并一次完成。

4. 库内接货

存货单位或供货单位将商品直接接运送到仓库储存时，应由保管员或验收人员直接与送货人员办理交接手续，当面验收并做好记录。若有差错，应填写记录，由进货人员签字证明，据此向有关部门提出索赔。

## 三、商品检验与验收

商品验收是按照验收业务作业流程，核对凭证等规定的程序和手续，对入库商品进行数量和质量检验的经济技术活动的总称。凡商品进入仓库储存，必须经过检查验收；只有验收后的商品，方可入库保管。商品验收涉及多项作业技术。

### （一）验收的作用

所有到库商品，必须在入库前进行验收，只有在验收合格后方算正式入库。这种必要性体现在：一方面，各种到库商品来源复杂、渠道繁多，从结束其生产过程到进入仓库前，经过了一系列储运环节，由于各种外界因素的影响，其质量和数量可能发生某种程度的变化；另一方面，各类商品虽然在出厂前都经过了检验，但有时也会出现失误，造成错检或漏检，使一些不合格商品按合格商品交货。

商品验收的作用主要表现在以下几个方面：①验收是商品保管保养的基础；②验收记录是仓库提出退货、换货和索赔的依据；③验收是避免商品积压，减少经济损失的重要手段；④验收有利于维护国家利益。可见，把好商品验收关是十分重要的，任何疏忽大意都会造成保管工作的混乱，带来经济损失。

### （二）验收工作的要求

商品验收工作是一项技术要求高、组织严密的工作，关系到整个仓储业务能否顺利进行，必须做到及时、准确、严格、经济。

1. 及时

到库商品必须在规定的期限内完成验收。这是因为，商品虽然到库，但是未经过验收的商品不算入库入账，不能供应给用料单位。只有及时验收，尽快提出检验报告，才能保证商品尽快入库，满足用料单位的需要，加快商品和资金周转。同时，商品的托收承付和索赔都有一定的期限，如果验收时发现商品不合规定要求，要提出退货、换货或赔偿等要求，均应在规定的期限内提出，否则供方或责任方不再承担责任。

2. 准确

验收的各项数据或检验报告必须准确无误。验收的目的是弄清商品数量和质量方面的实际情况，验收不准确，就失去了意义。而且，不准确的验收还会给人以假象，造成错误的判断，引起保管工作的混乱，严重者还会危及营运安全。

3. 严格

仓库有关各方都要严肃认真地对待商品验收工作。验收工作的好坏直接关系到国家和企业的利益，也关系到以后各项仓储业务的顺利开展，因此，仓库领导应高度重视验收工作，直接参与人员更要以高度负责的精神来对待这项工作。

4. 经济

多数情况下，商品验收不但需要检验设备和验收人员，而且需要装卸搬运机具和设备以及相应工种工人的配合。这就要求各工种密切协作，合理组织调配人员与设备，以节省作业费用。此外，在验收工作中，尽可能保护原包装、减少或避免破坏性试验，也是提高作业经济性的有效手段。

**（三）验收作业流程及其内容**

商品验收包括验收准备、核对凭证和检验实物三个作业环节。

1. 验收准备

仓库接到到货通知后，应根据商品的性质和批量提前做好验收前的准备工作。验收准备大致包括以下内容：

（1）人员准备。安排好负责质量验收的技术人员或用料单位的专业技术人员、配合数量验收的装卸搬运人员。

（2）资料准备。收集并熟悉待验商品的有关文件，如技术标准、订货合同等。

（3）器具准备。准备好验收用的检验工具，如衡器、量具等，并校验准确。

（4）货位准备。确定验收入库时存放的货位，计算和准备堆码所需的苫垫材料。

（5）设备准备。大批量商品的数量验收，必须要有装卸搬运机械的配合，应做好设备的调用。

此外，对于特殊商品的验收，如毒害品、腐蚀品、放射品等，还要准备相应的防护用品。

2. 核对凭证

入库商品必须具备下列凭证：①入库通知单和订货合同副本，这是仓库接受商品的凭证；②供货单位提供的材质证明书、装箱单、磅码单、发货明细表等；③商品承运单位提供的运单。若商品在入库前发现残损情况，还要有承运部门提供的货运记录或普通记录，作为与责任方交涉的依据。

核对凭证，也就是将上述凭证加以整理，全面核对。入库通知单、订货合同要与供货单位提供的所有凭证逐一核对，相符后才可进行下一步实物检验。

3. 检验实物

所谓检验实物，就是根据入库单和有关技术资料对实物进行数量和质量检验。

（1）数量检验。数量检验是保证物资数量的重要步骤，一般在质量验收之前，由仓库保管职能机构组织进行。按商品性质和包装情况，数量检验分为三种形式，即计件、检斤、检尺求积。

计件是指对于按件数供货或以件数为计量单位的商品，进行数量验收时清点件数。一般情况下，计件商品应全部逐一点清。国内货物只检查外包装，不拆包检查。进口商品按合同或惯例办理。

检斤是指对于按重量供货或以重量为计量单位的商品，进行数量验收时称重。金属材料和某些化工产品是检斤验收。按理论换算重量供应的商品，先要通过检尺，如金属材料中的板材、型材等，然后按规定的换算方法换算成重量验收。对于进口商品，原则上应全部检斤，但如果合同规定按理论换算重量交货，则按合同规定办理。所有检斤的商品，都应填写磅码单。

检尺求积是指对以体积为计量单位的商品，如木材、竹材、砂石等，先检尺，后求体积。

在数量验收之前，还应根据商品来源、包装好坏和有关部门的规定，确定对到库商品是采取抽验还是全验。在一般情况下，数量检验应全验。如果商品管理机构有统一规定，则可按规定办理。

（2）质量检验。质量检验包括外观检验、尺寸检验、机械物理性能检验和化学成分检验四种形式。仓库一般只做外观检验和尺寸精度检验，后两种检验如果有必要，则由仓库技术机构取样，委托专门检验机构检验。

1）商品的外观检验。在仓库中，质量验收主要是指商品外观检验，由仓库保管机构组织进行。外观检验是指通过人的感觉器官，检验商品的包装外形或装饰有无缺陷；检查商品包装的牢固程度；检查商品有无损伤，如撞击、变形、破碎等；检查商品是否被雨、雪、油污等污染，有无潮湿、霉腐、生虫等。外观有缺陷的商品，有时可能影响其质量，所以要单独存放，防止混杂，等待处理。凡经过外观检验的商品，都应该填写“检验记录单”。

2）商品的尺寸检验。需要进行尺寸精度检验的商品，主要是金属材料中的型材、部分机电产品和少数建筑材料。不同型材的尺寸检验各有特点，例如，椭圆材主要检验直径和圆度；管材主要检验壁厚和内径；板材主要检验厚度及其均匀度等。对部分机电产品的检验，一般请用料单位派员进行。尺寸精度检验是一项技术性强，很费时间的工作，全部检验的工作量大，并且有些产品质量的特征只有通过破坏性的检验才能测到，所以一般采用抽验的方式进行。

3）理化检验。这是对商品内在质量和物理化学性质所进行的检验。对商品内在质量的检验，要求一定的技术知识和检验手段，目前仓库多不具备这些条件，所以一般由专门的技术检验部门进行。

以上质量检验是商品交货时或入库前的验收。在某些特殊情况下，还有完工时期的验收和制造时期的验收，就是在供货单位完工时和正在制造过程中，由需方派员到供货单位检验。应当指出，即使在供货单位检验过的商品，或者因为运输条件不良，或者因为质量不稳定，也可能在进库时发生质量问题，所以交货时入库前的检验在任何情况下都是必要的。

### （四）商品验收方式

商品验收可分为全验和抽验。

在进行数量和外观验收时一般要求全验。在质量验收中，当批量小、规格复杂、包装不整齐或要求严格验收时可以采用全验。全验需要大量的人力、物力和时间，但是可以保证验收的质量。当批量大、规格和包装整齐、存货单位的信誉较高，或验收条件有限时，通常采用抽验的方式。商品质量和储运管理水平的提高、数理统计方法的发展，为抽验方式提供了物质条件和理论依据。

商品验收方式和有关程序应该由货方和库方共同协商，并通过协议在合同中加以明确规定。

### （五）验收中发现问题的处理

商品验收中，可能会发现诸如证件不齐、数量短缺、质量不符合要求等问题，应区别不同情况，及时处理。

（1）凡验收中发现问题等待处理的商品，应该单独存放，妥善保管，防止混杂、丢失、损坏。

（2）数量短缺在规定磅差范围内的，可按原数入账，凡超过规定磅差范围的，应查对核实，做成验收记录和磅码单，交主管部门，会同货主与供货单位交涉。凡实际数量多于原发料量的，可由主管部门向供货单位退回多发数，或补发货款。在商品入库验收过程中发生的数量不符，可能是因为发货方面在发货过程中出现了差错，误发了商品，或者是在运输过程中丢失了商品等。在商品验收过程中，如果对数量不进行严格的检验，就会给仓库造成经济损失。

（3）凡质量不符合规定的，应及时与供货单位交涉，办理退货、换货，或征得供货单位同意代为修理，或在不影响使用的前提下降价处理。商品规格不符或错发时，应先将规格对的予以入库，规格不对的做成验收记录交给主管部门办理换货。

（4）证件未到或不齐时，应及时向供货单位索取，到库商品应作为待检验商品堆放在待验区，待证件到齐后再进行验收。证件未到之前，不能验收，不能入库，更不能发料。

（5）凡属承运部门造成的商品数量短少或外观包装严重残损等，应凭接运提货时索取的“货运记录”向承运部门索赔。

（6）凡价格不符的，供方多收部分应予以拒付，少收部分经过检查核对后，应主动联系，及时更正。

（7）凡“入库通知单”或其他证件已到，在规定的时间未见商品到库时，应及时向主管部门反映，以便查询处理。

### （六）商品的检查

需要说明的是，商品在检验、验收合格入库之后，为保证在库商品质量完好、数量齐全，还必须进行经常的和定期的数量检查、质量检查、保管条件检查、计量工具检查、安全检查等全面的检查工作。

#### 1. 检查内容

（1）质量检查。检查在库商品质量有无变化，包括受潮、沾污、锈蚀、发霉、干裂、虫蛀、鼠咬甚至变质等情况；检查有无超过保管期限和长期积压现象；检查技术证件是否齐全，是否证物相符，必要时还要进行技术检验。

（2）数量检查。检查商品的数量是否准确；检查账卡的记载是否准确，核对账实是否一致。

（3）保管条件检查。检查堆码是否合理稳固，库房是否漏水，场地是否积水，门窗通风是否良好，库内温度和湿度是否符合要求，库房内外是否清洁卫生，保管条件是否与各种商品的保管要求相符合等。

（4）计量器具检查。检查计量器具和工具，如钢卷尺、磅秤等是否准确，使用和养护是否合理。检查时要用标准件核验。

（5）安全检查。检查各种安全措施和消防设备、器材是否符合安全要求；检查建筑物是否损坏而影响商品储存等。

#### 2. 检查方法

检查方法分为以下三种：

（1）日常性检查。日常性检查是指保管员每日上下班时，对所管商品的安全情况、保管状况、计量工具的准确性、库房和货场的清洁整齐程度等进行的检查。这是保管员每日必须进行的一项工作。

（2）定期检查。定期检查是指根据季节变化和工作的需要，由仓库领导者组织有关方面的专业人员，对在库商品进行定期检查。如雷雨季节到来前后，组织质量和保养情况的检查；暑热季节到来前，对怕热商品的防热措施的检查；冬季前对冬防措施的检查；节假日前，组织安全措施的检查等。

（3）临时性检查。临时性检查是指风雨季节前后、有灾害性气象预报时所组织的临时性检查，或者根据工作中发现的问题而决定进行的临时性检查。例如，在暴风雨、台风到来前，要检查建筑物是否承受得住风雨袭击，下水道是否畅通，露天货场苫盖是否严密牢固，货物有无损失等。

3. 检查中发现问题的处理

（1）商品有变质迹象或发生变质时，应按维护保养要求处理，查明原因，提出改进措施，通知存货单位。

（2）对于超过保管期，或没有超过保管期但质量要求不能继续存放的，应通知货主及时处理。

（3）对于商品包装已经出现破损的，应查明原因，协商处理。

（4）商品数量有出入的，应弄清情况，查明原因，分清责任。造成短少、溢余的原因主要有磅差、计量方法错误、自然损耗、责任损益等。

（5）对于各项检查结果和问题应该详细记录。

在商品检验中，对于进口商品的检验是一项比较特殊的内容，需要按照国际贸易相关规则进行。进口商品检验是国际贸易中的重要环节，具体内容可以参考国际贸易相关书籍。

## 第三节　商品出库与发运

出库是仓库接到客户（包括企业内外客户）要求提货的指令后，由库房依据出货指令，从仓库拣选商品并装车的一系列操作过程，其中还伴随有商务结算、收费、单证交接等业务行为。出库与发运是商品储存阶段的终止，也是仓库作业的最后一个环节，它使仓库工作与运输部门和商品使用单位直接发生联系。商品出库直接影响运输部门和使用单位。因此，做好出库工作对改善仓库经营管理，降低作业费用，提高服务质量有一定的作用。

### 一、出库业务流程

不同仓库的出库流程有所不同，但基本都具有三个总体模块，如图 4-5 所示。

图 4-5　出库业务作业模块

出库准备与入库准备相似，即根据相关部门通知，提前准备好将要用到的设备等。

不同仓库在商品出库的操作程序上会有所不同，操作人员的分工也有粗有细，但就整个发货作业的过程而言，一般都是跟随着商品在库内的流向或出库单的流转而构成各工种的衔接。出库程序包括该单备料——复核——包装——点交——登账——清理等过程。

出库分为面向企业内部各部门的和面向外部客户的，面向外部客户的出库过程比较复杂和完整，因此本节主要以这种形式为主做说明。一般出库业务流程如图 4-6 所示。

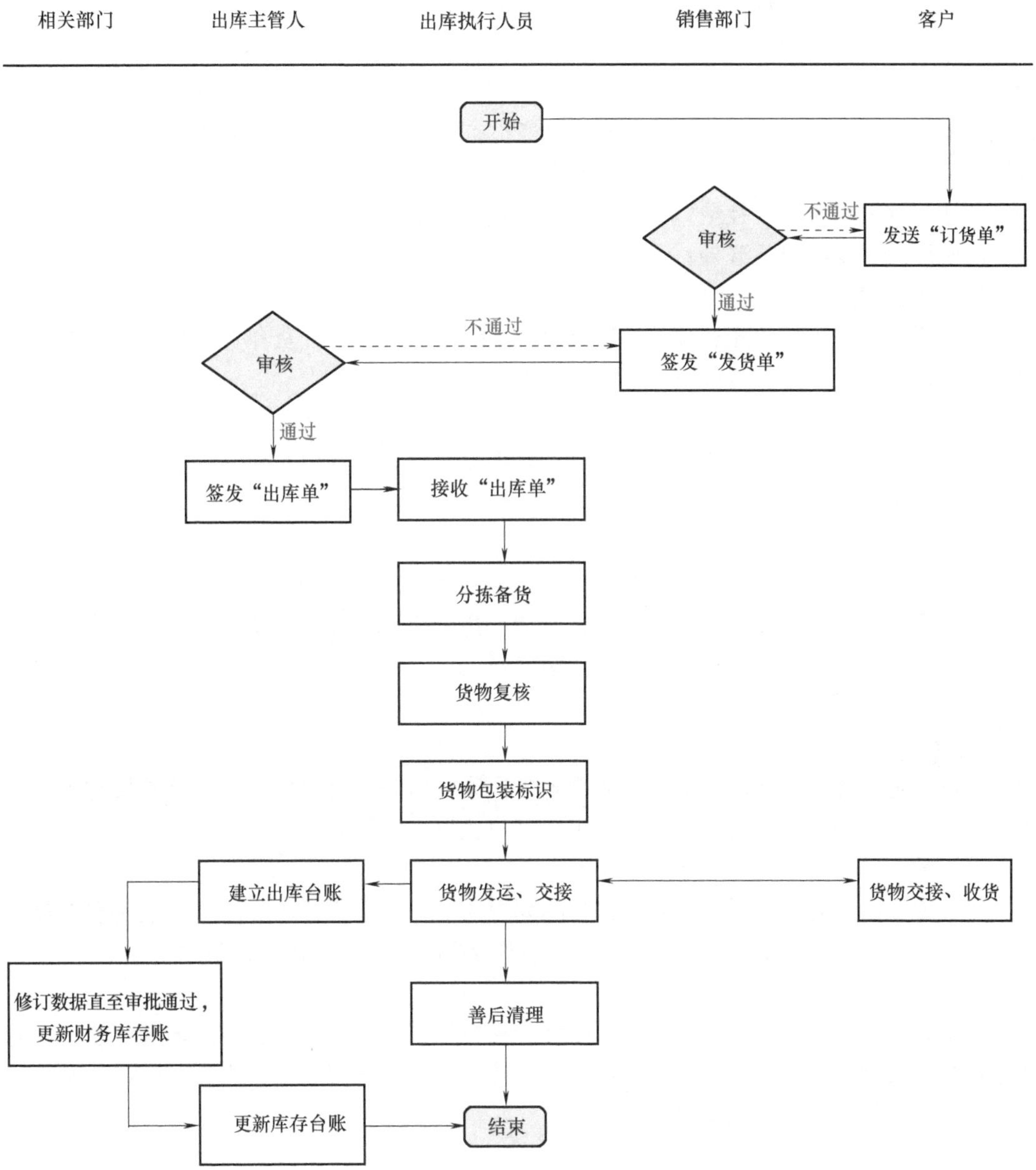


图 4-6　出库业务流程

## 二、商品出库形式

出库发放的主要任务是：所发放的商品必须准确、及时、保质保量地发给收货单位，包装必须完整、牢固，标记正确清楚，核对必须仔细。

商品出库要求做到“三不三核五检查”。“三不”，即未接单据不翻账，未经审单不备货，未经复核不出库；“三核”，即在发货时，要核实凭证、核对账卡、核对实物；“五检查”，即对单据和实物要进行品名检查、规格检查、包装检查、件数检查、重量检查。具体地说，商品出库要求严格执行各项规章制度，提高服务质量，积极与客户联系，为客户提货创造各种方便条件，杜绝差错事故，做到使客户满意。

出库形式主要有以下五种：

1. 仓库送货

仓库根据货主单位预先送来的“商品调拨通知单”，通过发货作业，把应发商品交由运输部门送达收货单位，这种发货形式就是通常所称的送货制。

仓库实行送货，要划清交接责任。仓储部门与运输部门的交接手续是在仓库现场办理完毕的。运输部门与收货单位的交接手续，是根据货主单位与收货单位签订的协议，一般在收货单位指定的到货目的地办理。

2. 货主自提

由收货人或其代理持“商品调拨通知单”直接到库提取，仓库凭单发货，这种发货形式就是仓库通常所称的提货制。它具有“提单到库，随到随发，自提自运”的特点。为划清交接责任，仓库发货人与提货人在仓库现场对出库商品当面交接清楚，并办理签收手续。

3. 过户

过户，是一种就地划拨的形式，商品虽未出库，但是所有权已从原存货户转移到新存货户。仓库必须根据原存货单位开出的正式过户凭证，才予办理过户手续。

4. 取样

货主单位出于对商品质量检验、样品陈列等需要，到仓库提取货样（一般都要开箱拆包、分割）。仓库也必须根据正式取样凭证才发给样品，并做好账务记载。

5. 转仓

货主单位为了业务方便或改变储存条件，需要将某批库存商品自甲库转移到乙库，这就是转仓的发货形式。仓库也必须根据货主单位开出的正式转仓单，才予办理转仓手续。

出库采用何种方式，主要取决于收货人。

## 三、分拣备货

在出货凭证审核完成后，下一步就是按照单据指示进行分拣备货。

### （一）分拣的流程

在仓库内，分拣（Sorting）的流程如图 4-7 所示。它涵盖了两种分拣方式，其中下部流程为按单分拣作业流程，上部为批量分拣作业流程。不管采用哪种分拣方法，都包括从仓库或保管货架内进行拣货的环节。

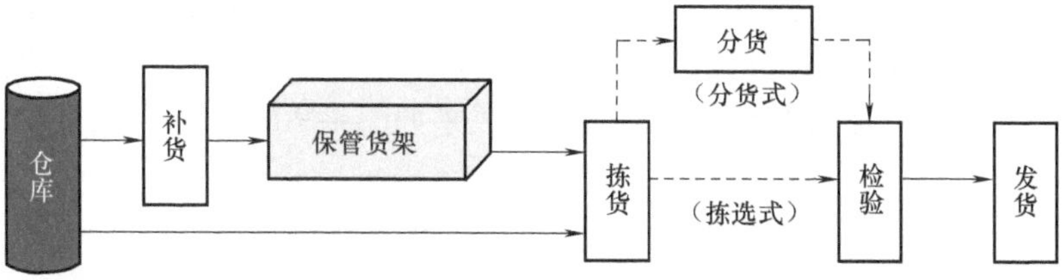


图 4-7　分拣作业流程

分拣作业中，关键的环节是拣货（Order Picking）。其作业过程如图 4-8 所示，由生成拣货资料、行走或搬运、拣取、分类与集中几个环节组成。

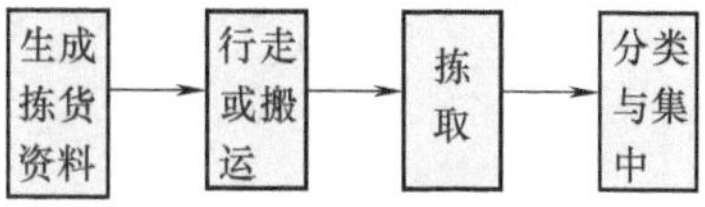


图 4-8　拣货作业过程

1. 生成拣货资料

作业开始之前，指示分拣作业的单据或信息必须先行处理完成。信息是分拣作业的原动力，利用分拣信息来支持分拣系统，除使用传统的单据传送信息外，还有一些自动传输的无纸化系统都已逐渐被导入。常见的分拣信息传送方式有传票分拣、分拣单分拣、电子标签辅助分拣、RF 辅助分拣、IC 卡分拣与自动分拣等方式。

2. 行走或搬运

进行拣货时，要拣取的货物必须出现在分拣员面前，可以通过以下两种方式实现：人至物方式，主要移动的一方为分拣者，这种方式较为常见；物至人方式，主要移动的一方为货物，分拣者在固定位置作业，在货物采用旋转自动仓储系统等时可用。

此外，还有无人拣取方式，即拣取的动作由自动的机械负责，电子信息输入后自动完成分拣作业，无需人手介入。这是目前国内外分拣设备研究的主要方向。

3. 拣取

当货物出现在拣取者面前时，接下来的动作便是抓取与确认。确认的目的是确定抓取的物品、数量是否与指示信息相同。实际作业中多是利用分拣员读取品名与分拣单做对比，比较先进的方法是利用无线传输终端机读取条码，由计算机进行对比，或采用货物重量检测的方式。准确的确认动作可以大幅度降低分拣的错误率，同时也比检品作业发现错误和处理来得更直接而有效。

4. 分类与集中

由于拣取方式的不同，拣取出来的货物可能还须按订单类别进行分类与集中，分拣作业至此告一段落。分类完成的每一批订单类别货物经过检验、包装等作业然后出货。

### （二）分拣作业方式

随着科学技术的发展，分拣作业的方式也越来越多、越来越先进。分拣方式可以从不同的角度进行分类：按订单的组合，可以分为按单分拣和批量分拣；按人员组合，可以分为单独分拣（一人一件式）和接力分拣（分区按单分拣）；按运动方式，可以分为人至货前分拣和货至人前分拣等；按分拣信息的不同，又可以分为分拣单分拣、标签分拣、电子标签分拣、RF 分拣等。各分拣作业方式之间的关系如图 4-9 所示。

- 分拣作业
  - 按单分拣(摘取方式)
    - 单独分拣
    - 接力分拣
    - 标签分拣
    - 分拣单分拣
    - 电子标签分拣
    - RF 分拣
    - IC 卡分拣
  - 批量分拣(播种方式)
    - 批量分拣
    - 接力分拣
    - 标签分拣
    - 分拣单分拣
    - 数字显示分拣(电子标签)
    - RF 分拣
    - IC 卡分拣

图 4-9　分拣作业方式

按单分拣即按订单进行分拣，分拣完一个订单后，再分拣下一个订单，如图 4-10 所示；批量分拣方式是将数张订单加以合并，一次进行分拣，最后根据各个订单的要求进行分货，如图 4-11 所示。

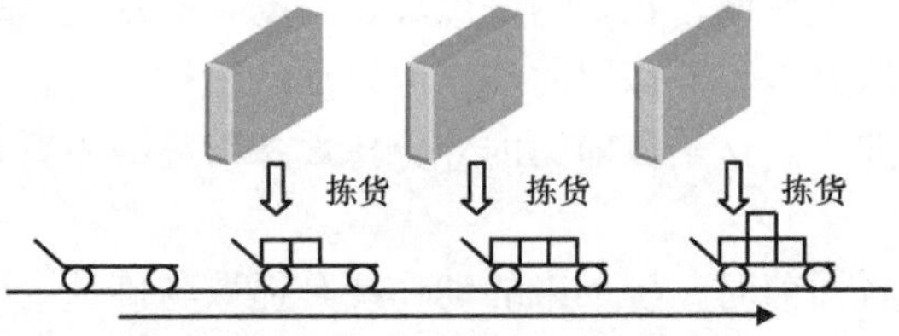


图 4-10　按单分拣作业原理

单独分拣方式即一人持一张取货单进入分拣区分拣货物，直至将取货单中内容完成为止。

接力分拣方式是将分拣区分为若干区，由若干名作业者分别操作，每个作业者只负责本区货物的分拣，携带一张订单的分拣小车依次在各区巡回，各区作业者按订单的要求分拣本区段存放的货物，一个区域分拣完移至下一区段，直至将订单中所列货物全部分拣完。

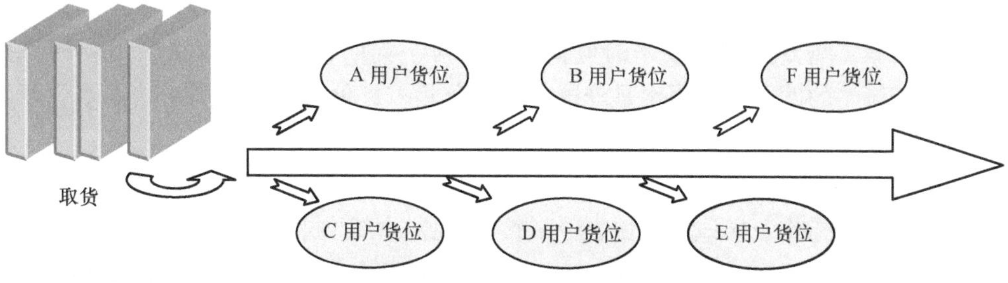


图 4-11　批量分拣作业原理

人至货前分拣即人（或人乘分拣车）到储存区寻找并取出所需要的货物；货至人前分拣是将货物移动到人或分拣机旁，由人或分拣机分拣出所需的货物。

除了按单分拣和批量分拣这两种常用的分拣方式外，还可以采用以下两种分拣方式：

（1）整合按单分拣。为了提高配送的效率，将某一地区的订单整合成一张分拣单，做一次分拣后，集中捆包出库。它主要应用在一天中每一订单只有一种品项的场合，属于按单分拣的一种变形。

（2）复合分拣。复合分拣是指按单分拣与批量分拣的组合运用，按订单品项、数量和出库频率决定哪些订单适合按单分拣、哪些适合批量分拣。

几种分拣方式的比较参见表 4-1。

**表 4-1　分拣方式的比较**

| 分拣方式 | 优　点 | 缺　点 | 适用场合 |
|---|---|---|---|
| 按单分拣 | 作业方法简单<br>订货前置时间短<br>作业弹性大<br>作业员责任明确，作业容易组织<br>分拣后不必再进行分类作业 | 货物品种多时，分拣行走路径加长，分拣效率降低<br>拣货单必须配合货架货位号码 | 多品种、小批量订单的场合 |
| 批量分拣 | 合计后拣货，效率较高<br>盘亏较少 | 所有种类实施困难<br>增加出货类别的分货作业<br>必须全部作业完成后，才能发货 | 少品种、大批量出货，且订单的重复订购率较高的场合 |
| 整合按单分拣 | — | — | 一天中每一订单只有一种品项的场合 |
| 复合分拣 | — | — | 订单密集且订单量大的场合 |

### （三）分拣策略

分拣策略是影响分拣作业效率的重要因素，对不同的订单需求应采取不同的分拣策略。决定分拣策略的四个主要因素是分区、订单分割、订单分批及分类。这四个主要因素交互运用可产生多个分拣策略。

1. 分区策略

分区就是将分拣作业场地做区域划分，按分区原则的不同，有以下四种分区方法。

（1）按货物特性分区。按货物特性分区就是根据货物原有的性质，将需要特别储存搬运或分离储存的货物进行区隔，以保证货物的品质在储存期间保持一定。

（2）按分拣单位分区。将分拣作业区按分拣单位划分，如箱装分拣区、单品分拣区或是具有特殊货物特性的冷冻品分拣区等。其目的是使储存单位与分拣单位分类统一，以方便分拣与搬运单元化，使分拣作业单纯化。一般来说，分拣单位分区所形成的区域范围是最大的。

（3）按分拣方式分区。不同的分拣单位分区中，按分拣方法和设备的不同，又可以分为若干区域，通常以货物销售的 ABC 分类为原则，按出货量的大小和分拣次数的多寡做 ABC 分类，然后选用合适的分拣设备和分拣方式。其目的是使分拣作业单纯一致，减少不必要的重复行走时间。在同一单品分拣区中，按分拣方式的不同，又可分为台车分拣区和输送机分拣区。

（4）工作分区。在相同的分拣方式下，将分拣作业场地再做划分，由一个或一组固定的分拣人员负责分拣某区域内的货物。该策略的主要优点是分拣人员需要记忆的存货位置和移动距离减少，分拣时间缩短，还可以配合订单分割策略，运用多组分拣人员在短时间内共同完成订单的分拣，但要注意工作平衡问题。接力式分拣就是工作分区的一种形式，只是其订单不做分割或不分割到各工作分区，分拣人员以接力的方式来完成所有的分拣动作。这种方式比由一位分拣员把一张订单所需要的物品分拣出来要有效率，但投入的人力相对较多。

以上的分区策略可同时运用于一个仓库内，或是单独存在。除接力式分拣外，在分区分拣完后仍需将拣出的货物按订单加以结合。

2. 订单分割策略

当订单上订购的货物项目较多，或是分拣系统要求及时快速处理时，为了在短时间内完成分拣处理，可将订单分成若干子订单交由不同分拣区域作业同时进行分拣作业。将订单按分拣区域进行分解的过程称为订单分割。订单分割一般是与分拣分区相配套的，对于采用分拣分区的配送中心，其订单处理过程的第一步就是要按区域进行订单的分割，各个分拣区根据分割后的子订单进行分拣作业，各分拣区子订单分拣完成后，再进行订单的汇总。

3. 订单分批策略

订单分批是为了提高分拣作业效率而把多张订单集合成一批，进行批次分拣作业，其目的是缩短分拣时平均行走搬运的距离和时间。若再将每批次订单中的同一货物品项加总后分拣，然后再把货物分类给每一个客户订单，则形成批量分拣，这样不仅缩短了分拣时平均行走搬运的距离，也减少了重复寻找货位的时间，从而使分拣效率提高。但如果每批次订单数目过多，则必须耗费较多的分类时间，甚至需要有强大的自动化分类系统的支持。

4. 分类策略

当采用批量分拣作业方式时，分拣完后还必须进行分类，因此需要相配合的分类策略。分类方式大概可以分成两类。

（1）分拣时分类。在分拣的同时将货物按各订单分类，这种分类方式常与固定量分批或智能型分批方式联用，因此需使用计算机辅助台车作为分拣设备，才能加快分拣速度，同时避免错误发生。该策略较适用于少量多样的场合，且由于分拣台车不可能太大，所以每批次的客户订单量不宜过大。

（2）分拣后集中分类。这是指分批按合计量分拣后再集中分类。一般有两种分类方法，一是以人工作业为主，将货物总量搬运到空地上进行分发，而每批次的订单量及货物数量不宜过大，以免超出人员负荷。另一种方法是利用分类输送机系统进行集中分类，是较自动化的作业方式。当订单分割越细、分批批量品项越多时，常使用后一种方式。

以上四大类分拣策略因素可单独或联合运用，也可以不采用任何策略，直接按单分拣。

### 四、货物发运

将要出库的货物分拣备货完毕，出库的最后一步就是按照出货单要求进行货物发运。

与出库方式相对应，仓储中的发货方式一般有托运、提货、取样、移仓、过户等。无论采用何种发货方式，均应做到准确、及时、安全。仓库发货人员在备齐商品并经复核无误后，必须当面向提货人或运输人按单列货物逐件点交，明确责任，办理交接手续。在货物装车时，发货人员应在现场进行监装，直到货物装运出库。发货结束后，应在出库凭证的发货联上加盖“发讫”印戳，并留据存查。发货作业完成后，须核销保管账、卡上的存量，以保证账、卡、货一致。

## 第四节　在库盘点与呆废品管理

### 一、在库盘点

#### （一）在库盘点的必要性

在库盘点是指对库存商品的数量和质量进行检查。在库盘点之所以必要，是因为在实际工作中会由于各种原因出现账实不符的情况，通过在库盘点，可以及时发现并修正错误。

1. 账实不符的原因

在实际工作中造成库存商品账实不符的原因主要有以下几个方面：

（1）商品在运输、保管、收发过程中发生自然变化或损耗。

（2）由于计量、检验方面的问题造成的数量或质量上的差错。

（3）由于保管不善或工作人员失职造成的商品的损坏、霉烂、变质或短缺等。

（4）因气候影响发生腐蚀、硬化、结块、变色、锈烂、生霉、变形以及受虫鼠啮食等，致使商品发生数量减少或无法再使用。

（5）由于自然灾害造成的非常损失和非常事故发生的毁损。

（6）在商品收发过程中，由于手续不齐或计算、登记上发生错误或漏记，或收发凭证遗失，造成账实不符。

（7）由于贪污、盗窃、徇私舞弊等造成的商品损失。

（8）由于未达账项引起的账实不符。

（9）由于供方装箱装桶时，每箱每桶数量有多有少，而在验收时无法每箱每桶进行核对，因此造成短缺或盈余。

（10）由于使用的度量衡器欠准确或使用方法错误，造成数量有差异。

（11）由于作为样品出库，而又未开单据，造成数量短缺。

（12）由于整进零出所发生的磅差。

2. 在库盘点的作用

（1）确保库存商品资料的真实性。通过盘点，可以使各项库存商品的实存数量、种类、规格得到真实反映，以便核查库存商品账实差异及其发生的原因，明确责任，保证库存商品资料的准确性。

（2）确保各项库存商品的安全与完整。通过盘点可以掌握各项库存商品的保管情况，查明有无损失浪费、霉烂变质、贪污盗窃等情况，以便针对问题，对症下药，堵塞漏洞，改进工作，建立健全各项责任制度，切实保证库存商品的安全与完整。

（3）挖掘库存商品潜力，提高库存商品使用效率。通过盘点，可以查明各项库存商品的储备和利用情况，知道哪些库存商品积压，哪些库存商品不足，以便采取措施，提高库存商品使用率。

（4）利于了解有关库存商品的各项制度的执行情况。通过盘点，可以了解验收、保管、发放、调拨、报废等各项工作是否按规定办理，这样有利于督促各项制度的贯彻执行，提高管理质量。

### （二）盘点的主要内容和检查项目

（1）检查商品的账面数量与实存数量是否相符。

（2）检查商品的收发情况，以及是否按先进先出的原则发放商品。

（3）检查商品的堆放及维护情况。

（4）检查各种商品有无超储积压、损坏变质。

（5）检查对不合格品及呆废品的处理情况。

（6）检查安全设施及安全情况。

### （三）在库盘点的范围

（1）存货盘点：对原材料、辅助材料、燃料、低值易耗品、包装物、在制品、半成品、产成品的清查核点。

（2）财产盘点：对生产性财产和非生产性财产的清查核点。

### （四）在库盘点的种类

1. 按盘点的范围分

（1）全面盘点：对所有财产商品进行全面盘点。由于全面盘点内容庞杂、范围广泛、工作量大，所以一般只是在年终和年中进行。当企业商品种类较少时也可以在其他期末时间进行。

（2）局部盘点：对部分财产商品的清点核对。一般对使用较频繁的材料、产成品等根据实际情况在年内进行轮流盘点或重点抽查。

2. 按时间分

（1）定期盘点：对各项商品在固定的时间内进行盘点，如每月一次、每季度一次、每半年一次、每年一次等。

（2）不定期盘点：没有固定时间，而是根据实际需要对各项商品进行盘点。

### （五）盘点的方法

对商品的盘点一般采用实地盘点法。盘点时应注意：①商品保管人员必须在场，协助盘点人员盘点；②按盘点计划有步骤地进行，防止重复盘点或漏盘；③一般采用点数、过秤、量尺、技术推算等方法来确定盘点数量。

### （六）盘点程序

1. 盘点前的准备

盘点前的准备工作主要包括确定盘点时间、盘点范围、盘点方式、盘点人员、盘点表单。

对于盘点时的商品进出有以下要求：①须盘点的商品应分类堆放整齐，并设置盘点单；②盘点时应办理完盘点之前的收发业务；③盘点期间需要入库的商品应单独存放，并于盘点后入库；④盘点前车间应领取完盘点期间所需商品。

2. 初盘

在正式盘点之前，仓管人员应先进行盘点并填写盘点单和盘点表，以便于正式盘点工作的顺利进行。

3. 复盘

按预定时间和人员对须盘点的商品进行盘点。主要是根据盘点表核对盘点单和实物，并检查商品的堆放情况及其他情况。

4. 盘点报告

（1）根据盘点数量和财存数量编制盘点报告。

（2）确定盘盈盘亏量。

（3）追查盘盈盘亏的原因。

5. 盘点结果处理

（1）查明差异，分析原因。

（2）认真总结，加强管理。

（3）上报批准，调整差异。

### （七）盘点作业常用表单

盘点作业常用表单包括盘点卡、盘点表、盘点盈亏汇总表、盘点总结报告表、盘点货物更正表等，分别参见表4-2～表4-7。可以根据企业实际情况需要选取适合的表单。

表4-2　盘点卡示例1

卡号：　　　　　　　　　　　　　　盘点日期：

| 品　名 | | 规　格 | | | |
|---|---|---|---|---|---|
| 编号 | | 单位 | | | |
| 储放位置 | | 货架号 | | | |
| 账面数量 | | 实盘数量 | | 差异 | |
| 说明 | | | | | |
| 复盘人 | | | | | |
| 盘点人 | | | | | |

表4-3　盘点卡示例2

盘存单编号：

货品编号：＿＿＿＿＿＿　　　　盘点日期：＿＿＿＿＿＿

货品名称：＿＿＿＿＿＿

数量：＿＿＿＿＿＿　　　　单位：＿＿＿＿＿＿

存放位置：＿＿＿＿＿＿

盘点人：＿＿＿＿＿＿

盘存单编号：

货品编号：＿＿＿＿＿＿　　　　盘点日期：＿＿＿＿＿＿

货品名称：＿＿＿＿＿＿

数量：＿＿＿＿＿＿　　　　单位：＿＿＿＿＿＿

存放位置：＿＿＿＿＿＿

查核人：＿＿＿＿＿＿

表 4-4　盘点表示例

盘点范围：　　盘点时间：　年　月　日

| 责任人签字 | 盘点项目 | | | 数量 | | | | | |
|---|---|---|---|---|---|---|---|---|---|
| | 品种 | 入库 | 出库 | 账面数量 | 实际盘点数 | 差量 | 批次 | 票号 | 出库率 |
| | | | | | | | | | |
| | | | | | | | | | |
| | | | | | | | | | |
| 备注说明 | | | | | | | | | |

表 4-5　盘点盈亏汇总表示例

| 品名 | 规格 | 账面资料 | | 实盘资料 | | 盘盈 | | 盘亏 | | 差异原因 | 对策 |
|---|---|---|---|---|---|---|---|---|---|---|---|
| | | 数量 | 金额 | 数量 | 金额 | 数量 | 金额 | 数量 | 金额 | | |
| | | | | | | | | | | | |
| | | | | | | | | | | | |
| | | | | | | | | | | | |

| 总经理 | | 财务部经理 | | 仓储部经理 | | 制表人 | |
|---|---|---|---|---|---|---|---|

备注：第一联是仓库依据此单登记卡片，第二联是财务账联。

表 4-6　盘点总结报告表

| 货品名称 | 所属类别 | 编号 | 规格 | 单价 | 盘点情况 | 存在问题 | 改善建议或措施 |
|---|---|---|---|---|---|---|---|
| | | | | | | | |
| | | | | | | | |

表 4-7　盘点货物更正表

| 货品名称 | 货品编号 | 单位 | 规格 | 账面数额 | | | 盘点实存 | | | 数量盈亏 | | | | 价格增减 | | | | 原因说明 | 负责人 | 备注 |
|---|---|---|---|---|---|---|---|---|---|---|---|---|---|---|---|---|---|---|---|---|
| | | | | | | | | | | 盘盈 | | 盘亏 | | 盘盈 | | 盘亏 | | | | |
| | | | | 数量 | 单价 | 金额 | 数量 | 单价 | 金额 | 数量 | 金额 | 数量 | 金额 | 数量 | 金额 | 数量 | 金额 | | | |
| | | | | | | | | | | | | | | | | | | | | |
| | | | | | | | | | | | | | | | | | | | | |
| | | | | | | | | | | | | | | | | | | | | |

## 二、呆废品管理

### （一）呆废品的概念

呆废品一般称为呆废物资、呆废物料，包括呆料、废料和残料，有时也称为滞料。

呆料是指库存时间过长，而使用极少或有可能根本不用的物料。

废料是指因某些原因而丧失其使用价值，同时也无法改作他用的物料。

残料是指在使用加工过程中所产生的已无法再利用的边角或零头。

但是呆废品中不仅包含物料，还包括失去销售价值的各种产成品，因此本书将其统称为呆废品。其实质就是积压的物料和产成品库存。

### （二）呆废品处理的目的

（1）物尽其用。呆废品闲置在仓库内而不加以利用，时间太长，会使物品生锈、受潮、变质等，使其丧失使用功能，因此应及时利用。

（2）减少资金占用。呆废品闲置在仓库而不及时处理和利用，会占用一部分资金。

（3）节省储存费用。呆废品若能即时处理，可以省去因管理这些物品而发生的各项管理费用。

（4）节省储存空间。及时处理呆废品，可以减少仓储空间的占用。

### （三）呆废品形成的原因

呆废品形成的原因有很多，可以分为以下几种：

（1）因滞销、损坏而造成的产成品积压。

（2）因滞销而引起生产变更，或因设计变更、失误，或因请购和采购不当，或因用料预算大于实际使用，致使物料不能用完或者不能再使用，造成物料积压。

（3）因验收疏忽或经检验合格的物料中仍含有少量的不合格品。

（4）因保管不当或保存过久而变质。

（5）加工后所剩的边角料或碎屑等。

（6）代客加工的余料。

### （四）呆废品的处理

一般情况下，对于呆废品有以下一些处理方法：

（1）转用：专用于其他产品的生产。

（2）修正再用：在规格等方面稍加修正，加以利用。

（3）拆零利用：回收利用有用的零件。

（4）调换：与加工商或供应商协调，等价调换其他物资。

（5）转赠：转送给其他单位使用。

（6）降价出售：将呆废品降价出售，回收部分资金。

(7) 报废：呆废品无法进行上述处理时，只能进行报废销毁，以免占用仓库空间。

呆废品的处理流程如图 4-12 所示。

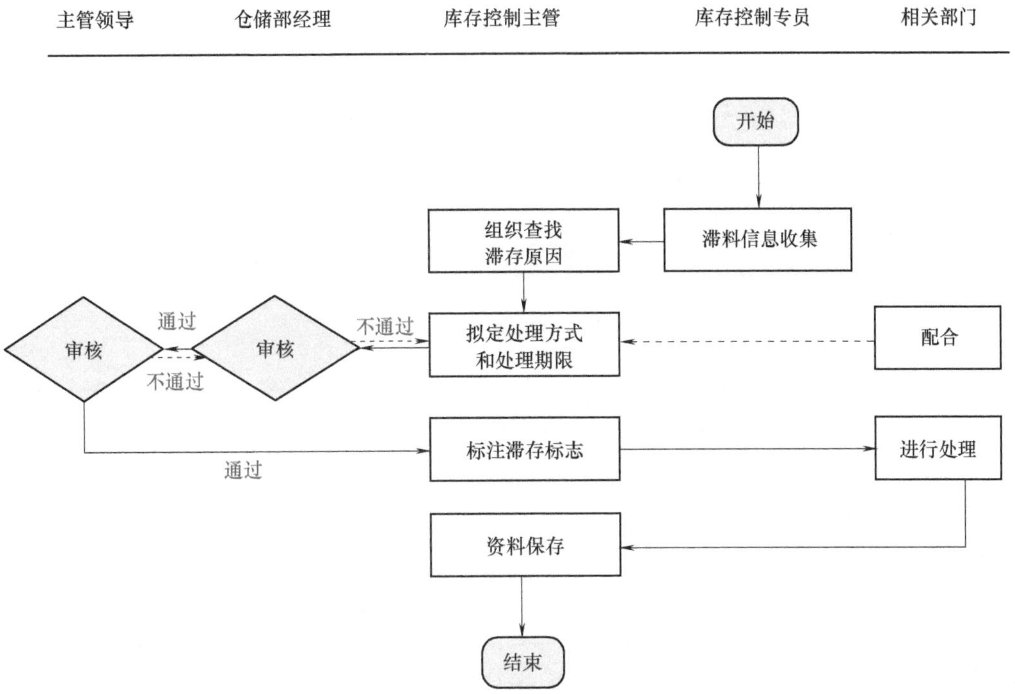


图 4-12 呆废品处理流程

### (五) 呆废品的防止

(1) 加强市场调查，做出恰当的销售计划，避免因滞销而造成物品积压。

(2) 加强物资的请购、采购作业，加强库存管理，减少呆废料。

(3) 加强验收功能，避免不合格品混入。

(4) 加强设计部门的成本观念，应力求设计完整，先经试验后再加以量试，减少呆废物资的发生；变更产品设计时，应尽量将原有物料用完，除非不得已，否则不要中途改用新物料。

(5) 尽量实现物料品种和规格简单化、功能多用化，以增加物资用途。

(6) 加强各子、母公司以及各部门之间的沟通，做好物品调运。

(7) 加强物流各环节的管理，做好在库养护，防止物品损坏变质。

### (六) 呆废品处理常用表单

呆废品处理常用表单参见表 4-8 ~ 表 4-13。

表 4-8　物资报废表示例

<table>
<tr><td rowspan="2">物资名称</td><td>物资种类</td><td>物资编号</td><td>报废数量</td><td>原用途或制造编号</td></tr>
<tr><td>□设备工具类<br>□产品类<br>□原材料类<br>□行政物资类</td><td></td><td></td><td></td></tr>
<tr><td>报废原因</td><td></td><td>处置方式</td><td colspan="2"></td></tr>
<tr><td>成本计算</td><td></td><td>价值评定</td><td colspan="2"></td></tr>
</table>

| | | | | | |
|---|---|---|---|---|---|
| 材料 | | 分摊费用 | | 单位成本 | |
| 人工 | | 合计 | | 合计单位 | |
| 经理 | | 价值评定 | | 填表人 | |
| 入账 | | 填表日期 | | 审核人 | |

表 4-9　标售处理单示例

日期：

<table>
<tr><td rowspan="3">品名</td><td rowspan="3">数量</td><td rowspan="3">单位</td><td colspan="6">采购标售记录</td></tr>
<tr><td colspan="2"></td><td colspan="2"></td><td colspan="2"></td></tr>
<tr><td>报价</td><td>议价</td><td>报价</td><td>议价</td><td>报价</td><td>议价</td></tr>
<tr><td></td><td></td><td></td><td></td><td></td><td></td><td></td><td></td><td></td></tr>
<tr><td></td><td></td><td></td><td></td><td></td><td></td><td></td><td></td><td></td></tr>
<tr><td></td><td></td><td></td><td></td><td></td><td></td><td></td><td></td><td></td></tr>
<tr><td></td><td></td><td></td><td></td><td></td><td></td><td></td><td></td><td></td></tr>
</table>

说明事项：

① 若以重量计价，概以本公司地磅净重量计算

② 提货运输、装车等事宜由得标方自行负责

③ 得标方应预付押金：　　人民币元整，清理完场地后方退回

④ 现金提货，限于　年　月　日前提清

⑤ 提货完成后，应负责清理场地

⑥ 未尽事宜悉照本公司规定办理

| | | | | | | | |
|---|---|---|---|---|---|---|---|
| 董事长 | | 总经理 | | 经理 | | 采购 | |

表 4-10　呆料处理月报表示例

编号：　　日期：　年　月　日

<table>
<tr><td rowspan="2">项次</td><td rowspan="2">物料名称</td><td rowspan="2">编号</td><td rowspan="2">材料类别</td><td rowspan="2">数量</td><td rowspan="2">原单价</td><td rowspan="2">原价值</td><td rowspan="2">处置方式</td><td colspan="2">处置</td></tr>
<tr><td>费用</td><td>收入</td></tr>
<tr><td></td><td></td><td></td><td></td><td></td><td></td><td></td><td></td><td></td><td></td></tr>
<tr><td></td><td></td><td></td><td></td><td></td><td></td><td></td><td></td><td></td><td></td></tr>
<tr><td></td><td></td><td></td><td></td><td></td><td></td><td></td><td></td><td></td><td></td></tr>
</table>

| | | | | | |
|---|---|---|---|---|---|
| 主管 | | 制表 | | 日期 | |

**表 4-11　废料处理月报表示例**

编号：　　日期：　年　月　日

| 序号 | 物料名称 | 编号 | 材料类别 | 数量 | 原单价 | 原价值 | 处置 | |
|---|---|---|---|---|---|---|---|---|
| | | | | | | | 费用 | 收入 |
| | | | | | | | | |
| | | | | | | | | |
| | | | | | | | | |
| 主管 | | | 制表 | | | 日期 | | |

**表 4-12　滞料处理记录表示例**

编号：　　日期：　年　月　日

| 物料名称 | | 物料编号 | | 数　量 | |
|---|---|---|---|---|---|
| 处理方式 | □废弃　□转用<br>□转售　□其他处理方式 | | | | |
| 处理说明 | | | 处置部门 | | |
| 损失分析 | | | | | |

**表 4-13　滞料处理汇报表示例**

编号：填表日期：　　　　第　页共　页

| 物料名称 | 上月结存 | 本月发生 | 本月处理情况明细 | | | | | | | | | | | | 本月结存 |
|---|---|---|---|---|---|---|---|---|---|---|---|---|---|---|---|
| | | | 出售 | | | | | 报废 | | | | 账面金额 | 合计 | | |
| | | | 账面 | 时价 | 售价 | 账面损益 | 售价时价差异 | 账面 | 时价 | 废料处理收入 | 账面损失 | | 账面 | 损益 | |
| | | | | | | | | | | | | | | | |
| | | | | | | | | | | | | | | | |
| | | | | | | | | | | | | | | | |
| 滞料处理负责人 | | | | | | | 表格汇总人 | | | | | | | | |

# 案例

## 案例4-1　某医药公司仓库出入库管理

### 1. 背景分析

仓库作业管理在药品流通中占据重要的地位。由于药品的特殊性，对仓储作业管理提出了更高的要求。大多数药品都是有有效期的，且有效期并不长，因此理念上要求药品的仓库应该达到较高的周转率水平，才能满足药品安全流通的需要，同时达到减少浪费和降低仓储费用的目的。然而，与其他行业比较，医药行业库存周转率却明显低于其他行业（见表4-14），这从侧面说明医药行业在仓储管理中存在巨大的问题。库存周转率居高不下，既可能是库存量的控制不合理造成产品堆压，也可能是仓库管理过程中的不合理造成的浪费、滞留等。本案例中只涉及仓库管理中的出入库管理问题。

表4-14　一些医药企业与其他行业库存周转率的对比[⊖]

| 项目 \ 企业 | 辉瑞 | SP | 默克 | 可口可乐 | 英特尔 | 思科 | IBM | 戴尔 |
|---|---|---|---|---|---|---|---|---|
| 总边际利润率% | 81.73 | 80.45 | 46.77 | 69.31 | 58.89 | 64.96 | 37.13 | 21.48 |
| 总库存周转率% | 1.46 | 2.03 | 6.51 | 6.58 | 7.17 | 8.48 | 10.64 | 59.76 |

建晨医药公司为中外合资企业，总部设在某直辖市，在全国范围内为药品生产企业提供包括进口、仓储、配送及分销在内的各种服务。其客户关系覆盖到当地各大医院、连锁药店以及全国29个省市的药品批发企业，年营业额达到3亿元人民币。下面分析其下属某仓库的出入库管理现状。

### 2. 药品入库管理现状

从制药厂送来的药品一般要经过以下几个环节（见图4-13）方可入库。

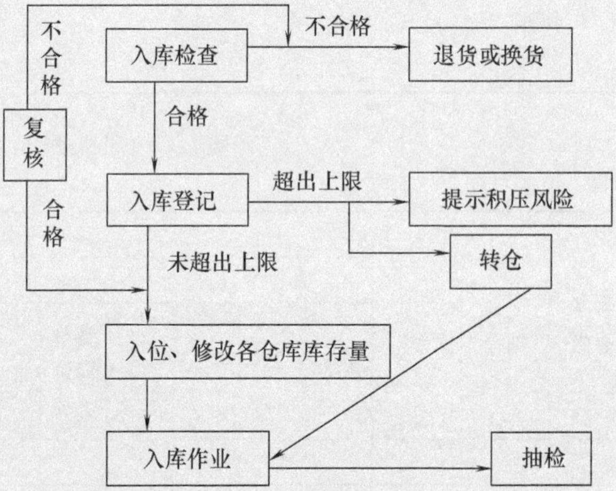


图4-13　入库管理流程

首先进行入库检查，按照供应商、合同编号查询采购合同，核对当前到货与清单是否一致；核对药品采购计划，对与计划不符者，请药品采购员予以解释；检查货物的质

⊖ 资料来源：宋远方，宋华．医药物流与医疗供应链管理[M]．北京：北京大学医学出版社，北京大学出版社，2005。

量外观等。入库检查是产品入库最重要的环节，包括两个方面：

(1) 检查数量、外观。检查药品规格、数量、剂型、生产厂家、出厂日期、有效期、外包装、批发价、折扣价，对药品剂型、规格、数量与发票不符者，不予入库；对有效期短（特殊情况另定）、外包装破损、污染等可能影响药品质量者，退回供货方；若批发价、折扣价有变动，通知采购员与医药公司联系，供方应提供调价依据，进行确认或冲减。

对于进口药品的验收，要求供货方提供有红色印章的口岸药检所出具的《进口药品注册证》《进口药品检验报告书》复印件。该报告书应明确标有“符合规定，准予进口”的结论，并核对检验报告书上的药品名、规格、批号、有效期与药品实物是否一致。对于有疑问的检验报告书，应上报有关主管部门，请求确认。

(2) 检查运营资料，包括药品经营许可证、企业法人营业执照、GSP 证、组织机构代码证、税务登记证、一般纳税人资格证书、质保协议、增值税票复印件、法人委托书、药品注册证、进口岸药检单、产品说明书、物价批文、购销合同、质量标准。

一般入库药品的检查期远远长于入库时间，大多数药品先堆放在待检区内，需要出库的时候再进行入库检查、入库，然后直接完成出库程序。

验收员到待检区依据法定标准、合同条款及有关随货凭证对到货药品进行逐批验收，验收合格的填入库通知单，通知仓管员入合格品库，登记本次入库内容。然后在软件上明确质量状况、数量、批号，修改各仓库各库位库存量。如果某商品库存数量超过库存上限，则提示采购部、销售部和仓管部该商品有积压的风险。各项目均符合要求后，由药库管理人员在发票上签字入库、打印药品入库通知单，最后由保管员选择库位入库（在软件上也同步进行）。如果需要转仓，需要进行转仓登记。公司每天销售 150 万元左右，约 1200 件/天。入库登记之后需要专人进行复核，以确保入库的准确性。

入库完毕后，应修改合同到货情况、记录到货时间和数量，如果合同规定的商品全部到货，则做好标志，便于进行跟踪和统计。

抽检是在入库完毕后，打印部分药品入库库位清单，然后由专人负责去仓库相应货位中检查所存药品是否符合清单。如果符合则说明入库准确，检查完毕。

入库验收是对药品进入仓库把的头道关，其重要性不言自明。特别是药品供应商来源不止一家，同一家供应商又分为多个品种，同一品种又存在不同的剂型和批号时，很容易造成入库混乱，造成票据上的药品批号与药品的实际批号不符。且药品的入库验收多为人工操作，出错率高。

### 3. 药品出库管理现状

药品出库流程如图 4-14 所示。首先进行订单查询，根据客户和订单号查询订单状态和商品数量，以确认是否允许进行配送、出库。允许出库的药品需要进行出库登记，登记本次出库的商品，严格查对药品剂型、规格、数量、生产厂家和有效期，同时修改各库位的商品数量。如果某库存量已经低于库存下限，则提示采购部门和仓管部门及时订货，同时修改合同执行情况，减少未送货数量。如果全部货品已经送出，则将合同设置为全部送出状态，便于销售部门进行统计查询。不合格的产品应作为残货退回不合格区。

有 4 种类型的药品属于残货：驾驶员忘记拉走的药品；不符合订单的药品；不合格药品；有其他不符合情况发生而未拉走的药品。残货需要经过质检才能退回原处，这样不仅会造成重复劳动，而且极易造成浪费。

### 4. 退货的处理

医院要求退货是无条件的。药店退货要分情况：代销药品到约定时间仍滞销，药店会要求退货；成熟

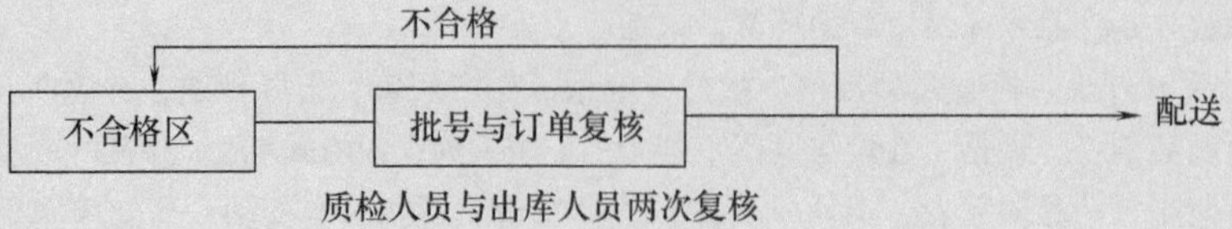


图 4-14　出库流程

产品一般只同意在 30 天内可以退货，并要保证外包装完好。

在药品退货的时候，也同入库一样，先放入待检区，然后按照入库流程做“销售退回验收”（最重要的一项就是要在软件中调出此退货客户的销售数据，查看退回药品批号与销售数据是否一致），在确保质量合格后，办理入库手续或者采用其他方法处理。对于进口药，财务还要向对方索要退税证明（见图 4-15）。

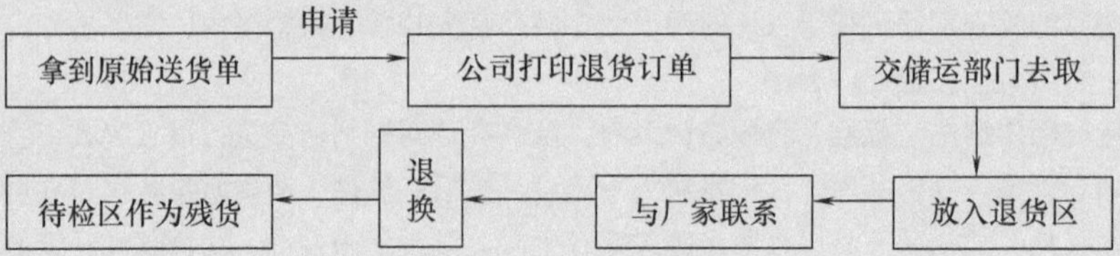


图 4-15　退货流程

退货的情况有 4 种：近效期产品退货；不正常损耗药品退货；不规范药品退货（如每盒片数、盒颜色、克数变化而引起的退货）；药监局指令性退货。有特殊储藏要求的药品不允许退货。

对于近效期产品退货要参考 3 个指数：①要求有不少于 2/3 效期的货存在近效期库存区，便于与厂商换货和出库；②低于 6 个月效期医院不接受，放入药店促销；③医院一般不会一次购买两个效期的产品。

**问题：**

分析该企业仓库业务管理中存在的问题，试提出改进方案。

## 习题

1. 简述储存业务管理的内容与流程。
2. 简述储存业务管理应遵循的原则。
3. 什么是 5S 管理？
4. 说明入库业务的基本流程，分析接运、商品检验中最需要注意的问题有哪些。
5. 分拣方式可以分成哪些不同种类？试对其进行比较分析。
6. 什么是呆废品？其形成原因有哪些？可以采取哪些方法尽可能防止呆废品的产生？
7. 在实际工作中，仓库出现账实不符的原因有哪些？盘点的作用何在？试说明仓库进行盘点的方法和程序。

8. 通过盘点可以考察库存记录的准确性。表 4-15 为某仓库的实际盘点记录，试计算账实之间的差额与差额百分比，并分析：哪些物品库存记录在容许的差错（容差）范围内？库存记录的准确率为多少？

表 4-15 某仓库的实际盘点记录

| 零件号 | 实际盘点数量 | 账面数量（库存记录） | 差额 | 差额百分比 | 容差 | 是否在容差范围内 |
|---|---|---|---|---|---|---|
| D001 | 650 | 635 | | | ±3% | |
| D002 | 1205 | 1205 | | | ±0% | |
| D003 | 1350 | 1500 | | | ±5% | |
| D004 | 77 | 80 | | | ±5% | |
| D005 | 38 | 40 | | | ±3% | |
| 合计 | | | | | | |

## 思考题

1. 调查一个生产企业和一个仓储企业，了解其仓储业务管理规章制度。
2. 结合实地调研，比较不同企业的仓储业务管理有何不同。

# 第五章

# 保 管 养 护

## 作 用

在储存过程中，对商品所进行的保养和维护工作，称为商品的养护。商品养护是防止商品质量变化的重要措施，是仓储保管中一项经常性的工作。本章介绍商品养护的一般方法及几类重要商品的养护技术。

## 关 键

商品在库发生的质量变化；保管养护的基本要求；商品养护的概念与作用；仓库温度和湿度控制的方法；金属防锈与除锈的基本方法；仓储安全管理。

## 第一节 保管养护的原因与要求

商品在库进行储存时，会由于各种因素的影响造成其质量发生变化，从而影响商品的使用价值与价值。因此，商品在库的一项的重要任务，就是采取各种方法、措施，对其进行合理的保管养护，以保护商品质量尽量不受损失。而保管养护是一项综合性应用科学性技术工作，产品由生产部门进入流通领域后，需要分别对不同性质的商品在不同储存条件下采取不同的技术措施，以防止其质量劣化。由于构成产品的原材料不同，性质各异，受到各种自然因素影响而发生质量变化的规律与物理、化学、生物、微生物、气象、机械、电子、金属学等多门学科都有密切的联系。因此，从事储存工作的人员只有掌握和运用这些学科的理论，才能创造各种养护技术，并使之得到广泛的应用和提高。

## 一、商品质量变化的类型

商品的质量是指商品在一定条件下，满足人们需要的各种属性。由于商品本身的性能特点不同，以及受各种外界因素的影响，商品在储存期间，有可能发生各种各样的质量上的变化。研究商品的质量变化，了解商品质量变化的规律及影响质量变化的因素，才能防止或减少商品损耗或损失，做到防患于未然，确保商品安全。

商品质量变化的类型有物理机械变化、化学变化、生理生化变化及其他生物所引起的变化等。

### （一）商品的物理机械变化

物理变化是指只改变物质本身的外表形态，而不改变其本质，没有新物质的生成，并且可以反复变化的现象。商品的机械变化是指商品在外力的作用下，发生形态上的变化。物理机械变化后，结果不是数量损失就是质量降低，甚至失去使用价值。

商品常发生的物理机械变化有挥发、溶化、熔化、渗漏、串味、沉淀与沾污、破碎与变形等。

#### 1. 挥发

挥发是指低沸点的液体商品或经液化的气体商品，在空气中经汽化而散发到空气中的现象。

挥发速度与气温的高低、空气流动速度的快慢、液体表面接触空气面积的大小成正比关系。

液体商品的挥发不仅会降低商品的有效成分，增加商品损耗，降低商品质量，有些燃点很低的商品，如汽油、液化气、酒精、乙醚、丙酮等，其挥发到空气中的气体达到一定浓度时，遇上火种容易引起燃烧或爆炸。有些商品挥发的蒸气有毒性或麻醉性，控制不好容易造成大气污染，对人体有害。特别是一些液体商品，受到气温升高的影响体积膨胀，使包装内部压力增大，当包装内部压力超过包装的耐压力时，包装就可能发生爆炸。

常见的易挥发的商品有很多，如酒精、白酒、香精、花露水、香水、化学试剂中的各种溶剂、医药中的一些试剂、部分化肥农药、杀虫剂、油漆等。

防止商品挥发的主要措施是加强包装密封。此外，要控制仓库温度，高温季节要采取降温措施，保持在较低温度条件下储存，以防挥发。

#### 2. 溶化

溶化是指有些固体商品在保管过程中，受到气候变化的影响，能吸收空气中的水分，当吸收数量达到一定程度时，就会溶化成液体。

商品的溶化是由商品本身的理化性质所决定的自然现象，即吸湿性和水溶性。商品的吸湿性，是指商品吸收或放出水分的性质。这类商品在一定条件下，不断地从空气中吸收水分，随着水分的增加，商品逐渐潮解，以至完全溶成液体。商品的水溶性，是指商品吸收水分后，逐渐溶解在所吸收的水分中成为液体的性能。易溶性商品必须具有吸湿性和水溶性两种性能，才会溶化，缺一不可。有些商品，如棉花、纸张，吸湿再多也不会溶化，所以不具有水溶性，而硫酸钾、硝酸钾等虽具有水溶性，但吸湿性能很弱，也不易溶化。

常见的易溶性商品有食糖、糖果、食盐、明矾、硼酸、甘草流浸膏、氯化钙、尿素、硝酸铵、硫酸铵、硝酸锌、硝酸锰等。

商品溶化与空气温度、适度、堆码高度有密切关系。在保管过程中，有一些结晶粒状或粉状易溶化商品，在空气比较干燥的条件下，慢慢失水后结成硬块，特别是货垛底层商品，承受压力较重的部位较严重。虽然商品本身的性质并没有发生变化，但由于形态改变，给储存、运输及销售部门带来很大的不便。

对易溶化的商品应按商品性能，分区分类存放在干燥阴凉的库房内，不适合和含水分多的商品一同储存。

对易吸湿溶化的商品，在堆码时要注意底层商品的防潮和隔潮，垛底要垫得高一些。有条件的还可以在密封库内保管，并采取吸潮和通风相结合的温度和湿度管理方法来防止商品吸湿溶化。

3. 熔化

熔化是指低熔点的商品受热后发生软化以至化为液体的变化现象。

商品的熔化，除受气温高低的影响外，与商品本身的熔点、商品中杂质种类和含量高低密切相关。熔点越低，越易越化；杂质含量越高，越易熔化。

常见的易熔化的商品有百货中的香脂、蛤蜊油、发蜡、蜡烛；文化用品中的复写纸、蜡纸、打字纸、圆珠笔芯；化工商品中的松香、石蜡、粗萘、硝酸锌；医药商品中的油膏、胶囊、糖衣片等。

商品熔化，有的会造成商品流失、粘连包装、沾污其他商品；有的因产生溶解热而体积膨胀，使包装爆破；商品熔化也可能会使货垛倒塌。

预防商品熔化应根据商品的熔点高低，选择阴凉通风的库房储存。在保管过程中，一般可采用密封和隔热措施，加强仓库的温度管理，防止日光照射，尽量减少温度的影响。

4. 渗漏

渗漏主要是指液体商品，特别是易挥发的液体商品，由于包装容器不严密，包装质量不符合商品性能的要求，或在搬运装卸时碰撞震动损坏了包装，而使商品发生跑、冒、滴、漏的现象。

商品渗漏，与包装材料性能、包装容器结构及包装技术优劣有关，还与仓储温度变化有关。如金属包装焊接不严，受潮锈蚀；有些包装耐腐蚀性差；有的液体商品因气温升高、体积膨胀而使包装内部压力增大，胀破包装容器；有的液体商品在降温或严寒季节结冰等，也会发生体积膨胀引起包装破裂而造成商品损失。因此，对液体商品应加强入库验收、在库检查和温湿度控制和管理。

5. 串味

串味是指吸附性较强的商品，吸附其他气体、异味，从而改变本来气味的现象。例如，粮食、茶叶、卷烟、食糖、饼干就会吸附煤油、汽油、卫生丸、樟脑、香皂和农药的气体或味道，影响食用价值。

具有吸附性、易串味的商品，主要是它的成分中含有胶体物质，以及由疏松、多孔性的组织结构所决定的。

商品串味，与其表面状况，与异味物质接触面积的大小、接触时间的长短，以及环境中异味的浓度有关。

常见的易串味的商品有大米、黄豆、面粉、木耳、香菇、食糖、饼干、茶叶、卷烟等食品。常见的引起其他商品串味的商品有煤油、汽油、桐油、腌鱼、腌肉、樟脑、卫生丸、肥皂、化妆品以及农药等。

预防商品的串味，对于易被串味的商品要尽量采取密封包装，在储存和运输中不得与有强烈气味的商品同车船并运或同库储藏，同时还要注意运输工具和仓储环境的清洁卫生。

6. 沉淀

沉淀是指含有胶质和易挥发成分的商品，在低温或高温等因素的影响下，部分物质凝固，进而发生沉淀或膏体分离的现象。常见的易发生沉淀的商品有墨汁、墨水、牙膏、雪花膏等。饮料、酒在仓储中，可能会离析出纤细絮状的物质，而发生混浊沉淀的现象。

预防商品的沉淀，必须严密商品包装和做好商品冬季保湿工作和夏季降温工作。

7. 沾污

沾污是指商品外表沾有其他东西的现象。

商品沾污，主要是生产、储运中卫生条件差及包装不严所致，对一些外观质量要求较高的商品，如绸缎呢绒、针织品、服装等要注意防沾污；精密仪器、仪表类也要特别注意。

8. 破碎与变形

破碎与变形是常见的机械变化，是指商品在外力作用下发生形态上的改变。

商品的破碎主要是脆性较大的商品，如玻璃、陶瓷、搪瓷制品、铝制品等，因包装不良，在搬运过程中受到碰、撞、挤、压和抛掷而破碎、掉瓷等。商品的变形通常是塑性较大的商品，如铝制品和皮革、塑料、橡胶等制品，由于受到强烈的外力撞击或长期重压，使商品丧失回弹功能，从而发生形态改变。对于容易发生破碎和变形的商品，主要要注意妥善包装，轻拿轻放。在库堆垛高度不能超过一定的压力限度。

**（二）商品的化学变化**

化学变化，是指不仅改变物质的外表形态，也改变物质的本质，并生成新物质，且不能恢复原状的变化现象。商品发生化学变化，即商品质变的过程，严重时使商品完全丧失使用价值，常见的有化合、分解、氧化、聚合、老化、风化、陈化等。

1. 化合

化合是指商品在储存期间，受到外界条件影响，两种或两种以上物质互相作用，生成一种新物质的反应。例如，硫黄在空气中燃烧，产生有毒的二氧化硫气体，二氧化硫气体能熏杀仓虫的卵、蛹、幼虫、成虫。二氧化硫遇水生成的亚硫酸有漂白作用，对带颜色的纺织品有损坏作用。

2. 分解（包括水解）

分解是指某些化学性质不稳定的商品，在光、热、酸、碱及潮湿空气的影响下，会由一种物质分解成两种或两种以上的物质的现象。商品分解后，数量减少，质量降低。

水解也是一种分解，是指某些商品在一定条件下，遇水而发生分解的现象。

例如，漂白粉（次氯酸钙）是一种强氧化剂，如遇空气和水分时，会分解出氯，而生成次氯酸。

3. 氧化（包括锈蚀）

氧化是指商品与空气中的氧或其他放出氧的物质接触，所发生的与氧结合的化学变化。商品的氧化，不仅仅会降低商品的质量，有的还会在氧化过程中产生热量，发生自燃，有的甚至发生爆炸事故。

锈蚀是金属制品的特有现象，即金属制品在潮湿空气及酸、碱、盐等作用下，而发生被腐蚀的现象。金属制品的锈蚀，不仅使制品重量减少，更为严重的是会影响制品的质量和使用价值。

常见的氧化现象如棉、麻、丝等纤维织品长期与日光接触，织品中的天然纤维素被氧化，而使织品变色。

桐油布、油纸、油布伞等桐油制品，在未干透时打包储存，桐油中的不饱和脂肪酸会氧化放热，使温度升高，以至引起自燃。

化工商品中的硫代硫酸、亚硝酸钠、亚硫酸钠等都是易氧化的商品。

4. 聚合

聚合是指某些商品组成中的化学键，在外界条件影响下发生聚合反应，成为聚合体而变性的现象。

例如，福尔马林变性，桐油表面结块都是聚合反应的结果。福尔马林，是甲醛气体的水溶液（含甲醛40%），在低温下容易聚合而成三聚甲醛或多聚甲醛，产生混浊沉淀，改变了原来的性质。桐油聚合，是由于桐油中含有亚麻油酸、桐油酸、十八碳三烯酸等高度的不饱和脂肪酸，在日光和一定温度的作用下，聚合成为β型桐油块，浮于表面而失去其使用价值。

在保管这些商品时，要特别注意温度和日光的影响，以防发生聚合反应而降低商品质量。

5. 老化

老化是指高分子材料（如橡胶、塑料、合成纤维等）在储存过程中，受到光、热、氧等的作用，出现发黏、龟裂、变脆、强度下降、失去原有优良性能的变质现象。

老化是高分子材料存在的一个严重缺陷。老化的原因主要是高分子物在外界条件作用下，分子链发生降解和交联等变化。

保管易老化商品时，要注意防止日光照射和高温的影响，更不能曝晒，堆码时不能过高，以免底层的塑料、橡胶制品受压变形，受热发黏。如发生粘连，可在制品表面洒一层滑石粉并注意防止与各种油脂、有机溶剂等接触，以防发生粘连现象；对于乳胶制品，不仅要防热，还要防潮，以防发霉，影响商品质量；塑料制品则应避免与各种有色织品接触，以防颜色被染，特别是印花塑料要防止串花；合成纤维织品则应注意防止日光照射或曝晒，并防止高温影响。

6. 风化

风化是指含结晶水的商品，在一定的温度和干燥的空气中，失去结晶水而使晶体崩解，变成非结晶状态的无水物质的现象。

常见的易风化的商品有硫酸钠（$Na_2SO_4 \cdot 10H_2O$）、硫酸锌（$ZnSO_4 \cdot 7H_2O$）、硫酸铜（$CuSO_4 \cdot 5H_2O$），硫酸钙（$CaSO_4 \cdot 2H_2O$），它们都含有不同数量的结晶水。这些含结晶水的商品，在不同的温度或干燥的空气中，有可能失去结晶水而风化。玻璃也会风化，长期受温度和湿度影响，会降低光泽和透明度。

预防商品风化的主要措施是密封商品包装，在炎热干燥季节要加强储藏环境的温度和湿度控制。如果环境过于干燥，应适当加湿，以维持正常的空气湿度。

7. 陈化

陈化是指茶叶在长期储藏中，即使不霉变，质量也会降低的现象，如色泽灰暗、香气降低、滋味欠浓厚或感到平淡、叶底显暗等。这些现象，随着储存时间的延长而更加显著。

茶叶陈化，主要是茶多酚的破坏和浸出物总量的减少，在极大程度上取决于茶叶中水分的含量，即水分含量越高的茶叶，其多酚与浸出物的破坏量也越多，陈化的速度也越快。

**（三）商品的生理生化变化及其他生物引起的变化**

生化变化是指有生命活动的有机体商品，在生长发育过程中，为了维持它们的生命，本身所进行的一系列生理变化，如粮食、水果、蔬菜、鲜鱼、鲜肉、鲜蛋等有机体商品，在储存过程中，受到外界条件的影响，和其他生物作用，往往会发生这样或那样的变化。这些变化主要有呼吸、发芽、胚胎发育、后熟、霉腐、虫蛀等。

1. 呼吸作用

呼吸作用是指有机商品在生命活动过程中，不断地进行呼吸，分解体内的有机物质，产生热量，维持其本身的生命活动的现象。呼吸作用可分为有氧呼吸和无氧呼吸两种类型。

（1）有氧呼吸。有氧呼吸是有机体商品中的葡萄糖在空气中氧的作用和呼吸酶的催化下，经过氧化还原转化为二氧化碳和水，并释放出热量的过程。

$$C_6H_{12}O_6 + 6O_2 \rightarrow 6CO_2 + 6H_2O + \text{热量}$$

（2）无氧呼吸。无氧呼吸是在缺氧的条件下，有机体利用分子内的氧进行呼吸作用，将葡萄糖转化成酒精、二氧化碳并放出热量的过程。

$$C_6H_{12}O_2 \rightarrow 2C_2H_5OH + 2CO_2 + \text{热量}$$

无论是有氧呼吸还是无氧呼吸，都要消耗营养物质葡萄糖，降低商品的质量。呼吸热产生和积累，往往使商品腐败变质。特别是粮食的呼吸作用，产生的热量如积累过多，会使粮食变质。同时由于呼吸作用，有机体分解出来的水分，又有利于有害微生物生存繁殖，加速霉变。尤其是无氧呼吸，产生的酒精积累多了还会引起有机体细胞中毒，造成生理病害，缩短储存时间。当然，正常的呼吸作用，是有机体商品最基本的生理活动，有利于抵抗微生物的侵害。因此，在储存期间，既要保持有机体商品的正常呼吸，又要抑制旺盛的呼吸，即设法控制其呼吸强度。呼吸作用与有机体的水分、温度、通风条件等有关，所以，要正确掌握有机体商品的安全水分，控制仓库的温度和湿度，来降低呼吸作用。

2. 发芽

发芽是指有机体商品在适宜条件下冲破“休眠”状态，发生发芽萌发的现象。

发芽过程会使有机体商品的营养物质转化为可溶性物质，供给有机体本身的需要，从而降低有机体商品的质量。

如小麦萌发会降低其膨胀性能，各种粮食品种还会降低加工成品率和食用价值；马铃薯萌发，则产生有毒物质；大白菜、洋葱等鲜茎类蔬菜的抽薹等。在发芽过程中，通常伴随着发热生霉，不仅增加损耗，而且降低质量，种子用粮则会丧失播种价值。

为了延长这些商品的保管期，必须控制它们的水分，加强温度和湿度管理，最好是低温保管，使有机体商品被迫处于“休眠”状态。

3. 胚胎发育

胚胎发育主要是指鲜蛋的胚胎发育。在鲜蛋的保管过程中，当温度和供氧条件适宜时，胚胎会发育成血丝蛋、血环蛋。经过胚胎发育的禽蛋新鲜度和食用价值大大降低。为抑制鲜蛋的胚胎发育，应加强温度和湿度管理，最好是低温保管，或截止供氧条件，也可采用饱和石灰水浸藏。

4. 后熟作用

后熟是指瓜果、蔬菜等类食品在脱离母株后继续其成熟过程的现象。瓜果、蔬菜等的后熟作用，能改进色、香、味以及适口的硬脆度等食用性能，但当后熟作用完成后，则容易发生腐败变质现象，难以继续储藏。因此，对于这类鲜活食品，应在其成熟之前采收并采取控制储藏条件的办法，来调节其后熟过程，以达到延长储藏期、均衡上市、先进先出的目的。

5. 霉腐

霉腐是商品在霉腐微生物作用下所发生的霉变和腐败现象。

在气温高、湿度大的梅雨季节，如果仓库的温度和湿度控制不好，储存的棉布、针棉织品、皮革制品、鞋帽、纸张、卷烟以及中药材等许多商品就会生霉，肉、鱼、蛋类就会腐败发臭，水果、蔬菜就会腐烂，果酒变酸，酱油生白膜。

无论哪种商品，只要发生霉腐，就会受到不同程度的破坏，严重霉腐可使商品完全失去使用价值。有些商品还会因腐败变质而产生能引起人畜中毒的有毒物质。

常见危害商品的微生物主要是一些腐败性细菌、酵母菌和霉菌，特别是霉菌，它是引起绝大部分日用工业品、纺织品和食品霉变的主要根源，对纤维素、淀粉、蛋白质、脂肪等物质具有较强的分解能力。

对易霉腐的商品在储存时必须严格控制温度和湿度，并做好商品防霉和除霉工作。

6. 虫蛀

商品在储存期间，常常会遭到仓库害虫的蛀蚀。经常危害商品的仓虫有 40 多种。仓库害虫在危害商品的过程中，不仅破坏商品的组织结构，使商品发生破碎和洞孔，而且排泄各种代谢废物污染商品，影响商品质量和外观，降低商品使用价值。因此害虫对商品的危害也是很大的。凡是含有有机成分的商品，都容易遭受害虫蛀蚀。

## 二、库存商品质量变化的影响因素

库存商品发生质量变化的原因有内因和外因，内因是变化的根据，外因是变化的条件。对此必须有全面的了解，方能掌握库存商品变化的规律，科学地进行商品保管工作。

### （一）影响商品质量变化的内因

商品在储存期间发生各种变化，起决定作用的是商品本身的内在因素，如化学成分、结构形态、物理化学性质、机械及工艺性质等。

1. 化学成分

不同的化学成分及其不同的含量，既影响商品的基本性质，又影响商品抵抗外界自然因素侵蚀的能力。如普通低碳素钢中加入少量的铜和磷的成分，就能有效地提高其抗腐蚀性能。

2. 结构形态

构成商品的原材料，其材料结构分为微观结构与宏观结构。微观结构又分为晶体结构和非晶体结构。商品的形态主要分为固态、液态和气态。不同的结构形态会产生不同形式和不同程度的变化。

3. 物理化学性质

商品的物理化学性质是由其化学成分和组织结构所决定的。物理性质主要是指挥发性、吸湿性、水溶性、导热性等；化学性质主要是指化学稳定性、燃烧性、爆炸性、腐蚀性等。这些都是商品发生变化的决定性因素。

4. 机械及工艺性质

商品的机械性质，是指强度、硬度、韧性、脆性、弹性等。商品的工艺性质，是指其加工程度（毛坯、半毛坯、成品）和加工精度等。不同的加工程度和加工精度的产品，在同等条件下，其变化程度是不一样的。

5. 包装状况

包装虽然不是产品本身的构成成分，但它却是商品流通过程中产品的载体。大部分商品都有包装，其主要功能是保护商品。包装形式、包装材料、包装技法等，对商品的变化都会产生一定的影响。

**（二）影响库存商品变化的外因**

影响库存商品变化的外界因素有很多，从大的方面可分为自然因素和社会因素两大类。这里主要介绍自然因素。

1. 温度

适当的温度是商品发生物理变化、化学变化和生物变化的必要条件。温度过高、过低或急剧变化，都会对某些商品产生不良影响，促使其发生各种变化。如易燃品、自燃品，温度过高容易引起燃烧；含有水分的物质，在低温下容易结冻；精密的仪器仪表在温度急剧变化的情况下会影响其准确性。

2. 湿度

大气湿度对库存商品的变化影响最大。大部分商品怕潮湿，但也有少数商品怕干燥。过分潮湿或干燥，会促使商品发生变化。如金属受潮后锈蚀，水泥受潮后结块硬化。木材、竹材及其制品，在过于干燥的环境中，易开裂变形。

3. 日光

日光实际上是太阳辐射的电磁波，按其波长，可分为紫外线、可见光和红外线。紫外线能量最强，对商品的影响最大，如它可促使高分子材料老化、油脂酸败、着色物质褪色等。可见光与红外线能量较弱，它被物质吸收后变为热能，会加速商品发生物理化学变化。

4. 大气

大气由干洁空气、水汽、固体杂质所组成。空气中的氧、二氧化碳、二氧化硫等，对商品都会产生不良影响；大气中的水汽会使湿度增大；大气中的固体杂质，特别是其中的烟尘，危害也很大。

5. 生物和微生物

影响商品变化的生物，主要是指仓库害虫、白蚁、老鼠、鸟类等，其中以虫蚀鼠咬危害最大。微生物主要是霉菌、木腐菌、酵母菌、细菌等。如霉菌会使很多有机物质发霉，木腐菌使木材、木制品腐朽。

**（三）库存商品的损耗**

由于以上各方面的原因，库存商品会产生各种形式的损耗，如图 5-1 所示。

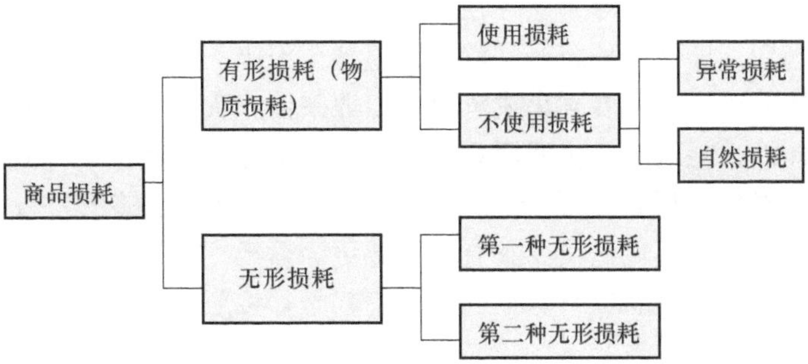


图 5-1 库存商品损耗分类

从图 5-1 可以看出，商品的损耗有两种基本类型，即有形损耗和无形损耗。

有形损耗又称为物质损耗，可分为两种情况：一种是由于使用而产生的损耗；另一种是由于不使用而产生的损耗。马克思曾形象地指出：“机器的有形损耗有两种。一种是由于使用，就像铸币由于流通而磨损一样。另一种是由于不使用，就像剑入鞘不用而生锈一样。在后一种情况下，机器的磨损是由于自然作用。”“但是，机器除了有形损耗外，还有所谓的无形损耗。只要同样结构的机器能够更便宜地再生产出来，或者出现更好的机器同原有机器相竞争，原有机器的交换价值就会受到损失。在这两种情况下，即使原有机器还十分年轻和富有生命力，它的价值也不再由实际物化在其中的劳动时间来决定了。因此，它或多或少地贬值了。”（马克思《资本论》第一卷，第 443～444 页，人民出版社，1975 年版）马克思的这一精辟论述，虽然是针对工业生产中的机器而言，但这一理论同样适用于库存商品。

库存商品毫无疑问存在着由于不使用产生的有形损耗。按其损耗的原因又分为两种情况，一种是异常损耗，另一种是自然损耗。所谓异常损耗，是指由于非正常原因，如对商品保管不善、装卸搬运不当、管理制度不严所造成的锈蚀、变质、破损、丢失、燃烧等有形损耗。所谓自然损耗，是指商品在储存过程中，由于受自然因素的影响，本身发生物理或化学变化，所造成的不可避免的自然减量。其主要表现为干燥、风化、挥发、粘结、散失、破碎等。

库存商品的自然损耗是不可避免的，但其损耗量的大小也必须有一个标准。损耗量在规定的标准之内是合理的，若超出规定的标准，则视为不合理的损耗。衡量商品的自然损耗是否合理的标准就是自然损耗率。它是指在一定时间内和一定条件下，某种商品的损耗量与该商品库存量的百分比。商品的自然损耗受多种因素的影响，如商品的类别品种、包装状态、储存地点、保管条件、保管季节、在库时间等。具体情况不同，其自然损耗率有很大的不同。所以应分别按照不同的情况，根据长期积累的历史统计资料，进行综合分析和计算，制定出不同商品在不同时间不同条件下的自然损耗率。

库存商品除存在有形损耗等，还存在无形损耗。特别是机电产品，由于更新换代比较快，新的产品出现后，库存同种原产品就会贬值甚至报废。如电子器件，由电子管发展到晶体管，又由晶体管进一步发展到集成电路。由原来体积大、耗电多、价钱高的产品，发展到体积小、性能好、耗电少、价钱便宜的新产品，从而使老产品在库贬值，造成无形损耗。库存商品的无形损耗所造成的损失是巨大的，必须给以足够的重视。从某种意义上讲，减少库存商品的无形损耗比减少其有形损耗更为重要。

正是由于这些原因，商品保管储存的全过程都必须按照一定的规则进行，商品入库之后的保管养护尤其重要。

## 三、保管养护的要求

如前所述，商品保管不单是储存，而且要进行养护，这是由事物发展的客观规律所决定的。保管养护就是在认识和掌握库存商品变化规律的基础上，灵活有效地运用这些规律，采取相应的技术和组织措施，削弱和抑制外界因素的影响，最大限度地减缓库存商品的变化，以保持商品的使用价值和价值。

### （一）保管养护应遵循的原则

保管养护是一项比较复杂的综合性工作。为了以较少的劳动消耗，高质量地完成保管养护任务，在实际工作中应遵循以下基本原则：

1. 质量第一

对商品进行保管养护的根本目的就是保持商品原来的使用价值和价值，以优质产品满足社会生产和人们生活的需要。因此，商品保管养护必须把提高商品保管质量放在首位，保证库存商品质量良好、数量正确、齐全配套、账物相符，达到用户和货主的满意。

2. 预防为主

为了避免或减少库存商品在储存过程中的质量劣化和数量损耗，应积极采取预防措施，有效地控制商品质量和数量的变化，把质量事故消灭在萌芽状态，以防患于未然，这样可收到事半功倍的效果。

3. 讲究科学

商品保管养护要讲究科学，就是严格按照事物的客观规律办事。即根据库存商品本身的物理、化学特性及其变化规律，采取相应的保管措施，并利用外界自然因素（如温度、湿度等）的变化规律，为商品创造一个适宜的保管环境。

4. 提高效率

在保管养护工作中应努力提高各方面的效率。要充分发挥人的积极性和主观能动性，不断提高劳动生产率；充分有效地利用各种仓储设施，提高仓库利用率和设备利用率；合理确定储备量，加速商品周转，减少资金占用等。

5. 确保安全

在保管养护工作中，确保安全非常重要。它包括商品安全、仓储设施安全和人身安全。必须采取有效措施防盗、防破坏、防火、防爆、防洪、防雷击、防毒等。

**（二）保管养护的基本工作**

“以防为主，以治为辅，防治结合”是商品保管养护的基本方针。要做到防得早、防的工作细致周密、渗透到整个流通过程，做好防就可以减少治或者避免治。但是，一旦发生了质量问题，就必须“治”，如果治的方法恰当、治得及时，同样可以避免使商品的使用价值受到损失。

保管养护的基本任务就是面向库存商品，根据库存数量的多少、发生质量变化的速度、危害程度、季节变化，按轻重缓急分别研究制定相应的技术措施，使货物质量不变，以求最大限度地避免和减少商品损失，降低保管损耗。具体应做好以下几个方面的基本工作：

1. 掌握商品的性能，适当安排储存场所

产品由生产部门转入流通领域，首先进入储存部门。为了确保其质量不变，应根据商品的性能，选择适当的储存地点，同时要注意避免与同库储存的商品在性质上有相互抵触性，避免受串味、沾染等影响。同时应注意采取的养护措施以及方法必须一致。

2. 严格入库验收

商品在运输、搬运、装卸、堆垛等过程中，可能受到雨淋、水湿、沾污，或因操作不慎等致使货物或包装受到损坏，通过入库验收即能及时发现，以分清责任。因此，对入库货物除了核对数量、规格外，还应该按比例检查其外观有无变形、变色、沾污、生霉、虫蛀、鼠咬、生锈、老化、沉淀、聚合、分解、潮解、溶化、风化、挥发、含水量过高等异状，有条件的还应进行必要的质量检验。

3. 合理堆垛苫垫

入库商品应根据其性质、包装条件、安全要求采用适当的堆垛方式，达到安全牢固、便于堆垛且节约仓库的目的。为了方便检查、通风、防火和库房建筑安全，应适当地留出垛距、墙距、柱距、顶距、灯距以及一定宽度的主走道和支走道。为了防止商品受潮和防汛需要，货垛垛底应适当垫高，对怕潮商品垛底还需要加垫隔潮层。露天货垛必须苫盖严密，达到风吹不开、雨淋不湿的要求。垛底地面应稍高，货垛四周应无杂草，并有排水沟以防积水。

4. 加强仓库温度和湿度管理

各类商品在储存过程中发生的质量变化，多数是由于受到空气温度和湿度的影响。因此，不同的商品在储存过程中都要求有一个适宜的温度和湿度范围，这样就需要掌握自然气候变化规律，并通过采取各种措施，使库房内的温度和湿度得到控制与调节，创造适宜货物储存的温度和湿度条件，以保护商品的质量不变。

5. 坚持在库检查

商品在储存期间受到各种因素的影响，在质量上可能发生变化，如未能及时发现，就可能造成损失，因此需要根据其性质、储存条件、储存时间以及季节气候变化，分别确定检查周期、检查比例、检查内容，分别按期进行检查或进行巡回检查。如在检查中发现异状，要扩大检查比例，并根据问题情况，及时采取适当的技术措施，及时处理，防止商品受到损失。

6. 开展科学实验研究

对入库储存的商品及时检验质量，开展对货物质量变化规律的研究和采取养护措施的科学实验，是养护科研工作的一项主要内容。通过实验的可靠数据，证实养护措施的可靠性以指导实践。再通过保管实践的数据反馈，使养护措施的可靠性得到验证，或根据其不足之处再作进一步的研究、改进。

## 第二节　仓库温度和湿度管理

### 一、库内外温度和湿度变化规律

#### （一）空气温度及其变化规律

空气温度是指空气的冷热程度，简称气温。通常所说的气温是距离地面 1.5m 高处的空气温度。离地面越近，空气的温度越高，距离地面越远，气温则越低。

1. 气温的变化

气温处于经常的、不断的运动变化中，它的变化有周期性变化和非周期性变化两种类型。周期性变化又有日变化和年变化。

（1）气温的日变化。气温的日变化是指一昼夜间气温的变化。一日之中，日出前温度最低，日出以后，由于太阳照射地面，地面吸收的热量多于散失的热量，使地面的温度不断升高，空气的温度也随之逐渐升高。一天中，通常在 14 ~ 15 时出现最高气温；以后温度逐渐降低，直到次日日出前，温度又达到最低值。从日出到午后，温度上升较快；从午后到黄昏，温度下降较慢，夜间到次日日出，温度下降较快。一日内气温变化最快的时间是上午 8 ~ 10 时，其次是 18 ~ 20 时。气温日变化的原因主要是太阳的周期性照射以及照射的角度（直射和斜射）不同。当阳光直射时，单位地面吸收的热量多，气温就高；当阳光斜射时，单位地面吸收的热量少，气温就低。一天中气温的最高值和最低值的差称为气温日较差。气温日较差的大小受纬度、季节、地形等因素的影响很大。气温日较差一般随纬度的增加而减小。在热带，气温日较差平均为12℃，温带为8~10℃。

在不同的季节，气温日较差也不相同。在温暖季节，由于中午太阳正射地面，辐射强度大，因此，气温日较差就比寒冷季节大。

（2）气温的年变化。气温的年变化是指气温在一年内有规律的变化。在北半球，一年之中，最高气温一般出现在7~8月，最低气温一般出现在1~2月。年平均气温出现在4月底和10月底。影响气温变化的因素有纬度、地形、下垫面性质以及海拔高度等。

（3）气温的非周期性变化。非周期性变化是指时间上没有像周期性变化那样有规律的气温变化。它是不正常的、偶然性的变化。如霜冻、寒流、暖流、风、雪、雾、雨等，都会造成气温的突然变化。由于这些变化没有固定的时间和周期性规律，因此，常给商品储存养护工作带来困难，甚至使商品遭受破坏或损失。

2. 库内空气温度的变化规律

库内空气温度的变化主要受大气温度变化的影响，随着大气温度的变化也相应地发生规律性变化。库内气温的变化，无论是日变化还是年变化，都与库外气温的变化规律大致相同。

由于库内空气的热源主要来自库外，太阳光照射库房墙壁、屋顶向库内传导热量，或通过门窗向库内辐射热量，库外大气也经墙壁、库顶与库内进行热量交换，或通过门窗、通风洞等对流，这些影响在时间上需要一个过程，强度上也有所减弱。所以，库内温度的变化稍迟于库外，而且温度变化的幅度也比库外小。

从图5-2可以看出库内空气温度的日变化规律。

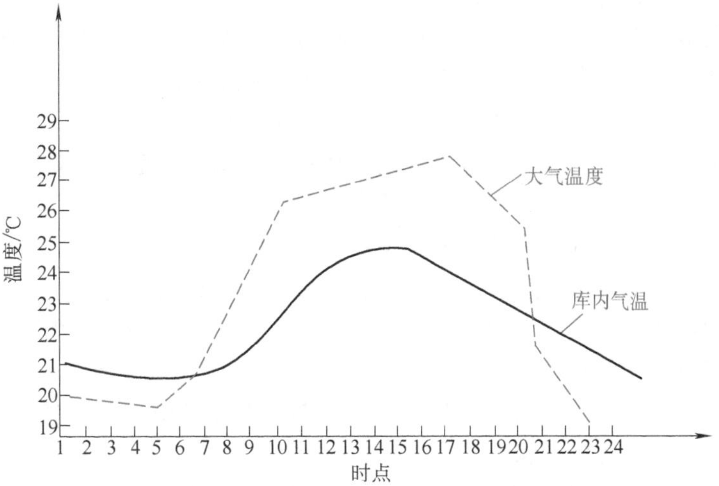


图5-2 某仓库6月份平均内外气温的日变化

（1）气温逐渐升高或降低时，库温也随着升高或降低，库温主要随气温变化而变化。

（2）库温变化的时间，总是落后于气温变化1～2小时。

（3）库温与气温相比，夜间库温高于库外，而白天温度却比库外低。

（4）库温变化的幅度比气温变化的幅度小。库房内的最高温度低于库外的最高温度，库内的最低温度高于库外。

库内温度的年变化完全受气温变化的影响。在春、夏季，气温直线上升时，库温通常低于库外气温；在秋、冬季，气温急剧下降时，库温常常高于气温。但是，还要根据仓库密封情况来判断。

### （二）空气湿度及其变化规律

#### 1. 空气湿度

空气湿度是指空气中水汽含量的多少或空气干湿程度，简称湿度。空气中含水汽量越多，空气湿度越大；空气中含水汽量越少，空气湿度就越小，即空气越干燥。空气中的水汽，主要来自地面水蒸气的蒸发。湖泊、河流、土壤及绿色植物等的水分都会不断地蒸发到空气中。同时，占地球面积71%的海水也在不断蒸腾，这些水蒸气再由风带到陆地的上空，使陆地的上空到处有水蒸气的存在。

空气湿度的表示方法有绝对湿度、饱和湿度、相对湿度、露点等。

绝对湿度是指单位体积的空气中实际所含水分的重量。温度越高，水分蒸发越多，绝对湿度也越大；反之，温度越低，水分蒸发越少，绝对湿度也越小。

饱和湿度是指在一定的温度下空气中所能容纳水汽量的最大限度，用$E$表示。空气的饱和湿度随着空气温度的变化而变化的。温度越高，空气中所能容纳的水汽量就越多，饱和湿度也越大；反之，温度越低，饱和湿度就越小。

相对湿度表示空气中实际水汽量距离饱和状态的程度，或者说在同一温度下，空气的绝对湿度与饱和湿度的百分比，用$RH$来表示，其计算公式是

$$相对湿度 = 绝对湿度/饱和湿度 \times 100\%$$

相对湿度越大，表示空气中的水汽距离饱和状态越接近，空气越潮湿，水分越不易蒸发；反之，就说明空气越干燥，水分容易蒸发。

可以看出，要了解空气的干湿程度，主要看空气的相对湿度高低。

可以看出空气中的绝对湿度、饱和湿度、相对湿度与温度之间的相互关系：

（1）在温度不变的情况下，即饱和湿度不变时，绝对湿度越大，相对湿度就越大；绝对湿度越小，相对湿度就越小。

（2）在绝对湿度不变的情况下，即空气中水蒸气含量不变时，温度越高，相对湿度就越小；温度越低，相对湿度就越大。

（3）在相对湿度不变的情况下，温度越高，即饱和湿度越大，绝对湿度也越大；温度越低，即饱和湿度越小，绝对湿度也就越小。

由此可知，空气温度的变化对空气的潮湿状态有很大的影响。原来较潮湿的空气，如果温度不断升高，就会变得越来越干燥。对那些怕潮易霉、易锈的商品，采取升温降潮，就是根据这个道理来采取降湿措施的。在仓库管理中，库内温度、湿度是否适合商品性能的要求，主要是以相对湿度作为控制和调节仓库温度、湿度的依据。

2. 空气湿度的变化规律

空气的绝对湿度、相对湿度和气温相似，也具有周期性的变化规律。我们应该了解并掌握这些变化规律，以便采取相应措施，做好商品养护工作。

（1）绝对湿度的变化规律。一般来说，绝对湿度是随着温度的升高而增加，随着温度的降低而减小的。绝对湿度的变化也有日变化和年变化两种情况。

绝对湿度的日变化有两种类型，即单峰型和双峰型。

绝对湿度的单峰型日变化是指每日之中出现一次最高值和一次最低值。这种类型变化与气温的变化相一致，一般在日出前气温最低时，绝对湿度最小；日出后随着气温的升高而逐渐增大；到 14 ~ 15 时气温达到最高时，绝对湿度最大；之后，又随气温的下降而逐渐减小。这种类型的变化，多出现在海岛、沿海地区，以及大陆上的秋、冬季。

另一种类型是双峰型的日变化，在一日之中出现两次最高值和两次最低值。在日出前出现第一次最低值。这是因为日出前气温最低，空气中的水汽量少，所以绝对湿度很小。日出后，气温升高，空气中的水汽量逐渐增多，绝对湿度逐渐上升。到 8 ~ 9 点时，绝对湿度达到了第一次最高值。随后因温度的升高，空气对流作用逐渐增强，水蒸气就向上输送，到了 9 ~ 10 时，对流使水蒸气向上输送的作用大于地面的蒸发，因此，绝对湿度反而减小。到 14 ~ 15 时，气温最高，对流作用最强，于是绝对湿度又出现第二次最低值。此后，气温渐低，对流作用减弱，热空气停止上升，水蒸气聚集在地面，绝对湿度又重新增大，到 20 ~ 21 时，出现第二次最高值。随后，由于温度降低，空气中的水汽量逐渐减少，绝对湿度又逐渐减小。

绝对湿度的年变化，基本上与气温的年变化相一致。由于夏季温度高，水分蒸发比冬季强。因此在一年之中，绝对湿度的最高值出现在 7 ~ 8 月，最低值出现在 1 月。

（2）相对湿度的变化规律。相对湿度的变化规律有一个显着的特点：它随气温的升高而减小，随气温的降低而增大。相对湿度也有日变化和年变化两种类型。

在一日之中，在气温最低的日出前，相对湿度最高；日出后，逐渐降低，到 14 ~ 15 时相对湿度达到最低值；以后又随气温的下降而逐渐升高；到次日日出前又达到最高值。但在沿海一带的夏季，海风含有较多的水蒸气，这种风在 13 ~ 15 时最强，因此这时相对湿度最高。

在我国内陆干燥地区，一年之中相对湿度的最高值出现在冬季，最低值出现在夏季。在季风地区（如我国东南沿海和大部分地区），夏季盛行从海洋带来大量水汽的季风，冬季盛行来自大陆高纬度的寒冷干燥的西北风，因而相对湿度最大值出现在夏季，最小值出现在冬季。

3. 库内湿度的变化规律

库内的空气湿度，主要是受库外空气湿度的影响。但库房建筑结构和储存商品的状况等对库内湿度也有一定的影响。

库内绝对湿度的日变化主要随库外湿度的影响而变化，但其最高值和最低值也有落后于库外和变化幅度小的特点。库内绝对湿度的年变化，基本上与库外一致。

库内相对湿度的变化，主要是受库温的影响。日变化与年变化基本上与库外相似。但是，一日内只出现一次最高值和一次最低值，变化幅度也小。

库内的湿度变化范围小于库外，但也因具体条件的影响而有若干差别。同一库房内向阳面、通风处相对湿度偏低，背阳面及通风不良处则偏高；库房上部，因气温较高，所以相对湿度较低，库房下部接近地面，温度较低，因此相对湿度较高。据测定，库内上部相对湿度平均为 65% ~ 80% 时，接近地面部分和垫架下达到 85% ~ 100% 。如图 5-3 所示。

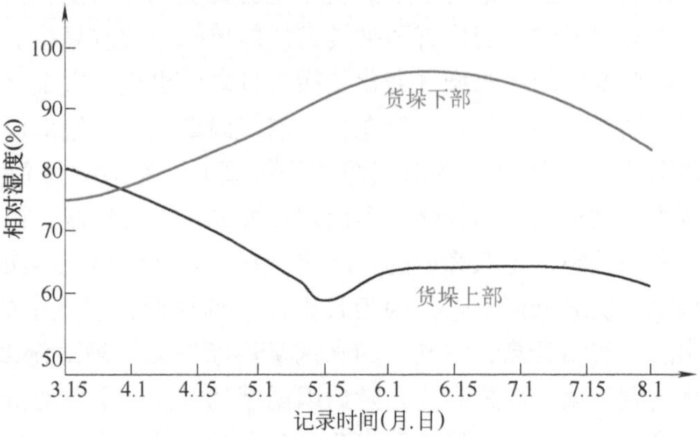

图 5-3　库内货垛上部与下部湿度差曲线图

（三）空气温、湿度的测定

为了科学地控制与调节仓库的温、湿度，应该根据实际需要，设置一些必要的科学仪器设备，观测有关温度和湿度管理的气象要素，同时还必须与当地气象部门保持密切联系，以便更好地开展仓库的温度和湿度管理工作。

测定空气温度的仪器有很多种，仓库里常用的有普通温度表、最高最低温度表、自记温度计等。

测定空气湿度的仪器种类很多，适合于仓库使用的有干湿球温度表、自记毛发湿度计、电子测温测湿仪等。

## 二、仓库温度和湿度控制与调节的方法

控制与调节仓库温度和湿度，是商品养护中非常重要的日常性工作，是维护商品质量的重要措施。在商品储存过程中，要根据商品的特性和质量变化规律，合理安排储存场所，科学地运用密封、通风、吸湿等方法，正确地控制与调节仓库的温度和湿度，以确保

商品质量。

## （一）密封

密封就是利用绝热性与防潮性较好的材料，把商品尽可能地严密地封闭起来，防止和减弱外界温度和湿度对商品的影响，以达到安全储存的目的。密封措施是仓库温度和湿度管理的基础。对库房采用密封措施，就能使库内温度处于相对稳定状态。如能根据商品特性，做到合理密封，能收到防潮、防霉、防热、防冻、防锈、防老化等多方面的效果。

### 1. 密封材料

密封材料多种多样。凡是绝热性、隔潮性较好的材料，都可以作为密封的材料。目前常用的密封材料有以下几种：

（1）防潮纸。防潮纸是具有防潮能力包装纸的总称。常见的有柏油纸、蜡纸、油纸、用防水剂进行表面处理的纸和涂布塑料薄膜的防潮纸。

（2）油毡纸。油毡纸俗称油毛毡。它是利用破布、废纸等为原料，高级的掺用部分动物毛和矿棉等，将原纸通过熔融的沥青，经热辊挤压，表面撒上滑石粉或碎云母片等制成的。油毡纸隔潮、防水性能好，常用于地坪、库内地面的隔潮，是一种使用较普遍的防潮密封材料。

（3）塑料薄膜。塑料薄膜的防水隔潮能力很高，透气率也很低。常见的有聚乙烯和聚氯乙烯薄膜两种。

塑料薄膜成本较低，使用方便、效果好、应用广泛。一些生鲜、鲜活商品的储存，都采用塑料薄膜来密封包装。此外，聚苯乙烯泡沫板保温、隔潮性能很好，但成本高，一般只适用于贵重商品的内包装用。随着塑料工业的发展，塑料薄膜在密封材料中占有比较重要的地位。

（4）稻谷壳。稻谷壳的主要成分是木质素和粗纤维素，因表面有一层蜡质，故其吸湿性并不是很强。而且稻谷壳内有大空隙，如果成层铺垫，稻谷壳能起隔热防潮作用，是良好的密封防潮材料。

除了上述密封材料外，还有纤维板、芦席、锯末、干草、河沙等。

### 2. 密封形式

密封形式有很多，主要有整库密封、整室密封、整垛密封、整柜密封、整件密封等。

（1）整库密封。整库密封就是将整个库房全部密封起来。一般适宜于储存量大、出入库不频繁或整进整出的商品，并且要求库房建筑条件较好，为钢筋水泥结构的库房。具体做法是：将门窗缝用毡条或棉花塞严，门缝板间隙用防潮纸裱糊严密；留作出入的库门应设隔潮间（宽度稍大于库门，深度约为 2 ~ 3m），并加挂内、外两道棉布或麻布门帘。有的仓库采用较先进的气幕隔潮装置。这种装置隔潮效果好，且能方便商品进出。如果库内地面潮湿，可先铺一层油毡纸，再铺一层干燥的谷壳（厚约30cm），上面再铺盖芦席。窗户玻璃应用石灰水加少许桃胶或皮胶刷成白色，以防阳光射入和减弱库外热度对库内的影响。

（2）整室密封。整室密封即库内小室密封，就是在库内选择温度较低且干燥的适当地方，用木板、纤维板、竹子等材料，建成一个临时性或半固定性的夹层或密闭小室，在小室内堆放商品。具体做法是在库内隔潮的地坪上，用木板或纤维板建一隔层式的密闭小室，室顶及四周的内隔约为30cm，隔层中间装满干燥的谷壳。如果不做隔层式，进行严密裱糊，也可起到一定的密封作用。

整室密封的商品，在密封前，先进行消毒（除食品外），然后用吸潮剂在室内吸潮，使室内干燥，当室内相对湿度低于70%时，才可以进行密封。

（3）整垛密封。整垛密封就是利用防潮隔热性能较好的密封材料，将整个货垛上下四周严密地封闭起来。整垛密封一般适用于出入不太频繁或整进整出的商品。整垛密封做法简便，效果较好。目前，各地仓库多采用塑料薄膜进行整垛密封。

（4）整柜密封。整柜密封是用密封材料将整个货柜严密地封闭起来的方法，一般适用于出入库频繁、怕潮易霉或易溶化、易生虫的拆件零星商品。具体做法是：将货柜里外缝隙用牛皮纸或防潮纸等裱糊严密，不要透气。如果储存怕潮、怕虫的商品，可在货柜里放置吸潮剂和杀虫剂等。

（5）整件密封。整件密封是严密封闭商品的包装，一般适用于数量不多、体积小的易锈、易生虫的商品，如食品、皮革制品、竹木制品、金属制品、乐器以及仪器等。对于怕潮、易锈商品，整件密封后能有效地防止溶化和锈蚀。

各种密封方法可以单独使用，也可结合使用。总之，在实际工作中，要根据商品养护的需要，按照商品的特性、各地气候特点与仓库条件，因地制宜，就地取材，灵活运用。

3. 密封应注意的事项

为了保证商品在密封期间的质量安全，必须注意下列事项：

（1）密封商品的质量要求。密封前，要认真检查商品的质量和含水量是否正常，如果发现商品的含水量过高，有生霉、生锈、虫蛀或有其他变质现象，要经过降湿、除霉、除锈、灭虫等处理，使商品质量恢复到正常后，方可密封。

（2）密封时间的选择。要根据商品的性质来确定密封时间。怕潮易霉的商品，宜在梅雨季节到来之前密封；怕热易熔的商品，应在较凉爽的季节进行密封；怕冻商品，应在气温较高时进行密封；怕干裂的商品，应在干燥期到来之前进行密封。

（3）密封后的商品检查。商品密封后，要定期进行检查。因为密封只是相对的密封，不能完全隔绝空气对商品的影响。在检查中，若发现商品和包装有异状，或温度、湿度不适宜时，应及时采取措施予以补救，以保护商品质量。

### （二）通风

通风就是根据空气自然流动规律，有目的地使仓库内外空气交流，以达到调节库内空气温度和湿度的目的。利用通风调节库内温度和湿度是简便易行的有效方法。但是通风时需要一定的条件才能收到预期的效果，否则可能适得其反。

1. 通风的原理

自然空气总是从压力大的地方流向压力小的地方，即产生气流。库房通风是由于库内外存在气压差而引起的。气压差来源于外部风的作用以及库内、库外的温度差。当库房内外的温度不同时，库内外的空气密度即产生差异，气压也相应地有所不同。如果库内温度高，空气密度小，其气压也小；库外温度低，空气密度大，其气压也就大。这样由于库内外的温度不同而产生气压差，导致了库内外空气的对流，库外空气就会自然流入库内。库内外温差越大，气压差也就越大，空气流动速度也就越快。

一般来说，库内接近地面的温度较低。于是，在库房下部的通风口或门口处，由于库外空气压力大于库内，库外空气就会从这些通风口流入库内。而库内顶部的温度比靠近地面的温度要高些，库内的热空气密度小，膨胀上升聚集在库顶，这时顶部的窗门口或通风口处的气压大于库外，因此库内热空气从上面流出库外，从而形成了库外空气由库房下部进风口流入，库内的热空气由上部的排气口流出的循环过程，使库内外空气得到交换。库内外温差越大，库内外空气在库房上、下部通风处的压力差也越大，库内外空气交换的速度也越大。库房进风口和排气口的距离越远，空气流动速度也越快。库外有风时，则凭借风的自然压力可以加速库内外空气的对流，但一般风力在五级以下为宜。

2. 通风时机

仓库通风应按照商品的性质以及它们对温度和湿度的不同要求，结合库内外温度和湿度的对比情况，并参考风力、风向等，合理地选择通风时机进行通风，以维护商品质量。

（1）通风降温。有些商品对温度要求比较严格，而对空气湿度要求则不太严格，如易挥发的双氧水、氨水等化工商品。这类怕热商品，在夏季只要库外温度低于库内温度时，就可以通风。

（2）通风升温。当库外温度高于库内温度时，可采用通风办法升温。这主要是指对怕冻或怕凝固的商品采用的通风方法，调节库内温度。

（3）通风降湿。有的商品怕受潮，如五金商品，需要通风来降低库内的相对湿度。在通风降湿时，应先比较库房内外的绝对湿度的高低，然后再对比相对湿度和温度的高低，一般只有当库外的绝对湿度低于库内时，才能通风降湿。但是库内外温度和湿度变化情况比较复杂，通风前必须认真分析研究，才能进行。通风降湿的时机，一般有下面几种情况：①当库外空气的温度和相对湿度都低于库内时，可以通风；②库内外相对湿度很接近，库外温度低于库内温度时，可以通风；③当库内外空气的温度很接近，而库外相对湿度较库内低时，可以通风；④当库外温度和绝对湿度低于库内，库外相对湿度稍高于库内时，也能通风。在其他情况下，一般不可通风降湿。

（4）通风降温、降湿。当库外温度、相对湿度和绝对湿度都低于库内时通风，才能达到同时降温、降湿的目的。如储存皮革制品就需要同时降低温度和湿度。

（5）通风增湿。有些商品怕干，如竹木制品，可采用通风方法增加相对湿度。当库外相对湿度高于库内相对湿度时可通风。当库外温度低于库内温度而相对湿度与库内相同时，也可通风，随温度降低可提高库内相对湿度。

3. 通风方法

（1）自然通风。自然通风就是利用库房内外的温差和气压差，开启库房的门、窗、通风口等，使库房内外的空气进行自然交换。

当库外无风时，自然气流的交换主要是靠库内外温差和由此产生的压力差来进行。在这种情况下，主要开启上部或下部进出空气的通风口和门窗，进行空气的自然交换。当库外有风时，库内外空气的自然交换主要是靠风的压力来进行。此时应将库房迎风面上部出气口关闭，开启背风面上部出气口。如果上部通风口启闭不当，库内的热空气不仅排不出，反而可能吹回到库房下部。除此之外，还可把库房的门窗和通风口全部开启，以加速通风。

（2）机械通风。机械通风就是在库房的上部装设排风扇、库房下部装置送风扇，利用机械设备来加强库内外空气的交换而通风。有的还在通风处装置空气过滤设备，以提高空气的洁净程度和降低空气的温度和湿度。

此外，为数不少的商业储运公司应用先进的、科学的商品养护设备，如使用联动开关仓窗排风去湿装置，进行调温调湿，速度快、效果较好。

### （三）吸湿

吸湿是在梅雨季节或阴雨天，库内湿度过大又不宜通风时，在密封条件下使用机械或吸潮剂来降低库内湿度的方法。

1. 吸潮剂吸湿

吸潮剂具有较强的吸湿性，能迅速吸收库内空气中的水分，从而降低相对湿度。吸潮剂有很多种，常用的有以下几种：

（1）生石灰。生石灰即氧化钙（$CaO$），吸湿性比较强，在潮湿的空气中容易吸收空气中的水汽，生成氢氧化钙，并放出一定的热量。实验证明，每千克生石灰能吸收水分0.25kg。为了有效地控制库内的湿度，在使用吸潮剂之前要首先计算出合理用量。可以参照下式来计算

$$\text{吸潮剂用量}=\frac{\text{仓库容积}\times(\text{当时库内的绝对湿度}-\text{库内所要求的绝对湿度})}{\text{每千克吸潮剂的吸水量}}$$

（2）氯化钙。氯化钙（$CaCl_2$）有无水氯化钙和工业用氯化钙之分，呈白色固体状。

无水氯化钙的吸湿能力很强，每千克可吸收1～1.2kg水分。我国仓储部门在库内所用的都是工业氯化钙，吸湿性略差，每千克约吸水0.7～0.8kg。

（3）硅胶。硅胶（$m\mathrm{SiO_2} \cdot n\mathrm{H_2O}$）又称硅酸凝胶。它是无色透明或乳白色的颗粒状或不规则的固体。硅胶的吸湿性能较强，每千克可吸收0.4～0.5kg水。它的特点是吸湿后不溶化，不污染商品，也无腐蚀性。吸湿达到饱和状态，经过一定时间的烘干可以继续使用。

此外，还有分子筛、炉灰和木炭等吸潮剂。使用各种吸潮剂降低库内湿度时，库房应尽可能严密封闭，否则会降低吸湿效果。

2. 机械吸湿

使用空气去湿机吸湿是一种利用机械吸湿来降低库内相对湿度的方法。去湿机的工作过程是：当库内的潮湿空气从吸尘泡沫塑料或金属网过滤器到蒸发器，由于蒸发器表面温度比空气的露点温度低，这样空气中多余的水汽就会凝结成水滴流进接收器里，再经排水管排出。由此不断循环，就能使空气中的含水量降低。而被冷却的干燥空气，经加热后相对湿度降低，再经过离心机送进库内，当相对湿度达到要求时，就可以停机。去湿机具有体积小、重量轻、吸湿快、效率高、不污染商品等优点。机器的底部装有胶轮可以自由进行移动，使用方便，接上电源便可以工作。

空气去湿机吸湿在温度27℃、相对湿度为70%时，一般每小时能吸收3.4kg水分。这种去湿机背面还附有可供拆装的新鲜空气风口，可与室内空气混合经去湿后再送入库内，以便保持库内一定量的新鲜空气。出风口根据使用要求，可装接送风管道。

### （四）气幕隔潮

气幕俗称“风帘”，是利用机械鼓风产生强气流，在库门口形成一道气流帘子。其风速大于库内外空气的流速，可以阻止库内外空气的自然交换，从而防止库外热潮空气进入库内。气幕由气幕筒与自动门两部分联装而成。当自动门的电动机启动时，通过罗拉链牵引库门开启，同时也带动气幕筒的鼓风电动机；当自动门关闭时，同时也切断气幕筒的电源而停止鼓风，即启门鼓风、闭门息风。

### （五）自动控制与调节温度和湿度

很多时候，由于各种管理需要，对于仓库内应当配备的设备有着明确的要求，包括要求具有有效调控温度和湿度及室内外空气交换的设备，具有自动检测、记录库房温度和湿度的设备等，这就要求在仓库的温度和湿度控制上实现自动化。温度和湿度自动控制系统可以实现对仓库温度和湿度的自动监控与调节，并自动做好记录。当库内温度和湿度超出库存品规定的上下限范围时，能进行自动报警、自动开启仓窗、启动温度或湿度调节设备、自动记录等工作。当库内温度和湿度恢复正常时，可以自动停止工作、关闭通风窗等。

仓库里应用的温度和湿度自动控制系统种类很多，一般由控制芯片（单片机、DSP或

ARM 均可）、温度湿度采集装置（也就是温度湿度传感器）、加湿除湿装置等组成，软件部分主要是控制主控制芯片读取温度和湿度数据，并根据情况控制加湿/除湿或升温/降温装置的运行与停止。

除仓库外，温度和湿度自动控制也是工业生产过程中比较典型的应用之一，现在的研究方向是智能化、小型化、低功耗。

## 第三节　金属防锈

金属由于周围介质的化学作用或电化学作用而发生的损坏，称为金属的腐蚀。习惯上把金属在大气中的腐蚀称为锈蚀或生锈。

金属生锈是自然规律。因为金属是由化合物冶炼而得，冶炼中使金属从低能量的状态转化为高能量的状态，由稳定状态转化为不稳定状态，这种高能量的状态必然向着低能量的状态转变，不稳定状态必然向着稳定状态转变。金属锈蚀所造成的损失是惊人的。据统计，每年因腐蚀而损耗的金属占全年金属总产量的1/10，而每年由于腐蚀和报废的金属材料和设备，相当于金属年产量的1/3。

在储存保管着大量的金属材料、金属制品、机车车辆配件、机械设备等的场所，金属锈蚀的现象普遍存在，危害严重，损失很大。因此，研究和掌握金属腐蚀的机理及其防治措施是非常必要的。

### 一、金属腐蚀机理及影响因素

金属腐蚀按其发生的机理不同，可分为化学腐蚀和电化学腐蚀。

化学腐蚀是指金属在干燥气体或非电解液的作用下，与某些物质直接发生化学作用所引起的腐蚀现象。如在高温下金属的氧化就属于此。化学腐蚀所生成的化合物可在金属表面形成一层薄膜，在不同程度上具有抑制腐蚀继续进行的作用。其膜越是致密、均匀、坚实、完整，抑制作用越好。这种抑制作用被称为膜的“自行制动”作用。化学腐蚀一般不会造成金属的严重损失。造成金属腐蚀的主要原因是电化学腐蚀。

电化学腐蚀是指具有不同电极电位的金属互相接触，在有电解质溶液存在的情况下，电极电位低的金属（比较活泼的金属）作为阳极，电极电位高的金属作为阴极，两极之间有电流产生，所引起的金属腐蚀现象。

造成电化学腐蚀有三个基本条件：①不同金属之间（或同一金属的各部分之间）存在电极电位差；②具有不同电极电位差的金属处于互相接触之中；③该金属表面有电解质溶液存在。

电化学腐蚀又分为大气腐蚀、海水腐蚀、土壤腐蚀等。在物资仓库发生的腐蚀主要是大气腐蚀，即金属在常温下在潮湿空气中发生的腐蚀。空气中的水汽凝聚在金属表面形成水膜，空气中的有害气体（如 $SO_2$）溶于水膜中形成电解质溶液。而且由于金属各部分之间存在着化学成分的不均匀性、晶体组织的不均匀性和物理状态的不均匀性，因而有不同的电极电位，能构成阳极和阴极。这就具备了产生电化学腐蚀的基本条件。

在同样的条件下，各种金属的耐蚀性不同。这主要取决于各种金属的内在因素，如金属的化学成分、组织结构、理化性质、表面状态、应力状态等。

另外，金属的电化学腐蚀是在外界因素的影响和作用下发生的。外界因素是金属腐蚀的条件。影响金属腐蚀的外界因素主要有湿度、温度、大气、灰尘等。

金属防锈就是根据金属锈蚀的内因和外因，积极采取相应的有效措施，防止或减缓金属的锈蚀。由于金属锈蚀主要是由于电化学腐蚀而引起的，所以金属防锈主要是破坏形成电化学腐蚀的条件，抑制电化学腐蚀的进行。

## 二、防止金属锈蚀的一般措施

在物资仓库里，无法改变和控制影响金属锈蚀的内在因素，所以只能根据影响金属锈蚀的外界因素采取相应的措施。

### （一）防水防潮，保持干燥

露天存放的金属材料和设备，主要应预防大气降水（雨、雪、雾、霜、露等）的直接侵蚀，做好下垫上苫；存入料棚的金属材料应主要防止漏雨和潲雨；金属库房应保持干燥，其相对湿度应控制在临界湿度以下。为达此目的，可综合采用通风、密封、吸湿等方法。

### （二）避免库内温度的急剧变化

库内温度的变化直接影响大气的饱和湿度。如果库内温度骤然下降，就有可能出现结露现象。应尽量缩小库内外的温差和库房内昼夜的温差。特别是在冬季，白天供暖，温度较高，夜间不供暖，温度下降，很容易发生结露现象。另外，在冬季，库外的金属材料或设备，应选择库内外温差小的时机入库，否则温度很低的金属材料入库后与温度比较高的空气接触，有可能出现结露现象。对于有包装的仪器设备，入库后可先放置一段时间，待设备的温度与库内气温相接近时，再进行拆装。

### （三）尽量避免有害气体的影响

如前所述，有害气体对金属锈蚀产生直接的影响。有害气体主要是工业废气，在城市内的物资仓库很难避免，但可以采取一些措施，减小其危害程度。例如，物资仓库特别是露天料场，应与产生工业废气的工厂、车间、铁路干线、锅炉房、浴池等保持一定的距离，库房应具有较好的密封性；物资保管场所应处于有害气体源的上风处等。

### （四）防尘除尘，搞好卫生

灰尘会加速金属的锈蚀，所以无论是库房、料棚、料场的存料，都应注意防尘和除尘。防尘主要是通过对物资的苫盖和密封，而除尘则应使用除尘器。另外，应使物资仓库远离储灰场、储煤场和储砂场；仓库范围内应硬化地面和绿化库区，防止起尘；库区内不应堆放垃圾及杂物。

（五）文明装卸，防止机械损伤

新出厂的金属材料，特别是新轧制的钢材，表面有一层氧化膜，有一定的防护作用；有些金属材料及制品，出厂前已经进行了表面钝化处理，有较好的防腐蚀性能。在物资的装卸搬运过程中，应注意文明装卸，保持防护膜不受损坏。

## 三、喷涂缓蚀防护层

由金属腐蚀的原理可知，金属腐蚀主要是电化学腐蚀，而电化学腐蚀直接与周围的环境有关。为了破坏电化学腐蚀的条件，可在金属表面喷涂缓蚀防护层，将金属与大气在某种程度上隔离开来，起到防腐蚀的作用。常用的防护层有防锈油脂、气相缓蚀剂、可剥性塑料等。

（一）涂油防锈

涂油防锈是在金属表面喷涂一层具有缓蚀作用的防锈油脂，保护金属。要求防锈油脂具有较好的缓蚀能力，对金属有良好的附着力，成膜完整、致密、均匀、牢固，油膜应有一定的强度、稳定性和防水性，易喷涂、易清除、无毒害。

防锈油脂分软膜和硬膜两类。软膜防锈油脂是在一般矿物油中加入油溶性缓蚀剂和某些改性添加剂制成。常用的矿物油有工业凡士林、锭子油、汽缸油、机械油等。

油溶性缓蚀剂基本上是高分子有机极性化合物，如羧酸及其皂类（硬脂酸铝、环烷酸锌等）、磺酸盐及含硫的有机化合物（如石油磺酸钡、石油磺酸钙、石油磺酸钠等）、有机磷酸盐及羊毛脂等。最常用的是石油磺酸钡、硬脂酸铝、环烷酸锌、羊毛脂等。

改性添加剂包括稳定剂、稠化剂、防霉剂、助溶剂等。

由上述基础油（矿物油）、缓蚀剂和添加剂组成的软膜防锈油，又有溶剂型和热浸型之分。前者是将防锈油的各组分溶于有机溶剂中，在常温下涂敷于金属表面，待溶剂挥发后留下防锈油膜。热浸型软膜防锈油，使用时必须预先加热，待其熔化后趁热浸涂，冷却后形成油膜。

硬膜防锈油是由熔点较高的树脂、干性油、缓蚀剂等溶于有机溶剂所组成。喷涂后溶剂挥发、形成一层比较坚硬的薄膜。

涂油防锈的效果比较好，但应注意以下几个问题：

（1）明确涂油防锈的范围。大部分金属材料及制品都可以涂油防锈，但也有一些特殊的金属材料不允许涂油，否则会影响其使用效果。例如，弹簧钢不能涂油，因为油脂中的氢会在加热炉中分解出来，侵入弹簧表面的组织，易发生“氢脆”，造成龟裂，缩短其使用寿命。建筑用钢筋也不宜涂油，因涂油后会降低钢筋与混凝土之间的握裹力，影响工程质量。

（2）选用适宜的防锈油脂。应根据不同的情况，选用适合于涂油对象和环境的防锈油脂。如露天存放的钢材可喷涂硬膜防锈油。工具、机械零件、内燃配件等可选用软膜防锈油。一般机械设备的金属表面可涂工业凡士林油。一些小件金属制品可浸涂石蜡等。

（3）注意防锈涂油的经济效益。金属防锈必须首先综合采取前面提及的各种措施，从多方面入手，绝不能单靠涂油。在库存时间短、保管设施条件好、能保证材质完好的前提下，应尽量不涂油或少涂油。必须涂油时，应尽量选用料源充足、价格低廉、效果良好的配方，节约材料养护费用。

（4）采用合理的喷涂方法。要根据防锈油脂的种类和被涂敷金属材料及制品的形状、大小、数量、精密度等确定相应的涂油方法，可刷涂、喷涂、浸涂等。但无论采用哪种方法，都必须严格遵守操作规程，保证油膜均匀、完整、牢固，真正起到防护作用。整垛金属材料表面喷涂防锈油的方法是不可取的，它不但不能防止锈蚀，反而会造成一种假象，即表面上并无锈蚀现象，实际上料垛内部严重锈蚀都不易被察觉。

（5）涂油前必须彻底除锈。已经锈蚀的金属材料及制品，在涂油前必须彻底除锈。因为金属表面的锈层是粉状或片状的铁锈，与防锈油脂不易结合在一起，因此只有在无锈和干燥的情况下方可涂油，否则不能形成完整牢固的油膜，起不到防锈的作用，白白浪费油。

### （二）气相防锈

气相防锈是利用挥发性的固体物质——气相缓蚀剂，在金属制品周围挥发出缓蚀气体，来阻隔腐蚀介质的腐蚀作用，以达到防锈的目的。气相缓蚀剂应具备下列条件：具有适宜的挥发性和扩散能力；具有良好的化学稳定性，在使用条件下不因光、热等因素的作用而变质；在水中或有机溶剂中有一定的溶解度；有良好的缓蚀防锈能力；无严重毒害性。

气相缓蚀剂的种类很多，主要是无机酸或有机酸的胺盐、酯类、硝基化合物及其胺盐、杂环化合物等。气相缓蚀剂的使用，应根据不同的情况，采取不同的方法。常用的方法有：粉末法、载体法、溶液法、气相薄膜法等。

气相防锈是一种比较新的防锈方法，近几年发展较快，特别适用于体积小、要求高、形状和结构复杂的金属制品及仪器仪表的防锈，因为防锈是靠挥发的气体起作用，而气体能充满包装或容器的每一个角落和缝隙，所以对任何部位都能发挥作用。此外，气相防锈不需要喷涂油膜，不影响被保护金属的外观和使用。

气相防锈方法简便、效果良好、有效期长，但必须保持密封状态，否则气体外溢，会影响防锈效果，缩短有效时间。

### （三）可剥性塑料防锈

可剥性塑料是以塑料为成膜物质，配合以增塑剂、稳定剂、缓蚀剂等所组成的防锈涂料。其特点是所形成的塑料膜并不与金属制品结合在一起，而是处于互不粘连的状态，很容易剥掉。

可剥性塑料可分为热熔型和溶剂型两大类。其不同点在于成膜物质不同，使用方法不同。热熔型可剥性塑料的成膜物质是乙基纤维素或醋酸丁酸纤维素。使用时加热熔化，浸涂被防护制品，冷却后即在金属表面形成一层透明薄膜。溶剂型可剥性塑料的成膜物质是聚氯乙烯、过氯乙烯、聚乙烯、聚苯乙烯等，使用时将其和其他添加剂溶解于有机溶剂中，形成有机溶液，在常温下即可使用。浸涂金属制品后，溶剂挥发，制品表面便形成一层防护膜，起到隔离防锈的作用。

使用可剥性塑料防锈，对各种金属制品都有良好的防锈效果，而且防锈期长，不但适用于小件制品的封存，而且对大型设备的保护更为适用，是很有发展前途的防锈方法。

## 四、金属除锈

金属材料及制品的锈蚀是难以完全避免的。金属的锈蚀也有一个从量变到质变的过程。金属开始生锈时表面出现黄色或红色粉末，称为轻锈或浮锈，很容易除掉，对材质无多大影响。随着锈蚀的继续进行，部分氧化膜脱落，出现部分红褐色或淡赭色锈斑，只有用钢丝刷才能除掉，清除后表面粗糙，甚至留有锈痕，这时称为中锈或迹锈。如任其继续锈蚀，则会形成片状褐色松脆的锈层，锈层剥离后，金属表面会出现麻坑，严重影响材质，这时称为重锈或层锈。

新出厂的金属材料及制品，在一般情况下不易生锈，若一旦生锈，锈蚀速度会逐渐加快。所以金属锈蚀后，应及时除锈，以防进一步加快锈蚀。同时，如前所述，金属涂油防锈时，也必须进行彻底除锈。应根据金属材料及制品的锈蚀程度、精密度、价值、形状、批量等不同情况，采用相应的除锈方法。

金属除锈方法可分为物理方法和化学方法。

### （一）物理方法除锈

物理方法除锈是利用机械摩擦除去锈层的方法，又分为人工除锈与机械除锈。

#### 1. 人工除锈

人工除锈也称手工除锈，是靠人工使用钢丝刷、铜丝刷、砂纸、砂布等打磨锈蚀物表面，除掉锈层的方法。对于比较粗糙的钢铁制品，可使用钢丝刷或粗砂布、粗砂纸打磨；一般精度的金属制品及零件，可用软铜刷或细砂布（纸）打磨；表面有镀层或经过抛光的金属制品，可用纱布蘸抛光膏、去污粉等打磨。人工除锈的劳动强度大、劳动条件差、除锈效率低，需要花费较多的工时，因此只适用于数量少或无法使用机械除锈的情况。

#### 2. 机械除锈

机械除锈是利用专用的机械设备进行除锈的方法，有旋转摩擦轮除锈法、滚筒除锈法和喷砂除锈法等。

### （二）化学方法除锈

化学方法除锈是利用酸或碱溶液，与金属表面锈蚀产物发生化学反应，将锈蚀产物溶解、除掉的方法。采用最广泛的化学除锈法是酸洗法。酸洗法依靠酸与金属锈蚀产物发生化学作用，使不溶性的锈蚀产物变成可溶性物质，脱离金属表面，溶入溶液中，达到除锈的目的。

酸洗除锈液主要由无机酸和缓蚀剂（或钝化剂）配制而成。常用的无机酸有硫酸、盐酸、硝酸、磷酸、氯氟酸等。

1. 盐酸酸洗

盐酸的除锈能力较强，10%的盐酸溶液溶解铁的氧化物的速度相当于同浓度硫酸的10倍。盐酸溶液的浓度一般为5%~15%，酸液温度不超过40℃。

盐酸对钢铁有较强的腐蚀性，同时会引起氢脆，因此对精度要求高的锈蚀物品除锈时，应加入缓蚀剂。

2. 硫酸酸洗

硫酸的除锈能力不如盐酸，但价格比较便宜，多用于钢铁除锈。酸液浓度一般为5%~11%，在一定浓度范围内，浓度加大，酸洗时间可缩短，但加大浓度对钢铁的腐蚀作用会加剧，而且当超过一定的浓度后，酸洗时间还会延长。酸液温度一般应控制在30~40 ℃，温度升高可提高除锈速度，但对金属的腐蚀也会加剧。用硫酸除锈，对钢铁表面具有较强的腐蚀作用，因此必须加入缓蚀剂。

3. 磷酸酸洗

磷酸性质比较缓和，对钢铁的腐蚀性较弱，而且酸洗后在钢铁表面上能形成具有一定防护作用的钝化薄膜。磷酸洗液的浓度一般为15%~20%，使用温度为40~80℃。磷酸酸洗虽然有很多优点，但因其价格较高，所以使用较少，只有在高精度钢铁制品除锈时才采用。

此外，硝酸和草酸也是常用的酸洗剂，它们主要用于有色金属的除锈。

酸洗除锈特别需要注意的是防止对金属的腐蚀，因此使用强酸酸洗一般都要加入缓蚀剂。常用的缓蚀剂有乌洛托品（六亚甲基四胺）、安特拉等。在酸洗溶液中加缓蚀剂不仅可以保护金属制品在酸洗中不受腐蚀，同时又能降低酸的用量。

被除锈的对象经酸洗后，应用水冲洗，并放入碱液中中和，然后再用水冲洗。待干燥后进行涂油或钝化处理，其工艺过程一般为：酸洗除锈→冷水冲洗→热水冲洗→中和处理→冷水冲洗→干燥→涂油。

对于原来涂有防锈油脂的金属制品，在酸洗前必须进行脱脂（去油）处理，否则酸液浸沾不到金属表面，锈蚀物不能除掉。常用的脱脂剂有 NaOH、$Na_2CO_2$、$Na_2PO_4$ 等，但矿物油属于非皂化油，不能直接与碱起作用，必须在碱溶液中加入一些表面活性剂，如水玻璃、肥皂、油酸皂等，以降低表面张力，使脱脂（去油）处理得以顺利进行。

## 第四节 商品防霉与防虫

商品的霉腐是指在某些微生物的作用下，商品生霉、腐烂和腐败发臭等质量变化的现象。引起商品霉变的主要有以下几种微生物：霉菌、细菌、酵母菌。细菌主要是破坏含水量较大的动植物食品，对日用品、工业品也有影响。酵母菌主要引起含有淀粉、糖类的物质发酵变质，对日用品、工业品也有直接危害。

霉菌是菌丝。人们无法用肉眼看见单个霉菌，千千万万的各种不同的霉菌集中生长繁殖在物体上，才可以清楚地看见毛状、绒状、网状物或斑点。酵母菌是单细胞的低级生物，当商品的水分、温度增加时，酵母菌分泌酵素，分解破坏商品的有机成分，使商品发出酵酒气味。

### 一、商品防霉

#### （一）常见易霉腐商品

由于糖类、蛋白质、油脂和有机酸等物质是微生物生长繁殖所必需的营养物质，因此，凡是生物制品（如植物的根、茎、叶、花、果及其制品，动物的皮、毛、骨、肌体、脏器及其制品），在适宜于菌类生长的条件下，都易发生霉变。矿产品、金属商品本身虽不会发霉，但如沾染污垢或有以生物为原料制成的附件、配件，在一定条件下，菌类也会生长。一般仓库中，主要有以下商品容易生霉：棉麻、纸张等含纤维素较多的商品；鞋帽、纸绢制品（含浆糊、浆料）等含淀粉的商品；皮毛、皮革、丝毛织物等含蛋白质较多的轻纺工业商品；鱼肉蛋乳及制品等含蛋白质较多的商品；烟酒糖茶、干鲜果菜等含多种有机物质的商品。

霉腐微生物的生存必须有一定的外界条件，否则就不能生存。因此，要用科学的方法保管商品，使霉腐微生物得不到适宜的生存条件。

#### （二）影响霉腐微生物生存的外界条件

1. 水分和空气湿度

当湿度与霉腐微生物自身的要求相适应时，霉腐微生物就生长繁殖旺盛，反之，则处于休眠状态或死亡。实验证明，只有当空气相对湿度达到75%以上时，多数商品的含水量才可能引起霉腐微生物的生长繁殖，因而通常把75%这个相对湿度称为商品霉腐临界湿度。

2. 温度

根据微生物对温度的适应能力，可将其分为低温性微生物、中温性微生物和高温性微生物。每一类型微生物对温度的要求分为最低生长温度、最适生长温度和最高生长温度。超过最低生长温度或最高生长温度的范围，其生长会滞缓或停止。

3. 光线

日光对于多数微生物的生长都有影响。多数霉腐微生物在日光直射下1~4小时即会大部分死亡，所以商品大都是在阴暗的地方才容易霉腐。日光之所以有杀菌作用，主要是因为日光中的紫外线能强烈破坏菌细胞和酶。一般微生物在紫外线灯下照射3~5分钟就会死亡。

4. 溶液浓度

多数微生物不能在浓度很高的溶液中生长。因为浓度很高的溶液能使菌细胞脱水，造成质壁分离，使其失去活动能力甚至死亡。例如，能使蛋白质腐败的细菌，在10%~15%的食盐溶液中多数不能生长；能引起食物中毒的霉腐微生物，在6%~9%食盐溶液中也不能生存。另外，多数霉腐微生物在60%~80%的糖溶液中也不能生存。因此，盐腌和蜜饯食品一般不易腐烂。但也有少数微生物对浓度高的溶液有抵抗能力，如蜜酵母能引起蜜饯食品的变质；嗜盐的盐杆菌能使盐腌食品腐败。

5. 空气成分

多数霉腐微生物特别是霉菌，要在有氧条件下才能正常生长，在无氧条件下不形成孢子。二氧化碳浓度的增加不利于微生物生长，如果改变商品储存环境的空气成分，如使二氧化碳逐渐增加、使氧逐渐减少，那么微生物的生命活动就要受到限制，甚至导致死亡。霉菌中的某些青霉和毛霉，当空气中的二氧化碳浓度达到20%时，死亡率就能达到50%~70%，二氧化碳在空气中达50%时将全部死亡。

**（三）商品霉腐的防治**

商品霉腐的防治应注意以下几点：

（1）加强入库验收。易霉商品入库，首先应检验其包装是否潮湿，商品的含水量是否超标。易霉商品在保管期间应特别注意勤加检查，加强保护。

（2）加强仓库的温度和湿度管理。要根据不同性能的商品，正确地运用密封、吸潮及通风相结合的方法，管好库内温度和湿度，特别是在梅雨季节，要将相对湿度控制在不适宜于霉菌生长的范围内。

（3）选择合理的储存场所。易霉商品应尽量安排在空气流通、光线较强、比较干燥的库房，并应避免与含水量大的商品同储在一起。

（4）合理堆码，下垫隔潮。商品堆垛不应靠墙靠柱。

（5）商品进行密封。

（6）做好日常的清洁卫生。仓库里的积尘能够吸潮，容易使菌类寄生繁殖。

（7）化学药剂防霉。

对已经发生霉腐但可以救治的商品，应立即采取措施，以免霉腐继续繁殖，造成严重损失。救治发生霉腐的商品，根据商品性质可选用晾晒、加热消毒、烘烤、熏蒸等办法。

## 二、仓库害虫与防治

仓库内害虫的防治，是做好商品保管的一个重要组成部分。

### （一）仓库内害虫的来源

仓库内害虫的来源如下：

（1）商品入库前已有害虫潜伏在商品之中。

（2）商品包装材料内隐藏害虫。

（3）运输工具带来害虫。车船等运输工具如果装运过带有害虫的粮食、皮毛等，害虫就可能潜伏在运输工具之中，再感染其他商品。

（4）仓库内本身隐藏有害虫。

（5）仓库环境不够清洁，库内杂物、垃圾等未及时清除干净，潜有并孳生害虫。

（6）邻近仓间或邻近货垛储存的生虫商品，感染了没有生虫的仓间或商品。

（7）储存地点的环境影响。如仓库地处郊外，常有麻雀、老鼠进入，它们身上常常带有虫卵或虫体。田野、树木上的害虫也会进入仓间，感染商品。

### （二）仓库内害虫的特性

仓库内害虫大多来源于农作物，由于长期生活在仓库中，其生活习性逐渐改变，能适应仓库的环境而继续繁殖，并具有以下特性：

（1）适应性强。仓库害虫一般耐热、耐寒、耐干、耐饥，并具有一定的抗药性。适宜仓库害虫生长繁殖的温度范围一般为18～35℃。仓库害虫在5～8月间生长繁殖最为旺盛，一般能耐38～45℃的高温。在10℃以下，大多数仓库害虫停止发育，0℃左右处于休眠状态，但不易冻死。大多数仓库害虫能生活于含水量很少的物品中。

大部分仓库害虫能耐长时期的饥饿而不死，如黑皮蠹能耐饥5年。花斑皮蠹的休眠幼虫能耐饥8年，体长7～8mm的幼虫可缩小到2.5mm，一旦复食很快就长大起来。

（2）食性广杂。仓库害虫的口器发达，便于咬食质地坚硬的食物。大多数仓库害虫具有多食或杂食性。

（3）繁殖力强。由于仓库环境气候变化小、天敌少、食物丰富、活动范围有限、雌雄相通机会多等原因，仓库害虫繁殖力极强。

（4）活动隐蔽。大多数仓库害虫体型很小、体色较深，隐藏于阴暗角落或在商品中蛀成“隧道”危害商品，难以发现，寒冬季节又常在板墙缝隙中潜伏过冬。

仓库害虫的种类很多，世界上已定名的有500多种。在我国发现有近200种，在仓储部门已发现危害商品的就有60多种，严重危害商品的达30多种。主要仓库害虫有黑皮蠹、竹长蠹、烟草甲、锯谷蠹、袋衣蛾，衣鱼科的毛衣鱼，蛛甲科的裸体蛾甲、白斑蛾，天牛科的星天牛、褐幽天牛，豆象科的各种豆象以及象虫科的玉米象等。

### （三）常见易虫蛀商品

容易虫蛀的商品主要是一些由营养成分含量较高的动植物加工制成的商品。为了做好这类商品的虫害防治，现将它们遭受虫害情况进行介绍。

1. 毛丝织品与毛、皮制品

这类商品含有多种蛋白质，常见危害这类商品的害虫主要有各种皮蠹、织网衣蛾、袋衣蛾、毛毡衣绒、白斑蛛甲、裸体蛛甲、毛衣鱼等。此类害虫生长繁殖期是4~9月，其中以6~8月为盛。它们对温度和湿度的要求分别是：温度25~30℃；相对湿度70%~90%。

2. 竹藤制品

这类商品含纤维素和糖分，常见蛀虫有竹长蠹、角胸长蠹、褐粉蠹和烟草甲等。竹藤蛀虫性喜温湿，怕光，一般在4~5月发现成虫，最宜生长繁殖的气温为28~30℃，相对湿度为70%~80%。

3. 纸张及纸制品

这类商品含纤维素和各种胶质、淀粉糊，常见的蛀虫有衣鱼与白蚁。此类蛀虫喜温湿、阴暗环境。仓库中如有新鲜松木或胶料香味，便容易诱集白蚁与衣鱼。衣鱼在7~9月危害严重，白蚁则一般在4~9月。

此外，常见虫蛀的商品还有烟叶和卷烟、干果等。这类商品含糖类、蛋白质、烟碱等物质，主要害虫有烟草甲和烟草粉螟等。干果中糖分、淀粉及水分含量较高，蛀虫有锯谷盗、花斑皮蠹、玉米象、咖啡豆象、螟娥等。此类蛀虫生长繁殖的旺盛期为6~8月，最适温度为28~30℃，相对湿度为70%~80%。

### （四）仓库害虫的防治

商品中发生害虫如不及时采取措施进行杀灭，常会造成严重损失。

1. 杜绝仓库害虫来源

要杜绝仓库害虫的来源和传播，必须做好以下几点：

（1）商品原材料的杀虫、防虫处理。

（2）入库商品的虫害检查和处理。

（3）仓库的环境卫生及设备用具的卫生消毒。

2. 药物防治

使用各种化学杀虫剂，通过胃毒、触杀或熏蒸等作用杀灭害虫，是当前防治仓库害虫的主要措施。常用的防虫、杀虫药剂有以下几种：

（1）驱避剂。驱避剂是利用易挥发并具有特殊气味和毒性的固体药物，使挥发出来的气体在商品周围经常保持一定的浓度，从而起到驱避毒杀仓库害虫的作用。常用驱避剂药物有精萘、对位二氯化苯、樟脑精（合成樟脑）等。

（2）杀虫剂。杀虫剂主要通过触杀、胃毒作用杀灭害虫。触杀剂和胃毒剂有很多，常用于仓库及环境消毒的有敌敌畏、敌百虫等。

(3) 熏蒸剂。杀虫剂的蒸气通过害虫的气门及气管进入体内，使之中毒死亡，叫作熏蒸作用。具有熏蒸作用的杀虫剂称为熏蒸剂。常用的熏蒸剂有氯化苦、溴甲烷、磷化铝、环氧乙烷和硫黄等。熏蒸方法可根据商品数量，结合仓库建筑条件，酌情采用整库密封熏蒸、帐幕密封熏蒸、小室密封熏蒸和密封箱、密封缸熏蒸等形式。必须注意的是，上述几种熏蒸剂均系剧毒气体，使用时必须严格落实安全措施。

仓库害虫的防治方法，除了药物防治外，还有高、低温杀虫，缺氧防治，辐射防治以及各种合成激素杀虫等。

# 第五节　仓储安全

## 一、仓库的消防安全

仓库集中储存着大量的流通物资和储备物资，仓库安全工作责任十分重大。仓库安全工作的重点是防火。仓库必须认真贯彻“预防为主，防消结合”的消防方针，执行《消防法》和公安部制定的《仓库防火安全管理规则》。从安全的意义上讲，仓库进行的各项工作，包括经营、保管、维修和管理，都是在确保仓库的设施安全和商品安全。火灾是对仓库安全的最大威胁和破坏，防范火灾的发生是安全工作的重中之重。

仓库防火工作要突出要点，最重要的是，仓库的防火工作要依法办事。根据企业法人是安全第一责任人的规定，仓库要按照“谁主管谁负责”的原则，成立防火安全委员会(领导小组)，全面负责仓库的消防安全工作。其重点是：建立以岗位责任制为中心的三级防火责任制，把防火安全工作具体落实到各级组织和责任人；建立健全各项安全管理制度和操作规程；进行安全生产教育，做到员工考核合格、持证上岗；根据仓库规模，组建专职和义务消防组织，承担职责范围内的消防工作；开展安全检查，消除事故隐患，落实验收整改措施；及时处理安全事故。

### (一) 扑灭火灾的原理

1. 火的知识

火的发生必须具备三个条件：①要有可燃物质，如火柴、草料、棉花、纸张、油品等；②要有助燃物质，一般是指空气中的氧气和氧化剂；③要有火源，凡能引起可燃物质燃烧的热能源都叫火源，如明火、电气火、摩擦冲击产生的火花、静电产生的火花、雷电产生的火花、化学反应（包括商品本身自燃、遇水燃烧和与性能相抵触的物质接触起火）等。

以上三个条件必须同时具备，并互相结合，相互作用，燃烧才能发生。因此，防火和灭火的基本原理和一切防火措施都是为了破坏已经产生的燃烧条件，即主要采取隔离、室息、冷却的办法，除掉由于三个条件造成燃烧的任何一个条件，使火熄灭。

2. 引起火灾的火源

能引起火灾的火源有很多，一般说来，可以分为直接火源和间接火源两大类。

直接火源主要有三种：①明火：生产、生活用的炉火、灯火、焊接火，以及火柴、打火机的火焰、香烟头等；②电火花：电气设备产生的电火花，能引起可燃物质起火；③雷电：瞬时间的高压放电，能引起任何可燃物质的燃烧。

间接火源主要有两种：①加热阴燃起火，如棉布、纸张靠近灯泡，木板、木器靠近火炉烟道容易被烤焦起火等；②商品本身自燃起火，即在既无明火、又无外来热源的条件下，商品本身自行发热，燃烧起火。

3. 基本的灭火方法

基本的灭火方法主要有以下几种：

（1）冷却法：把燃烧物的温度降低到其燃烧点以下，使之不能燃烧。如水、酸碱灭火器、二氧化碳灭火器等均有一定的冷却作用。

（2）窒息法：使燃烧物与氧气隔绝，使火熄灭。如黄沙、湿棉被、四氯化碳灭火器、泡沫灭火器等，都是用窒息方法灭火的。

（3）拆移法：又叫隔离法，即搬开、拆除可燃烧的东西，使火不能蔓延。

（4）遮断法：将浸湿的麻袋、旧棉被等物遮盖在火场附近的其他易燃物和未燃物上，防止火势蔓延。

（5）分散法：将集中的物资迅速分散，孤立火源。分散法一般用于露天仓库，库内也可以采用。

**（二）消防器材的配置**

1. 配置消防设施与器材

仓库应当按照国家有关消防技术规范，设置、配备消防设施和器材。消防设施包括水塔、水泵、水池、消防供水管道、消防栓、消防车和消防泵等；消防器材主要是各种类型灭火器、沙箱、大小水罐（桶）、斧、钩、锨等。这些设施与器材应当由专人管理，负责检查、维修、保养、更换和添置，保证完好有效，严禁圈占、埋压和挪用。

消防器材应当放置在明显和便于取用的地方，周围不准堆放物品和杂物。库区的消防车道和仓库的安全出口、疏散楼梯等消防通道也严禁堆放物品。

2. 几种重要的灭火剂和消防器材

仓库应当根据商品性质，正确选用适当的灭火剂、消防器材和扑救方法，以便有效地防止火灾事故的扩大和蔓延。主要的灭火剂和消防器材有：

（1）水。水是仓库消防的主要灭火剂。水在灭火时有显著的冷却和窒息作用，能使某些物质的分解反应趋于缓和，并能降低某些爆炸物品的爆炸能力。当水形成柱状时，有一股冲击力能破坏燃烧结构，把火扑灭。水还可以冷却附近其他易燃物质，防止火势蔓延。

但是，水能导电，对电气装备不能用水来灭火。水更不能用于对水有剧烈反应的化学危险品（如电石、金属钾、保险粉等）的灭火，也不能用于比水轻、不溶于水的易燃液体（如汽油、苯类物品）的灭火。

（2）沙土。沙土是一种廉价的灭火物质。沙土能起窒息作用，覆盖在燃烧物上，可隔绝空气，从而使火熄灭。沙土可以扑救酸碱性物资的火灾、过氧化剂及遇水燃烧的液体和化学危险品的火灾。但要注意，爆炸性物品（如硫酸氢等）不可用沙扑救，而要用冷却法即用旧棉被或旧麻袋，用水浸湿覆盖在燃烧物上。

（3）灭火器。灭火器是一种轻便、易用的消防器材，其种类较多，用途不同，灭火时应视具体情况正确选用。

泡沫灭火器适宜于扑救汽油、煤油、柴油、苯、香蕉水等易燃液体的火灾。在扑救电气火灾时，应先切断电源。提取灭火器时要注意筒身不宜过度倾斜。

二氧化碳灭火器对扑灭电气、精密仪器、电子设备、珍贵文件、小范围的油类等发生的火灾最适宜，但不宜用于金属钾、钠、镁等的灭火。

干粉灭火器具有无毒、无腐蚀、灭火速度快的优点，适用于扑灭油类、可燃气体、电气设备等的火灾。

**（三）仓库的防火措施**

按照公安部《仓库防火安全管理规则》的规定，仓库保管员应当熟悉储存物品的分类、性质、保管业务知识和防火安全制度，掌握消防器材的操作使用和维护保养方法，做好本岗位的防火工作。对仓库新员工应当进行仓储业务和消防知识的培训，经考试合格，方可上岗作业。

公安部制定的这项规则，还对商品的储存和装卸过程、电器管理和火源管理等有许多具体的防火规定，仓储部门要认真贯彻执行。

预防火灾是一项系统工程，涉及仓库工作的方方面面。仓库应在组织领导、建筑设计、电器设备的安装使用、商品储运、装卸搬运、堆码改装、车辆运行、火源控制、库内外环境、报警及灭火方式选择、员工教育培训等方面进行综合治理和部署，采取有效的防火措施，才能防火患于未然。

**（四）化工危险品火灾的扑救**

化工危险品仓库的消防工作有其特殊的要求。爆炸品引起的火灾主要用水扑救，氧化剂起火大多数可用雾状水扑救，也可以分别用二氧化碳灭火器、泡沫灭火器和沙土扑救。

易燃液体用泡沫灭火器最有效，也可用干粉灭火器、沙土、二氧化碳灭火器扑救。由于绝大多数易燃液体都比水轻，且不溶于水，故不能用水扑救。

易燃固体一般可用水、沙土和泡沫灭火器、二氧化碳灭火器等扑灭火灾。

毒害性商品失火，一般可用大量水扑救，液体有毒的用雾状水或沙土、二氧化碳灭火器。但若氰化物着火，绝不能使用酸碱灭火器和泡沫灭火器，因酸与氰化物作用能产生极毒的氰化氢气体，危害性极大。

腐蚀性商品中，碱类和酸类的水溶液着火可用雾状水扑救；但遇水分解的多卤化合物、氯磺酸、发烟硫酸等，绝不能用水扑救，只能用二氧化碳灭火器施救，有的也可用干沙灭火。

遇水燃烧商品只能使用干沙土和二氧化碳灭火器灭火。

自燃性商品起火，可用大量水或其他灭火器材扑灭。

压缩气体起火，可用沙土、二氧化碳灭火器、泡沫灭火器扑灭。

放射性物品着火，可用大量水或其他灭火剂扑灭。

## 二、仓库排水防洪

### （一）仓库排水

仓库排水是指库房建筑、露天货场以及道路上雨水和雪水的排除，以及库房周围积水的排除。排水和防潮关系极为密切，通过排水系统排除积水或渗漏水，可以消除或减少库区天然水源，是保证空气干燥、达到防潮目的的先决条件。

1. 库房建筑物排水

单层库房建筑物排水主要应考虑两个因素：一是屋面的坡度，二是屋面排水方式的选择。

在多雨地区、出入库频繁的库房或楼库，应采用天沟、雨水斗及雨水管组成的有组织排水系统。而在少雨地区，一般的中小型库房则可以采用无组织的排水方式。

2. 库区货场排水

库区货场的排水主要包括露天货场排水和库区道路排水。露天货场排水直接影响着货物的保管，而库区道路排水则影响着装卸和搬运作业，因此必须有完善的排水设施。

货场库区的排水一般由规划设置的沟渠利用高度差形成的水的自然落差排出。因此，在场区规划时就应考虑到排水条件，设计纵、横、干、支等大小排水沟渠网络。排水沟渠有明渠排水系统和地下排水管道（下水道）系统两种。

3. 地下仓库的排水补漏

地下仓库的排水补漏就是为了保证地下仓库内温度条件最大限度地不受地下水影响，以及仓库被覆层外的积水或渗漏进库内的地下水能及时排出库外，而进行的混凝土排水和修补工程及其管理。地下仓库的排水补漏管理，应根据仓库的具体情况、地下水的渗漏程度和渗漏部位采取不同的措施和处理方法。

### （二）仓库防台防汛

在受台风、汛期影响比较多的仓库或物流中心，应注意做好防台防汛工作。

如果仓库受台风、汛期的影响比较多，则一般应建立专门的防台防汛办公室或专业人员，负责防台防汛的日常工作，包括制订相关工作和防范计划、收听天气预报、组织防台防汛检查、管理相关文件等工作。仓储企业和部门平时要做到积极主动地与气象、电台联系，了解汛情、台风动态，科学预见台汛情发展，克服盲目性，增强主动性。

防汛所需的器材，如抽水泵、草（麻）袋、土（石）料等，应在台汛期到来之前，按预计需要，及早申请、调运、采购、备足。另外，应完善排水系统，对现有水沟、地沟、阴沟要全面清理，保证排水畅通。

在台汛期到来之前，应注意库房等建筑物的检查和维修，调整货位，加强苫垫，做到坚实牢固，风刮不开，雨打不透。如果可能，平仓库房中的货物要垫高地面 20～50cm。临时备货不能露天过夜。

## 三、防盗与安全保卫

货物的防盗和安全保卫是仓储企业或部门的一项重要工作。仓储企业或部门除了要明确一位主要领导负责治安保卫工作，还应该建立各级治安保卫组织机构。一般来说，应根据仓库规模的大小、人员的多少、任务的繁简程度，适当地设置专职保卫科、组或警卫队、警卫员等专职机构或人员，专门负责仓储货物的防盗安全工作。各级组织都要明确负责人，明确职责范围和权限。

安全保卫工作可以分为对人员的管理和对货物的管理两个方面。在人员管理方面，对单位内部人员通常是用严格的规章制度来进行约束的。对单位外部人员的管理，主要是指对驻库员、押运员、火车调车员、提送货人员、联系业务人员、临时工以及探亲访友等人员的管理。

对于一般货物的安全管理，应注意储存要分区分类，原则上要求不同类型货物不能混存。货物在库储存，要有专人负责，保管员要经常检查。对于稀有贵重金属材料及其成品、珠宝玉器及其他贵重工艺品、贵重药品、仪器、设备、化工危险品、特需物品等特殊货物的储存，除了要遵循一般货物的管理制度和公安部门的管理规定外，还要根据这些货物的性质性能和特点，制定专门的储存管理办法。

除此之外，还需要健全仓库治安检查制度、治安防范责任制度和奖惩制度等。

# 案　例

## 案例 5-1　农机仓库温度和湿度管理[㊀]

### 一、农机仓库温度和湿度管理的必要性

自然气候的改变直接影响仓库的温度和湿度。不熟悉温度和湿度的变化规律，就不能进行科学的通风

㊀ 《农机化研究》，2001 年 8 月，第 3 期，作者：王梦婷，于晓波。

和苫盖。因此，要建立科学的仓库温度和湿度管理制度。首先要通过日常的观测和记录，对比库内外温度和湿度大小，适当进行通风或采取其他措施，使库内温度和湿度符合各种物资的存储条件。其次要摸清各库房全年温度和湿度变化规律，作为各种物资选择库房的依据，以达到在保管期内安全存储、不锈不坏，降低仓储损耗。

## 二、仓库温度和湿度的测量

### （一）测量手段

温度和湿度测量的最主要手段是通过温度计和湿度计测出库内的温度和湿度值，进行观测和记录。这种方法简便，缺点是易漏测，须经常注意变化，较麻烦。另一种是采用自动化设备，通过电子计算机进行分析，自动调节和控制仓库温度和湿度。目前，我国绝大多数仓库还是采用人工观测。

### （二）温度和湿度的测量

（1）温度和湿度每天都要进行观测，并记录数据，以随时掌握仓库温度和湿度的变化情况。

（2）温度和湿度表挂在库房内空气流通的地方。在 500 ~ 1000$m^2$ 的库房，至少挂一个温度计和一个湿度计，挂置在与人眼睛平齐的位置。

（3）室外温度计应置于百叶箱内。

（4）湿度计的湿球应缠绕脱脂纱布 1.25 周，保持清洁。湿球在水槽内与水面距离为 2 ~ 3mm 处，水质要求用软水或蒸馏水。

（5）湿度计每年要校准一次，误差超过 1°时应更换。

（6）如库房内湿度超过允许值，应迅速进行通风或升温，降低湿度值。

（7）设立气象预报板，以便及时做好防雨、防潮、通风和苫盖等准备工作。

## 三、农机仓库温度和湿度调节方式

（1）强制性通风方式。这种方式主要用于储备防潮要求较高的物资库房，特别适用于设备较好的暖库。当库房湿度过大时，利用空气调节设备，吹入干燥空气，驱使湿空气由通风孔道排出。冬季采用取暖设备，并密封库房门窗及通风孔道，不使冷空气进入。

（2）自然通风方式。各类库房都可以采用自然通风调节温度和湿度。此方式应用比较广泛，主要是利用百页窗、通风孔道以及开启仓库门窗等办法，使库内外空气进行交换，稀释或驱走库内湿空气中的水分。

（3）吸潮剂方式。当不能进行自然和强制通风时，可以使用吸潮剂，降低库内空气中的水分。通常用的吸潮剂有生石灰、氯化钙、硅胶和其他物质（如炉灰、木炭等）。

除上述各种温度和湿度调节办法外，现代化仓库采用各种烘干设备，一旦物资受潮，可进行烘干。仓库人员还要摸清温度和湿度的变化规律，以及可能出现的凝露现象。防止库内的水蒸气达到露点是防潮工作的关键。

**问题：**

参照本章内容，说一说这个仓库具体采取了哪些措施进行温度和湿度管理。

## 习题

1. 简述商品养护的基本措施。
2. 空气湿度的表示方法有哪几种？说明各自的含义。
3. 对仓库进行温度和湿度控制的方法有哪些？说明每种方法的应用要点。
4. 说明金属防锈可以采取的措施。
5. 简述金属除锈方法。
6. 如何防治仓库中的商品发生霉腐？
7. 某时仓库内测得干球温度（气温）为18℃，湿球温度为15℃。（表5-1中$T_d$表示露点温度，RH表示相对湿度）请问：(1) 该仓库内的温度必须控制在什么范围内才能保证货物不会湿损？(2) 该仓库的货物要求保管在80%~90%的湿度范围内，仓库应采取怎样的保管措施？

**表5-1　某仓库温度和湿度对照表**

| 气温/℃ | 干球温度与湿球温度之差 | | | | | | | | | |
|---|---|---|---|---|---|---|---|---|---|---|
| | 0 | | 1 | | 2 | | 3 | | 4 | |
| | $T_d$ | RH | $T_d$ | RH | $T_d$ | RH | $T_d$ | RH | $T_d$ | RH |
| 16 | 16 | 100 | 14 | 89 | 12 | 79 | 10 | 69 | 9 | 60 |
| 17 | 17 | 100 | 15 | 90 | 14 | 80 | 12 | 70 | 11 | 61 |
| 18 | 18 | 100 | 16 | 90 | 15 | 80 | 13 | 71 | 12 | 62 |
| 19 | 19 | 100 | 17 | 90 | 16 | 81 | 14 | 72 | 13 | 63 |

8. 有一仓库，高6m，面积为500$m^2$。测得库内温度为25℃，相对湿度为85%。欲使库内相对湿度降至75%（假定温度不变），问使用生石灰吸湿，需要多少千克？

## 思考题

查找相关资料，了解各种商品养护的知识。

# 第六章

# 装卸搬运

## 作　用

装卸搬运是物流活动中出现频率最高的一种。在一般情况下，它发生于物流节点（如仓库）中，是仓储活动的重要组成环节。本章介绍装卸搬运的基本知识。

## 关　键

装卸搬运方法的选择；装卸搬运系统分析设计的一般原理；装卸搬运作业组织；装搬设备数量确定。

在整个物流过程中，装卸搬运是不断出现和反复进行的活动。它的出现频率高于其他各种物流活动。同时，每次装卸搬运都要占用很多的时间和消耗很多的劳动。装卸搬运不仅成为决定物流速度的关键，而且是影响物流费用高低的重要因素。

装卸搬运是通过改变物品的存放状态和空间位置为主要内容，要完成这种空间上的移动，就要有移动的物品和实现这种移动所需要的人员、工作程序、设备、工具、容器及设施等。

现代物流装卸作业虽然力求平衡，但随着车船的到达和货物的出入库，其作业是波动的、间歇的。流通领域工具类型各不相同，再加上流通过程的随机性等，决定了现代装卸作业的多变性。另外，由于装卸搬运与运输、存储紧密衔接，为了安全和物流的经济性原则，需要同时进行堆码、满载、加固、计量、取样、检验、分拣等作业，并且较为复杂。因此，装卸搬运作业必须具有适应这种复杂性的能力。

## 第一节　装卸搬运概述

### 一、装卸搬运的概念

援引国家标准《物流术语》（GB/T 18354—2006），装卸（Loading and Unloading）是

指物品在指定地点，以人力或机械装入运输设备或从运输设备卸下的活动，搬运（Handling/Carrying）是指在同一场所内将物品进行以水平移动为主的物流作业。那么，装卸搬运就是指在同一地域范围内进行的、以改变物料的存放（支承）状态和空间位置为主要目的的活动。一般来说，在强调物料存放状态的改变时，使用“装卸”一词；在强调物料空间位置的改变时，使用“搬运”一词。

生产企业的装卸搬运活动通常是指生产物料或产品在工厂车间或仓库内部移动以及在仓库与生产设施之间和仓库与运输车辆之间的转移。装卸搬运活动是否合理不仅影响运输和仓库系统的运作效率，而且影响企业整个系统的运作效率。

## 二、装卸搬运的作用

在生产企业的物流系统中，各个环节的先后或同一环节的不同活动之间，都必须进行装卸搬运作业。如原材料在运输和储存中的装车、卸车、堆码、上架和下架，各工艺流程之间的在制品的传递，产成品的包装、运输、入库、出库，以及回收物和废弃物的处理等，都要有装卸搬运作业配合才能进行。装卸搬运是生产企业物料的不同运动（包括相对静止）阶段之间相互转换的桥梁，把物料运动的各个阶段连接成连续的“流”，使企业中物流的概念名实相符。一旦忽略了装卸搬运，生产和流通领域轻则发生混乱，重则造成生产活动停顿。

## 三、装卸搬运的特点

装卸搬运活动具有以下特点：

（1）具有“伴生”性（伴随产生）和“起迄”性的特点。装卸搬运与物流的其他环节密不可分（在加工业中甚至被视为其他环节的组成部分），不是为了装卸而装卸，因此与其他环节相比，它具有“伴生”性的特点。而运输、储存、包装等环节，一般都以装卸搬运为起始点和终结点，因此它又有“起迄”性的特点。

（2）具有提供“保障”和“服务”性的特点。装卸搬运保障了生产中其他环节活动的顺利进行，具有保障性质，装卸搬运过程不消耗原材料、不排放废弃物、不大量占用流动资金、不产生有形产品，因此具有提供劳务的性质。

（3）具有“闸门”和“咽喉”的作用。装卸搬运制约着生产与流通领域其他环节的业务活动。这个环节处理不好，整个物流系统将处于瘫痪状态。

## 四、企业装卸搬运作业形式

企业装卸搬运作业的组合形式有很多，了解装卸搬运作业的分类，对在什么样的场所进行什么样的操作、使用什么样的方法进行作业是很重要的。

### （一）按作业场所分类

企业装卸搬运按作业场所的不同基本上可分为以下三类：

（1）车间搬运：在车间内部工序间进行的各种装卸搬运活动，如原材料、在制品、半成品、零部件、产成品等的分拣、包装、堆码、输送等作业。

（2）站台装卸搬运：在企业车间或仓库外的站台进行的各种装卸搬运活动，如装车、卸车、集装箱装箱与掏箱、搬运等作业。

（3）仓库装卸搬运：在仓库、堆场、物流中心等处的装卸搬运活动，如堆码取拆、分拣配货作业、挪动移位作业等。

### （二）按操作特点分类

（1）堆码取拆作业：包括在车间内、仓库内、运输工具内的堆码和拆垛作业。

（2）分拣配货作业：按品种、用途、到站、去向、货主等不同特征进行分拣货物的作业。

（3）挪动移位作业：单纯地改变货物的空间位置的作业。

### （三）按作业方式分类

（1）吊装吊卸（垂直装卸）：主要是以使用各种起重机械来改变货物的铅垂方向的位置为主要特征的方法。这种方法历史最悠久、应用面最广。

（2）滚装滚卸（水平装卸）：是以改变货物的水平方向的位置为主要特征的方法。如各种轮式、履带式车辆通过站台、渡板装卸货物，用叉车、平移机来装卸单件货物、集装箱或托盘等。

### （四）按作业对象分类

（1）单件作业。顾名思义，单件作业是单件、逐件装卸搬运的方法，是人力作业阶段的主导方法。目前对长大笨重、形状特殊的货物或集装会增加危险的货物等，仍采取单件作业。

（2）集装作业。集装作业是指先将货物集零为整，再进行装卸搬运的作业，包括集装箱作业、托盘作业、货捆作业、滑板作业、网装作业以及挂车作业等。

（3）散装作业。散装作业是相对煤炭、矿石、粮食、化肥等块粒、粉状物资，采用重力法（通过筒仓、溜槽、隧洞等方法）、倾翻法（铁路的翻车机）、机械法（抓、舀等）、气力输送（用风机在管道内形成气流，应用动能、压差来输送）等方法进行装卸搬运。

### （五）按设备作业原理分类

按装卸设备作业原理分类，可分为间歇作业（如起重机等）和连续作业（如连续输送机）。

### （六）按作业手段和组织水平分类

按作业手段和组织水平分类，装卸搬运可分为人工作业、机械作业、综合机械化作业和自动化作业。

## 五、企业装卸搬运的发展过程

从技术发展的角度来看，企业物料装卸搬运的发展过程主要经历了以下阶段：

（1）手工物料搬运。

（2）机械化物料搬运。

（3）自动化物料搬运，如自动化仓库或自动存取系统（AS/RS）、自动导向小车（AGV）、电子眼以及条形码、机器人等的使用。

（4）集成化物料搬运系统，即通过计算机使若干自动化搬运设备协调动作组成一个集成系统，并能与生产系统相协调，取得更好的效益。

（5）智能型物料搬运系统。该系统能将计划自动分解成人员需求计划和物料需求计划，并对物料搬运进行规划和实施。

以智能、集成、信息为基础的物料搬运系统将是今后发展的趋势。

# 第二节　装卸搬运方法的选择

装卸搬运方法是装卸搬运路线、装卸搬运设备和装卸搬运单元的总和。

## 一、装卸搬运路线的选择

搬运路线通常分为直达型、渠道型和中心型三类，如图 6-1 所示。

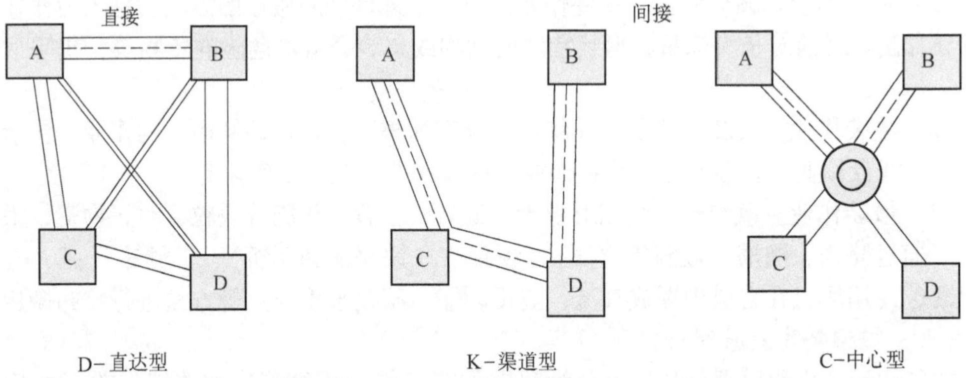


图 6-1　搬运路线分类

### 1. 直达型

直达型是指物料经由最近路线到达目的地。在直达型路线上，各种物料从起点到终点经过的路线最短。当物流量大、距离短或距离中等时，一般采用这种形式是最经济的，尤其当物料有一定的特殊性而时间又较紧迫时则更为有利。

2. 渠道型

渠道型是指一些物料在预定路线上移动，与来自不同地点的其他物料一起运到同一个终点。当物流量中等或较少，而距离中等或较长时，采用这种形式是经济的，尤其当物料是不规则的分散布置时则更为有利。

3. 中心型

中心型是指各种物料从起点移动到一个中心分拣处或分发地区，然后再运往终点。当物流量小而距离中等或较远时，这种形式是非常经济的，尤其当厂区外形基本上是正方形且管理水平较高时更为有利。

图6-2说明：直达型适用于距离短而物流量大的情况；渠道型或中心型适用于距离长而物流量小的情况。

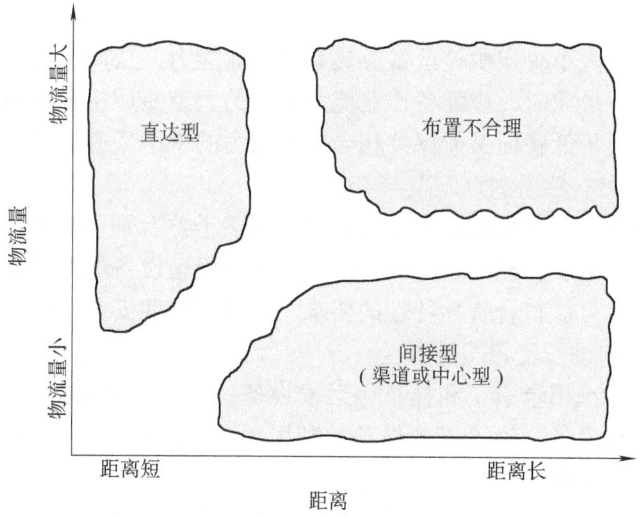


图6-2　距离与物流量指示图和物料搬运系统

依据物料搬运的规则，若在企业内部形成的物流量大而距离又长，则说明这样的企业布置是不合理的。距离与物流量指示图有助于我们根据不同的搬运活动来确定路线系统的形式。

## 二、装卸搬运设备的配置与选择

在装卸搬运过程中，根据装卸搬运货物的特性及客观条件，可采用不同的装卸搬运设备，组成不同的机械化装卸搬运系统。为了保证装卸搬运高效、经济，要特别注意装卸搬运机械系统设备配置及主体装卸搬运机械设备类型的选择。

### （一）装卸搬运设备的配置与选择原则

1. 根据作业性质和作业场合进行配置与选择

明确作业是单纯的装卸或单纯的搬运，还是装卸、搬运兼顾，从而可选择更合适的装卸搬运机械。作业场合不同，须配备不同的装卸搬运设备。例如，在铁路专用线、仓库等场合，可选择龙门起重机；在库房、车间内，可选择桥式起重机；在集装箱港口码头，可选择岸边集装箱装卸桥、集装箱跨运车等。

2. 根据作业运动形式进行配置与选择

装卸搬运的作业运动形式不同，也需配备不同的机械设备。水平运动，可配备选用货车、连续运输机、牵引车、小推车等机械；垂直运动，可配备选用提升机、起重机等机械；倾斜运动，可配备连续运输机、提升机等机械；垂直及水平运动，可选用叉车、起重机、升降机等机械；多平面式运动，可采用旋转起重机等机械。

3. 根据作业量进行配置与选择

装卸搬运作业量大小决定机械设备应具有的作业能力，从而决定所需配备的机械设备的类型和数量。作业量大时，应配备作业能力较高的大型专用机械设备；作业量小时，最好采用构造简单、造价低廉而又能保持相当生产能力的中小型通用机械设备。

4. 根据货物种类、性质进行配置与选择

货物的物理性质、化学性质以及外部形状和包装千差万别，有大小、轻重之分，有固体和液体之分，又有组装和成件之不同，所以对装卸搬运设备的要求也不尽相同。配置选择装搬设备时，应尽可能符合货物特性的要求，以保证作业安全和货物完整。

5. 根据搬运距离进行配置与选择

长距离搬运一般选用牵引车和挂车等运输设备，较短距离搬运可选用叉车、跨运车、连续运输机械等机械设备。为了提高设备的利用率，应当结合设备种类和特点，使行车、货运、装卸、搬运等工作密切配合。

除了考虑上述原则外，装卸搬运设备在技术上还应符合以下基本要求：①设备应符合其本身的基本用途，可靠耐用，效率高，操作方便，便于装配和拆卸，自重轻，动力消耗小；②能适应不同的工作条件，其生产率应满足现场作业的要求；③对于同类货物应尽量选择同一类型的标准设备，以便于维护保养，对于整个货场或仓库内的装卸搬运设备也应尽可能避免其多样化，以减少这些设备所需要的附属设备并简化技术管理工作；④在作业量不大而货物品种复杂的场所，应发展一机多用，扩大设备使用范围，以适应多种货物的装卸作业，提高设备的利用率。

### （二）装卸搬运设备数量的配置

货物进行装卸搬运时，为了提高作业效率，保证作业安全和装卸搬运质量，需要制订出详细的货物装卸搬运计划，其中很重要的一个方面就是要确定相关机械设备的数量。设备的数量一般根据装卸作业量和作业能力确定。

1. 影响装卸搬运设备数量的因素

（1）作业量。一般情况下，作业的货物量越大，所需要的机械设备的数量就越多，反之则少。但同样的货物量，由于货物的包装状态不同，作业环节不同和装卸次数不同，其作业量也不相同。因此确定作业所需要的机械设备的数量时，要综合考虑货物的实际作业量。

（2）设备类型、性能。不同类型和性能的机械设备，在同样的条件下，作业能力是有区别的。在确定作业所需设备的数量时，应根据设备的特点和实际作业能力来确定，其类型选择应合理，尽量选用作业效率高、适应性强、安全可靠的设备。

（3）作业均衡性。货物装卸搬运大都是多环节、多机联合作业，要保持作业的连续性和均衡性，各环节的机械设备的配备数量，要按照各个环节的作业内容和特点，做到基本均衡。

（4）作业时间。在一定的设备条件下，作业量越大，作业时间就越长，而设备增加，又可以使作业时间相对缩短，不过这种缩短是有限度的，超过一定限度，反而会使作业的效率下降。因此，作业时间要综合考虑，合理确定，以便于按规定完成作业任务。对于紧急任务，作业时间要求短的，要尽可能地多投入一些机械设备，以保证任务的按期完成。

（5）作业条件。在确定设备的数量时，要充分考虑作业面的大小，尽量避免设备作业时的相互干扰。当作业面受到客观条件限制，作业任务紧、作业时间短时，可采取分班轮流作业，以保持高效的连续作业。另外，设备的运行速度与地形条件、道路情况有关。在确定设备作业能力时，应充分考虑作业条件，保证机械设备运行速度合理，运行既安全又经济。

2. 装卸搬运设备数量的确定方法

正确确定装卸搬运设备数量，是一项复杂的工作，实际确定时，要充分考虑影响设备数量的因素，并从现场作业实际出发，只有这样，才能得出科学、合理、经济的设备需要量。现在有不少研究是关于如何确定装卸搬运设备数量的，下面只介绍两种相互关联的方法。其他方法可以查阅相关文献资料。

（1）直接计算法。装卸搬运设备的配置数量主要根据仓库作业量来确定，并使仓库有较高的配置系数。配置系数可通过下列公式计算获得

$$K=\frac{Q_c}{Q_t} \tag{6-1}$$

式中 $K$——设备配置系数，一般取值在0.5～0.8之间；

$Q_c$——设备能力，即设备能完成的物流量；

$Q_t$——仓储过程总物流量。

配置系数是衡量仓库机械化作业程度高低的一个参数，通常情况下，当 $K>0.7$ 时，表明机械化作业程度高；当 $K=0.5\sim0.7$ 时，表明机械化程度中等；当 $K<0.5$ 时，表明机械化程度低。例如，某仓库年吞吐量为 20 万 t，其仓储过程总物流量（$Q_t$）为 25 万 t，仓库现有各种机械设备能完成的物流量（$Q_c$）为 20 万 t，则该仓库设备配置系数 $K=20\text{t}/25\text{t}=0.8$，表明机械化作业程度较高。

仓储过程总物流量 $Q_t$ 是由仓库年吞吐量计算出来的，它与重复搬运系数（或倒搬系数）有关，可由下式计算而得

$$Q_t = \sum_{i=1}^{n}(H_i d_i) \tag{6-2}$$

式中 $n$——作业场所的数目；

$H_i$——第 $i$ 个作业场所的年吞吐量；

$d_i$——第 $i$ 个作业场所的倒搬系数，根据物品的重复搬运次数确定，可取值 1～2；无二次搬运时，$d_i=1$。

在为仓库配置机械设备时，可以根据仓库要求预先规定一个 $K$ 值，来计算设备所需完成的物流量，然后再计算所需设备数量。这时，设备所需完成的总物流量，即可由仓储过程总物流量 $Q_t$ 乘以设备配置系数 $K$ 求得，即

$$Q_c = KQ_t \tag{6-3}$$

计算某类机械设备数量时，首先需要将 $Q_c$ 分配到各类机械，即

$$Q_c = \sum_{i=1}^{m} Q_{ci} \tag{6-4}$$

式中 $m$——设备类型数；

$Q_{ci}$——第 $i$ 类机械承担的物流量（一般可取单位 t/年）

接下来，即可确定设备配置数量，总数量可按下式计算

$$Z = \sum_{i=1}^{m} Z_i \tag{6-5}$$

式中 $Z$——仓库内装扮设备总台数；

$m$——设备类型数；

$Z_i$——第 $i$ 类设备台数。

其中某一类设备的需要量为

$$Z_i = \frac{Q_{ci}}{(Q_c \beta \eta \delta \tau)_i} \tag{6-6}$$

式中，$Q_{ci}$——第 $i$ 类机械设备计算完成的物流量；

$Q_c$——设备的额定起（载）重量，单位为 t；

$\beta$——起（载）重系数，即平均一次吊装或搬运的重量与 $Q_c$ 的比值；

$\eta$——单位工作小时平均吊装或搬运次数，由运行距离、运行速度及所需辅助时间确定；

$\tau$——年日历工作小时（h/年），一班制取 7h 乘以工作日数，两班制一般取 14h 乘以工作日数；

$\delta$——时间利用系数，即设备年平均工作小时与 $\tau$ 的比值。

机械设备能力的评价参数 $\beta$、$\eta$、$\delta$ 应根据作业场所的性质、物品种类以及机械设备类型进行实测确定。

**【例 6-1】** 某工业企业欲在厂房内新建 5 座综合性库房。每座库房面积为 $60\text{m}\times15\text{m}=900\text{m}^2$，每座库房年吞吐量为 1.9 万 t，无二次倒搬。所存放的单件物品最大重量为 5t，要求库房机械设备配置系数 $K=95\%$。要求合理配置装卸搬运设备。

首先，根据已知条件及装搬设备的适用范围和特性，初选两种机械配置方案，见表 6-1。

**表 6-1 机械类型配置方案**

| 方案 | 机械类型 | 主要参数 | | | 结构特点 |
|---|---|---|---|---|---|
| | | 额定起重量/t | 工作运行速度/(m/min) | 跨度/m | |
| 方案 1 | 桥式起重机 | 5 | 70 | 13.5 | 通用双梁 |
| 方案 2 | 叉车 | 5 | 15 | 3.25（叉车最小外侧转弯半径） | 内燃平衡重式 |

然后，根据物品单重分布状况、机械运行速度和距离、物资进出库时间频率及设备故障率等因素，采用类比法确定各类机械工作状况参数，见表 6-2。

**表 6-2 机械工作状况参数**

| 设备类别 | 起（载）重系数 $\beta$ | 单位工作小时平均吊装或搬运次数 $\eta$ | 时间利用系数 $\delta$ | 年日历工作小时（一年工作时间为 280 天）$\tau$ |
|---|---|---|---|---|
| 桥式起重机 | 0.45 | 6 | 0.7 | $7\times280=1960$ |
| 叉车 | 0.45 | 4 | 0.65 | $7\times280=1960$ |

将有关参数代入式（6-6）中，计算出每座库房所需机械台数，即

$$Z_i=\frac{Q_{ci}}{(Q_c\beta\eta\delta\tau)_i}=\begin{matrix}0.96(\text{台})\text{——桥式起重机}\\1.6(\text{台})\text{——叉车}\end{matrix}$$

根据计算结果，每座库房配置 1 台 5t 桥式起重机或 2 台 5t 叉车即可满足需要。根据

叉车具有机动性的特点，可以多库共用，因此5座库房只需配置8台5t叉车（1.6×5=8）。库房单件物品最大重量为5t，平均重量为2.25t（5×0.45=2.25），说明产品重量在5t以内变化，如果全部用5t叉车作业，既浪费又不方便。因此，将不同载重量的叉车组合使用更合理。根据5座库房机械作业物流量（0.95×1.9万t×5=9.025万t）及平均载重量的要求，考虑到物品单重分布状况，5座库房的叉车配置见表6-3。

**表6-3 叉车配置**

| 起（载）重量/t | 台数 | 起（载）重系数$\beta$ | 单位工作小时平均吊装或搬运次数$\eta$ | 时间利用系数$\delta$ | 年日历工作小时（一年工作时间为280天）$\tau$ |
|---|---|---|---|---|---|
| 5 | 2 | 0.7 | 4 | 0.65 | 1960 |
| 3 | 3 | 0.8 | 4 | 0.65 | 1960 |
| 2 | 2 | 0.8 | 4 | 0.65 | 1960 |
| 1 | 1 | 0.7 | 4 | 0.65 | 1960 |

根据表6-3所列参数计算，8台叉车年物流作业量为9.22万t，满足5座库房年机械作业物流量9.025万t的要求。这说明8台叉车按上述方案配置，既符合要求，又合理。

因此，选定的两个机械配置方案为：

方案1：5座库房各配置1台5t桥式起重机。

方案2：5座库房共配置8台叉车，其中5t叉车2台，3t叉车3台，2t叉车2台，1t叉车1台。

至于最后选择哪个方案，还须根据机械设备配置的经济性原则予以综合考虑。

（2）系统分析法。当仓库的装卸作业量较小和作业不均衡性较大时，采用直接计算法会使设备配置台数过多，会降低设备的运用效率和经济效益，此时可以在直接计算法的结果基础之上，采用系统分析法求出最经济的设备台数。举例说明如下。

**【例6-2】** 已知某仓库实际需用设备台数见表6-4。

**表6-4 某仓库实际需用设备台数**

| 需用台数 | 发生概率 | 累积概率 |
|---|---|---|
| 10台 | 0.20 | 0.20 |
| 15台 | 0.18 | 0.38 |
| 20台 | 0.25 | 0.63 |
| 25台 | 0.20 | 0.83 |
| 30台 | 0.11 | 0.94 |
| 35台 | 0.03 | 0.97 |
| 40台 | 0.03 | 1.00 |

又知该仓库自备设备运用费用 $C_1=200$ 元/(台·日)，自备设备闲置费用 $C_2=160$ 元/(台·日)，租用设备费用 $C_3=300$ 元/(台·日)，且 $C_3>C_1$。

在上述条件下，设该仓库应保有设备台数为 $X$，而实际需用台数为 $x$，则当 $x\leqslant X$ 时，所需费用为 $xC_1+(X-x)C_2$；当 $x>X$ 时，所需费用为 $xC_1+(x-X)C_3$

设 $p(x)$ 为所需台数的相对比例，则上述两种情况下的期待费用总和 $C$ 为

$$C=\sum_{x=1}^{X}\{p(x)[xC_1+(X-x)C_2]\}+\sum_{x=X+1}^{\infty}\{p(x)[XC_1+(x-X)C_3]\}$$

所以期待费用总和最小的保有台数应使下式成立

$$\sum_{x=1}^{X}p(x)=\frac{C_3-C_1}{C_2+C_3-C_1} \tag{6-7}$$

将已知 $C_1$、$C_2$、$C_3$ 数值分别代入式（6-7）中，得

$$\sum_{x=1}^{X}p(x)=0.385$$

该值接近表中累积概率 0.38 时的需要台数 15 台，故该仓库应保有 15 台设备，这样就能花费最少的总费用。当遇到设备不够使用时，可以租赁使用。

### （三）装卸搬运设备的配套

成套地配备装卸搬运设备，使前后作业相互衔接、相互协调，是保证装卸搬运工作持续进行的重要条件。因此，需要对各个作业工序中所有设备进行配套，以相互适应、提高效率。

#### 1. 装卸搬运设备在作业区的衔接

各装卸搬运设备在作业区内，应相互联系、相互补充、相互衔接，如起重设备与搬运设备配合。许多仓库、货场广泛采用叉车、汽车起重机、运输设备，配合龙门起重机进行装卸搬运作业。

#### 2. 装卸搬运设备在数量上、吨位上配套

为了经济、高效地完成一定量货物的装卸搬运作业，充分发挥每台设备的能力，须使各设备在数量上、吨位上匹配，在作业能力上配套，否则会使作业流程脱节。

#### 3. 装卸搬运设备在作业时间上的协调

一个装卸搬运作业过程和下一个装卸搬运作业过程如能在完成每作业吨所需用的时间上相近或相等，即装卸搬运速率相近或相等，则装卸作业过程在时间上就能很好地衔接。

#### 4. 装卸搬运设备与场地条件、周边辅助设备的匹配

为了提高设备利用率，必须充分利用场地条件和现代化装卸站台及周边设备。如为了提高货车、集装箱等的装卸作业效率，需要合理配置装卸站台的周边设备，包括车位跳板、门封装置、车位安全装置等。

### 三、搬运单元

搬运单元是指物料搬运时的基本装载方式。物料的基本装载方式通常由物料自身的理化性质所决定。如散装物料，其搬运单元一般可采用箱装、罐装、袋装等形式；单件物品可进行单件搬运，也可以利用托盘、集装箱、集装袋、集装货捆等方式形成单元货物后进行搬运。单元装载方式（Unit Load System）是指把许多单件物品集中起来作为一个运送单位（集装单位），放置在集装设备上，进行一系列运送、保管、装卸的装载方式。这种方式可以提高装卸效率、减少装卸损失，已被广泛运用于物流活动中。单元货物的外形尺寸要根据物料特点以及作业现场的时间、空间、费用等因素来确定。

## 第三节　装卸搬运系统分析与设计

### 一、装卸搬运系统分析与设计的主要内容

装卸搬运系统分析是理查德·缪瑟提出的一种有条理的系统分析方法，适用于一切物料搬运项目。该方法包括一种解决问题的方法，一系列依次进行的步骤和一整套相关记录、评定等级和图表化的图例符号（工业工程符号）。

#### （一）装卸搬运系统分析设计的阶段

每一搬运设计都要经过四个阶段：

（1）阶段一——外部衔接。这个阶段要弄清整个所分析区域的全部物料的进出活动。

（2）阶段二——编制总体搬运方案。本阶段要拟订出各主要区域之间搬运物料的方法，对物料搬运的路线、搬运设备及容器类型做出初步决策。

（3）阶段三——编制详细的搬运方案。这个阶段要考虑每个主要区域内部各工作地之间的物料搬运，确定详细的物料搬运方法，如拟采用的具体方式、设备及容器等。

（4）阶段四——方案实施。这个阶段要进行必要的准备工作，订购设备，完成人员培训，安排进度并安装具体的搬运设施；然后对所规划的搬运方法完成实验工作，验证操作程序，以确保在全部设备安装之后能正常工作。

这四个阶段依次交叉进行，其中阶段二和阶段三是工业工程师的主要任务。

#### （二）装卸搬运系统分析设计的程序模式

企业物料的装卸搬运是以物料、移动和方法三项内容为基础的。因而，装卸搬运系统分析包括分析所要搬运的物料、分析需要进行的移动和确定经济实用的装卸搬运方法。“SHA 的程序模式”完全基于这三个基本元素，是一个分步骤进行的程序。问题越复杂，这个模式就越有用，越可以节约时间。

### （三）装卸搬运系统分析设计所需的主要数据

分析物料搬运问题所需要的主要输入数据，也就是原始资料，包括：P——产品或物料（部件、零件、商品）；Q——数量（销售量或合同订货量）；R——路线（操作顺序和加工过程）；S——后勤与服务（如库存管理、订货单管理、维修等）；T——时间因素（时间要求和操作次数）。

## 二、对企业所有的物料进行分类

### （一）物料分类的主要依据

（1）物料的可运性。影响可运性的主要因素是物料本身的物理化学特性，而外界的因素，如工位器具、托盘、货架和搬运设备等，也是重要的影响因素。

（2）物流条件。其中包括生产工艺方面的要求、质量保证体系方面的要求（如精密件的搬运就可能采用一些特殊方法）、生产管理方面的要求（如生产中的间隙性、周期性、配套性、不均匀性）、环保要求以及一些特殊要求（如贵重物品的控制）等。

### （二）物料分类程序

（1）列表标明所有的物品或分组归并的物品名称。

（2）记录其物理特性及其他特性。

（3）分析每种或每类物料的各项特征，并确定哪些特征是主导的，在起决定作用的特征下面画出标记线。

（4）确定物料类别，把那些具有相似的主导特征或特殊特性的物料归并为一类。

（5）对每类物料写出分类说明，并填写物料分类一览表。

## 三、对物料的移动进行分析

### （一）收集资料

设施布置决定了物料搬运的起点和终点之间的距离，而这个移动距离是选择搬运方法的主要因素。

在分析各项移动时，需要掌握一定的资料，包括：

（1）物料（产品或物料类别）：①物理特征；②其他特征。

（2）路线（起点和终点或搬运路径）：①移动距离；②路线的具体情况（如水平程度和弯曲程度、拥挤程度和路面情况、气候与环境、起讫点的具体情况和组织情况等）。

（3）物流或搬运活动：①物流量：单位时间内在一条路线上移动的物料数量，其计算公式为

$$I = nP$$

式中 $I$——物流量；

$n$——单位时间内流经某区域或路径上的产品或物料的单元数；

$P$——产品或物料的计量单位。

②运输工作量，其计算公式为

$$运输工作量(TW) = 物流量(I) \times 搬运距离(D)$$

### （二）移动分析方法

1. 流程分析法

这种方法是每次只观察一类产品或物料，并跟随它沿着整个生产过程收集资料。必要时跟随从原料库到成品库的全过程，编制流程表或流程图。当产品或物料品种很少或是单一品种时，适宜采用该方法。

2. 起讫点分析法（或编制物料进出表）

这种方法分两种：

（1）通过观察每次移动的起讫点收集资料，每次分析一条路线绘制搬运路线表，可在路线数目不太多时使用。

（2）若路线数目多，则对一个区域进行观察，收集运进运出这个区域的一切物料的有关资料，编写物料进出表。

### （三）编制搬运活动一览表

编制搬运活动一览表是为了把收集到的资料进行汇总，编制在一张表上，以便管理人员明了、全面地了解情况以及运用。在表中要对每条路线、每类物料和每项移动的物流量及运输工作量进行计算，并按 A、E、I、O、U 进行等级评定。

### （四）各种移动的图表化

这是指将对各项移动的分析结果标注在区域布置图上。这是 SHA 程序模式中的一个重要步骤。

物流图表化的方法有以下几种：

（1）物流流程简图。它可帮助我们了解流程，但因图中无工作区域的正确位置及距离，所以不能用来选择搬运方案。

（2）在企业平面布置上绘制的物流图，如图 6-3 所示。

（3）坐标指示图，如图 6-4 所示。

## 四、搬运方法分析

所谓物料搬运方法，实际上就是一定类型的搬运设备与一定类型的运输单元相结合，进行一定模式的搬运活动，形成一定的路线系统。一个工厂的搬运活动可以采用同一种搬运方法，也可以采用不同的方法。一个搬运方案，都是几种搬运方式的组合。

### （一）初步拟订搬运方法

1. 确定搬运方法

首先要确定搬运路线；其次要确定搬运设备类别、规格、型号；最后根据物料一览表

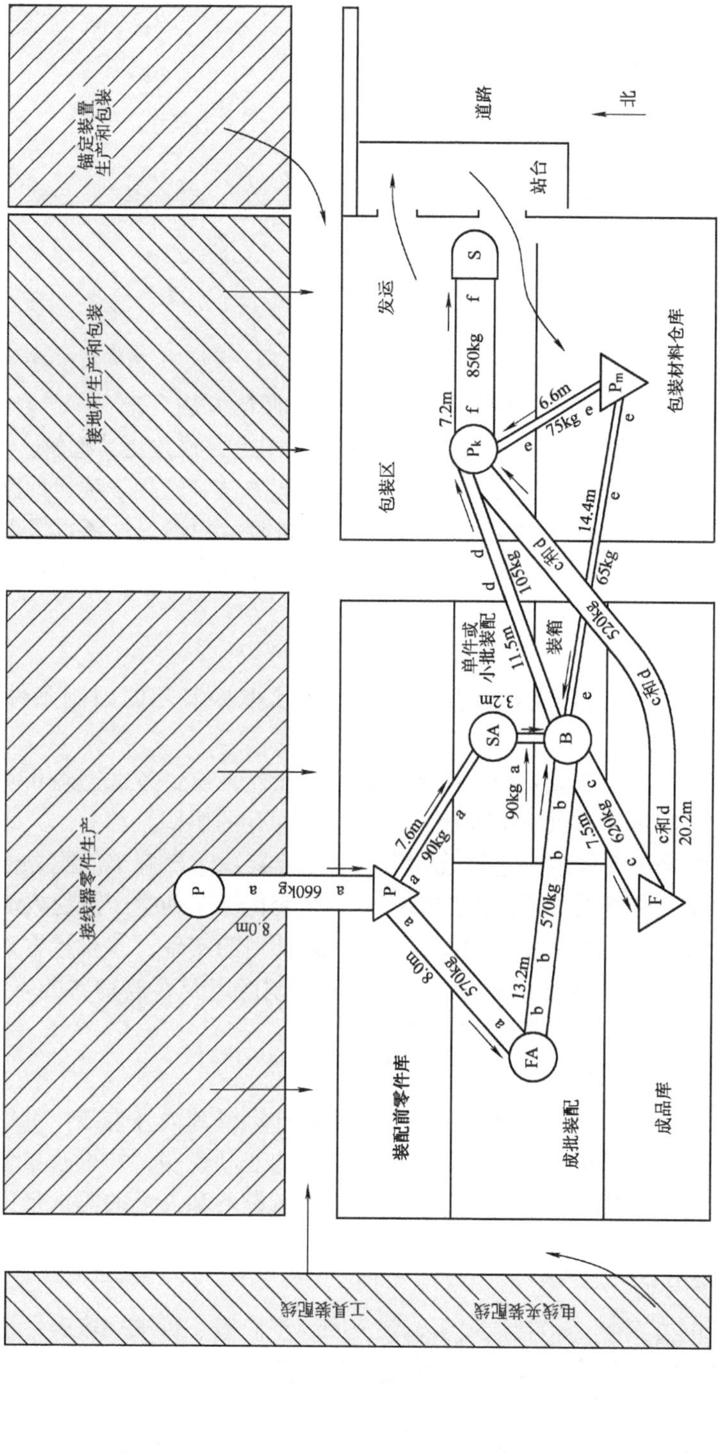

锚定装置生产和包装
接地杆生产和包装
接线器零件生产
道路
北
站台
发运
包装区
包装材料仓库
装配前零件库
单件或小批装配
装箱
成批装配
成品库
工具装配线
电线束装配线


图 6-3 平面物流指示图

确定运输单元。

2. 确定记录方法

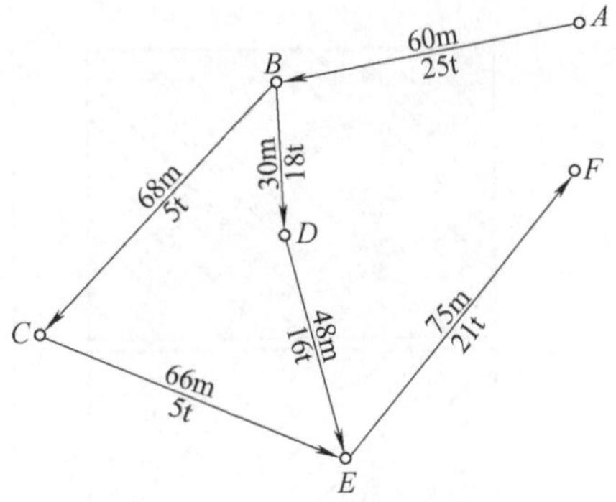


图 6-4 坐标指示图

搬运方法需要用统一的物料搬运符号表示。如属简单问题，可用物料搬运方法工作表填写建议的搬运方法。表的左边列出各项移动，表的右边填写各项移动建议的搬运方法。

（1）在普通工作表上表示。

1）物料搬运方法工作表。适用于物料品种单一或很少，而且在各路线上顺次流通无折返的情况。

2）流程表。直接在以前编制的流程表上记载变更的搬运方法。

3）流程图。把每项建议的搬运方法直接标注在流程图上，该法更易理解。

（2）系统化方法汇总表。该法是在汇总表上表示搬运方法，适用于项目的路线和物料类别较多的情况。从该汇总表上，可以全面了解所有物料搬运的情况，还可以汇总各种搬运方法，综合各条路线和各类物料的同类路线系统、设备和运输单元，也能把全部搬运规划汇总在这张表上。

### （二）方案的修改和限制

要使初步设计出的方案符合实际、切实可行，必须根据实际的限制条件对其进行修改。

解决物料搬运问题，除了路线系统、设备和运输单元外，还要考虑正确和有效地操作设备、协调和辅助物料搬运正常进行的问题（如生产和库存的协调）等。

各物料搬运方案中经常涉及的一些修改和限制的内容有：①已确定的同外部衔接的搬运方法；②既满足目前生产需要，又能适应远期发展或变化；③和生产流程或流程设备保持一致；④可以利用现有公用设施和辅助设施保证搬运计划的实现；⑤布置方案及其对面积、空间的限制条件；⑥建筑物及其结构特征；⑦库存制度以及存放物料的方法和设备；⑧投资的限制；⑨影响工人安全的搬运方法等。

### （三）方案说明和各项需求的计算

对修改后的几个初步搬运方案，要逐个进行说明和计算，其内容包括：①每条路线上每种物料搬运方法的说明；②搬运方法以外的其他必要的变动说明，如更改布置、作业计划、生产流程、建筑物、公用设施、道路等；③计算搬运设备和人员的需求量；④计算投资数和预期的经营费用。

### （四）对方案进行评价

从几个合理可行的方案中（包括总说明、物流图、汇总表、需求一览表）选出最佳方案，即对方案进行评价，是程序模式的一个决定性的步骤。

评价方案的方法有成本费用或财务比较、无形因素比较等。

成本费用或财务比较主要考虑投资费用和经营费用。投资费用包括基建投资或项目费用；经营费用包括物料、人员、管理费用。

无形因素比较主要采用优缺点比较法和加权因素比较法。

可供参考的无形因素有：①与生产流程的关系及其服务的能力；②搬运方法的通用性与适应性；③灵活性（已确定的搬运方法是否易于变动或重新安排）和柔性（搬运方法是否便于今后拓展）；④布置和建筑物扩充的灵活性是否受到搬运方法的限制；⑤面积和空间的利用；⑥安全和建筑物管理；⑦是否便于管理和控制；⑧可能发生故障的频率及对生产造成的中断、破坏和混乱的程度；⑨能否适应生产节拍的要求和对生产流程时间的影响；⑩与仓库设施是否协调；⑪同外部运输是否适应等。

#### （五）搬运方案的详细设计

搬运方案的初步设计阶段确定了搬运路线系统、搬运设备、运输单元和总体方案。搬运方案的详细设计是在此基础上制定从工作地到工作地或从具体取货点到具体卸货点之间的搬运方法。详细搬运方案必须与总体搬运方案协调一致。

实际上，SHA 的方案初步设计阶段和方案详细设计阶段用的是同种模式，只是在实际运用中两个阶段的设计区域范围不同、详细程度不同。详细设计阶段需要大量的资料、更具体的指标和更多的实际条件。

## 第四节　装卸搬运作业组织

### 一、工业工程（IE）和装卸搬运作业合理化

工业工程（IE）是以提高作业系统效率、协调人和工作环境的关系为目的，综合利用人员、物品、设备和信息等资源，设计、改善和管理生产物流作业系统的一种综合技术。工业工程学科的源头是泰勒（F. W. Taylor）提出的科学管理概念。工业工程作为提高生产作业效率的有效手段被广泛应用并不断发展。

日本物流界从工业工程的观点出发，总结出改善物流作业效率的“六不改善法”，具体内容如下：

（1）不让等——闲置时间为零，即通过正确安排作业流程和作业量，使作业人员和作业机械能连续工作，不发生闲置现象。

（2）不让碰——与物品接触为零，即通过利用机械化、自动化物流设备进行物流装卸、搬运、分拣等作业，使作业人员在从事物流装卸、搬运、分拣等作业时尽量不直接接触物品，以减轻劳动强度。

（3）不让动——缩短移动距离和次数，即通过优化仓库内的物品放置位置和采用自动

化搬运工具，减少物品和人员的移动距离和次数。

(4) 不让想——操作简便，即按照专业化（Specialization）、简单化（Simplification）和标准化（Standardization）原则分解作业活动和作业流程，并应用计算机等现代化手段，使物流作业的操作简便化。

(5) 不让找——整理整顿，即通过作业现场管理，使作业现场的工具和物品放置在一目了然的地方。

(6) 不让写——无纸化，即通过应用条形码技术、信息技术等，使作业记录自动化。

如今，工业工程技术越来越重视研究作业环境和人的协调问题。设计一个工作舒适且作业效率高、经济性好的物流作业系统是工业工程研究的中心课题。

## 二、装卸搬运作业合理化措施

### (一) 防止和消除无效作业

所谓无效作业，是指在装卸作业活动中超出必要的装卸搬运量的作业。显然，防止和消除无效作业对提高装卸作业的效率有重要作用。为了有效地防止和消除无效作业，可从以下几个方面入手：

(1) 尽量减少装卸次数。要使装卸次数降低到最小，尤其要避免没有物流效果的装卸作业。

(2) 提高被装卸物料的纯度。物料的纯度，是针对物料中含有的水分等与物流本身无关的杂质而言的。物料的纯度越高，则装卸作业的有效程度就越高；反之，则无效作业就会增多。

(3) 包装要适宜。包装是物流中不可缺少的辅助作业手段。包装的轻型化、简单化、实用化会不同程度地减少作用于包装上的无效劳动。

(4) 缩短搬运作业的距离。物料在装卸、搬运当中，要实现水平和垂直两个方向的位移，选择最短的路线完成这一活动，就可避免超过这一最短路线以外的无效劳动。

### (二) 提高物料装卸搬运的灵活性

所谓物料装卸搬运的灵活性，是指在装卸作业中的物料进行装卸作业的难易程度。所以，在堆放货物时，事先要考虑到物料装卸作业的方便性。

物料装卸搬运的灵活性，根据物料所处的状态，即物料装卸搬运的难易程度，可分为不同的级别，称为搬运活性指数，是指搬运某种状态下的物品所需要进行的四项作业（集中、搬起、升起、运走）中已经不需要进行的作业数目。

0 级——物料杂乱地堆在地面上的状态。

1 级——物料装箱或经捆扎后的状态。

2 级——装箱或被捆扎后的物料，下面放有枕木或其他衬垫，便于叉车或其他机械作业的状态。

3 级——物料被放于台车上或用起重机吊钩钩住，即刻移动的状态。

4 级——被装卸搬运的物料，已经被起动、直接作业的状态。

图 6-5、表 6-5 进行了详细说明。

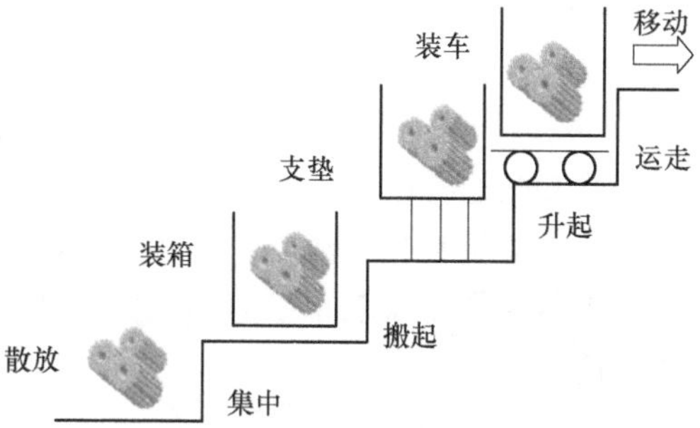


图 6-5 物料搬运活性示意图

**表 6-5 物料搬运活性指数**

| 物品状态 | 作业说明 | 作业种类 | | | | 还需要作业数目 | 已不需要的作业数目 | 搬运活性指数 |
|---|---|---|---|---|---|---|---|---|
| | | 集中 | 搬起 | 升起 | 运走 | | | |
| 散放在地上 | 集中、搬起、升起、运走 | 要 | 要 | 要 | 要 | 4 | 0 | 0 |
| 装在箱中或捆扎 | 搬起、升起、运走（已集中） | 否 | 要 | 要 | 要 | 3 | 1 | 1 |
| 托盘上 | 升起、运走（已搬起） | 否 | 否 | 要 | 要 | 2 | 2 | 2 |
| 车中 | 运走（不用升起） | 否 | 否 | 否 | 要 | 1 | 3 | 3 |
| 运动着的输送机 | 不要（保持运动） | 否 | 否 | 否 | 否 | 0 | 4 | 4 |

在对物料的活性有所了解的情况下，可以利用活性理论，改善搬运作业。从理论上讲，活性指数越高越好，但也必须考虑到实施的可能性。例如，物料在储存阶段，活性指数为 4 的输送带和活性指数为 3 的车辆，在一般的仓库中很少被采用，因为大批量的物料不可能存放在输送带和车辆上。为了说明和分析物料搬运的灵活程度，通常采用平均活性指数的方法。这个方法是对某一物流过程物料所具备的活性情况累加后计算其平均值，计算公式如下

$$\text{平均活性指数} = \frac{\text{活性系数总和}}{\text{作业工序数}} \tag{6-8}$$

平均活性指数值的大小是确定改变搬运方式的信号。

当平均活性指数 <0.5 时，所分析的搬运系统半数以上处于活性指数为 0 的状态，即

大部分处于散放情况，其改进方式可采取料箱、推车等存放物料。

当0.5<平均活性指数<1.3时，则是大部分物料处于集装状态，其改进方式可采用叉车和动力搬动车。

当1.3<平均活性指数<2.3时，装卸搬运系统大多处于活性指数为2的状态，可采用单元化物料的连续装卸和运输。

当平均活性指数>2.7时，则说明大部分物料处于活性指数为3的状态，其改进方法可选用拖车、机车车头拖挂的装卸搬运方式。

装卸搬运的活性分析，除了上述指数分析法外，还可采用活性分析图法，如图6-6所示。分析图法是将某一物流过程通过图示来表示出装卸、搬运活性程度。分析图法直观性好，薄弱环节容易被发现和改进。

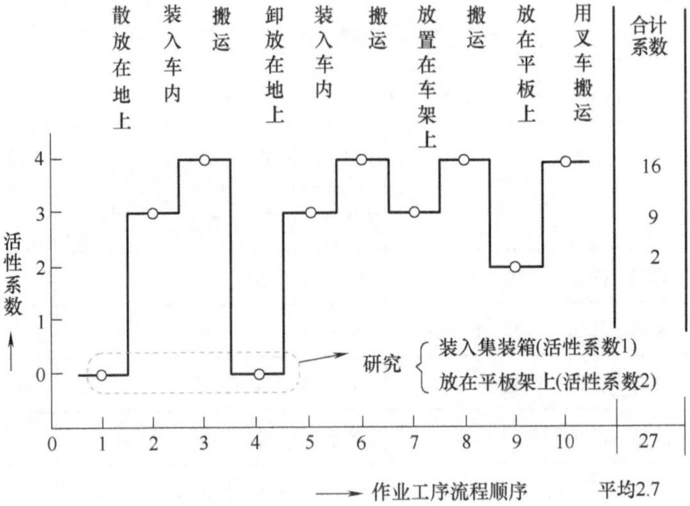


图6-6　活性分析图示例

运用活性分析图法通常分三步进行。

第一步，绘制装卸搬运图。

第二步，按搬运作业顺序做出物资活性指数变化图，并计算活性指数。

第三步，对装卸搬运作业的缺点进行分析改进，做出改进设计图，计算改进后的活性指数。

### （三）实现装卸作业的省力化

装卸搬运使物料发生垂直和水平位移，必须通过做功才能实现，因此要尽力实现装卸作业的省力化。

在装卸作业中应尽可能地消除重力的不利影响。在有条件的情况下利用重力进行装卸，可减轻劳动强度和能量的消耗。将设有动力的小型运输带（板）斜放在货车或站台上进行装卸，使物料在倾斜的输送带（板）上移动。这种装卸是靠重力的水平分力完成的。在搬运作业中，不用手搬，而是把物资放在台车上，由器具承担物体的重量，人们只要克服滚动阻力使物料水平移动，这无疑是十分省力的。

重力式移动货架也是一种利用重力进行省力化的装卸方式之一。重力式货架的每层格均有一定的倾斜度，货箱或托盘可自己沿着倾斜的货架层板滑到输送机械上。为了使滑动的阻力尽量小，货架表面通常处理得十分光滑或者在货架层上装有滚轮，也可以在承重物资的货箱或托盘下装上滚轮。

### （四）装卸作业的机械化

随着生产力的发展，装卸搬运的机械化程度定将不断提高。机械化装卸搬运能把工人从繁重的体力劳动中解放出来，尤其对于危险品的装卸作业，机械化能保证人和货物的安全，也是装卸搬运机械化程度不断得以提高的动力。

### （五）推广组合化装卸

在装卸搬运作业过程中，应根据物料种类、性质、形状、重量的不同来确定不同的装卸作业方式。普通包装的物料逐个进行装卸，称为“分块处理”；将颗粒状物资不加小包装而原样装卸，称为“散装处理”；将物料以托盘、集装箱、集装袋为单位进行组合后进行装卸，称为“集装处理”。对于包装的物料，尽可能进行“集装处理”，实现单元化装卸搬运，可以充分利用机械进行操作。组合化装卸具有很多优点：①装卸单位大、作业效率高，可大量节约装卸作业时间；②能提高物料装卸搬运的灵活性；③操作单元大小一致，易于实现标准化；④不用手去触及各种物料，可达到保护物料的效果。

## 三、装卸搬运活动组织

### （一）装卸搬运作业的劳动组织

物料装卸搬运作业的劳动组织就是按照一定的原则，将有关的人员和设备以一定的方式组合起来，形成一个有机的整体。装卸搬运作业的劳动组织大致上可分为两种基本形式，即工序制劳动组织和包干制劳动组织。

#### 1. 工序制劳动组织

工序制劳动组织形式，是按作业内容或工序，将有关人员和设备分别组合成装卸、搬运、检斤、堆垛、整理等作业班组，由这些班组共同组成一条作业线，共同完成各种装卸搬运作业。

工序制劳动组织中，按作业内容划分班组，每个作业班组的作业专业化，任务单纯，有利于作业人员掌握作业技术，容易提高作业的熟练程度，因此对提高作业质量、确保作业安全、提高劳动生产率是有益的。同时，每个作业班组由于作业内容比较固定，可配备比较专用的设备，能提高设备的利用率，便于对设备进行管理。由于设备能得到充分利用，还能提高作业效率和机械化水平。每个班组按作业内容配备人员和设备，人员与设备之间比例协调，更适应作业内容的要求。但是，工序型劳动组织由于一条作业线由几个班组共同完成，工序间的衔接容易出现不紧密、不协调的现象。同时，当装卸搬运作业量不均衡或各工序作业进度不一致时，其综合作业能力容易被最薄弱的作业环节所制约。

2. 包干制劳动组织

包干制劳动组织形式，是将分工不同的各种人员和功能不同的设备共同组合成一个班组，对装卸搬运活动的全过程均由一个班组承包到底、全面负责。

包干制劳动组织形式中，由于一个班组承担各种装卸作业内容，对整套作业线自始至终负责，一包到底，因而责任明确，便于对作业班组的实绩进行考核。同时，由于一条作业线由班长、组长统指挥，各作业工序间能够较好地配合与协调，便于提高作业的连续性。当作业量出现不均衡的情况时，包干制劳动组织适应性较强，可及时调整。他们可以集中人力作业，同时对工序上的人力、物力、设备进行合理调配，确保关键工序，有利于提高综合作业能力。但是，由于每个作业班组的人员和设备是固定配属，当作业内容不同时，人员与设备的比例关系不一定合适。同时，在一个作业班组配置几个工种的人员和多种机械设备，不利于实现专业化，对提高人员的技术熟练程度和劳动生产率不利。

上述两种劳动组织形式各有优缺点，究竟采用哪种形式更好，不能笼统地下结论，应根据装卸作业的具体情况而定。一般来说，对于规模比较大的装卸作业部门，由于人员多、设备齐全、任务量大，可采用工序制组织形式，否则，以采取包干制组织形式为宜。

**（二）物料装卸搬运设备运用组织**

物资装卸搬运设备运用组织是以完成装卸任务为目的、以提高装卸设备的装卸质量和降低装卸搬运作业成本为中心的技术组织活动。它包括下列内容：

（1）确定装卸搬运任务量。根据物流计划、经济合同、装卸搬运作业不均衡程度等，确定作业现场年度、季度、月、旬、日平均装卸任务量。装卸搬运任务量有事先确定的因素，也有临时变动的可能。因此，要合理地运用装卸设备，就必须把计划任务量与实际装卸作业量两者之间的差距缩小到最低水平。同时，装卸搬运作业组织工作还要对装卸搬运作业的物资对象的品种、数量、规格、质量指标以及搬运距离尽可能地做出详细的规划。

（2）合理地规划装卸搬运方式和装卸搬运作业过程。装卸搬运作业方法前面已经做了介绍。规划装卸搬运作业过程，是指对整个装卸搬运作业的连续性进行合理安排，以减少运距和装卸搬运次数。

装卸搬运作业现场的平面布置是直接关系到装卸搬运距离的关键因素。机械要与货场长度、货位面积等互相协调；要有足够的场地集结货场，并满足机械工作面的要求；场内的道路布置要为装卸搬运创造良好的条件，有利于加速货位的周转。

提高装卸搬运作业的连续性应尽可能做到：作业现场的机械合理衔接；不同的作业在相互连接进行时，力求使它们的速度相等或接近；充分发挥调度人员的作用，一旦发生作业障碍或停滞状态，立即采取有力的措施补救。

（3）根据装卸搬运任务和装卸搬运设备的生产率，确定所需装卸搬运设备的数量和技术特征。

（4）根据装卸搬运任务、装卸搬运设备生产率和须用数量，编制装卸作业进度计划。它通常包括装卸搬运设备的作业时间表、作业顺序、负荷情况等详细内容。

（5）给各部门下达装卸搬运进度计划，安排劳动力和作业班次。

（6）统计和分析作业成果，评价作业的经济效益。

在计算某项具体作业的装卸搬运设备需要量时，有很多因素会产生影响。首先，应考虑仓库设施布局的影响，包括库房的地形特点、库房设计的特点、露天储存场地的规模以及公路和铁路设施的情况等。其次还要考虑装卸搬运任务和工作量的不同对于设备的要求。工作量增减的百分比与由此造成的设备增减的百分比并不相同，因为工作量增加时，还可以采用下列几种方法使设备数量并不增加：增加设备的实际使用时间；增加设备每小时的运行次数；增加设备每次运行中的运载量。

对于动力式装搬设备，各种具体作业中的需要量可按下式计算

$$R=\frac{V}{C}/\frac{\mathrm{AT}}{T}=\frac{V}{C}\times\frac{T}{\mathrm{AT}} \tag{6-9}$$

式中 $R$——设备需要量；

$V$——作业量；

$C$——设备每次搬运量（件、吨等）；

$T$——设备完成一个作业周期所用的平均时间；

AT——规定的作业时限。

**【例6-3】** 在某次储存作业中，有4064个托盘物资需要移动位置。运行距离为500m，采用1台牵引车及4节平板拖车拖运。往返一次需20min（此时间系从牵引车挂上拖车开始到抵达目的地后甩下拖车为止计算的），每次可搬运8个托盘。各作业区场地宽敞，可供多个叉车作业。叉车给拖车列车装在的平均时间为5.35min，卸载和堆垛的平均时间为7.48min。要求计算：（1）如果要求3天时间（每天1班作业，每班8h）完成，那么完成该作业需要多少台牵引车？（2）计算配合此作业所需用的叉车台数。

（1）首先计算需要多少台牵引车。根据式（6-8），需要搬运的托盘数 $V=4064$ 个，每趟载运的托盘数 $C=8$ 个，拖车列车往返一次所用的时间即一个作业周期 $T=20/60=0.33\mathrm{h}$，完成作业规定的时间 AT＝3天×8h/天＝24h。

将数据代入式（6-8），得 $R=\frac{4064\text{个}}{8\text{个}}\times\frac{0.33\mathrm{h}}{24\mathrm{h}}=7$，即每天需要牵引车7台。

（2）第一步，求用于装货的叉车台数 $R_1$。这里，根据上一问结果，叉车作业量为要服务的拖车总列数，因此 $V=7$ 列；叉车每次装载的拖车列数 $C=1$ 列；对每列拖车装货的时间 $T=5.34\text{min}$；每列拖车往返一趟时间为 20min，在此时间内叉车完成装货作业即可，因此 AT＝20min。代入式（6-8），得 $R_1=\frac{7}{1}\times\frac{5.34}{20}=1\frac{17}{20}\approx2$，即需要 2 台叉车用于装货。

第二步，求用于卸货及堆垛的叉车台数 $R_2$。同样，可得 $V=7$，$C=1$，$T=7.48\text{min}$，AT＝20min，代入式（6-8），得 $R_2=\frac{7}{1}\times\frac{7.48}{20}=2.6\approx3$，即需要 3 台叉车用于卸货。

确定了所需设备数量，所需作业人员数量也就可以相应确定了。

## 案　例

### 案例 6-1　某仓库改造后的装卸搬运工作比较[⊖]

案例 3-2 中的 S 仓库新建了高站台库房，与平房仓库相比，其装卸搬运工作也有了不小的改善。由于站台库布局设计较为合理，作业场地大，进出口多，通道畅通，现有的和潜在的装卸搬运能力充分发挥和挖掘出来，避免了平房仓库常见的现场拥护、堵塞、紊乱等现象。与平房仓库相比较，站台库装卸现场的组织工作更简单、明晰、高效。

1. 装卸搬运活性对比

对站台库和平房仓库的装卸搬运工作进行活性分析，用搬运活性指数来反映其活性。下面以冰箱入库为例，分析比较 S 仓库的站台库和平房仓库的搬运活性的差异。

首先，分析冰箱入平房仓库的情况，如图 6-7 所示。

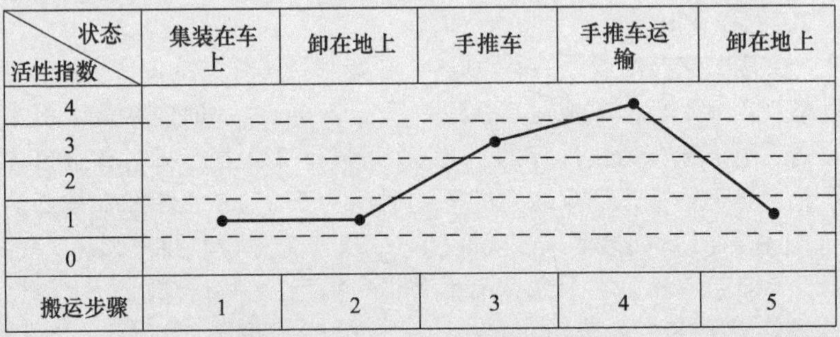


图 6-7　冰箱入平房仓库活性分析图

在这种情况下，平均搬运活性指数为

⊖ 背景资料参见案例 3-2。

$$\delta = (1 + 1 + 3 + 4 + 1)/5 = 2$$

这说明搬运活性较低，装卸搬运作业难度比较大。

其次，分析冰箱入站台库的情况，如图 6-8 所示。

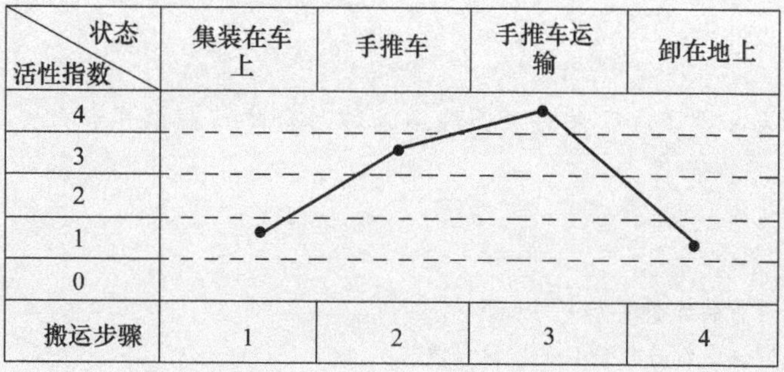


图 6-8　冰箱入站台库活性分析图

在这种情况下，站台库的平均搬运活性指数为

$$\delta = (1 + 3 + 4 + 1)/4 = 2.25$$

与平房仓库相比，站台库搬运活性较高，装卸搬运作业的难度降低。

## 2. 装卸搬运效率对比

现将实际工作中站台库和平房仓库的装卸效率进行对比，以 8 名装卸人员装卸一辆 40ft 集装箱车的冰箱为例。具体数据见表 6-6。

**表 6-6　站台库和平房仓库装卸效率**

| 库型 / 项目 | 站台库 | 平房仓库 | 库型 / 项目 | 站台库 | 平房仓库 |
|---|---|---|---|---|---|
| 装车时间/min | 32 | 46 | 卸车时间/min | 22 | 33 |
| 装车时间对比 | 1 | 1.44 | 卸车时间对比 | 1 | 1.5 |

从表 6-6 中可看出，站台库与平房仓库相比，装车时间减少了 44%，卸车时间减少了 50%，站台库的装卸效率远远高于平房仓库。

这里有一点需要说明，因为 S 仓库的装卸人员都是外聘的临时人员，仓库按照装卸人员装卸的货物数量来支付装卸费用，所以并没有考虑装卸人员的人力成本。

## 3. 装卸质量对比

这里用装卸破损率这个指标来衡量装卸质量。

$$货物装卸破损率 = \frac{货物破损数量}{货物装卸数量} \times 100\%$$

站台库和平房仓库装卸破损率的情况见表 6-7，可以看出，站台库的装卸质量远优于平房仓库。

表 6-7 站台库与平房仓库装卸破损率

| 库型 | 站台库 | 平房仓库 |
| --- | --- | --- |
| 货物装卸破损率 | 0.6% | 3.5% |

**问题：**

试分析还可以从哪些角度考虑装卸搬运工作对仓库作业效率和效益的影响。

## 习题

1. 简述如何进行装卸搬运方法的选择。
2. 描述装卸搬运系统分析设计的阶段结构。
3. 可以采取哪些措施实现装卸搬运作业的合理化？
4. 物资装卸搬运设备运用组织包含哪些内容？
5. 什么是物料搬运的活性指数？如何使用活性指数改善装卸搬运工作？
6. 某粮油销售公司共有四个仓库，预计吞吐量分别为4万t、6万t、8万t和10万t，为了作业的需要，公司需配置1.5t窄巷道叉车和手动液压叉车若干台。公司年均工作250天，分两班制，一般每班工作7h。设备平均一次搬运的重量为1.2t，平均每天工作8h。窄巷道叉车平均每小时搬运15次，手动液压叉车每小时搬运5次。试根据上述情况为该公司确定所需窄巷道叉车和手动液压叉车的数量。
7. 仓库将要通过专用线运到24个车皮的货物，必须在2天内（每天一班作业，每班8h）完成卸下并入库。接货区可安排大规模作业。储存点与卸载点相距60m，所接收的货物均为单元货物，1台叉车卸下1车皮货物平均需要运行51次，往返时间平均为2.85min。由于配备了足够的工人，车皮内装托盘的时间不会延误。试计算为按时完成这一作业，每班应安排多少台叉车。

## 思考题

参考相关书籍，了解更多关于装卸搬运系统分析的知识。

# 第七章

# 库 存 管 理

## 作 用

从第三到第六章介绍的是具体的仓储管理活动。本章从库存物品的数量管理角度出发，简要说明仓储管理之中的库存管理的主要内容，首先介绍库存的分类与功用，然后阐述库存控制的基本方法和技术，对于库存周转率的含义及其运用也进行了简要说明。

## 关 键

库存的分类；库存的功能与弊端；企业库存管理的基本考虑；库存管理的过程；库存管理与控制问题分类；库存控制基本决策；库存控制决策定量分析；库存补货模式；库存周转率的计算和使用；如何配合商品生命周期进行季节性商品的库存管理。

## 第一节 库存的分类与功用

库存（Inventory）是指储存作为今后按预定的目的使用而处于闲置或非生产状态的物品。广义的库存还包括处于制造加工状态和运输状态的物品。本章库存管理的含义采用的是库存的一般意义，即对于库存物品数量的管理。

### 一、库存的分类

库存按不同的标准有不同的分类方法。常用的分类有以下两种。

#### （一）按库存物品在生产过程和配送过程中所处的状态分类

一般情况下，根据库存物品在生产过程和配送过程中所处状态的不同，可以将库存分为原材料库存、在制品库存、维修库存和产成品库存。图 7-1 所示为典型的制造企业物料流动过程与其中涉及的库存种类。

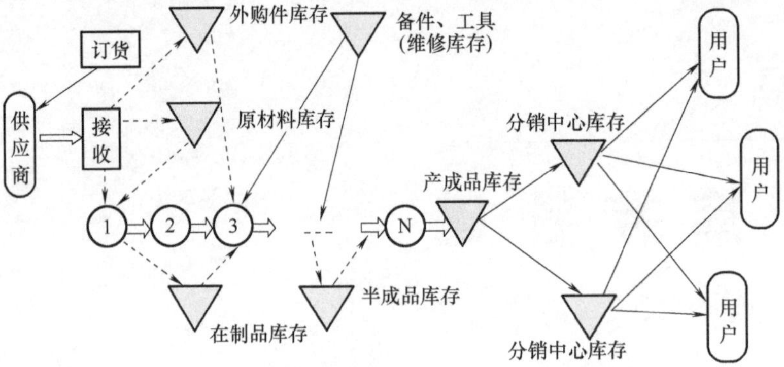


图 7-1 制造企业的物料流动过程及库存种类

1. 原材料库存

原材料库存（Raw Material Inventory）是指企业存储的在生产过程中所需要的各种原料、材料，这些原材料必须符合企业生产所规定的要求。有时，也将外购件库存划归为原材料库存。在制造企业中，原材料库存一般由供应部门来管理控制。

2. 在制品库存

在制品库存（Work-in-process Inventory）包括产品生产过程中不同阶段的半成品，一般由企业生产部门来管理控制。

3. 维修库存

维修库存（Maintenance/Repair/Operating Inventory）包括用于维修与养护的经常消耗的物品或备件，如润滑油和机器零件。这类库存也称为备品备件（Spare Parts）、修理用备件、备品配件，是指生产设备在正常运行的情况下，为保证安全生产必须储备的设备、部件、材料和配件。传统意义上认为，这类库存不包括产成品的维护活动所用的物品或备件，一般由设备维修部门来管理控制。

4. 产成品库存

产成品库存（Finished Goods Inventory）是准备让消费者购买的完整的或最终的产品，通常由销售部门或物流部门来管理控制。

5. 其他库存

其他库存包括企业日常生产经营活动所需的各类消耗品，如办公用品、清洁剂等。还包括产成品售后服务所需的备件（服务备件，Service Parts），因为这类备件和销售联系紧密，需求基本无法预测，经常还会和逆向物流相关（例如返厂进行修理的产成品需要零部件支持），所以管理十分困难，虽然使用的是原有的各种原材料、零部件、在制品等，但是企业现在为了提高效率降低成本，一般都会予以单独管理，因此本书将其单独提出来作为库存的一类，特别提请注意。

制造企业拥有以上所有种类的库存，而商业企业如储运、配送、批发和零售企业，通常只有产成品库存。公用事业单位一般是提供服务的，因此比较常见的是维修库存（如用于地铁列车的车辆零配件）。

从供应链的角度分析，这几种库存可以设置在一条供应链上的不同位置。原材料库存可以放在两个位置：供应商处或制造商处。原材料进入制造企业后，依次通过不同的供需，每经过一道工序，附加价值都有所增加，从而成为不同价值水平的在制品库存。当在制品库存在最后一道工序被加工完成后，形成产成品。产成品也可以存放在不同的储存地点：制造企业内、配送中心、零售企业，直至转移到最终消费者手中。根据原材料、产成品存放地点的不同，发展出了不同的供应链中的库存管理模式，将在本章第四节予以介绍。

### （二）按库存的作用分类

根据库存的不同，可以将库存分为周转库存、安全库存、季节性库存和在途库存等。

#### 1. 周转库存

周转库存（Cycle Stock）也称经常库存、周期库存，是指在正常的经营环境下，企业为满足日常需要而建立的库存。保持经常库存的目的是衔接工序，缓冲工序之间在时间上的矛盾、保障供需双方的经营活动都能正常进行。

#### 2. 安全库存

安全库存（Safety Stock）又称保险库存、缓冲库存，是指用于应对不确定性因素（如大量突发性订货、交货期突然延期等）而准备的缓冲库存。持有安全库存的原因是由于需求和订货提前期等方面均存在着不确定性。

#### 3. 季节性库存

季节性库存（Seasonal Stock）也称调节库存，是指为了满足特定季节的特定需求而建立的库存，或指对季节性产出的原材料（如农产品等）在产出的季节大量收购所建立的库存。

#### 4. 在途库存

在途库存（in- transit Stock，Transportation Inventory，Pipeline Inventory，Movement Inventory）又称中转库存，是指正处于运输以及停放在相邻两个工作地之间或相邻两个组织之间的库存，即处于运输状态或等待加工、流通加工的暂时处于储存状态的物资。这种库存是一种客观存在，不可避免。

#### 5. 其他库存

其他库存是指为了其他各种原因而设立的库存，包括为了配合企业促销活动，针对预期销售增加所建立的促销库存；为了避免物价上涨给企业带来亏损，或为了从物价上涨中得到利益而建立的投机库存；以及由于物资、产品的损坏、滞销等造成的沉淀库存或积压库存等，也均需要专门管理。

## 二、库存成本

库存成本是指因存货而发生的各种费用的总和，由物品购入成本、订货或生产准备成本、库存持有成本、缺货成本等构成。

### （一）购入成本

当物品从外部购买时，购入成本是指单位购入价格与购入数量的乘积。而当物品由企业内部自行制造时，购入成本是指单位生产成本与生产数量的乘积。单位成本始终要以进入库存时的成本来计算。对于外购物品来说，单位成本应包括购买价格加上运费；对于自制物品来说，单位成本则包括直接人工费、直接材料费和企业管理费用等。

### （二）订货或生产准备成本

订货成本是指从需求的确认到最终的到货，通过采购或其他途径获得物品或原材料时发生的费用，包括提出订货申请单、分析货源、填写采购订货单、来料验收、跟踪订货等各项费用。当物品外购时，订货成本主要包括内部各部门人员的费用，如采购、财务、原材料控制和仓库管理人员的工资等；管理费用，如办公用品、电话、计算机系统的费用。当物品由企业自制时，这项成本为生产准备成本，是指为生产从前订购的物品而调整整个产程的成本，通常包括准备工作命令单、安排作业、生产前准备和质量验收等费用。订货或生产准备成本与订货批量无关，只与订购次数有关。

在实际工作中，确定订货成本很不容易，因此一般采用估算的方法来确定，即采购部门的年总成本除以每年订货的次数，就可以得到订货成本的估算值。

### （三）库存持有成本

如果严格按照学术界的理解，库存成本应该只包括随库存数量变动的成本，即库存持有成本（Inventory Carrying Cost，Inventory Holding Cost）。库存持有成本包括资金成本、服务成本、空间成本、风险成本，这些成本仅随库存数量的变动而变动。

1. 资金成本

资金成本是指由于持有库存占用了可以用于其他投资项目的资金，包括内部产生的资金和从企业外部获取的资金（如来自银行和保险公司的贷款，或来自企业出售普通股的收入）。资金成本属于机会成本，它并不是一种实实在在支出的成本，而只是对于可能丧失的获利机会的反应。其计算公式为：资金成本 = 库存占用资金 × 收益率。

一般情况下，资金成本不好核算，可以将资金存入银行能够获得的存货利息或由于该资金使用而降低的银行贷款作为资金成本。

2. 服务成本

服务成本是指因持有库存所缴纳的税金和因持有库存而支付的与火灾及盗窃等相关的保险。

3. 空间成本

如本书第一章所述，企业有三种仓储管理模式：自营仓储、租赁仓库仓储、第三方仓储。自营仓储与租赁仓库仓储的费用与企业的库存水平没有直接关系，而与仓库规划和仓储作业方式有关，所以不是库存持有成本；第三方仓储的收费通常是按进出仓库的产品数量（搬运费）以及存储的库存数量（存储费）来计算，因此，第三方仓储收费中的存储费与库存水平有直接关系，该费用就是库存持有成本中的空间成本，而搬运费与企业的仓储作业量有关，与库存水平没有直接关系，应当算作仓储作业成本。

4. 风险成本

风险成本主要包括过期成本、破损成本、损耗、移仓成本等。

### （四）缺货成本

缺货成本是指由于库存供应中断而造成的损失，包括原材料供应中断造成的停工损失、产成品库存缺货造成的延期交货损失、丧失销售机会的损失等。其中，供应中断造成的停工必然会影响到产成品的销售和交货。

1. 延期交货

如果缺货商品延期交货，会发生特殊订单处理和运输费用，延期交货的特殊订单处理费用要比普通处理费用高。

2. 失销

当出现缺货时，如果客户选择收回他的购买要求，而转向其他供货商，就产生了失销。

3. 失去客户

当客户永远转向另一个供货商时，企业就失去了客户。如果失去了客户，企业就失去了未来一系列收入，这种缺货造成的损失难以估计。

企业必须科学分析确定所需达到的客户服务水平，并分析缺货可能产生的后果，从而估算发生缺货会造成的损失。如果增加库存的成本少于一次缺货的损失，那么就应该增加库存以避免缺货。

## 三、库存的功能与弊端

### （一）库存的功能

关于库存，有这样一种说法：“库存是一个必要的恶魔。”也就是说，库存的存在有利有弊。在不同情况下、不同的企业内，持有库存的理由各有不同和侧重，在供应链中则更为复杂。毋庸置疑，库存对于企业而言具有一定的战略地位，这里不对这一点进行详细论证，只强调两个方面：库存对于顺利实施生产的影响，以及库存对于企业财务绩效的影响。

1. 供应链中的库存

供应链管理归根到底也是对物流进行的管理，而前面提到过，库存管理是物流的一项主要职能，因此也是供应链运作和管理中的重要职能，库存管理不能与供应链的其他决策分割开来。由于供应链的所有企业一般都拥有自己的存货，因此如果供应链比较长（供应链长度是指供应链中物品从源头向目的地流动过程中所需要经过的层级或媒介的数量）或者比较宽（供应链宽度是指物品在向最终客户流动的过程中所经过的并行的途径），那么在这个供应链中就会有大量库存，且物流速度会比较慢。因此，设计供应链的一个主要因素就是对库存的数量和地点进行限定，其需要考虑的仍然是最常见的成本和客户服务水平之间的权衡。供应链结构对于库存管理影响很大，反过来，库存管理决策对于供应链的设计也会产生相应的影响。经验告诉我们，几个存储地点的存货总量遵循下面的公式

$$\mathrm{AS}(N_2)=\mathrm{AS}(N_1)\times\sqrt{N_2/N_1} \tag{7-1}$$

式中 $N_2$——未来计划的设施数量；

$N_1$——现有设施的数量；

AS（$N_i$）——设施数量为 $N_i$ 时的总体存货数量。

例如，某公司现在华北各地拥有 12 个仓库，总存货量价值 1200 万元。现在为了配合拓展市场，计划把仓库数量增加到 16 个左右。如果每年库存持有成本为 20%，那么，根据式（7-1），$N_1=12$ 个，$N_2=16$ 个，$\mathrm{AS}(N_1)=1200$ 万元，代入式（7-1），得 $\mathrm{AS}(N_2)=\mathrm{AS}(N_1)\times\sqrt{N_2/N_1}=1200$ 万元 × $\sqrt{16\text{个}/12\text{个}}=1390$ 万元。因此增加 4 个仓库将会使得库存持有成本每年上升（1390 万元 - 1200 万元）×20% =38 万元。

另外，供应链中存在的库存逐级扩大的牛鞭效应[⊖]，表明供应链中的任何不确定性因素（如需求突然上升）都会使得供应链中的各个企业持有更高水平的库存，从而自然会造成成本上升，并降低供应链的响应速度。因此，在供应链中的库存管理需要更为详细的计划，涉及各个企业之间的紧密合作，才能使供应链运转更为有效。

2. 库存的缓冲作用

一般情况下，库存最主要的功能，就是缓冲供给与需求之间的矛盾。这种具有安全性质的缓冲功能对于企业的顺畅运作来说至关重要。库存有利于解决供给和需求之间的变化和不可知性的问题，还可以在企业运作中出现问题时，保证运作顺利进行，如图 7-2 所示。

具体而言，持有库存的缓冲作用可以使得企业具有以下能力：

（1）能够满足大于预期的需求，或者满足未能预测到的时间点的需求。

（2）能够允许延迟到货或者到货数量低于预期的情况出现。

⊖ 可以参考供应链方面的书籍进行了解。

图 7-2 库存的缓冲作用

（3）能够允许在供给的最佳批量和需求的实际批量之间存在差异。

（4）在相邻的操作环节之间提供缓冲作用，降低相互的关联性。

（5）可以避免向客户送货延迟的情况出现。

（6）可以通过大批量订货而获益。

（7）可以采购即将停产或者不易购买到的商品。

（8）可以实施整车运输，从而降低运输成本。

（9）可以更有效地应对各种突发事件。

以制造企业为例，产成品库存的这种缓冲作用，就使得生产和销售不一定需要形成密切的匹配。这样做有两个好处：①相对于总是变幻不定的生产而言，顺畅的生产由于拥有从容和固定的计划和步骤、标准化的工作流程、变动较少等优点，因而能够实现更高的生产效率；②企业不需要为了应对销售高峰而配备大量的生产能力，因而也不会再销售低潮时出现机器设备的闲置、生产效率低下等问题。企业产销之间的矛盾都可由库存变化来解决。当产量大于销量时，库存水平上升，反之，库存水平下降。库存变化既可以简单地针对产成品进行调整，也可以通过调节各个运作环节的速度，对在制品进行调整。

表 7-1 显示了某公司在过去 6 个季度的产销及库存数据。可以看出，由于拥有存货，该公司的产量基本上保持稳定。即使在销售旺季销量上涨了 57%，产量仍然保持在 10% 的变化范围内。在第 3 季度，该公司在没有提高产量的情况下就达到了销售量的历史新高，并且，由于存货的减少，事实上公司还降低了成本。如果这家公司为了应对销售高峰而配备大量生产能力，那么它在第 1 季度的产能利用率就只能达到 58%。因此可以说，合理的库存管理能够促使企业实现更高的销售量、更低的成本以及更高的利润。

**表 7-1 某公司 6 个季度的数据记录**

| 季度 | 1 | 2 | 3 | 4 | 5 | 6 |
|---|---|---|---|---|---|---|
| 销售量/百万元 | 70 | 110 | 120 | 105 | 90 | 80 |
| 销售量变化（%） | – | +57 | +9 | –4 | –14 | –11 |
| 产量/百万元 | 100 | 105 | 105 | 95 | 95 | 95 |
| 产量变化（%） | – | +5 | 0 | –10 | 0 | 0 |
| 存货变化/百万元 | +30 | –5 | –15 | –10 | +5 | +15 |

3. 库存对于企业财务绩效的影响

对于一个企业而言，库存还有另外一个长期的影响，就是会影响该组织的财务绩效。这里通过资产回报率这个重要的财务指标来进行一个简单的分析。资产回报率的计算方法是用税前利润除以资产总值，即

$$资产回报率 = 税前利润/资产总值 \tag{7-2}$$

资产回报率为企业对现有资源使用情况进行评估提供了工具。通常资产回报率越高，表明资源使用情况越理想。库存对资产回报率的影响如图 7-3 所示。

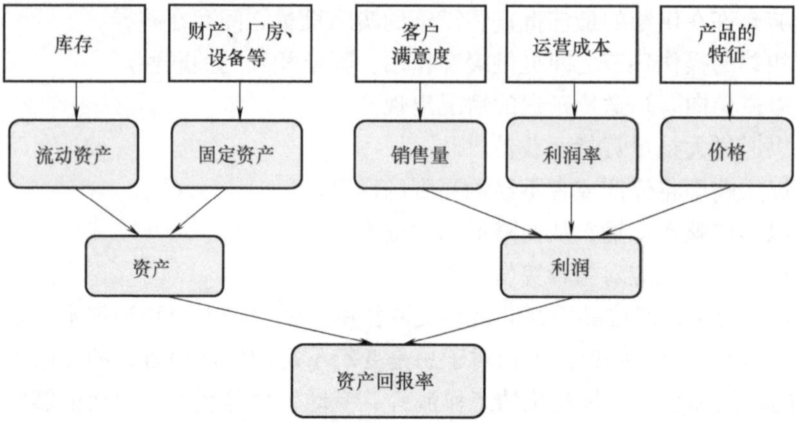


图 7-3 库存对资产回报率的影响

（1）流动资产。资产通常分为流动资产（如现金、应收账款、存货等）和固定资产（不动产、厂房、设备等）。管理的优化有利于库存水平降低，从而会降低流动资产总值。在库存方面，投资的减少将会解放一部分占压资金，使其投入到更能产生效益的地方去，同时还可以减少贷款的需要。

（2）固定资产。有了库存，就会相应地要求企业对仓库、物料处理设备、信息系统和其他相关设施进行投资，从而增加固定资产。因此库存水平的降低会相应地带来企业在固定资产方面的投入减少。

（3）销售量。库存方面的有效管理有利于提高产品的可得性，缩短订货至交货周期，实现恰当的送货批量和频率，还有利于更快速地到货，从而提高客户对于企业的认同价值和满意度。这就会使客户订单增加、回头客增多、客户忠诚度提高、新客户不断增加，从而达到销售量不断攀升的效果。

（4）利润率。库存管理效率的提高有利于促进运营成本的进一步降低。同时，还有利于提高采购工作的绩效，对库存水平实施有效监控，能够帮助设定最优订货批量、降低库存成本，从而提高企业利润率。企业也可以由于成本降低而下调售价，以进一步提高销售量。

（5）价格。库存能保证客户服务水平（原因同第3点），客户也就愿意支付更高的价格。此外，由于持有库存，使得企业可以在生产的最后环节中加入一些增值服务，从而提高产品价格。

以上所述的前两点主要是从降低资产总值的角度、后三点主要是从提高利润的角度出发来考虑库存所产生的影响。这些作用交织在一起，好的库存管理不仅会明显提高企业的资产回报率，还会对企业其他很多方面产生有利影响。

**【例7-1】** 某公司每年销售额为2000万元，库存水平为销售额的25%。年库存持有成本为库存产品价值的20%。运营成本（除库存持有成本外）每年为1500万元，其他方面的资产价值为3000万元。试计算当前状态下的年资产回报率。如果库存水平下降到销售额的20%，比较资产回报率将会产生的变化。

根据上面的数据，对两种库存水平下的年资产回报率进行计算，见表7-2。可以看出，库存减少使得运营成本降低，从而带来利润和资产回报率的提高。但要注意，库存水平和客户服务水平之间具有背反关系，因此要降低库存水平的时候必须进行科学分析。

表7-2 两种库存水平下的年资产回报率计算 （单位：万元）

| 库存水平（占销售额百分比）(1) | 销售额(2) | 库存(3)=(2)×(1) | 库存持有成本(4)=(3)×20% | 运营成本(5) | 总成本(6)=(4)+(5) | 税前利润(7)=(2)-(6) | 其他资产(8) | 总资产(9)=(3)+(8) | 资产回报率(10)=(7)/(9) |
|---|---|---|---|---|---|---|---|---|---|
| 25% | 2000 | 500 | 100 | 1500 | 1600 | 400 | 3000 | 3500 | 11.4% |
| 20% | 2000 | 400 | 80 | 1500 | 1580 | 420 | 3000 | 3400 | 12.4% |

很显然，对库存的有效管理将会直接影响到一个企业的总体绩效。有效的库存管理会提高客户满意度和销售额，提升企业财务绩效，使得企业在场地、产能、设备、建筑、资金和员工等方面的工作效率进一步得到提高，还可以对市场区域产生影响，帮助企业对新市场的进一步拓展。除此之外，库存的存在还有利于企业提供一系列附加服务，如信息管理、直接送货、供应商管理库存（VMI）、越库作业（Cross-docking）、包装、延迟作业（Postponement）、安装等。库存是供应链中物品有效流动的主要补给源，其对于供应链的正常运作是至关重要的。

**（二）库存的弊端**

以上是库存有益的一面，但是这些库存的作用都是相对的。客观来说，任何企业都不希望存在任何形式的库存，无论原材料、在制品还是成品，企业都想方设法地降低库存。库存的弊端主要表现在以下几个方面：

（1）占用企业大量的流动资金。库存量越大，能够提供的客户服务水平就越高，同时占用的资金也越多。一般情况下，库存资金很可能占到企业流动资金的40%，甚至可能达到60%。

（2）增加了企业的产品成本与管理成本。由于持有库存将发生相应的库存持有成本（将在本章第二节进行详细介绍），库存持有成本增加会直接增加产品成本，而相关库存设备、管理人员的增加也加大了企业的管理成本。

（3）掩盖了企业众多管理问题，如计划不周、采购不利、生产不均衡、产品质量不稳定及市场销售不力。用比较形象化的比喻来说，这就好像高水位掩盖了水下的礁石，但如果水退去，这些礁石就暴露出来了。因此，现代的库存管理讲求的是降低库存水平，使问题暴露出来，解决问题后再接着降低库存水平的良性循环，而非很多企业为了应付企业的各种问题而不断增加库存的简单思路。

## 第二节　库存管理的基本内容

### 一、企业中的库存管理问题

不同类型的企业有不同类型的库存问题。为确定各类企业所涉及的库存问题，可以将企业划分为零售企业、批发企业和制造企业。表7-3列出了各类企业所遇到的库存类型。可以看出，从零售企业到批发企业再到制造企业，库存的种类与数量增多，库存问题的复杂程度也依次增加。

表7-3　各类企业所遇到的库存类型

| 企业类型 | 库存类型 | | | |
|---|---|---|---|---|
| | 消耗品 | 原材料 | 在制品 | 产成品 |
| 零售企业 | √ | | | √ |
| 批发企业 | √ | | | √ |
| 制造企业 | √ | √ | √ | √ |

不管是何种类型的企业，企业内不同部门对库存的要求都存在并不完全一致的情况，甚至会相互矛盾。例如，对于一个典型的制造企业而言，总体上其主要的目标是使库存投资最少，对用户的服务水准最高和保证企业的低成本、高效益运营，具体目标表现为单位成本低、库存周转率高、产品质量稳定、与供应商保持良好的关系、供货持续不间断等。很容易看出，上述目标内部存在要求不一的情况，有的甚至互相抵触。因此，企业进行库存管理的首要问题，就是要根据现实条件和环境的各种限制很好地把这些目标协调起来。表7-4显示了企业内部各主要部门对于库存所持的不同态度，由于目的不同，其对于库存

量的高低需求也不同。

表 7-4 各部门对库存所持的态度

| 部门 | 职能 | 库存目的 | 库存量的倾向 |
|---|---|---|---|
| 营销 | 出售产品 | 对顾客的良好服务 | 高 |
| 生产 | 制造产品 | 有效的批量 | 高 |
| 采购 | 购入所需物料 | 单位成本低 | 高 |
| 财务 | 提供流动资金 | 资金的有效利用 | 低 |
| 工程 | 设计产品 | 避免陈旧 | 低 |

例如，在消耗品和原材料方面，财务经理和采购经理的观点有可能有分歧。通常，采购经理希望按大批量采购物品，以便获得数量折扣和节约运输费用，从而降低单位成本；而财务经理为了把有限的资源和释出的资金用于其他方面，而倾向于小批量采购。对于在制品来说，生产经理和财务经理的观点可能不同。生产经理愿意扩大库存，用大量的生产来减少工序间的依赖性和降低生产准备成本。上述情况便可能在部门之间造成矛盾，至少是观点的不同，很多库存问题就是因为这种原因造成的。许多好的企业物流控制系统，由于部门间的冲突和各自为政而遭到夭折和破坏。

此外，库存管理是物流管理的众多职能中的一个方面，如图 7-4 所示。因此，企业必须从整个组织的利益出发来协调对于库存管理目标的矛盾。库存问题不能孤立地来处理，它与生产、采购、营销、财务、运输、储存等问题都有千丝万缕的联系。库存管理是一个与企业内部各部门以及各项物流活动均密切相关的任务，不应该看作各项库存物品的一系列互不相关的决策，它应该服务于企业发展的总目标，这就是企业库存管理的根本目的。

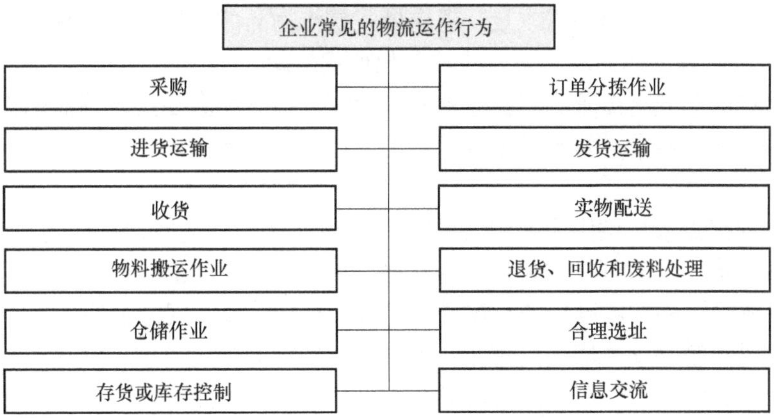


图 7-4 库存在企业物流管理中的地位

## 二、库存系统的性质

虽然不同的库存系统可能各有其特点，但也有其共性。需求、补货、约束和成本是所有库存系统的共同组成部分。成本已在上一节讨论过，这里对需求、补货、约束加以阐述。

### （一）需求

需求是指从库存中提取物品以满足用户的需求，可用需求量、需求率和需求模式来描述。

需求量是指需求的数量。如果不同时期的需求量相同，则为不变需求，否则为可变需求。当需求量已知时，便称该库存系统为确定型系统。而当需求量未知，但可以确定其概率分布时，称该库存系统为概率型系统。需求量的概率分布可以是不连续的或连续的。不连续的需求量只能取某些特定的值，对应间断出货模式；而连续分布的需求量可以取任意值，对应连续出货模式，如图 7-5 所示。

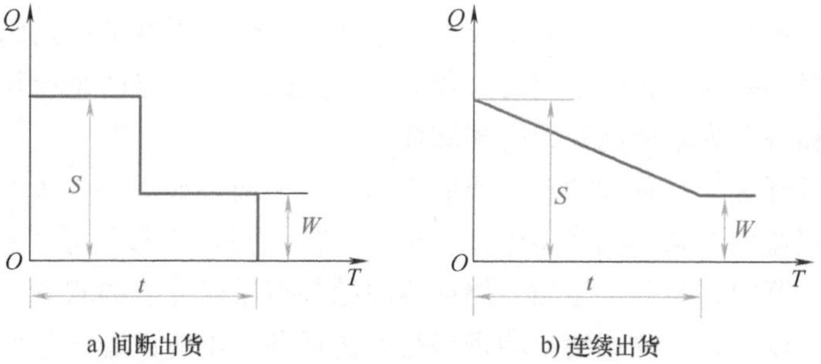


图 7-5　间断出货与连续出货

需求率就是单位时间内的需求量。需求模式是指物品的出库方式，物品可以间断出库（时间、数量）、在整个期间均匀出库或按其他形式出库。

需求还可以分为独立需求和相关需求两种模式。独立需求是指该物品的需求与其他种类的物品无关；相关需求是指与其他需求有内在相关性的需求。

### （二）补货

补货是指根据需求从供应商处订货并将物品存入仓库，自制物品即为企业补充生产。补货就是库存的输入，从订货到货物进入库存往往需要一段时间，称为订货提前期或前置时间（Lead Time）。补货可以用补货数量、补货模式和前置时间来描述。

补货数量是指被接受入库的订货量，根据库存系统的不同类型，订货量可以是不变的或可变的。当补充订货到达时，通过验收进入库存，从而成为库存的已有部分。

补货模式是指物品的入库方式，如果整批物品在同一时间入库，属于瞬时到货模式。但物品也可以采用其他补货模式，如均衡到货或分批到货。

前置时间可以是不变的，也可以是可变的。当前置时间可变时，可以用某种概率分布来描述它。前置时间由5部分组成，包括企业内部的订货准备时间、订单传送时间、供应商准备物品时间、运输物品时间及入库前对物品进行验收等活动所占用的时间。

#### （三）约束

由于库存系统不是孤立存在的一个系统，所以往往受到很多管理上的约束，如规定平均库存资金限额，对某些物品采取不准缺货的库存策略等。实际环境也会对库存系统施加约束，例如，仓库的容量就限制了库存物品的数量。

### 三、库存管理与控制问题分类

#### （一）单周期库存与多周期库存

根据对物品需求的重复次数可将物品需求分为单周期需求与多周期需求。

单周期需求即偶尔发生的对某种物品的需求，是指仅仅发生在比较短的一段时间内或库存时间不可能太长的需求，以及经常发生的对某种生命周期短的物品的不定量需求。相应地，单周期库存一般只存储一次，这些库存消耗完了之后不再重新补充，因此也被称为一次性订货问题，如对每天销售的报纸、足球世界杯的纪念品、一些容易腐烂的商品、其他生命周期短的商品和容易过时的商品等的需求。

多周期需求则指在足够长的时间里对某种物品的重复的、连续的需求。其库存需要不断补充，因此也称为重复性订货问题。多周期库存需要多次存储，即前一批货物用完之前，下一批货物就须入库，否则就会缺货，这样在一定时期内周而复始地存储同样的物品。在多周期库存中，库存的数量和补充时间，可以根据对需求的响应水平而变动。多周期库存所保存的大多是产成品和它们的零件，因而远比单周期库存普遍。原材料库存、在制品库存、产成品库存、周转库存、安全库存、调节库存等都属于多周期库存。

#### （二）独立需求库存与相关需求库存

独立需求库存是指用户对某种库存物品的需求与其他种类的库存无关，表现出对这种库存需求的独立性。来自用户的对企业产成品和服务的需求一般为独立需求。从库存管理的角度来说，独立需求库存是指那些随机的、企业自身不能控制而是由市场所决定的需求所对应的库存，这种需求与企业对其他库存产品所做的生产决策没有关系。独立需求最明显的特征是需求的对象和数量不确定，只能通过预测方法粗略地估计。对于独立需求库存，由于其需求时间和数量都不是企业本身所能控制的，只能采用“补充库存”的管理控制机制，将不确定的外部需求问题转化为对内部库存水平的动态监控与补充的问题。

相关需求是指与其他需求有内在相关性的需求。根据这种相关性，企业可以精确地计算出它的需求量和需求时间，它是一种确定性需求。一般，生产制造企业内部物料转化各环节之间发生的需求为相关需求。相关需求也称为非独立需求，可以根据对最终产品的独立需求精确地计算出来。用户对企业产成品的需求一旦确定，与该产品有关的零部件、原材料的需求就随之确定，对这些零部件、原材料的需求就是相关需求，而且相关需求的数量和需要时间可以通过计算精确得到。相关需求可以是垂直方向的，也可以是水平方向的。产品与其零部件之间垂直相关，与其附件和包装物之间则水平相关。

独立需求库存问题和相关需求库存问题是两类不同的库存问题。另外，相关需求和独立需求都是多周期需求，对于单周期需求，是不必考虑相关与否的。企业里产成品库存管理问题属于独立需求库存问题，在制品和原材料库存管理问题属于相关需求库存问题。

**（三）确定型库存与随机型库存**

按库存的参数确定与否，可以将库存分为确定型库存与随机型库存。对于确定型库存而言，库存模型的参数是确定的，即物品的需求量是已知和确定的，补充供应的前置时间是固定的，并与订货批量无关。当这两个条件得不到满足时，就不是确定型问题。

另一类模型是随机型库存模型，是指物品的需求量和补货前置时间至少有一个是随机变量。如果可以根据统计资料得出在任一给定时期需求量的概率分布，则称之为概率型库存模型。

**（四）按库存系统类型划分的库存**

根据不同的库存管理方式，库存系统可以分为定量订货系统、定期订货系统、物料需求计划系统和准时生产系统几类。其中，前两者适用于独立需求，后两者适用于相关需求。

1. 定量订货系统

定量订货系统（Fixed-quantity System，FQS）也称为定量控制系统或订货点控制系统（ROP）、连续观测库存控制系统，是指对每件产品的库存水平进行不间断的监测，当库存量下降到预定的最低库存量（订货点）时，按规定数量（一般以经济订货批量 EOQ 为标准）进行订货补充的一种库存控制方法，如图 7-6 所示。其中，$R$ 为再订货点，$L$ 为订货提前期，$S$ 为安全库存。其基本原理是根据客户需求及订货周期，预先确定企业的最低库存量（订货点），随时检查库存，当库存下降到 $R$ 时，立即发出订货通知，订货数量一般为经济订货批量 $Q^*$。该方法主要靠控制订货点和订货量两个参数来控制订货，达到既满足库存需求，又使总费用最低的目的。这种系统是连续不断地监视库存余量的变化，当库存余量下降到某个预定数值——订货点（Reorder Point，RL）时，就向供应商发出固定批量的订货请求，经过一段时间（即订货提前期），订货到达，补充库存。

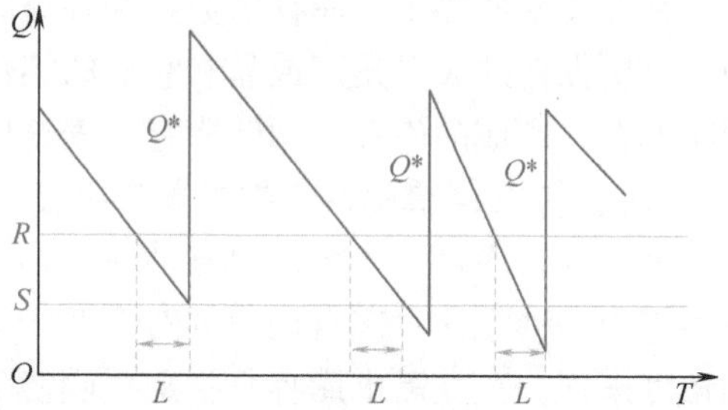

图 7-6　定量订货系统示意图

实施定量订货系统时，需要随时检查库存，并随时发出订单，这样使得库存管理过于复杂、工作量巨大，因此有时对一些廉价、用途统一和闲置时间短的物品（如办公用品、螺母、螺栓等）会采用一些简化的方法，常用的双堆（箱）法、三箱法即为这种控制方法的变形。采用双堆法时，每次进货均将物资分成两部分储存，一部分作为订货点的库存，单独存放，其余的作为经常性库存，供日常发料使用。一旦供日常用的箱子（或架子、堆）空了，就相当于提示该补充订货了。如果将安全库存单独放在第三个箱子里，就称为三箱系统。还可以配合收发卡片进行使用。

2. 定期订货系统

定期订货系统（Fixed-interval System，FIS）是指按预先确定的订货间隔期进行订货的一种库存管理方式，也称为定期控制系统或订货间隔期控制系统、固定订货间隔期系统，如图 7-7 所示。其中，$t_1=t_2=t_3=t_4$，即订货时间间隔是固定的，而订货批量通常是变化的（图中 $Q_1$、$Q_2$、$Q_3$、$Q_4$ 不一定相等），订货点 $R$ 也往往不同。此种控制方式的关键就是确定订货间隔期。该系统不需要随时检查库存，简化了管理，在规定订货的时候检查库存，也节省了订货费用。但是缺点是无论库存水平降得多还是少，都要按期发出订货，有可能订货量很少，或者由于某时期需求量突然增大而可能发生缺货，所以这种方式主要用于重要性较低的物资。

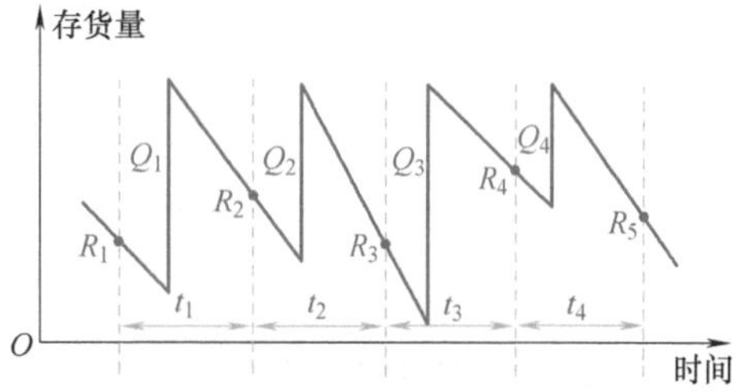


图 7-7 定期订货系统示意图

最大最小系统是定期订货系统的变形。其运行过程是：确定一个订货点和最大库存量；每隔规定的时间就检查库存并确定库存余额，当库存余额小于等于订货点时就发出订货，订货量等于最大库存量和库存余额的差；如果库存余额大于订货点，则本期不订货。如图 7-8 所示，当经过时间间隔 $T$ 时，如果库存量降到订货点，则发出订货；否则，再经过时间 $T$ 再检查是否发出订货。这个系统可能需要相当大的安全库存以应对各种不确定性。

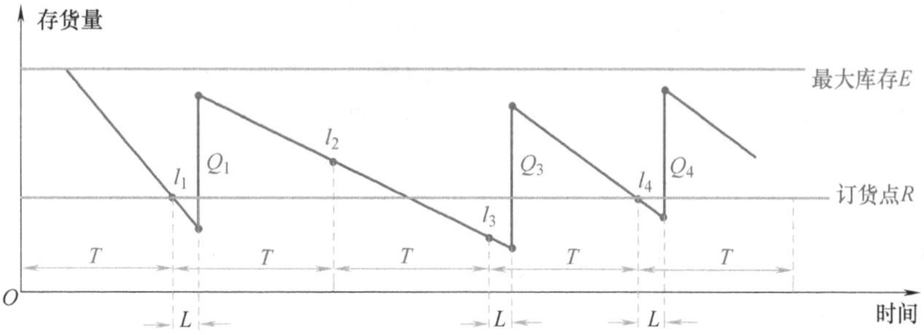


图 7-8 最大最小系统示意图

表7-5对于定量订货系统和定期订货系统进行了比较。

表7-5 定量订货系统与定期订货系统的比较

| 特　征 | 定量订货系统 | 定期订货系统 |
|---|---|---|
| 订购量 | $Q$是固定的（每次订购量相同） | $Q$是变化的（每次的订购量不同） |
| 订货点 | 固定 | 可变 |
| 何时订购 | 当库存量降低到订货点$R$时发出订购请求 | 订购的间隔期是固定的，每隔一个固定的间隔期$T$，就可能发出订购请求，即在盘点期到来时进行订购 |
| 检查周期 | 可变 | 固定 |
| 库存记录 | 每次出库都做记录 | 只在盘点期做记录 |
| 需求率 | 固定/可变 | 固定/可变 |
| 前置时间 | 固定/可变 | 固定/可变 |
| 库存大小 | 比定期订货系统小 | 比定量订货系统大 |
| 存货类型 | 价格昂贵、关键或重要的物资，且该物资易于采购，并具备进行连续检查的条件 | 一般的物资，供货渠道较少或供货来自物流企业的物资；须定期盘点、采购或生产的物资；具有相同供应来源的物资 |

3. 适用于相关需求的库存控制系统

物料需求计划（MRP）适用于相关需求的库存控制，是在产品结构与制造工艺基础上，利用制造工程网络原理，根据产品结构各层次物料的从属与数量关系，以物料为对象，以产品完工日期为时间基准，按照反工艺顺序的原则，根据各物料的加工提前期制定物料的投入出产数量与日期。MRP是根据总生产进度计划中规定的最终产品的交货日期，规定必须完成各项作业的时间，编制所有较低层次零部件的生产进度计划，对外计划各种零部件的采购时间与数量，对内确定生产部门应进行加工生产的时间和数量。

准时生产（JIT）系统以准时生产为出发点，将必要的零件以必要的数量在必要的时间送到生产线，并且只将所需要的零件、只以所需要的数量、只在正好需要的时间送到生产线。JIT生产方式的基本思想是“只在需要的时候，按需要的量，生产所需的产品”，也就是追求一种无库存或库存达到最小的生产系统。JIT的基本思想是生产的计划和控制及库存的管理。

4. 库存控制问题分类

根据以上分析，库存管理与控制系统的分类如图7-9所示。

## 四、库存管理的过程

库存管理的过程如图7-10所示。

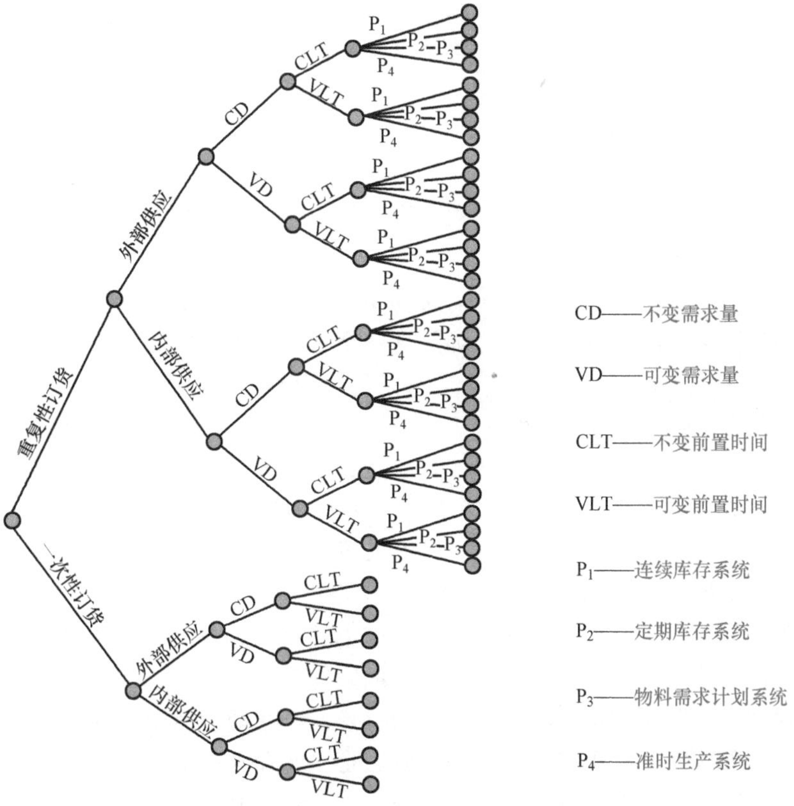


图 7-9　库存管理与控制系统的分类

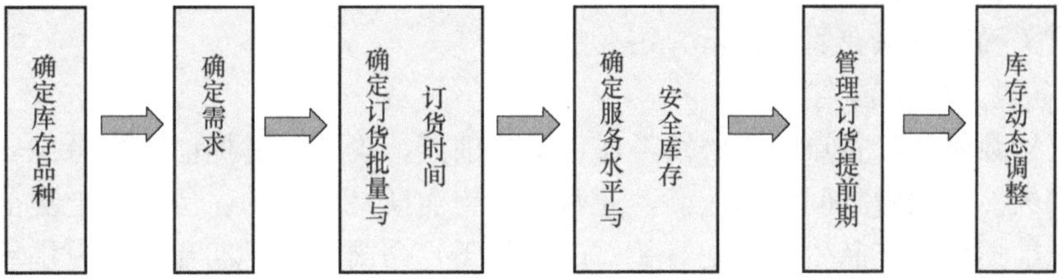


图 7-10　库存管理的过程

### （一）确定库存品种

持有库存成本高昂，因此企业要在客户服务保持在可以接受的水平的基础上，使库存水平实现最小。这就要求企业首先确定哪些物品需要保有库存，杜绝向库存中加入不必要的物品，把不再适用的物品及时从库存中清除出去。管理者应该对持有某种物品库存的成本与收益进行仔细核算，并与不持有该种库存的成本和收益进行认真比较，只有在证明持有该种物品的库存有明显好处时，才应该保有其库存。同样，还须对库存中物品的实际使用情况时时进行监控，一旦某种物品的价格下降到没有存储的必要时，就应该立即将它从库存中清除出去。可以采用某些方法来辅助对物品进行分类管理，如后续讲到的ABC重点管理法等。

### （二）确定需求

对库存进行管理，首先需要进行需求识别与需求预测。具体方法可参考相关书籍。

### （三）确定订货批量与订货时间

确定订货批量与订货时间是指决定何时补充订货、补充多少数量，即确定订货数量和订货点。上面提到的四种库存系统即为确定这两个参数的不同方法。后续将介绍具体的定量计算方法。

### （四）确定服务水平与安全库存

服务水平是指客户提出订货要求时，企业能够满足客户需求的可能性。如果整个库存系统任何时候均能满足全部客户的订货需求，则其客户服务水平为100%；如果能满足95%的需求，则其客户服务水平为95%，也可以称此时的库存系统的缺货率为5%。由于客户需求通常无法准确预测，企业常采用增大库存量的方法提高服务水平。库存量越大，企业可能提供的服务水平就越高，同时库存成本也就越高。因此必须对服务水平和库存成本进行权衡，确定合理的服务水平，才能获得期望的效益。

安全库存用于预防预测与实际消耗之间的差异，以及期望运输时间与实际时间的差异所造成的损失，即预防各种不确定性。一般做法是在库存水平上增加一部分以满足不可预见的需求，计算时需要考虑需求因素（包括需求变化、预测不准确和缺货）、供应因素（包括订货提前期变化、订货提前期估计不准确、供应的安全性等）、库存策略（包括缺货损失、报废损失、损耗率和空间需求）以及客观条件（包括工厂和仓库的布置）等各类因素。有关确定方法在后续进行介绍。

### （五）管理订货提前期

确定订货数量和订货点时，必须考虑订货提前期。确定订货提前期要考虑安全库存费用与缺货损失，在两者之间做出权衡。通常假设提前期是固定的，但实际上提前期经常是变化的。提前期还与产品生命周期有关，产品处于生命周期的早期和末期时提前期会更长一些。

提前期的变化常会导致库存过多或缺货，变化的、较短的提前期会造成“放大”效应，即供应链局部小的波动会导致其他部分的很大变化，这时对提前期的管理就会比较复杂。

### （六）库存动态调整

库存物品的种类和数量不会一成不变，应根据市场的需要和供应商的生产情况进行调整，目的是库存物品种类和数量尽量满足并跟上市场需求的变化，以获得更大的效益。

## 五、库存控制的基本决策

一般情况下，库存控制（Inventory Control）和库存管理（Inventory Management）没有特别明显的区分，如果非得区分，那么库存控制的范畴稍微小一些，偏重于在保证企业生产、经营需求的前提下，使库存量经常保持在合理的水平上。其主要工作包括掌握库存量动态，适时、适量地提出订货，避免超储或缺货，降低库存总费用，控制库存资金占用，加速资金周转等。一般的库存模型都是针对库存控制的。

### （一）库存时间曲线

在库存系统中，库存活动可以通过库存时间曲线表达出来，这一曲线是库存管理与控制的基础。图 7-11 为一个典型的库存时间曲线。

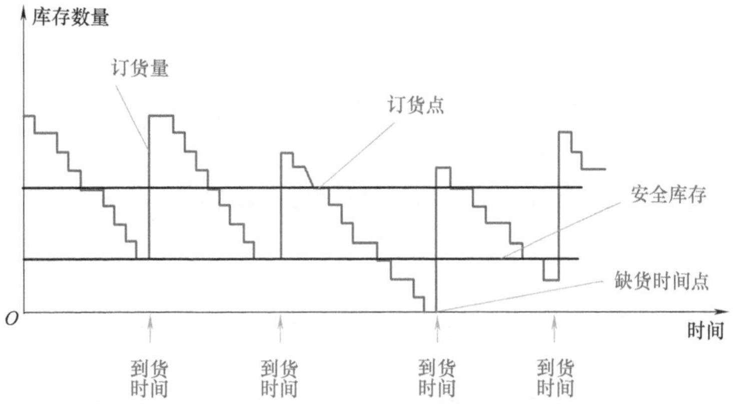


图 7-11　典型的库存时间曲线

库存曲线对于每种库存物品来说都是独一无二的，任何两种库存物品不可能具有完全相同的表现形式。因此，库存管理必须按照货物存储单元（SKU）分类实施管理，采取单品管理的方式，对不同的库存物品采用不同的库存控制。

### （二）基本决策

在需求一定的条件下，平均库存水平是由每次的订货量决定的。如果每次订货数量较大，则订货次数虽然相应减少，但平均库存水平仍比较高。图 7-12 是订货量变化对平均库存水平的影响示意图，从图中可以看出，当每次订货批量为 $Q$ 时，平均库存水平为 $Q/2$，而当每次订货批量为 $Q/2$ 时，平均库存水平降为 $Q/4$，但其进货的次数明显增加。

尽管图 7-12 是在需求均匀的假设前提下产生的，但仍然可以从中得出如下推论：平均库存量与存货耗用速度和进货速度有关，当存货耗用速度一定时，可以通过对进货速度进行控制，使库存水平维持在一个预期的水准上，而进货速度是由进货的批量与频率共同决定的。因此，库存控制的基本决策主要包括以下内容：

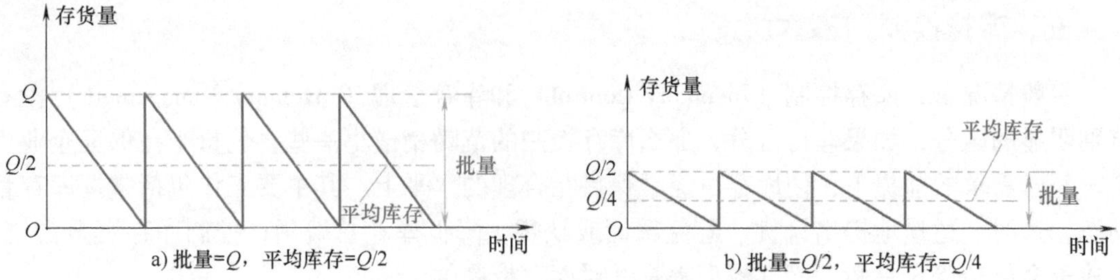


图 7-12　订货量变化对平均库存水平的影响

(1) 确定每次何时发出订货，即订货点。

(2) 确定相邻两次订货和进货的时间间隔，即订货周期和进货周期。

(3) 确定每次订货的订货批量。

(4) 确定每次订货的提前期。

(5) 确定库存满足需求的服务率（如满足客户需求的服务水平）。

### （三）影响库存控制决策的因素

在前面的叙述中其实已经述及，需求、订货提前期、服务水平是影响库存控制决策的最重要的因素。

## 第三节　库存控制决策的定量分析

根据上一节的分析，库存控制决策中，订货提前期和服务水平需要提前确定，进货周期需要根据实际情况分析，基本也能提前确定，因此可以说，库存控制需要计算的基本参数就是三个：订货批量（每次订货数量）、订货点（发出订货要求时的库存量）、订货周期。其中，计算订货点时要涉及安全库存问题。本节首先介绍库存控制中常用的基础方法ABC 分类法，然后介绍适合独立需求的定量订货和定期订货两种类型库存系统的基本库存控制决策计算方法，以及一次性订货量的计算。对于适合相关需求的 MRP 和 JIT 库存系统，可以参照相关书籍进行了解。

### 一、ABC 分类法

为了最大限度地提高库存服务水平、降低成本，一般首先需要对库存物品进行分类，因为不同物品的重要程度不同，不能用同样的库存管理方法进行管理。最常用的方法是基于帕累托分析的 ABC 分类，又称帕累托分析法、巴雷托分析法、柏拉图分析、主次因分析法、ABC 分析法、分类管理法、物资重点管理法、ABC 管理法、巴雷特分析法等，平常人们也称之为“80/20”规则。

### （一）ABC 分类的基本原理

19 世纪初，意大利经济学家、社会学家维弗雷多·帕累托（Vilfredo Pareto，1848 年 7 月 15 日—1923 年 8 月 19 日）在研究米兰的财富分布时发现，20% 的人口控制了 80% 的财富，这一现象被概括为重要的少数、次要的多数。他将这一关系用图表示出来，就是著名的帕累托图。该分析方法的核心思想是在决定一个事物的众多因素中分清主次，识别出少数的但对事物起决定作用的关键因素和多数的但对事物影响较少的次要因素。后来，帕累托法被不断应用于管理的各个方面。1951 年，管理学家戴克（H. F. Dickie）将其应用于库存管理，命名为 ABC 法。1951—1956 年，约瑟夫·朱兰将 ABC 法引入质量管理，用于质量问题的分析，被称为排列图。1963 年，彼得·德鲁克（P. F. Drucker）将这一方法推广到全部社会现象，使 ABC 法成为企业提高效益的普遍应用的管理方法。

在库存管理中帕累托原理同样适用，因为就库存占用的资金而言，往往是少数物品占用了大部分资金。为了提高库存管理的效果，对于占用大量资金的少数物品应少量采购和严密控制、降低库存量，而对于低价值物品就可以大量采购存储，采取并不那么严格的控制。

采用 ABC 分类法对库存物品进行分类的基本原理是：按照所控制对象价值（或者其他企业确定的分类指标）的不同将其分类，通常根据物品的年耗用资金（存货价值或数量 × 成本）将物品分为三类。一般情况下，A 类存货品种数（也称为品项数）只占库存物品总数的 10% ~ 20%，但占用的库存资金可达 70% ~ 85%；B 类存货品种数占到库存总数的 20% ~ 30%，占用的库存资金通常在 10% ~ 20%；而 C 类存货品种数占到库存总数的 50% ~ 70%，占用的库存资金总和却仅为 5% ~ 10%。尽管“80/20”规则是 ABC 分类法的根基所在，但是实际上很少会发生在产品总类中恰好 20% 的品种占用 80% 的库存资金的情况。至于某一种产品究竟分在哪一类，乃至分几类，并没有确切的决定方法。

实际应用中不一定只分成 3 类，根据实际情况多分几类也是可以的。如果库存品种数太多，那么可以在一次 ABC 分析的基础上，再对已经分好的 A、B、C 类继续进行 ABC 分类，直到每一类里面的品种数比较合理、方便控制为止，即多重 ABC 分类，如可以是 AAA 类、AAB 类等以此类推的结果。另外，除了库存资金外，其他指标也同样可以用来对存货进行分类，如缺货后果、供应的不确定性、过时货变质的风险等。这时可以根据不同的指标分类后，设定指标优先顺序，形成多标准 ABC 分类结果，如 AA 类、BCC 类等。

除此之外，在基本 ABC 分类方法的基础上，有些研究进行了深入开发，提出了扩展性的分类方法，可以查找相关资料进行了解。

### （二）ABC 分类的计算步骤

选取以物品年资金占用额为指标为例，计算步骤如下：

第一步，获取物品年资金占用额数据，按从大到小的顺序进行排列。

第二步，计算各种物品资金占用额占全部资金占用额的百分比以及累计百分比。

第三步，计算物品品种数占全部品种数的百分比以及累计百分比。

第四步，按照分类标准，结合资金占用额和品种数进行比较分析，确定 A、B、C 类物品分界点及各自分类。

第五步，必要时可以绘制 ABC 分析图加以直观反映。

**【例 7-2】** 在过去的一年里，某公司销售了 10 种物品。年销售量和每种物品的成本见表 7-6。试根据各种物品的年资金使用额将其分为 A、B、C 三类。

**表 7-6 某公司的资料**

| 零件号 | 年销售量 | 单位成本/元 | 零件号 | 年销售量 | 单位成本/元 |
|---|---|---|---|---|---|
| EE01 | 21000 | 1 | EE06 | 50 | 50 |
| EE02 | 5000 | 40 | EE07 | 800 | 2 |
| EE03 | 1600 | 3 | EE08 | 10000 | 3 |
| EE04 | 12000 | 1 | EE09 | 4000 | 1 |
| EE05 | 1000 | 100 | EE10 | 5000 | 1 |

计算过程见表 7-7。据此绘制 ABC 分析图，如图 7-13 所示。

**表 7-7 ABC 分类计算过程**

| （1）排序 | （2）零件号 | （3）年销售量 | （4）单位成本 | （5）年资金使用量 | （6）累计资金使用量 | （7）资金使用量的累计百分比（%） | （8）品项数累计百分比（%） | （9）分类 |
|---|---|---|---|---|---|---|---|---|
| 1 | EE02 | 5000 | 40 | 200000 | 200000 | 52.5 | 10 | A |
| 2 | EE05 | 1000 | 100 | 100000 | 300000 | 78.8 | 20 | A |
| 3 | EE08 | 10000 | 3 | 30000 | 330000 | 86.6 | 30 | B |
| 4 | EE01 | 21000 | 1 | 21000 | 351000 | 92.2 | 40 | B |
| 5 | EE04 | 12000 | 1 | 12000 | 363000 | 95.3 | 50 | B |
| 6 | EE10 | 5000 | 1 | 5000 | 368000 | 96.6 | 60 | C |
| 7 | EE03 | 1600 | 3 | 4800 | 372800 | 97.9 | 70 | C |
| 8 | EE09 | 4000 | 1 | 4000 | 376800 | 98.9 | 80 | C |
| 9 | EE06 | 50 | 50 | 2500 | 379300 | 99.6 | 90 | C |
| 10 | EE07 | 800 | 2 | 1600 | 380900 | 100.0 | 100 | C |

### （三）基于 ABC 分类的库存控制策略

将物品进行 ABC 分类，目的在于根据分类结果对每类物品采取适宜的库存控制策略。A 类物资在品种数量上一般仅占 15% 左右，但如能管好它们，等于管好了消耗金额的 70% 左右。对于库存管理人员来说，要在保证需求的条件下，尽量降低它们的库存量，减

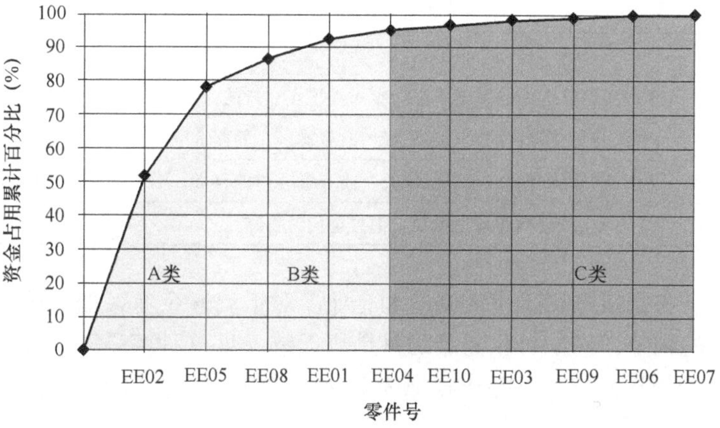


图 7-13 ABC 分析图

少占用资金，提高资金周转率。总的原则是 A 类物品是管理的重点，对其库存量要严格控制，可对单一品种进行库存量的监控，实行定量订购策略，或采用定期订购但将订货周期设置得很短；C 类物品由于品种数量多，但每一种对金额的影响不大，可以按库存产品的类别或供应商情况分为几个大类，采用定期订购策略，适当地放宽管理。B 类的管理力度介于 A 类与 C 类之间。对于多年未发生消耗的物资，原则上已不属于 C 类，应归类于积压（呆滞）品种，除其中某些具有特殊作用必须保留外，应及时调剂处理。

但是需要注意，如果是按照库存金额分类，那么 ABC 分类和物品单价不一定有关，A 类物品库存金额高，有可能是单价高，也有可能是单价不高但耗用量大，对同属 A 类的物资，单价高的管理上应更严格，因库存量稍微增加，占用金额就大幅上升；C 类物品也可能是单价高但耗用量很小，或者耗用量大但单价极低。

在实际应用中，有些企业发现，单纯采用 ABC 分类并不令人满意，因为 C 类物资往往得不到应有的重视。例如，经销鞋的企业会把鞋带列入 C 类物资，但是如果鞋带短缺将严重影响到鞋的销售；一家汽车制造厂商会把螺丝列入 C 类物资，但缺少一个螺丝往往会导致整个生产链的停工。因此，还需要考虑物品的重要性、关键性，或者缺货损失等其他因素。物资重要性或关键性是指某些物资一旦缺货，将造成企业停产或严重影响生产、危及安全或市场短缺、不易补充的局面。某些 B、C 类物资可能是重要物资或关键物资，如上面例子中的鞋带、螺丝，对于这些关键物资应给予特别关注。

确定库存物品的关键性、重要性可以采用关键因素分析法（Critical Value Analysis，CVA），根据库存物品在生产经营中所起作用的关键性大小，将其分为四个级别：最高优先级、较高优先级、中等优先级、较低优先级。根据实际情况也经常分为 3 ~ 5 个级别。不同的级别采用不同的管理方法，具体见表 7-8。

表 7-8　关键因素分析法

| 库存类型 | 特　点 | 管理措施 |
|---|---|---|
| 最高优先级 | 生产经营管理中的关键物资，或 A 类重点客户的存货 | 不允许缺货 |
| 较高优先级 | 生产经营管理中的基础性物资，或 B 类客户的存货 | 允许偶尔缺货 |
| 中等优先级 | 生产经营管理比较重要的物资，或 C 类客户的存货 | 允许在合理范围内缺货 |
| 较低优先级 | 生产经营管理中需要，但可替代的物资 | 允许缺货 |

关键因素分析法比较适用于生产制造型企业。对于流通企业，如超市，使用这种方法就需要做出必要的调整，例如可以商品的月销售天数（即这种商品一个月中的多少天有销售量）作为划分的依据。比如某超市根据表 7-9 所示的方法进行商品关键性的划分。

表 7-9　某超市划分商品关键性的依据

| 划分指标 | 最高优先级 | 较高优先级 | 中等优先级 | 较低优先级 |
|---|---|---|---|---|
| 月销售天数 | 24 ~ 31 天 | 16 ~ 23 天 | 8 ~ 15 天 | 1 ~ 7 天 |

## 二、订货量的确定

### （一）经济订货批量

经济订货批量（Economic Order Quantity，EOQ）是一种简单、理想的状态，通过平衡采购订货成本和库存持有成本进行核算，以实现总库存成本最低的最佳订货量。当企业按照 EOQ 订货时，可以实现订货成本和库存持有成本之和最小。订货量与成本之间的关系如图 7-14 所示。

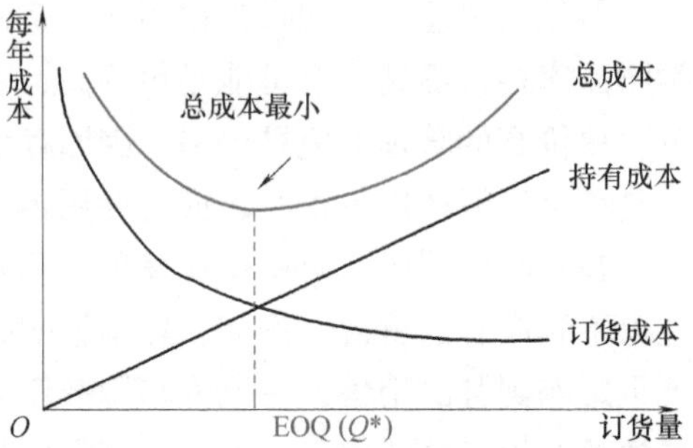


图 7-14　订货量与成本之间的关系

基本 EOQ 必须满足下列假设条件：

（1）需求稳定，单位时间内的系统需求恒定。

（2）订货提前期 $L$ 不变。

（3）每次订货批量一定。

（4）每批订货一次入库，且入库在极短时间内完成。

（5）订货成本、单位库存持有成本和物品单价固定不变。

（6）不允许出现缺货现象。

一般情况下，暂定计划期为一年，年需求量为 $D$，订货批量为 $Q$，每次订货成本为 $C$，物品订购单价为 $P$，单位物资年保管成本为 $H$。此时，年订货次数为 $D/Q$，平均库存量为

$Q/2$，若不允许缺货，则年总库存成本 TC 为年订货成本、年存储成本、年购入成本之和，即

$$\mathrm{TC} = C \times \frac{D}{Q} + H \times \frac{Q}{2} + DP \tag{7-3}$$

利用微分法求使 TC 最小的 $Q$ 的最优解，对决策变量 $Q$ 求一阶偏导数并令其为 0，可得 $Q$ 的最优解即 EOQ 如下

$$\mathrm{EOQ} = \sqrt{\frac{2DC}{H}} \tag{7-4}$$

设年库存持有成本费率（一般也称为储存保管费率）为 $F$，则 $H = PF$，上式也可表示为

$$\mathrm{EOQ}(Q^*) = \sqrt{\frac{2DC}{PF}} \tag{7-5}$$

**【例 7-3】** 某企业每年需要耗用 1000 件的某种物资，现已知该物资的单价为 20 元，同时已知每次的订货成本为 5 元，每件物资的年存储费率为 20%，试求经济订货批量、每年订货次数、平均订货间隔周期、年订货总成本、年存储总成本和年库存总成本。

根据已知，$D = 1000$ 件，$P = 20$ 元/件，$C = 5$ 元，$F = 20\% = 0.2$，代入式（7-5），得

$$\mathrm{EOQ} = \sqrt{\frac{2DC}{PF}} = \sqrt{\frac{2 \times 1000\text{件} \times 5\text{元}}{20\text{元/件} \times 0.2}} = 50\text{件}$$

$$\text{每年订货次数} = 1000\text{件}/50\text{件/次} = 20\text{次}$$

$$\text{平均订货间隔周期} = 365\text{天}/20 = 18.25\text{天}$$

$$\text{年订货总成本} = 5\text{元/次} \times 20\text{次} = 100\text{元}$$

$$\text{年存储总成本} = 20\text{元/件} \times 0.2 \times 50\text{件}/2 = 100\text{元}$$

$$\text{年库存总成本} = 1000\text{件} \times 20\text{元/件} + 100\text{元} + 100\text{元} = 20200\text{元}$$

可以看出，采用 EOQ 时的订货总成本和存储总成本是相等的，可以都用 $QH/2$ 表示，因此最低年库存总成本 $\mathrm{TC} = DP + Q * H$。

**（二）调整 EOQ**

对于 EOQ 的计算结果，在实际中往往需要进行调整使用。这分为以下两种情况。

1. 偏离 EOQ

有时，EOQ 计算出的结果偏大，造成企业生产计划过于复杂；有时计算出的结果不够供应商规定的最小发货量标准；有时需要考虑充分利用运输车辆的能力，如装满整车再运输；有时对于 EOQ 结果近似到相邻的数字可能会使得整体运作更为方便。在这些情况下，就遇到一个问题：如果不使用 EOQ，成本会上升多少？根据研究结果，在 EOQ 的基础上，订单批量向上浮动 37% 或者向下浮动 27%，总体可变成本的变化是在 5% 范围之内的，一般都能够接受。

2. 非整数订单批量

有时，EOQ 计算的结果不是整数，例如建议订购 5.3 套计算机，这是无法实施的，因此需要把订单批量近似到相邻的整数值。那么究竟是应该向上近似到 6，还是向下近似到 5？根据上面偏离 EOQ 的论述，一般影响不大，但是有时也会产生很大差别。根据研究，可以根据如下方法判断究竟非整数订货批量应该向上近似还是向下近似。

（1）计算得出 EOQ 的值 $Q_0$。

（2）确定在 $Q_0$ 值两旁的 $Q'$ 和 $Q'-1$ 的值。

（3）如果 $Q'\times(Q'-1)$ 小于或等于 $Q_0^2$，则订单批量采用 $Q'$ 值。

（4）如果 $Q'\times(Q'-1)$ 大于 $Q_0^2$，则订单批量采用 $Q'-1$ 值。

（三）EOQ 模型的变形

在现实中，前面对基本 EOQ 的假设一般都是不会成立的，因此就需要针对实际情况对基本 EOQ 计算公式进行各种改进和修正，也称为 EOQ 模型的变形。可以考虑的问题包括以下几个方面：

1. 货币单位

EOQ 除了用物品单位计算外，还可以用货币单位进行计算。设 $D_A$ 为每年的需要量，以资金为单位，则在这种情况下，EOQ 可按下式计算

$$\mathrm{EOQ}=\sqrt{\frac{2D_AC}{F}} \tag{7-6}$$

【例 7-4】 产品的年需求是 5000 元，每个采购订单的准备成本是 20 元，库存持有成本费率为 20%，计算以资金为单位的 EOQ。

这里，$D_A=5000$ 元，$C=20$ 元，$F=20\%=0.2$，代入式（7-6），得

$$\mathrm{EOQ}=\sqrt{\frac{2\times 5000\text{ 元}\times 20\text{ 元}}{0.2}}=1000\text{ 元}$$

2. 限定补货速度

有些情况下，所订购货物是逐渐到货的，一边到货一边出货，而非像批发商或者零售商普遍采取的大批量到货、慢慢出货消化库存。这种逐渐补货的情况在生产线末端经常出现，如果生产速度大于产成品出货速度，产成品就会逐渐累积起来，出现库存积压，库存以生产和需求两者之差的速度增长。只要生产继续，这种库存增长态势就会继续，因此必须通过分析做出决定，在某个时间点上停止对某种产品的生产或者实施转产。进行分析的目的是确定停产或者实施转产的最佳时间，相当于确定最优订货批量，在生产企业中称为最优生产批量，这种情况称为限定补货速度的情况。对于企业的物料采购而言，除非签订了相关合同，否则不可能根据自己企业的需求限定上游供应商的补货速度。

在这种情况下，EOQ 由需求速率与生产速率的决定，公式如下

$$\mathrm{EOQ}=\sqrt{\frac{2DC}{PF}}\sqrt{\frac{p}{p-d}} \tag{7-7}$$

式中 $p$——生产速率；

$d$——需求速率。

$p$ 和 $d$ 可取任意单位，只要二者单位相同即可。可以看出，如果生产速率小于需求速率，式（7-7）是不成立的，因为这时不可能产生库存，且供不应求，可以尽量生产。这种最优批量与一般 EOQ 之间的差别仅仅在于系数$\sqrt{\frac{p}{p-d}}$，因此也可以看出，如何在大批量、低频度的批量生产方式（存在高额的库存持有成本）和小批量、高频度的批量生产方式（存在高额的再订货或生产准备成本）之间进行权衡比较。如果其他所有条件都相同，由于限定补货速度条件下的库存水平要低于即刻补货条件下的库存水平，因此在限定补货速度条件下，可以并且需要实施更大的生产批量。

**【例 7-5】** 某产品生产准备成本是每个订单 500 元，库存持有成本是每年每件 12 元，对该产品的需求是稳定的，每天 11 件。生产速率为每天 50 件。试计算最优生产批量。

由题意可得，年需求 $D=11$ 件/天 ×365 天 =4015 件，$p=50$ 件/天，$d=11$ 件/天，$PF=12$ 元/件，$C=500$ 元，代入式（7-7），得

$$\mathrm{EOQ}=\sqrt{\frac{2\times 4015\text{ 件}\times 500\text{ 元}}{12\text{ 元/件}}}\times\sqrt{\frac{50\text{ 件/天}}{50\text{ 件/天}-11\text{ 件/天}}}=655\text{ 件}$$

3. 批量折扣

供应商为了促销，往往会制定批量折扣政策，物品单价会随着订货数量的增大而有阶梯形的降低。当计算出的订货批量大于或等于价格折扣点时，自然获得折扣，无须进一步分析。然而当订货批量小于折扣点时，就需要决定是否加大订货批量以获取折扣，因为加大订货量会降低物品单价从而降低全年总购入成本，减少订货次数从而降低订货成本，但是由于平均库存量上升，会导致年库存持有成本相应增加。如果存在多重折扣点，就需要先确定各个单价条件下的最优订货批量，然后分析找出使总库存成本最低的订货批量。下面举例说明如何综合考虑三种成本的影响来确定有批量折扣下的最优订货批量。

**【例 7-6】** 某企业每年需要耗用 1000 件某种物资，每次订货成本为 5 元，每件物资的年存储费率为 20%。当订货批量不超过 40 件时，单价为 22 元；订货批量为 41～79 件时，单价为 20 元；订货批量为 80 件及以上时，单价为 18 元。试求此种条件下的经济订货批量。

首先，用不同的单价可以得到三种不同的库存成本曲线，如图 7-15 所示。

当单价为 22 元时

$$\mathrm{EOQ}_1=\sqrt{\frac{2\times 1000\text{ 件}\times 5\text{ 元}}{22\text{ 元/件}\times 0.2}}=47.67\text{ 件}\approx 48\text{ 件}$$

曲线 $TC_1$ 在 0～40 件范围才有效，48 超出了这个范围，由图 7-15 可以看出，订货批量为 40 件时，总库存成本是最小的。

$$TC_1 = C\frac{D}{Q} + H\frac{Q}{2} + DP$$

$$= 5\text{元} \times \frac{1000\text{件}}{40\text{件}} + 22\text{元/件} \times 0.2 \times \frac{40\text{件}}{2} + 1000\text{件} \times 22\text{元/件} = 22213\text{元}$$

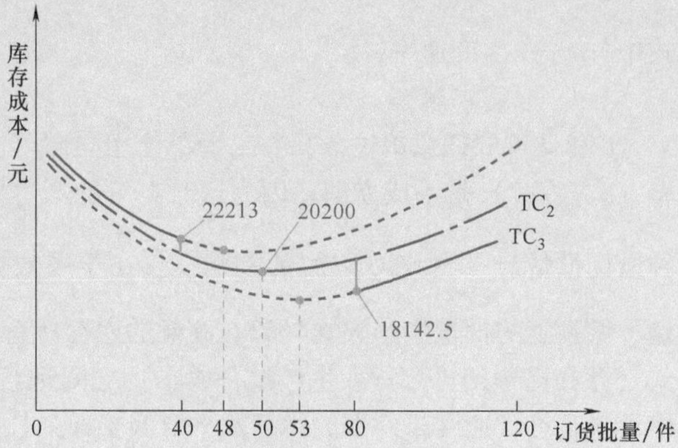


图 7-15　考虑批量折扣情况下的经济订货批量

当单价为 20 元时

$$EOQ_2 = \sqrt{\frac{2 \times 1000\text{件} \times 5\text{元}}{20\text{元/件} \times 0.2}} = 50\text{件}$$

曲线 $TC_2$ 在 41～79 件的订货量区间有效，最优订货批量 50 件在此范围内，因此最低总库存成本为

$$TC_2 = C\frac{D}{Q} + H\frac{Q}{2} + DP = 5\text{元} \times \frac{1000\text{件}}{50\text{件}} + 20\text{元/件} \times 0.2 \times \frac{50\text{件}}{2} + 1000\text{件} \times 20\text{元/件} = 20200\text{元}$$

当单价为 18 元时

$$EOQ_3 = \sqrt{\frac{2 \times 1000\text{件} \times 5\text{元}}{18\text{元/件} \times 0.2}} = 52.7\text{件} \approx 53\text{件}$$

曲线 $TC_3$ 在 80 件以上有效，53 不在此范围内，因此由图 7-16 可知这时订货批量为 80 件时总库存成本最低。

$$TC_3 = C\frac{D}{Q} + H\frac{Q}{2} + DP = 5\text{元} \times \frac{1000\text{件}}{80\text{件}} + 18\text{元/件} \times 0.2 \times \frac{80\text{件}}{2} + 1000\text{件} \times 18\text{元/件} = 18142.5\text{元}$$

比较 $TC_1$、$TC_2$、$TC_3$ 可以得出，每次订货 80 件可以使订货总成本最低。

## 三、经济订货间隔期

以时间为基础的模型适用于物品需求独立且足够稳定和希望经常保持库存的企业。若需求量是连续的、比较均匀的，时间和数量可以认为是可互换的变量。在定期订货系统中，使总库存成本最低的订货间隔期就是经济订货间隔期，经济订货间隔期决定某项或数项物品应在何时发出订货，即物品的订货都是按固定的时间周期进行的。

### （一）基本经济订货间隔期

在确定型库存模型中假设物品的需求率是连续均匀的，补充供应的前置时间也是固定的。

定期订货系统的基本问题是确定订货间隔期 $T$ 和最高库存数量 $E$。对于基本经济订货间隔期模型而言，其假设和基本经济订货批量模型的假设相同。年库存总成本可以计算

如下

$$\text{年总成本} = \text{年购入成本} + \text{年订货成本} + \text{年存储成本}$$

$$\mathrm{TC} = DP + mC + \frac{DH}{2m} \tag{7-8}$$

式中 $m = 1/T$，为每年订货或检查次数；

$T = 1/m$，为订货间隔期，这里的 $T$ 以年为单位；

$D/2m = DT/2$，为平均库存量；

其他字母含义同前。

令年总成本对订货间隔期 $T$ 的一阶导数等于0，得出经济订货间隔期为

$$T_0 = \sqrt{\frac{2C}{DH}} = \sqrt{\frac{2C}{DPF}} \tag{7-9}$$

最优年检查次数为

$$m_0 = \frac{1}{T_0} = \sqrt{\frac{DPF}{2C}} \tag{7-10}$$

在确定型库存模型中，定期订货系统和定量订货系统没有区别，因为这时两种系统有相同的订货间隔期和订货量，即

$$\mathrm{EOQ} = DT_0 = D\sqrt{\frac{2C}{DPF}} = \sqrt{\frac{2DC}{PF}}$$

设检查期的库存余额为 $I$，订货批量 $Q = E - I$，从而 $E = Q + I$。在确定性情况下，订货提前期内物品消耗量为 $I$，订货间隔期 $T$ 内物品消耗量为 $Q$，故最高库存数量为

$$E = D(T + L) \tag{7-11}$$

当订货间隔期和订货提前期均以“日”给出，且一年内有 $N$ 个作业日时，可用下式计算最高库存数量

$$E = D(T + L)/N \tag{7-12}$$

用经济订货间隔期 $T_0$ 代替年总成本表达式中的 $T$，得最低年总成本公式

$$\mathrm{TC}_0 = DP + DPFT_0 \tag{7-13}$$

**【例7-7】** 某公司每年以单价10元购入8000单位的某种物品，每次订货成本为30元，每单位每年的存储成本为3元。若订货提前期为10个工作日，一年按250个工作日计算，试计算经济订货间隔期、最高库存数量和最低年总成本。

将已知数据代入式（7-9），得订货经济间隔期

$$T_0 = \sqrt{\frac{2C}{DH}} = \sqrt{\frac{2 \times 30\text{元}}{8000/\text{年} \times 3\text{元}}} = 0.05\text{年}$$

这里得到的 $T_0$ 是以年为单位的，换算为日即为12.5日（0.05×250）。

根据式（7-12），得最高库存量

$$E = D(T+L)/N = 8000/\text{年} \times (12.5\ \text{日} + 10\ \text{日})/250\ \text{日}/\text{年} = 720$$

根据式（7-13），得最低年总成本

$$\text{TC}_0 = DP + DPFT_0 = 8000 \times 10\ \text{元} + 8000 \times 3\ \text{元}/\text{年} \times 0.05\ \text{年} = 81200\ \text{元}$$

即每隔 12.5 个工作日就应检查订货一次，最高库存数量为 720 单位，最低年库存总成本为 81200 元。

**（二）多项物品的经济订货间隔期**

企业的多项物品由一个供应厂家提供或者来自于同一货源地时，采取联合订购是经济的。每项物品需订购的数量随每次联合订购的时间间隔而定。这个系统的基本问题是确定联合订购的订货间隔期 $T$ 和每项物品的期望最高库存数量 $E$。

若忽略缺货成本，联合订购的经济订货间隔期的计算公式如下（详细推导过程可查阅相关资料）

$$T_0 = \sqrt{\frac{2(C + nc)}{F\sum_{i=1}^{n} D_i P_i}} \tag{7-14}$$

式中 $D_i$——$i$ 物品的年需求量；

$P_i$——$i$ 物品的单位购入成本；

$n$——联合订购物品的总项数；

$C$——联合订购的订货成本；

$c$——与每一单项物品有关的订货成本；

$F$——以购入成本百分比表示的存储费率。

每项物品的最大库存量计算同单项物品订购的情况。每一单项物品的订货数量等于最大库存数量（$E_i$）减去库存余额。

**【例 7-8】** 某公司从同一供应厂家处订购 7 项物品。订货成本为每次 1.5 元，每项物品另加 0.5 元。各项物品的年需求量及购入成本见表 7-10。年存储费率为 20%。试求联合订购的经济订货间隔期。如果订货提前期为 1 个月，每项物品的最高库存数量为多少？

**表 7-10 各项物品的年需求量、单价及购入成本**

| 物品 | 年需求量/单位 | 单价/元 | 购入成本/元 |
|---|---|---|---|
| A | 150 | 1.0 | 150 |
| B | 400 | 0.5 | 200 |
| C | 125 | 2.0 | 250 |
| D | 100 | 3.0 | 300 |
| E | 800 | 0.5 | 400 |
| F | 70 | 5.0 | 350 |
| G | 175 | 2.0 | 350 |

将数据代入式（7-14），得

$$T_0 = \sqrt{\frac{2(C + nc)}{F\sum_{i=1}^{n} D_i P_i}} = \sqrt{\frac{2 \times (1.5 + 7 \times 0.5)}{0.2 \times 2000}}\text{年} = 0.158\text{年}$$

经济订货间隔期为0.158年或1.9个月，为方便管理，可以每2个月订货一次。根据式（7-12），计算各项物品的最高库存数量，结果见表7-11。

表7-11 各项物品的最高库存数量

| 物品 | 最高库存数量 |
|---|---|
| A | 37.5≈38 |
| B | 100 |
| C | 31.25≈31 |
| D | 25 |
| E | 200 |
| F | 17.5≈18 |
| G | 43.75≈44 |

## 四、安全库存

### （一）安全库存的设置

在库存控制中，存在着太多的不确定性因素，其中最常见的是需求量和订货提前期的变化。当两者都确定时，在库存余额还够满足提前期内的需求时发出订单即可，库存为零时正好到货，因而不会发生缺货。但是往往这两者是不确定的，就会发生缺货现象，一般表现为以下两种情况：单位时间内的需求量不变，但实际订货提前期大于期望提前期；或者实际提前期等于其期望值，但是订货提前期内的需要量超过了期望值。如果这两种情况同时出现，情况会更加复杂。因此需要设置一部分安全库存，用来预防这些可能出现的缺货现象。

有了安全库存后，在实际的提前期和需求率不断变化的库存实际曲线下，可能出现的就是以下三种状况：订货提前期内需求量很大，不但用完了安全库存，而且发生了缺货；提前期内的需求量小于期望值，没有动用安全库存；提前期内的需求量大于期望值，动用了部分安全库存，但没发生缺货。

因此，不设置安全库存，就会无法应对提前期和需求率的不确定性，很可能出现缺货，造成损失。用户对缺货的反应可以分为延期交货和失销两种情况。如果缺货造成延期交货，会产生加速费用、手续费、附加运输费、包装费和给客户的赔偿等费用。如果发生失销，就失去了客户，费用包括销售利润损失和难以定量衡量的商誉损失。如果是企业生产所需物料缺货，就会导致停工待料，经济损失较大，而且后续往往直接造成对客户的延期交货或者失销。尤其在以下情况下更要保持比较高的安全库存量，尽量避免缺货：缺货成本高或服务水平要求较高；存储成本较低；需求量波动较大；提前期波动较大。

而如果安全库存设置过大，虽然降低了缺货损失，但又会出现效益递减，而造成存储费用的增加。我们要计算的，就是一个合理的安全库存水平，使得缺货成本与储存费用之和达到最小值。

### （二）安全库存的确定

确定安全库存量没有固定的公式或严密的方法可循。现有的各种方法都是以需求量、提前期和缺货成本为依据进行计算。从理论上讲，可以计算出缺货成本，通过让它与库存持有成本相平衡，来确定安全库存量是否合理。但是，想要确定缺货成本是一件非常难的事，公认的是缺货成本一般情况下会远远高于存货持有成本。粗略计算出来的缺货成本往往很不可信，有时甚至会误导决策。现在常用的一种方法，是根据管理者的判断，设定相应的服务水平（Service Level），即设定一个需求不被存货满足的最大可接受概率。例如，企业把服务水平设为95%，就意味着95%的需求可以通过存货来满足，剩下5%的需求无法满足。

#### 1. 服务水平

在现实工作中，评估服务水平的方式包括以下几种：

（1）多大比例的订单全部通过存货满足。

（2）多大比例的客户需求通过存货实施送货。

（3）多大比例的客户需求实现了按时到货。

（4）多大比例的时间内拥有存货。

（5）多大比例的存货周期内没有出现缺货。

（6）多大比例的产品月度内拥有存货。

确定服务水平比较常用的方式是计算通过存货来满足需求的比例。对于流通企业如零售店来说，尤其适用。但是这种方法也有不足之处，即没有考虑到出现缺货的频率问题，例如，90%的服务水平既可以代表每天出现一次缺货的情况，也可以代表每年出现一次缺货的情况。为此，有人引入了一个新的概念——存货周期的服务水平（Cycle Service Level），表示的是在一个存货周期内需求满足的概率。但这个概念也有缺陷，就是没有考虑订货频率的问题。例如，90%的存货周期服务水平对于每天都发生订货的模式而言，意味着每10天就有可能出现一次缺货，而对于每年才发生一次订货的情况而言，则意味着每10年才有可能发生一次缺货。

提高服务水平主要是通过持有更多的安全库存来实现。订货提前期内的需求变化会直接影响到安全库存数量的多少。有一点需要特别强调，对于在订货提前期意外的条件变化，可以通过重新设定订货时间和订单批量的方法来解决，而一旦到了订货提前期内就来不及做任何补救了。因此，服务水平的高低取决于订货提前期内的需求变化程度。从理论上讲，如果需求变化很大，想要满足100%的服务水平，就要求拥有无限大的安全库存，并且当服务水平越接近100%时，库存成本的增加就会越快，如图7-16所示。实际上，95%的服务水平已经相当不错了。企业管理者需要在现有信息的基础上，积极进行服务水平如何设定的决策，常见的是对产品进行分类，根据不同产品的重要性不同，设定不同的服务水平，对于重要产品设定较高的服务水平，对于不太重要的产品，服务水平可以比较低。

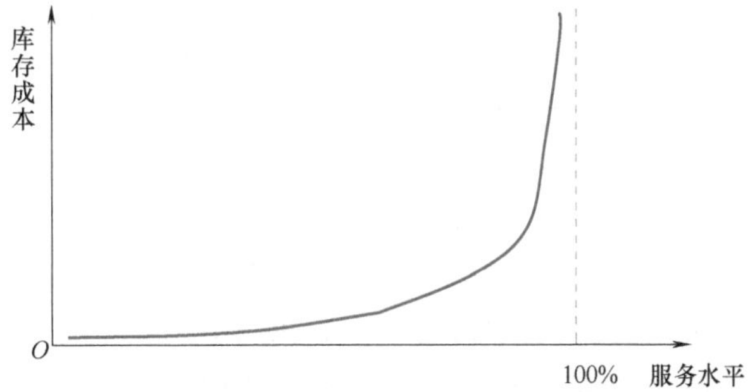

图7-16　服务水平与成本的关系

【例7-9】　假设公司管理层决定，某产品每年只允许出现一次缺货。这一产品的年需求为52000单位，每次订货量为2600单位。则每年订货次数＝每年需求量/每次订货量＝52000单位/年/2600单位/次＝20次/年。由于每年只允许缺货一次，所以每年必须有19次（20－1＝19）不缺货，即制定的服务水平为（20－1）/20＝95%。

如果能够知道订货提前期内需求变化的特点，那么可以根据所要达到的服务水平直接确定订货点。

【例7-10】　在刚刚过去的50个存货周期里，某产品在订货提前期内的需求变化呈现出如表7-12所示的特点。试求应把订货点设定为多少才可以保证95%的服务水平。

表7-12　某产品在提前期内需求的发生概率

| 需求/单位 | 10 | 20 | 30 | 40 | 50 | 60 | 70 | 80 |
|---|---|---|---|---|---|---|---|---|
| 发生频率 | 1 | 5 | 10 | 14 | 9 | 6 | 4 | 1 |

首先，需要确定需求在某个存货周期内高于一定水平的概率，因此就需要计算订货提前期内的需求的累计分布情况，见表7-13。其中发生概率为：发生频率/50。

表7-13　某产品需求发生的累计概率

| 订货提前期内的需求/单位 | 发生频率 | 发生概率 | 累计概率 |
|---|---|---|---|
| 10 | 1 | 0.02 | 0.02 |
| 20 | 5 | 0.10 | 0.12 |
| 30 | 10 | 0.20 | 0.32 |
| 40 | 14 | 0.28 | 0.60 |
| 50 | 9 | 0.18 | 0.78 |
| 60 | 6 | 0.12 | 0.90 |
| 70 | 4 | 0.08 | 0.98 |
| 80 | 1 | 0.02 | 1.00 |

为了达到95%的服务水平，就需要保证提前期内的需求在95%的时间内得到满足。从表7-13的条件来看，把订货点设定为70个单位，就可以达到98%的服务水平了。如果进一步精确，那么根据0.95位于0.90和0.98之间的5/8处这个条件，就可以把安全库存设定为60~70个单位之间5/8的位置，即60+(70-60)×5/8=66.25。

实际工作中，由于人们关心的是订单完全履行的概率，因此，假设某订单订购五种产品，每种产品的服务水平是0.95，即只有5%的缺货可能性，那么全部订单得以履行的概率其实是0.95×0.95×0.95×0.95×0.95=0.77，这种服务水平就比较低了。可见，订单完全履行的概率在一定程度上会低于单一产品的现货供应能力。

**【例7-11】** 某专业化工公司接到订单，订购其生产的某种涂料。涂料产品包括三个独立品种，客户会按不同的品种组合进行订购。根据一段时间的订单采样统计来看，出现在订单上的七种不同产品组合及其概率见表7-14。同时，根据企业的历史记录，三种产品在库的概率分别是$SL_1=0.95$；$SL_2=0.90$；$SL_3=0.80$。据此计算订单的加权平均履行比率，仅为0.801。

**表7-14 产品组合及概率**

| 计单上的产品组合 | (1) 在订单上出现的频率 | (2) 完全履行订单的概率 | (3)=(1)×(2) |
|---|---|---|---|
| A | 0.1 | (0.96)=0.960 | 0.096 |
| B | 0.1 | (0.90)=0.900 | 0.090 |
| C | 0.2 | (0.80)=0.800 | 0.160 |
| A,B | 0.2 | (0.95)(0.90)=0.855 | 0.171 |
| A,C | 0.1 | (0.95)(0.80)=0.760 | 0.076 |
| B,C | 0.1 | (0.90)(0.80)=0.720 | 0.072 |
| A,B,C | 0.2 | (0.95)(0.90)(0.80)=0.684 | 0.137 |
|  | 1.0 | 加权平均履行比率 | 0.801 |

2. 计算安全库存

比较简单的一种方法是利用概率标准来确定安全库存。了解了需求情况尤其是订货提前期内的需求情况及发生概率后，就可以在此基础上大致确定所要求的服务水平和需要的安全库存。

当订货提前期内的需求量服从正态分布时，由给定的服务水平确定缺货概率，然后查标准正态分布表确定需求量标准正态偏差$Z$，即安全系数，那么计算安全库存SS的最基本公式如下（前提是订货周期、订货提前期和需求期间三者都相同）

$$SS = Z \times \text{订货提前期内需求的标准差} = Z\sigma \tag{7-15}$$

当然，上述条件很难实现，所以标准公式会有各种变形使用，这将在下面订货点问题中继续加以说明。

式中 $\sigma$——提前期内需求的标准差，计算时二者所使用的时间单位需要注意保持一致。

这时，

$$R = E(M) + SS \tag{7-16}$$

式中 $E(M)$ ——订货提前期内的平均需求期望值。

计算提前期内的平均需求一般可以先计算每周（或每日）的平均需求，然后乘以订货提前期（也是按周或日计算）。如果需求符合正态分布，那么可以直接求均值或中位数

$$\bar{x} = \frac{\sum x}{n} \tag{7-17}$$

式中 $x$——单个需求；

$n$——需求数据的个数。

【例7-12】 表7-15为某产品10周内的实际需求资料，计算分布的平均值。

表7-15 某产品的需求

| 周 | 实际需求量 | 周 | 实际需求量 |
|---|---|---|---|
| 1 | 1200 | 6 | 1100 |
| 2 | 1000 | 7 | 1100 |
| 3 | 800 | 8 | 700 |
| 4 | 900 | 9 | 1000 |
| 5 | 1400 | 10 | 800 |
| | | 总计 | 10000 |

根据表7-15计算需求量均值 $\bar{x}$

$$\bar{x} = \frac{\sum x}{n} = \frac{10000}{10} = 1000$$

如果有几种比较典型的需求，且知道需求的发生概率，也可以直接计算平均需求量。例如，根据表7-13的数据，可以计算出这种产品在订货提前期内的平均需求量为

$$E(M) = 10 \times 0.02 + 20 \times 0.10 + 30 \times 0.20 + 40 \times 0.28 + 50 \times 0.18 + 60 \times 0.12 + 70 \times 0.08 + 80 \times 0.02$$
$$= 42.8$$

数据的波动是平均值无法反映出来的，因此需要使用离差（Dispersion）来衡量实际需求与平均值的偏差，反映单个数据在平均值附近分布的密集程度，可以使用最大值减最小值的区间、平均绝对偏差（绝对偏差之和/观察次数）、标准差（Standard Deviation）等表示。标准差 $\sigma$ 在这里比较适用，其计算步骤如下：

（1）实际需求减去均值，计算每一期的偏差。

（2）计算每一期偏差的平方值。

（3）加总各偏差的平方值，除以期数，得到平均值。

（4）计算上一步所得数据的平方根，所得数据即为标准差。

这里需要注意的是，需求偏差的计算一般需要对应于相同的提前期时间间隔。例如，提前期是1周，那么就需要用1周的需求变化来确定安全库存。

【例7-13】 根据表7-15中的数据，计算标准差$\sigma$的步骤如表7-16所示。

表7-16 标准差的计算

| 周 | 预测需求 | 实际需求 | 偏 差 | 偏差的平方 |
|---|---|---|---|---|
| 1 | 1000 | 1200 | 200 | 40000 |
| 2 | 1000 | 1000 | 0 | 0 |
| 3 | 1000 | 800 | -200 | 40000 |
| 4 | 1000 | 900 | -100 | 10000 |
| 5 | 1000 | 1400 | 400 | 160000 |
| 6 | 1000 | 1100 | 100 | 10000 |
| 7 | 1000 | 1100 | 100 | 10000 |
| 8 | 1000 | 700 | -300 | 90000 |
| 9 | 1000 | 1000 | 0 | 0 |
| 10 | 1000 | 800 | -200 | 40000 |
| 总计 | 10000 | 10000 | 0 | 400000 |

据此，

$$方差的平均值 = 400000/10 = 40000$$

$$\sigma = \sqrt{40000} = 200$$

从统计学的角度，可以确定在正态分布中：大约68%的概率，实际数据将在平均值的$\pm\sigma$之内；大约98%的概率，实际数据将在平均值的$\pm 2\sigma$之内；大约99.88%的概率，实际数据将在平均值的$\pm 3\sigma$之内。

至于安全系数$Z$，即特定的服务水平所对应的平均值的标准差的数值，可以通过查正态分布表得出，见表7-17。较高的$Z$值导致较高的安全库存，降低了出现缺货的概率。

表7-17 安全系数

| 安全系数 $Z$ | 缺货情况在整个存货周期所占的比例（%） | 存货周期的服务水平（%） | 安全系数 $Z$ | 缺货情况在整个存货周期所占的比例（%） | 存货周期的服务水平（%） |
|---|---|---|---|---|---|
| 0.00 | 50.0 | 50 | 1.75 | 4.0 | 96 |
| 0.67 | 25.0 | 75 | 1.88 | 3.0 | 97 |
| 0.84 | 20.0 | 80 | 2.00 | 2.3 | 97.7 |
| 1.00 | 15.9 | 84.1 | 2.05 | 2.0 | 98 |
| 1.04 | 15.0 | 85 | 2.33 | 1.0 | 99 |
| 1.28 | 10.0 | 90 | 2.58 | 0.5 | 99.5 |
| 1.48 | 7.0 | 93 | 3.00 | 0.1 | 99.86 |
| 1.56 | 6.0 | 94 | 4.00 | 0.01 | 99.99 |
| 1.64 | 5.0 | 95 | 6.00 | 0.00034 | 99.99966 |

例如，在［例 7-10］中，$\sigma=200$ 单位，那么在 85% 的服务水平下，安全库存为 $1.04\sigma=1.04\times200=208$。如果要保证 3 个标准差的安全库存，即 $3\sigma=3\times200=600$，则可以达到将近 99.9% 的服务水平。

## 五、订货点

订货点是指企业发出订单时的库存量。确定订货点必须掌握以下五种数据：

（1）全年需求量以及经济订货批量。

（2）预计平均每天（或每周）的正常需求量。

（3）预计每天（或每周）的最大需求量。

（4）订货提前期的正常天数（或周数）。

（5）安全库存量。

### （一）定量订货系统的订货点

经济订货批量的确定为管理者选择合适的订货批量及订货间隔期、做出正确的库存控制决策提供了辅助决策信息。下一步工作是在确定订货批量和订货间隔期的基础上，确定何时发出订货指令，即确定订货点。分为以下四种情况：

1. 需求与订货提前期不变时

这种情况下，一切都是确定的，那么不需要安全库存，订货点处的库存量为订货提前期内的平均需求

$$R=d\times \mathrm{LT} \tag{7-18}$$

式中 $R$——订货点，以单位计；

$d$——单位时间（常用日或周）内的系统需求；

LT——订货提前期（常用日或周为单位）。

**【例 7-14】** 假定每年有 250 个工作日，某产品年需求为 1000 个，订货提前期为 10 个工作日。将数据代入式（7-18），得

$$R=d\times \mathrm{LT}=\frac{1000\text{ 个}}{250\text{ 日}}\times10\text{ 日}=40\text{ 个}$$

2. 订货提前期确定，需求不确定时

对于具有变化性的需求，如果考虑需求的平均值，会出现以下三种情况：

（1）订货提前期内的实际需求与预计的需求相等，则是最理想的状态。

（2）订货提前期内的实际需求小于预计的需求，则会导致库存水平比预计的高，出现存货过剩。

（3）订货提前期内的实际需求大于预计的需求，则会出现缺货。

需求可变时，就需要安全库存，这时订货点的计算公式为

订货点 $R$ = 订货提前期内的平均需求 + 防止需求不确定性的安全库存 SS

$$=d\times \mathrm{LT}+Z\times\sigma\times\sqrt{\mathrm{LT}} \tag{7-19}$$

式中 $\sigma$——订货提前期内需求的标准差。

订货提前期的平均需求计算见式（7-18）。

**【例7-15】** 某零售商承诺对于所经营的产品保证95%的服务水平。该零售商的存货是由供应商供给的，订货提前期固定为4周。如果市场针对某一种产品的需求呈现正态分布，平均需求量为每周100个单位，标准差为10个单位，那么该零售商应如何设定订货点？如果服务水平上调至98%，订货点将如何变化？

查表7-17，95%服务水平对应的安全系数$Z$为1.64。根据已知条件，代入式（7-19），得订货点$R=d\times \mathrm{LT}+Z\times\sigma\times\sqrt{\mathrm{LT}}=100\times4+1.64\times10\times\sqrt{4}\approx400+33=433$（单位）

如果服务水平上调至98%，则$Z=2.05$，由此可以得出$\mathrm{SS}=2.05\times10\times\sqrt{4}=41$（单位）

这时的订货点$R=400+41=441$。

如果在双堆或者三架/三桶系统中，订货点不用计算，即为用完一个桶或一个架的产品后就可以订货了。

3. 需求确定，订货提前期不确定时

即使供应商会尽量保证良好可靠的服务，各种不确定性因素也会使供应商对于提前期无法完全把握。如果不考虑在供应方面的其他不确定性因素，而单单考虑订货提前期的平均值，就会出现以下三种情况：

（1）如果实际的订货提前期与预期的时间相等，是最理想的。

（2）如果实际的订货提前期小于预期的时间，在订货运达时，将会出现存货过剩。

（3）如果实际的订货提前期大于预期的时间，在订货运达之前，将会出现缺货现象。

这些情况，与在需求不确定情况下所呈现的特点非常相似。这时依然可以用安全库存来应对可能的缺货，提高订货点库存量，出现缺货的概率即为订货提前期内的需求大于订货点的概率。

$$\text{服务水平}=P(\mathrm{LT}\times D<R)=P(\mathrm{LT}<R/D) \tag{7-20}$$

其中$P$表示概率。据此计算出满足服务水平要求的订货提前期的预测值，用这个预测值乘以平均需求，即为订货点。

**【例7-16】** 某产品的订货提前期服从正态分布，平均值为8周，标准差为2周。如果需求量是每周100个单位，请问如何设定订货策略才能保证95%的存货周期内的服务水平？

由于需要保持95%的服务水平，因此

$$P(\mathrm{LT}<R/D)=0.95$$

在正态分布情况下，概率为0.95所对应的$Z$值为1.64。这表明，在一个存货周期内95%的时间里，订货提前期将会小于平均值$+Z\sigma=8$周$+1.64\times2$周$=11.3$周。

由此，可以计算得出订货点

$$R = \mathrm{LT} \times D = 11.3 \times 100 \text{ 单位} = 1130 \text{ 单位}$$

因此，通过计算得出，每当存货水平下降到1130个单位时，就要再次发布订单。并且，平均来看，所订货物到达时，我们手中将还会有 $1130 - 8 \times 100 = 330$ 个单位的产品库存。

4. 订货提前期和需求均不确定

如果订货提前期和需求都不确定，情况就非常复杂。如果能够假定这两个条件都是呈正态分布的，就可以利用标准结果来进行计算。如果需求平均值为 $D$，其标准差为 $\sigma_D$，订货提前期平均值为LT，其标准差为 $\sigma_{\mathrm{LT}}$，则订货提前期内需求的平均值等于 $\mathrm{LT} \times D$，其标准差为

$$\sigma_{\mathrm{LTD}} = \sqrt{\mathrm{LT}\sigma_D^2 + D^2\sigma_{\mathrm{LT}}^2} \tag{7-21}$$

据此计算出安全库存 $\mathrm{SS} = Z\sigma_{\mathrm{LTD}}$，订货点仍为订货提前期内的平均需求加上安全库存。

**【例7-17】** 某种产品的需求呈正态分布，需求的平均值为每月400单位，其标准差为每月30单位。此外，该种产品的订货提前期同样也呈正态分布，平均值为2个月，其标准差为半个月。请问，要想保持95%的服务水平，需要设定什么样的订货策略？如果订货成本为400元，库存持有成本为每单位产品每个月10元，那么最优订货批量是多少？

已知 $D = 400$ 单位/月，$\sigma_D = 30$ 单位，$\mathrm{LT} = 2$ 个月，$\sigma_{\mathrm{LT}} = 0.5$ 个月，据此计算出订货提前期内的平均需求 $= \mathrm{LT} \times D = 2 \times 400$ 单位 $= 800$ 单位，并且用式（7-21）计算其标准差为

$$\sigma_{\mathrm{LTD}} = \sqrt{\mathrm{LT}\sigma_D^2 + D^2\sigma_{\mathrm{LT}}^2} = \sqrt{2 \times 30^2 + 400^2 \times 0.5^2} (\text{单位}) = 204.45 \text{ 单位}$$

95%的服务水平对应的 $Z$ 值为1.64，因此安全库存 $\mathrm{SS} = Z\sigma_{\mathrm{LTD}} = 1.64 \times 204.45$ 单位 $\approx$ 335单位

$$\text{订货点 } R = \mathrm{LT} \times D + \mathrm{SS} = 800 \text{ 单位} + 335 \text{ 单位} = 1135 \text{ 单位}$$

最优订货批量

$$\mathrm{EOQ} = \sqrt{\frac{2DC}{H}} = \sqrt{\frac{2 \times 400 \text{ 单位} \times 400 \text{ 单位}}{10}} = 179 \text{ 单位}$$

总之，在情况不确定的情况下，订货提前期内的需求就非常关键，需要进行仔细分析，如果订货提前期和需求都符合正态分布，情况就能简单很多。

**（二）定期订货系统的订货点**

定期订货系统中，每隔一个固定的时间段，以不同的批量实施订货。定量订货法是通过不同的时间间隔实施订货，以抵消不确定性的影响；而定期订货法是在固定的时间间隔的基础上，根据实际需求，以不同的订货量来抵消不确定性因素的影响。在需求确定的情况下，二者一样。只有在需求不确定的情况下，这两种方法之间才会产生差别。

在采用定期订货系统管理库存时，需要确定两个问题：订货间隔期多长？目标库存量多大？第一个问题前面已经解决了。而目标库存量的确定，需要考虑需求的分布情况。例如，假定某种产品订货提前期为LT，需求呈正态分布。目标库存量必须满足相邻两次检

查时间间隔 $T$（检查期）内及订货提前期内的需求（为了防止需求不确定性的安全库存的时间范围也是如此），即

定期订货系统的目标库存量 = 检查期和提前期内的平均需求 + 安全库存

为了防止需求不确定性的安全库存

$$SS = Z\sigma\sqrt{T+LT} \tag{7-22}$$

则 考虑需求不确定性的目标库存量 $= D(T+LT) + Z\sigma\sqrt{T+LT}$ (7-23)

订货量即为目标库存量减去现有库存量。

式（7-23）的前提是订货提前期小于检查周期。否则，如果订货提前期大于或等于检查周期，则还要对已经订货而尚未交货的订单加以考虑，即

订货量 = 目标库存量 − 现有库存量 − 已经订货而尚未交货的订单 (7-24)

**【例 7-18】** 某公司某种产品的需求服从正态分布，其平均值为每个月 1000 个单位，标准差为 100 个单位。该公司每 3 个月对库存进行一次检查，订货提前期固定为 1 个月。现在，该公司的订货政策可以保证 95% 的服务水平。请问，如果库存持有成本为每月每单位 20 元，则想把服务水平提高到 98% 所需要增加的成本是多少？

已知 $D = 1000$ 单位/月，$\sigma = 100$ 单位，$C = 20$ 元/(月・单位)，$T = 3$ 月，$LT = 1$ 月

95% 的服务水平对应的 $Z$ 值为 1.64，由此可以得出

$$\text{安全库存 } SS = Z\sigma\sqrt{T+LT} = 1.64 \times 100 \text{ 单位} \times \sqrt{3+1} = 328 \text{ 单位}$$

$$\text{目标库存量} = D(T+LT) + SS = (3+1)\text{月} \times 1000 \text{ 单位/月} + 328 \text{ 单位} = 4328 \text{ 单位}$$

每 3 个月，当该产品需要订货时，发布的订货批量 = 4328 − 现有存货。

此时 持有安全库存的成本 = 328 单位 × 20 元/(月・单位) = 6560 元/月

如果服务水平提高到 98%，则 $Z = 2.05$，此时

$$\text{安全库存} = 2.05 \times 100 \text{ 单位} \times \sqrt{3+1} = 410 \text{ 单位}$$

这时目标存货量为 4410 个单位，且持有安全库存的成本 = 410 单位 × 20 元/(月・单位) = 8200 元/月。

因此，增加的成本为 8200 元 − 6560 元 = 1640 元。

在第二节里已经提到过，两种订货方法各有优劣，这里再延伸一下，对于这两种订货方法可以进行综合使用。第一种，将定期订货与订货点相结合，即如果现有库存量高于订货点，本周期内将不再订货，到下一个周期再看；第二种，将订货点与目标库存量相结合，只要库存水平低于订货点就发布订货，但是订货量不是经济订货批量，而是能够使得存货水平恢复到目标库存量的批量，这种系统也称为最小—最大系统(Min-max System)。

## 六、一次性订货系统的决策

虽然库存分析往往将重点放在重复订购的物品上，但由于一次性订货系统中订货过程

的误差无法根据实际发生的需求进行纠正，库存控制的决策难度较大，而各种季节、文化等因素都会导致对物品的一次性需求，从而有必要进行一次性订货的分析。对于某些类型的企业，一次性订货的库存分析比重复性订货的库存分析还要重要，如根据用户的特殊订货进行生产的加工厂、建筑企业和特殊项目（如造船、运载火箭和通信卫星等）中，一次性订货分析就显得更为重要。

对于一次性订货系统而言，如果需求和提前期都确定，那到期直接订货即可；如果二者都不确定，那就很难决策。如果其中一个变量可以确定，那么可以用一些方法来进行订货量和订货时间的决策。

### （一）已知需求量，可变提前期

当需求量已知时，一次性订货量就等于需求量。如果不允许缺货，订单就应尽早发出。当已知提前期的概率分布时，也可以规定订货先于需求发生日期到达的概率，从而决定订单发出的日期。

**【例 7-19】** 某商店准备在圣诞节销售圣诞树。已知某供应商的提前期的概率分布见表 7-18（表中 $X$ 表示实际提前期）。假如需求从 12 月 1 日即开始发生，要求按时到货的概率不小于 85%，那么何时发出订单最为合适?

表 7-18 某供应商圣诞树供应提前期的概率分布表

| 提前期 LT/天 | 10 | 11 | 12 | 13 | 14 | 15 | 16 |
|---|---|---|---|---|---|---|---|
| 概率 $P$ | 0.10 | 0.10 | 0.15 | 0.20 | 0.30 | 0.10 | 0.05 |
| $P\ (X\leqslant L)$ | 0.10 | 0.20 | 0.35 | 0.55 | 0.85 | 0.95 | 1.00 |

若不允许缺货，则应在可能的最长的提前期之前订货，即在 12 月 1 日之前 16 天发出订单。如果要求圣诞树按时到达的概率不小于 85%，那么可由表 7-18 中 $P(X\leqslant L)$ 行数据查得提前期应为 14 天，即应在 12 月 1 日之前 14 天发出订单。

### （二）已知提前期，可变需求量

如果提前期确定，并且已知需求量的概率分布和有关的成本参数，就可以利用期望值法或边际分析法进行决策。

#### 1. 期望值法

当已知需求量的概率分布时，可以根据使期望利润最大或期望成本最小的原则确定订货量。为采用期望值法进行决策，可以利用输出或损益值表来决定订货量，使期望收益最大或期望损失最小。

**【例 7-20】** 某花店欲订购一批玫瑰花供 2 月 14 日销售。由于短期内只能供应一次订货，所以店主必须决定订货的数量。玫瑰花每单位的购入成本为 2 元，售价为 6 元，订货成本可以忽略不计。当日未售出的部分可以按照每单位 1 元折价售出。预计节日期间用户对该花店玫瑰花需求量的概率分布见表 7-19（订货量只能为 10 的倍数）。该花店应订购多少单位的玫瑰花？

表 7-19 节日期间用户对某花店玫瑰花需求量的概率分布

| 需求量（$D$） | 10 | 20 | 30 | 40 | 50 | 60 |
|---|---|---|---|---|---|---|
| 概率 $P(D)$ | 0.10 | 0.10 | 0.20 | 0.35 | 0.15 | 0.10 |

通过计算，得出不同订货量的损益值见表 7-20，可以看出，当订货量为 50 单位时期望收益值最大，为 127.5 元。

表 7-20 某花店订购玫瑰花的损益值

| 概率 | 0.10 | 0.10 | 0.20 | 0.35 | 0.15 | 0.10 | 期望值 |
|---|---|---|---|---|---|---|---|
| 订货量 \ 损益值 \ 需求量 | 10 | 20 | 30 | 40 | 50 | 60 | |
| 10 | 40 | 40 | 40 | 40 | 40 | 40 | 40.00 |
| 20 | 30 | 80 | 80 | 80 | 80 | 80 | 75.00 |
| 30 | 20 | 70 | 120 | 120 | 120 | 120 | 105.00 |
| 40 | 10 | 60 | 110 | 160 | 160 | 160 | 125.00 |
| 50 | 0 | 50 | 100 | 150 | 200 | 200 | 127.50√ |
| 60 | -10 | 40 | 90 | 140 | 190 | 240 | 122.50 |

2. 边际分析法

应用期望值法进行决策，需要对订货量和需求量可能取值的所有组合计算损益值。当数据较多时，计算的工作量就会很大，比较麻烦，这时还可以采用边际分析法进行决策。当对现有订货量增加一个单位时，这一单位可能销售出去，也可能销售不出去。这两种可能结果的概率之和必为 1。只要期望边际利润加期望边际缺货成本的节约额大于期望边际损失，就应该增加该单位的订货。期望边际利润之所以还要加上期望边际缺货成本的节约额，是因为该单位如果能销售出去，和不订购该单位的情况相比，不但可以获得 1 单位的销售利润，还可以避免 1 单位的缺货成本。应将现有订货量增加 1 单位的条件是

$$P \geqslant \frac{\text{边际损失}}{\text{边际利润}+\text{边际损失}+\text{边际缺货成本节约额}} \tag{7-25}$$

式中 $P$——该单位能销售出去的概率。

只要该单位能够售出的概率不小于 $P$，就应增加该单位的订货。另外，在一次性订货问题中，通常在供不应求的情况下不会有缺货成本。在这种情况下，单位缺货成本就认为是 0。

【例 7-21】 根据［例 7-19］中的数据，用边际分析法来决定订货量。

有关数据计算见表 7-21，$X$ 代表实际需求量。

表 7-21 节日期间用户对某花店玫瑰花的需求量及概率

| 需求量（$D$） | 10 | 20 | 30 | 40 | 50 | 60 |
|---|---|---|---|---|---|---|
| 概率 $P(D)$ | 0.10 | 0.10 | 0.20 | 0.35 | 0.15 | 0.10 |
| $P(X \geqslant D)$ | 1.00 | 0.90 | 0.80 | 0.60 | 0.25√ | 0.10 |

将相关数据代入式（7-25），得

$$P \geqslant \frac{\text{边际损失}}{\text{边际利润}+\text{边际损失}+\text{边际缺货成本节约额}}$$
$$=1/(4+1+0)=0.20$$

查表 7-21 中的数据可知，销售量不小于 50 单位时的概率为 0.25，所以应订购 50 单位。

【例 7-22】 某公司每年春天销售树苗，估计起苗和整枝的成本为每棵 2.5 元，将树苗送到销售商处的平均装运成本为每棵 0.5 元，销售单价为 5 元。如果起出的树苗未能卖出将全部损失，但是不发生装运成本。公司规定销售量必须以万棵为单位。若过去订货量的概率分布如表 7-22 所示，那么应当起出多少棵树苗才能使利润最大?

表 7-22 树苗过去订货量的概率分布表

| 需求量/万棵 | 1 | 2 | 3 | 4 | 5 |
|---|---|---|---|---|---|
| 概率 | 0.10 | 0.20 | 0.25 | 0.30 | 0.15 |
| 售出概率 | 1.00 | 0.90 | 0.70 | 0.45 | 0.15 |

应用边际分析法得

$$P \geqslant \frac{\text{边际损失}}{\text{边际利润}+\text{边际损失}+\text{边际缺货成本节约额}}$$
$$=2.5/(2+2.5+0)=0.55$$

查表 7-22，售出不少于 3 万棵的概率为 0.70，售出不少于 4 万棵的概率为 0.45。因公司规定销售量必须以万棵为单位，所以，为获得最大利润，应起出 3 万棵树苗。

3. 报童模型

边际分析的方法适用于季节性的产品，而季节性产品的一个典型范例就是报童问题。对于报童来说，必须要在每天的客户需求未知的情况下，判断出他需要从供应商处采购多少数量的报纸。如果他购买了太多的报纸，那么一天工作结束时就会由于未能及时售出所有的报纸而承担损失；而如果他购买的报纸数量太少，就会由于未能满足所有客户的需求而错过了实现最大利润的机会。因此一次性订货问题有时也称为“报童问题”。

假设报童每天清晨从报社购进报纸零售，晚上将没有卖掉的报纸退回。设报纸每份的购进价为 $b$，零售价为 $a$，退回价为 $c$，应该自然地假设为 $a>b>c$。这就是说，报童售出一份报纸赚 $a-b$，退回一份赔 $b-c$。报童每天如果购进的报纸太少，不够卖的，会少赚钱；如果购进太多，卖不完，将要赔钱。现在需要确定他每天购进报纸的数量，以获得最大的收入。

众所周知，应该根据需求量确定购进量。需求量是随机的，假定报童已经通过自己的经验或其他渠道掌握了需求量的随机规律，即在他的销售范围内每天报纸的需求量为 $r$ 份的概率是 $f(r)$（$r=0, 1, 2\cdots$），有了 $f(r)$ 和 $a$、$b$、$c$，就可以建立关于购进量的优化模型了。

假设每天购进量为 $n$ 份，因为需求量 $r$ 是随机的，$r$ 可以小于 $n$、等于 $n$ 或大于 $n$，致使报童每天的收入也是随机的，所以作为优化模型的目标函数，不能是报童每天的收入，而应该是他长期（几个月，一年）卖报的日平均收入。从概率论大数定律的观点看，这相当于报童每天收入的期望值，以下简称平均收入。

记报童每天购进 $n$ 份报纸时的平均收入为 $G(n)$，如果这天的需求量 $r\leqslant n$，则他售出 $r$ 份，退回 $n-r$ 份；如果这天的需求量 $r>n$，则 $n$ 份将全部售出。考虑到需求量为 $r$ 的概率是 $f(r)$，所以

$$G(n)=\sum_{r=0}^{n}[(a-b)r-(b-c)(n-r)]f(r)+\sum_{r=n+1}^{\infty}(a-b)nf(r) \tag{7-26}$$

问题归结为在 $f(r)$、$a$、$b$、$c$ 已知时，求 $n$ 使 $G(n)$ 最大。

通常需求量 $r$ 的取值和购进量 $n$ 都相当大，将 $r$ 视为连续变量更便于分析和计算，这时概率 $f(r)$ 转化为概率密度函数 $P(r)$，式（7-26）变成

$$G(n)=\int_0^n[(a-b)r-(b-c)(n-r)]P(r)\mathrm{d}r+\int_n^{\infty}(a-b)nP(r)\mathrm{d}r \tag{7-27}$$

计算

$$\begin{aligned}\frac{\mathrm{d}G}{\mathrm{d}n}&=(a-b)nP(n)-\int_0^n(b-c)P(r)\mathrm{d}r-(a-b)nP(n)+\int_n^{\infty}(a-b)P(r)\mathrm{d}r\\&=-(b-c)\int_0^nP(r)\mathrm{d}r+(a-b)\int_n^{\infty}P(r)\mathrm{d}r\end{aligned}$$

令 $\frac{\mathrm{d}G}{\mathrm{d}n}=0$，得

$$\frac{\int_0^nP(r)\mathrm{d}r}{\int_n^{\infty}P(r)\mathrm{d}r}=\frac{a-b}{b-c} \tag{7-28}$$

使报童日平均收入达到最大的购进量 $n$ 应满足式（7-28），因为 $\int_0^{\infty}P(r)\mathrm{d}r=1$，所以

式（7-28）又可表示为

$$\int_0^n P(r)\mathrm{d}r = \frac{a-b}{a-c} \tag{7-29}$$

根据需求量的概率密度 $P(r)$ 的图形很容易从式（7-28）确定购进量 $n$。在图 7-17 中，用 $p_1$、$p_2$ 分别表示曲线 $P(r)$ 下的两块面积，则式（7-28）可记作

$$\frac{p_1}{p_2} = \frac{a-b}{b-c} \tag{7-30}$$

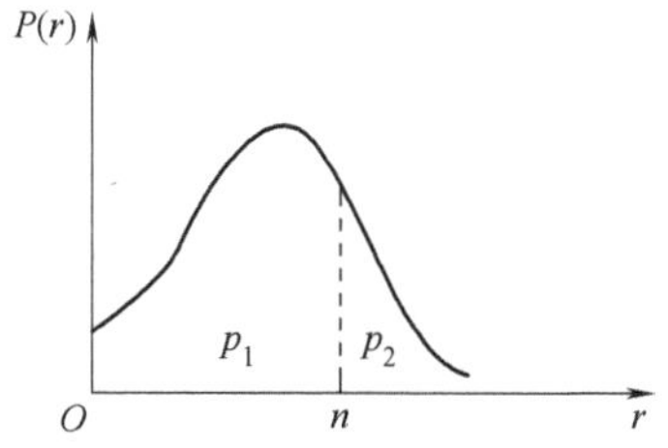

图 7-17　由 $P(r)$ 确定 $n$ 的图解法

因为当购进 $n$ 份报纸时，$p_1 = \int_0^n P(r)\mathrm{d}r$ 是需求量 $r$ 不超过 $n$ 的概率，即卖不完的概率；$p_2 = \int_n^\infty P(r)\mathrm{d}r$ 是需求量 $r$ 超过 $n$ 的概率，即卖完的概率，所以式（7-28）表明，购进的份数应该使卖不完与卖完的概率之比，恰好等于卖出一份赚的钱（$a-b$）与退回一份赔的钱（$b-c$）之比。显然，当报童与供应商签订的合同使报童每份赚钱和赔钱之比越大时，报童购进的份数就应该越多。

**【例 7-23】** 若每份报纸的购进价为 0.75 元，售出价为 1 元，退回价为 0.6 元，需求量服从均值为 500 份、标准差为 50 份的正态分布，则报童每天应购进多少份报纸才能使平均收入最高？最高收入是多少？

已知 $a=1$ 元，$b=0.75$ 元，$c=0.6$ 元，则 $a-b=0.25$，$b-c=0.15$，根据式（7-30），得

$$p_1/p_2 = 0.25/0.15 = 5/3$$

由 $P(r)$ 服从 $N(\mu, \sigma)$，$\mu=500$，$\sigma=50$，可得 $n=\mu+0.32\sigma=516$，即每天购进 516 份报纸。

按照式（7-27），可得最高收入约为 117 元。

# 第四节　库存控制方法

## 一、常用的库存补货模式

现阶段，常用的补货模式分为传统模式和基于供应链理念的模式两大类。

1. 手工操作或基于简单电子数据交换（EDI）的传统补货模式

手工操作是指企业根据销售数据、库存和促销计划等信息，产生订单，通过传真、打电话、发电子邮件等方式给供应商。双方的系统没有连接，存在大量的低效率操作。由于物流理念及计算机技术的限制，我国许多企业物流信息化仍处于较低水平。企业物流信息的采集、传输等作业还依靠手工操作，如手工数据采集和人工数据分析。另外，企业间的信息交换方式较为落后，如采用电话、传真或邮寄等传统方式发送订购单、商品信息和发

货通知等。由于通信方式的落后，操作比较烦琐，会造成信息传递的不及时，且容易造成人为的失误。又由于缺乏公共信息平台，信息不能有效及时地传递，供应商不能及时准确地把握市场动态。

基于简单电子数据交换（EDI）的补货模式是指企业产生订单，用工业标准的 EDI 或其他电子商务技术传递给供应商。供应商把商品的标准信息、订单确认等用 EDI 传递给零售商。双方系统用 EDI 连接，提高了效率，降低了成本。

2. 供应商管理库存模式

供应商管理库存（Vendor Managed Inventory，VMI）模式是供应链管理、零售商与供应商紧密合作的一种有效补货技术。VMI 是指供应商在与零售商达成自动补货协议（如库存水平、运输成本等）的基础上，为零售商管理其商品的订单、送货和库存等工作，取代零售商烦琐的日常补货工作，并取得良好的效果。由于供应商更了解自己的商品情况、供应能力、促销计划、新品计划、季节变化等，配合使用先进的电子技术，可以更好地帮助零售商管理订单和库存。这种技术可以提高供应链管理的效率，降低双方的库存，减少商品缺货率（特别是畅销产品），减少运作成本，提高对市场变化的反应速度，更好地满足消费者的需求。对供应商来讲，还可以提高市场预测准确率，更好地安排生产、分销和采购计划。对零售商来讲，可以集中精力为顾客服务，而且由于是供应商为其下订单，有可能在供应商商品短缺的情况下，优先得到满足。VMI 在美国流通行业的供应链管理中得到了很好的应用，连续补货过程（CRP）在 VMI 中被成功应用。大多数的美国大零售商和供应商都使用该系统。

3. 联合管理库存模式

简单地说，联合管理库存（Jointly Managed Inventory，JMI）模式是一种在 VMI 的基础上发展起来的、上游企业和下游企业权利责任平衡和风险共担的库存管理模式。JMI 体现了战略供应商联盟的新型企业合作关系，强调了供应链企业之间双方的互利合作关系。

联合库存管理是解决供应链系统中由于各节点企业的相互独立库存运作模式导致的需求放大问题，提高供应链的同步化程度的一种有效方法。联合库存管理强调供应链中各个节点同时参与，共同制订库存计划，使供应链过程中的每个库存管理者都从相互之间的协调性考虑，保持供应链各个节点之间的库存管理者对需求的预期保持一致，从而消除了需求变化放大现象。任何相邻节点需求的确定都是供需双方协调的结果，库存管理不再是各自为政的独立运作过程，而是供需连接的纽带和协调中心，如图 7-18 所示。

JMI 把供应链系统管理进一步集成为上游和下游两个协调管理中心，库存连接的供需双方从供应链整体的观念出发，同时参与，共同制订库存计划，实现供应链的同步化运作，从而部分消除了由于供应链环节之间的不确定性和需求信息扭曲现象导致的供应链的库存波动。JMI 在供应链中实施合理的风险、成本与效益平衡机制，建立合理的库存管理风险的预防和分担机制、合理的库存成本与运输成本分担机制和与风险成本相对应的利益

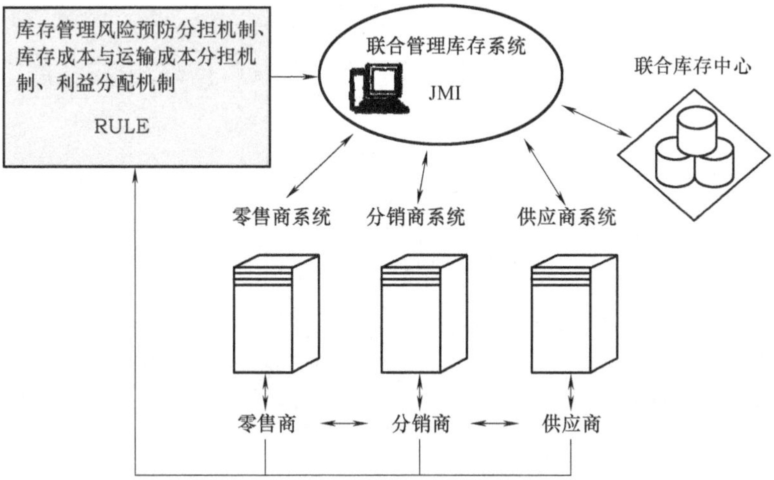


图 7-18 联合管理库存模式

分配机制，在进行有效激励的同时，避免供需双方的短视行为及供应链局部最优现象的出现。通过协调管理中心，供需双方共享需求信息，起到了提高供应链的运作稳定性作用。

4. 协同规划、预测与补货模式

JMI 增加了计划执行的集成，并在消费者服务水平、库存和成本管理方面取得了显著的效果，但 JMI 的建立和维护成本高。协同规划、预测与补货（Collaborative Planning Forecasting and Replenishment，CPFR）模式是在新信息技术基础上的最新供应链管理技术，是供应链中的各方（零售商、制造商、分销商、物流公司、原材料供应商等）紧密合作，利用各方优势取得最佳的整体供应链管理效果。但这需要整个行业的合作，在中国目前还为时过早。

CPFR 建立在 JMI 和 VMI 的最佳分级实践基础上，同时摒弃了 JMI 和 VMI 的主要缺点，如没有一个适合所有贸易伙伴的业务过程，未实现供应链的集成等，是一种协同式供应链库存管理。针对贸易伙伴的战略和投资能力不同、市场信息来源不同的特点，将 CPFR 构建成一个方案组，方案组通过确认贸易伙伴从事关键业务的能力来决定哪家公司主持核心业务活动，贸易伙伴可选用多种方案实现其业务过程。零售商和制造商从不同的角度收集不同层次的数据，通过反复交换数据和业务情报改善制订需求计划的能力，最后得到基于 POS 的消费者需求的单一共享预测。这个单一共享需求计划可以作为零售商和制造商的与产品有关的所有内部计划活动的基础，换句话说，它能使价值链集成得以实现。以单一共享需求计划为基础，能够发现和利用许多商业机会、优化供应链库存和改善客户服务，最终为供应链伙伴带来丰厚的收益。

CPFR 的业务模型如图 7-19 所示。

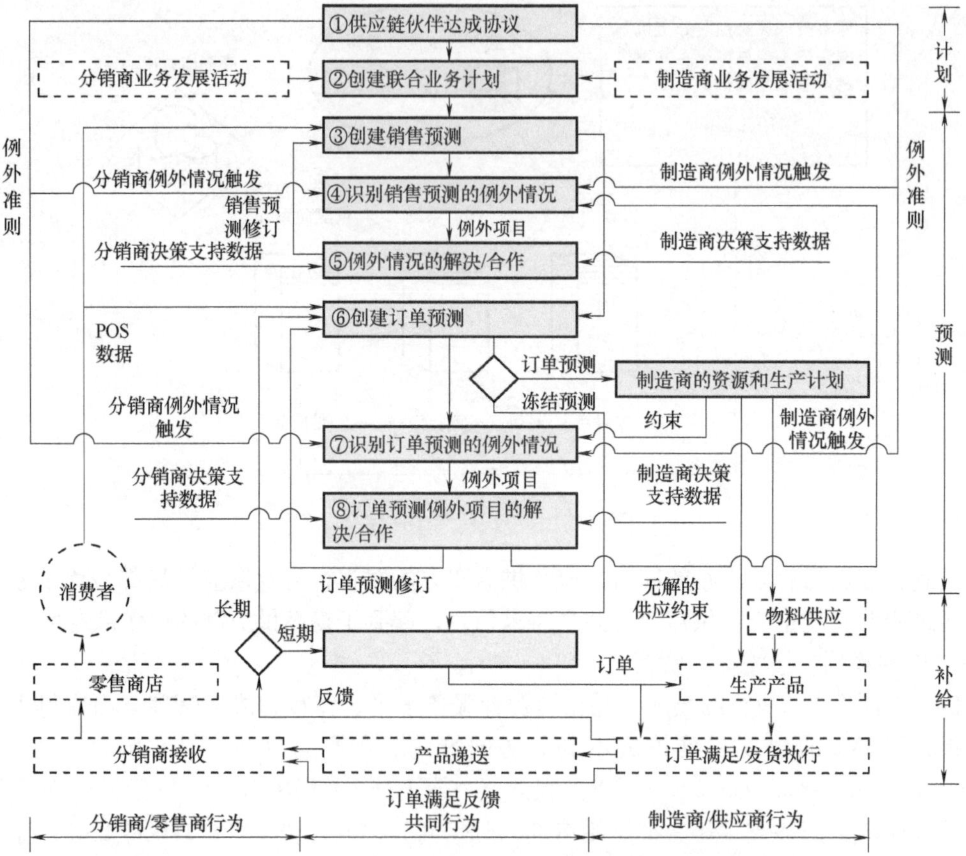


图 7-19 基于 CPFR 的供应链运作过程

5. 连续补货过程

连续补货过程（Continuous Replenishment Program，CRP）也称为自动补货模式，主要用于供应商和零售商仓储中心之间的补货以及供应商和零售商店之间的补货。

第一种是在供应商和零售商仓储中心之间的连续补货过程，涉及零售商店、零售商仓储中心和供应商。首先，零售商店利用计算机辅助订货（CAO）产生订购单，并发送到零售商仓储中心。仓储中心根据订购单，向零售商店补充货物。仓储中心的库存管理系统根据从供应商那里收到的货物量、实际库存量以及出库量，生成一个货物移动报告，并交付库存管理员，由库存管理员将缺货情况、系统还没有记录的货物移动情况以及其他相关因素考虑进去后，以库存和销售数据报告报文的形式发送给供应商。供应商收到仓储中心的库存和销售数据报告报文后，将该报文上传到自身的需求预测系统，然后生成一个建议性的订购单，以 EDI 报文的形式传送给仓储中心。在 VMI 情况下，供应商直接向仓储中心备货。在 JMI 情况下，仓储中心收到建议性的订购单报文后，查看报文中的产品和数量，如果可以接受，则向供应商发送订购单认可。供应商根据订购单认可，准备向仓储中心送货。在零售商仓储中心和供应商之间进行的联合管理库存模型如图 7-20 所示。

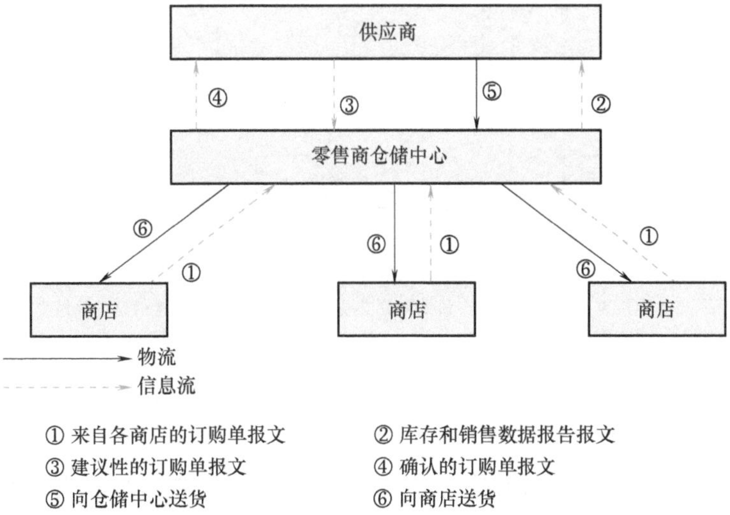


图 7-20 供应商和零售商仓储中心之间 JMI 模型

第二种是在供应商和零售商之间的连续补货，涉及供应商和零售商。零售商根据销售数据和收货数据更新其库存数据，库存管理员根据缺货、促销、实际库存数据以及销售预测修正因子等进行修正，以 EDI 报文形式将库存数据发送给供应商。在 VMI 情况下，供应商根据收到的数据决定向零售商的送货量，不用给零售商发送订购单报文即直接向仓储中心备货。在 JMI 情况下，供应商根据收到的数据生成一个建议性的订购单发送给零售商。零售商收到建议性的订购单后，审核其中的产品及数量，如果可以接受，就发出一个订购单认可，表示接受供应商的建议性订购单。接着是供应商的备货、送货和零售商的接货。在供应商和零售商之间的 JMI 模型如图 7-21 所示。

## 二、库存周转率

库存周转率对于企业的库存管理来说具有非常重要的意义。本节将详细介绍库存周转率的计算方法和评估方式，因为如果能够充分利用库存周转率这一重要工具来有效调整库存，可以很好地帮助实现成本的最低化和效益的最大化。

### （一）库存周转率的意义

库存周转率是指在一定的期间内，物品经过了若干次周转的比率。库存周转率受库存额和消费（或出货）额双方面的影响。有时出货减少而库存增加，则库存周转率急剧恶

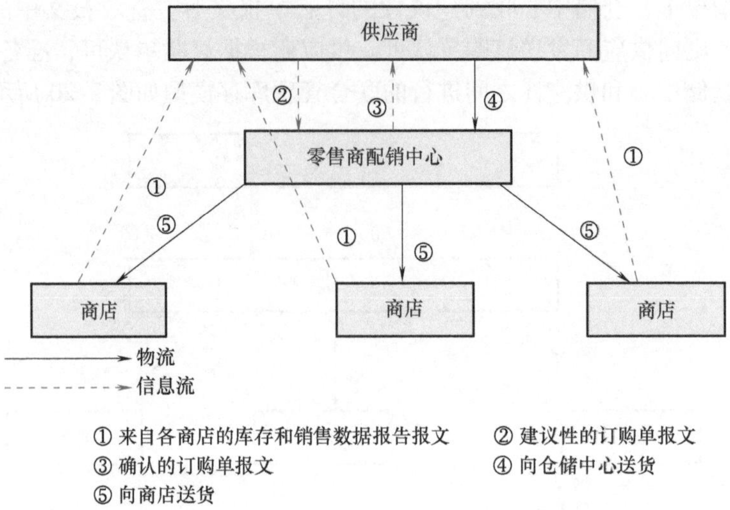


图 7-21　零售商和供应商之间的联合管理库存模型

化，从而能敏感地反映出库存状态的。假定一家公司的首月销售额为 3 万元，而手头拥有 6 万元的库存制品；再假设第二个月销售额降为 2 万元，此时虽然库存金额仍旧维持 6 万元没有改变，但实际上，库存却增加了 50%。由上述可知，虽然库存量没有改变，但使用量变化时，库存会随之变化。所以，从库存管理的目的讨论，应以库存周转率作为衡量库存是否合理的标准才对，这样比仅以金额或数量做标准要更加科学。而且周转率也不像库存金额那样易受物价变动的影响，不但能立刻反映需要的变化，且计算又非常简单明了，因此在各类企业中广泛采用。

**（二）库存周转率的计算**

库存周转率可以用如下公式表示

$$\text{库存周转率}=\frac{\text{使用数量}}{\text{库存数量}} \tag{7-31}$$

在这里，应该注意的是“使用数量”并不一定相当于“出库数量”，出库数量往往大于真正使用的数量，因为出库时有一部分是备用材料量。因此，有时必须采用以下公式

$$\text{库存周转率}=\frac{\text{出库数量}}{\text{库存数量}} \tag{7-32}$$

究竟哪个公式更合理呢？通常都认为用使用数量（或销售数量）做分子较好。在经营的基本观念中，库存周转率通常以使用数量为对象。

除此之外，也有以金额表示库存多少来计算库存周转率的方法。这时，根据前面所述，基于“使用”与“出库”两种观点，自然采取下列算式

$$库存周转率=\frac{使用金额}{库存金额} \tag{7-33}$$

$$库存周转率=\frac{出库金额}{库存金额} \tag{7-34}$$

可是这里有一个问题，就是金额是指何时的金额，因此规定某个期限来研究此金额时，需要用下列算式

$$\begin{aligned}库存周转率&=\frac{该期间的出库总金额}{该期间的平均库存金额}\\&=\frac{2\times该期间的出库总金额}{(期初存货金额+期末存货金额)}\end{aligned} \tag{7-35}$$

库存周转率的周期有周、旬、月、半年及年等，一般企业采取月或年，大多数以年为单位计算，只有零售业常使用月、周为单位。以一年为一期的公司，称半年的库存周转率为半期单位。

假定库存数量是1000个单位，月使用数量是5000个单位时，依照前述算式可求得库存周转率为

$$库存周转率=\frac{5000个}{1000个}=5$$

在这种情况下，称之为5周转，表示库存量在一个月之内就周转了5次。相反，假定库存数量为5000个单位，月使用数量为1000个单位，则

$$库存周转率=\frac{1000个}{5000个}=\frac{1}{5}=0.2$$

这可以说是0.2周转，也称1/5周转。这种情形是库存过多而使用数量太少，等于库存品没有有效地周转。用0.2周转或1/5周转来描述库存时，一听便知库存周转很低。有的企业将其改为百分比（%），将0.2改用20%表示，即称之为20%周转。不过这种表示法并不科学，因为用百分比时就会缺乏真实感。另外，以上是通过数量来计算的，当然，通过金额来计算也是一样。

有时也可用周转期间来代替库存周转率。库存周转率所表示的是一定期间（如年间、月间、周间等）的库存周转比率。周转期间则是假定一年为期间单位时，在这期间单位中每一周转所需的时间计算公式如下

$$周转期间(月数表示)=\frac{12}{年间周转率} \tag{7-36}$$

假定商品周转率是一年之间四周转或八周转，其“周转期间”的计算方法分别如下

$$(12/4)个月=3个月$$

$$(12/8)个月=1.5个月$$

**（三）月平均库存的求法**

周转率公式中，会用到平均库存额。一般可以计算每月平均库存额，有如图7-22所

示的三种方式。

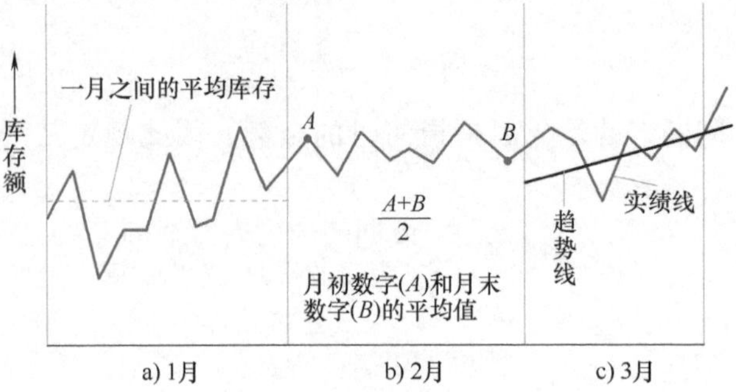


图 7-22　绘图求出每月平均库存

第一种方法如图 7-22a 所示，以曲线的大约中间部分的库存额（图 7-22a 中的虚线部分）作为平均库存值，此法通称为“概略法”。这种方式仅可用于不需要很高精确度的情形。

第二种方法，是将月初和月末的库存额相加，除以 2，结果作为平均库存额。图 7-22b 所示即是此法，这种方法也只可用于不需高度精确的情况。

远比前两者精确的一条平均趋势线的做法，便是图 7-22c 所示的“两分平均法”。用此方法导出的趋势线，还可作为将来销售预测的参考。

至于该选择其中哪一种方法，则因业种、规模的不同而定。不过企业必须事先决定采用哪一种方法来作为准绳。

**（四）库存周转率的评估**

评估库存周转率的好坏，并没有一种绝对的标准比率可供参考，通常是进行横向或者纵向比较，来判断其优劣。

1. 和其他同行业企业的横向比较

如前所述，库存周转率通常用库存额除以销售额来计算得到。但是实际上，各企业的具体计算方式又各不相同。对于“库存额”和“销售额”的核定，各企业所用方法差别很大，所以在做横向比较时，也要考虑到这一点，去和用同样计算方法的企业相比才更有意义。

表 7-23[⊖] 显示的是较早些年一些台湾中小企业的库存周转率。这种统计资料较难获得，对于企业的参考价值较大。

⊖ 资料来源：《高效库存管理技法》，邓世祯，广东经济出版社，2002。

表 7-23 按行业分类中小企业的库存周转率

| 行业名称 | 统计企业数 | 平均员工数/人 | 原材料库存周转率/（次/年） | 在制品库存周转率/（次/年） | 产成品库存周转率/（次/年） | 销售利润率（%） |
|---|---|---|---|---|---|---|
| 制造业 | 3277 | 71 | 64.2 | 78.5 | 61.0 | 23.0 |
| 食品工业 | 453 | 54 | 58.3 | 90.6 | 62.1 | 27.6 |
| 纤维工业 | 446 | 77 | 47.0 | 59.6 | 45.9 | 18.6 |
| 木材及木制品工业 | 141 | 56 | 25.8 | 98.3 | 54.9 | 18.4 |
| 家具工业 | 89 | 53 | 32.2 | 120.1 | 73.8 | 21.1 |
| 造纸业及纸加工品业 | 150 | 68 | 72.4 | 115.7 | 66.1 | 22.6 |
| 印刷、装订业 | 213 | 42 | 117.2 | — | — | 29.8 |
| 化学工业 | 89 | 70 | 45.3 | 112.3 | 41.8 | 27.3 |
| 皮革制品制造业 | 14 | 146 | 46.3 | 58.1 | 54.2 | 19.0 |
| 橡胶制品制造业 | 45 | 136 | 68.1 | 106.6 | 61.3 | 19.5 |
| 非铁金属工业 | 89 | 120 | 39.6 | 59.9 | 59.5 | 15.9 |
| 铸锻工业 | 120 | 64 | 94.5 | 67.0 | 67.0 | 19.3 |
| 金属制品工业 | 323 | 66 | 58.4 | 77.3 | 55.2 | 22.3 |
| 机械品具制造业 | 375 | 71 | 79.4 | 60.6 | 60.5 | 26.3 |
| 电机、电器制造业 | 182 | 90 | 59.2 | 78.3 | 76.9 | 20.8 |
| 运输机器制造业 | 161 | 94 | 67.9 | 75.9 | 98.9 | 18.9 |
| 精密机械器具制造业 | 79 | 109 | 63.4 | 61.4 | 69.6 | 24.3 |

2. 企业内部纵向比较

制订和评估库存周转率时，最好参考企业的历史数据。一般而言，最好不要拿过去的平均值来做准绳，最好采用库存周转率较大时的值作为目标或者评估准绳，因为往往库存周转率会低于目标值，定的目标低容易造成更低的实际值。

另外，库存周转率会因物品种类不同而各异，因此，除了参考过去的数据外，还应参照其他一些原则：

（1）购入手续繁复的物品，需要延长周转期间。

（2）期间出库金额（单价×出库量）越大的物品，库存周转率也要越大。

（3）体积较大而造成占用储存面积过多（与单价不相称）的物品，需要缩短周转期间。

（4）每次变更作业流程时，耗费工时越多的加工商品或产品等，越须延长周转期间。

（5）保管中容易发生损耗（包括有形损耗和无形损耗）的商品，需要加大库存周转率。

此外，企业内部进行纵向比较时，还需要考虑，不同时期的数据不能混用。例如，刚起步运营时期只经营几种商品的数据，在发展到一定阶段开始经营几十种商品时，就已经没有意义了。所以，根据历史数据估算的库存周转率只能作为评估的依据之一，但不能拘泥于此，需要考虑多方面因素来考评，以免出现偏颇。

3. 库存周转率的判断

实际上，并非库存周转率越高越好，低就不好，因为会有多种因素影响着库存周转率的计算，造成其高或者低。例如，当库存调得很低，以至于出现了缺货时，库存周转率高也不好；而当企业为了生产季节性产品以备旺季需要时，即使某一周期内的库存周转率暂时增高，也并非不好。

总之，库存周转率，不是死的，当通过库存周转率来观察库存管理状况乃至经营状况时，需要慎下结论。

## 三、配合商品寿命的季节性的库存管理

随着商品经济的飞速发展和高新科技的突飞猛进，商品之间的竞争日趋激烈和白热化。产品的更新换代日盛一日。企业处在这瞬息万变的潮流中，只有针对商品的特性，配合商品的成长周期和季节性对库存结构进行及时调整，才能牢牢把握商机，创造商机，在竞争中脱颖而出。

### （一）配合生命周期决定适当库存量

一般而言，商品的寿命也和人类一样，从幼年期（导入期）、青年期（成长期）、壮年期（成熟期），一直到老年期（饱和期）、衰退期（枯竭期）。拉尔夫·琼斯称新产品自出现在市场直至失去销售价值而从市场上消失为止的期间为“生命周期”，其全名为新产品的基本生命周期（The Basic Cycle of New Products），如图 7-23 所示。

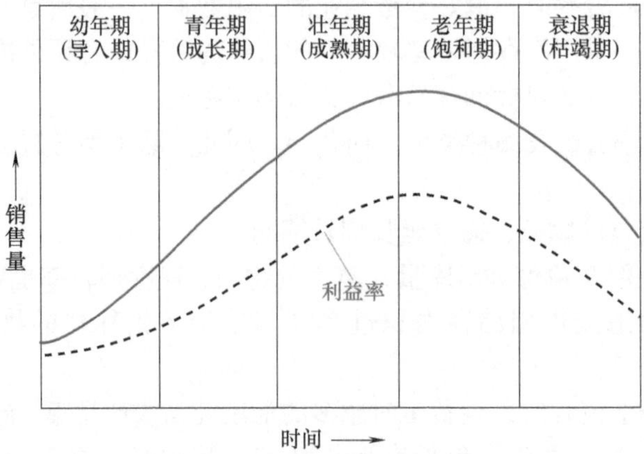


图 7-23　拉尔夫·琼斯的生命周期曲线

德拉卡教授在其著作《有创造性的经营者》中讲到，为整理产品种类并促进销售，将产品分为 11 种类型。其中的头五种类型是：

- 今日的摇钱树。
- 明日的摇钱树。
- 生产性的特殊品。
- 开发产品。
- 属于灰姑娘或睡狮型的商品。

构成下面第二部分的六种类型，则隐藏着问题点：

- 昨日的摇钱树。
- 要加以修正的产品。
- 不需要的特殊品。
- 无缘无故的特殊品。
- 经营者自以为是的产出品。
- 失败产品。

企业有必要判断产品究竟处于何种状态。有些企业的销售额变动剧烈，尤其是经营销售季节性敏感的商品更是如此。如果在这种情形下，仅是以线图来表示每月销售额，则只观察此图无法判断业绩是在上升还是下滑。这时可以运用移动合计图来表示前一年的销售实绩，便能明确地了解企业业绩变化。绘制这种企业销售动态图时，就是将月销售额、各月累计销售额和移动合计销售额三者画在图上，图形呈“Z”形，因而学者称其为“Z 统计图”，如图 7-24 所示。

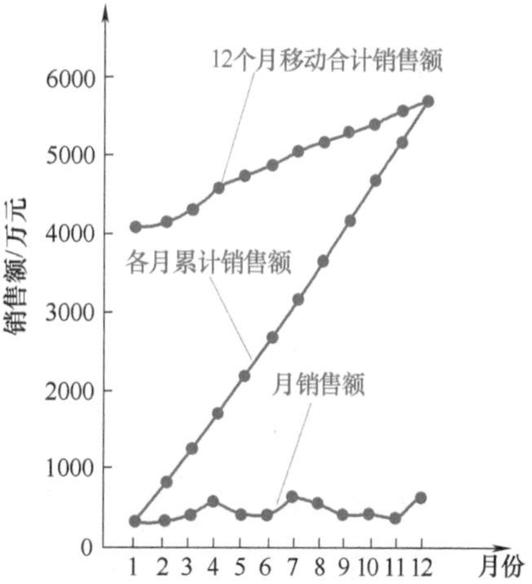


图 7-24　Z 统计图

因为此统计图是将月销售额、各月累计销售额以及 12 个月的移动合计销售额三要素集中于同一坐标图上，所以看图便知最近一年来的销售实绩以及今后一年的销售动向，便于控制库存。

这 12 个月的移动合计销售额是通过表 7-24 中的数据计算而得，表示着最近 12 个月内每一阶段的销售合计额。

下面来看图 7-25。其两张图只显示了“Z”的最上面一横，即移动合计销售额。如果一个企业的销售进展顺利，一年之中每个月销售额始终一贯地显示出上升倾向时（图 7-25b），这家企业就算已步入轨道，甚至不需 Z 统计图，只要画简明的曲线图来比较月份销售额、累计销售额及预算数即可。

表 7-24　12 个月移动合计销售额计算数据

| 前一年度 | | | 本年度 | | |
|---|---|---|---|---|---|
| 月 | 月销售额 | 移动合计销售额 | 月销售额 | 12 个月移动合计销售额 | 各月累计销售额 |
| 1 | 236 | — | 386 | 4111 | 386 |
| 2 | 278 | — | 408 | 4241 | 794 |
| 3 | 320 | — | 451 | 4372 | 1245 |
| 4 | 297 | — | 510 | 4585 | 1755 |
| 5 | 301 | — | 482 | 4766 | 2237 |
| 6 | 350 | — | 454 | 4870 | 2691 |
| 7 | 298 | — | 524 | 5096 | 3215 |
| 8 | 372 | — | 508 | 5232 | 3723 |
| 9 | 378 | — | 460 | 5314 | 4183 |
| 10 | 346 | — | 468 | 5436 | 4651 |
| 11 | 305 | — | 459 | 5590 | 5110 |
| 12 | 480 | 3961 | 536 | 5646 | 5646 |

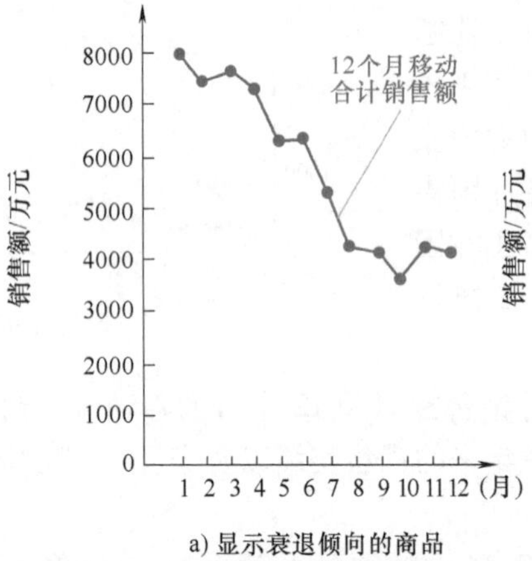


a) 显示衰退倾向的商品

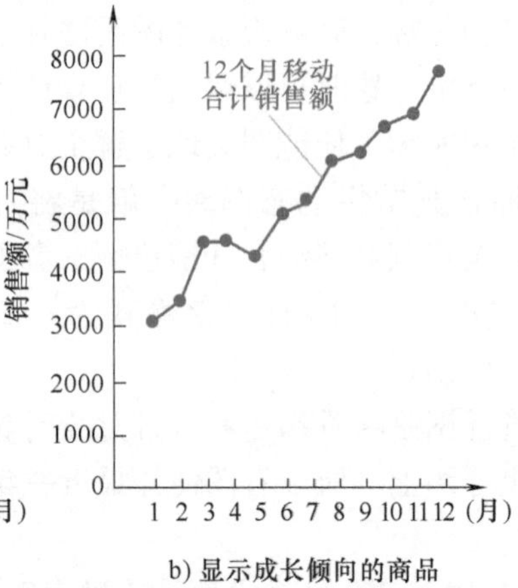


b) 显示成长倾向的商品

图 7-25　销售额的趋势线分析

反过来说，如果线图显示为图 7-25a 的下降现象时，显示着销售额逐渐减退，很不理想，必须赶紧采取适当对策。而这种情况，仅用看销售额和各月累计销售额，则不能明显看出衰退趋势。这也正是 Z 统计图的用途所在。

### （二）制定季节商品的库存对策

各种商品的性质不一，一些商品在有些月份很畅销，在有些月份则门可罗雀。由于行业与商品品种的不同，不同公司的销售额可能随季节变动。例如体育用品，有整年之中销售量大致平均的产品（如高尔夫球用品、健身器材等），也有因季节而剧烈变动甚至有时根本卖不出的用品，如滑雪用品等冬季活动用品只能在冬季销售。应该了解商品的特性和季节性的销售动向，再来调整库存，这也是库存管理业务的重要内容。为此，人们研究出一种观察“季节变动指数”的方法。

季节指数的计算方法有百分率法、月份平均法、12个月移动平均法及连环比率法等。这里介绍其中计算最简易的“月份平均法”。

**【例7-24】** 运用三年的历史数据计算各月季节性指数，依据季节性指数将全年销售目标分解到各个月份，历史数据及分解结果见表7-25。

计算步骤如下：

（1）以一年12个月为一期，计算过去三年各年销售额合计数以及这三年的销售总额。

（2）计算这三年中各个月销售额合计数的平均值，即过去三年来每个月的平均销售额。

表7-25 历史数据及销售目标分解

| 月别 \ 期别 销售额/万元 | $n_1$ 年 | $n_2$ 年 | $n_3$ 年 | 合计 | 平均 | 季节指数 | 构成比例(%) | $n_4$ 年销售目标/万元 |
|---|---|---|---|---|---|---|---|---|
| 1 | 80 | 90 | 95 | 265 | 88 | 83.5 | 7.0 | 140 |
| 2 | 70 | 60 | 65 | 195 | 65 | 61.7 | 5.1 | 102 |
| 3 | 100 | 120 | 150 | 370 | 123 | 116.7 | 9.7 | 194 |
| 4 | 85 | 95 | 80 | 260 | 87 | 82.5 | 6.9 | 138 |
| 5 | 80 | 85 | 90 | 255 | 85 | 80.6 | 6.7 | 134 |
| 6 | 75 | 70 | 80 | 225 | 75 | 71.2 | 5.9 | 118 |
| 7 | 120 | 110 | 100 | 330 | 110 | 104.4 | 8.7 | 174 |
| 8 | 80 | 90 | 95 | 265 | 88 | 83.5 | 6.9 | 138 |
| 9 | 75 | 80 | 70 | 225 | 75 | 71.2 | 5.9 | 118 |
| 10 | 125 | 130 | 135 | 390 | 130 | 123.3 | 10.3 | 206 |
| 11 | 135 | 140 | 145 | 420 | 140 | 132.8 | 11.1 | 222 |
| 12 | 170 | 200 | 230 | 600 | 200 | 189.8 | 15.8 | 316 |
| 合计 | 1195 | 1270 | 1335 | 3800 | 1265/12≈105.4（总平均） | 1201.2 | 100 | 2000 |

例如：

$$一月份的平均销售额=\frac{80万元+90万元+95万元}{3}\approx 88万元$$

$$二月份的平均销售额=\frac{70\text{万元}+60\text{万元}+65\text{万元}}{3}=65\text{万元}$$

$$三月份的平均销售额=\frac{100\text{万元}+120\text{万元}+150\text{万元}}{3}\approx123\text{万元}$$

以此类推，求出各个月的平均销售额。

（3）求出三年来（三期）的平均销售额的合计数，再除以 12，求出三期的总平均销售额。在本例中，一至十二月的平均销售额合计为 1265 万元，所以总平均销售额为 1265 的除以 12（1265 万元/12≈105.4 万元）。

（4）用这一个总平均值除以各个月的平均值，得出“季节指数”。其算法为

$$一月为:\frac{88\text{万元}}{105.4\text{万元}}\times100\%=83.5\%$$

$$二月为:\frac{65\text{万元}}{105.4\text{万元}}\times100\%=61.7\%$$

$$三月为:\frac{123\text{万元}}{105.4\text{万元}}\times100\%=116.7\%$$

（5）上述季节指数不能直接用于各月销售额的分摊，还应求出各月季节指数构成比例。

$$某月季节指数构成比例=\frac{\text{本月季节指数}}{\text{各月季节指数之和}}$$

例如一月份季节指数构成比例为

$$\frac{83.5}{1201.2}=7\%$$

其余各月类推。

（6）假设下一期的年度销售目标为 2000 万元，以各月季节指数构成比例来乘以总销售目标，得该月的销售目标。

例如，一月销售目标为　　$2000\text{万元}\times7\%=140\text{万元}$

利用上述计算方法去分配月销售计划主要依据刚性季节指数及各月季节指数构成比例。实际生产中，对特别畅销、利润较高的商品，已经失去商品寿命、逐渐衰微的商品，容易受到景气变动影响的商品等，都要做更为具体的分析，进而制订营销策略。

用这种方法，可以先制订一个大致的销售目标概略计划，然后订立采购计划，备齐货品，研讨备货所需的时间，以便于做库存调整。

**（三）配合季节变动，准备安全库存**

有了需要超过生产或供应能力的时期性变异（如有了季节性变动）时，必须在较空闲的时期预先估计将来的需求量，多生产一些产品以备不时之需。

下面利用假设例来研讨一番，了解如何订立针对季节变动的生产计划。

**【例 7-25】** 某工厂有月产 800 单位的生产能力，最多还能增加 300 单位，要靠启用临时工在上班时间内增加生产。但是当总需要超过 1100 单位时，就必须靠加班弥补，加班的能力也是 300 单位，即无论如何不可能在一个月之内生产 1400 单位以上。由此所增加的费用为：临时工资 100 元/每单位，加班费用 140 元/每单位，库存费用 25 元/每月每个单位。

若想使一月末及十二月末的库存均为零，何种计划才最为合适呢？假定不考虑预测误差和缺货情况，这个问题的答案便如表 7-26 所示。

**表 7-26 使库存为零的计划**

| 月 | 需求量 | 计划 | | | | 余额 |
|---|---|---|---|---|---|---|
| | | 定时 | 临时 | 加班 | 合计 | |
| 1 | 920 | 800 | 120 | — | 920 | 0 |
| 2 | 350 | 800 | — | — | 800 | 450 |
| 3 | 950 | 800 | — | — | 800 | 300 |
| 4 | 1050 | 800 | 200 | — | 1000 | 350 |
| 5 | 1500 | 800 | 300 | 50 | 1150 | 0 |
| 6 | 1200 | 800 | 300 | 100 | 1200 | 0 |
| 7 | 850 | 800 | — | — | — | 50 |
| 8 | 300 | 800 | — | — | 800 | 450 |
| 9 | 880 | 800 | — | — | 800 | 530 |
| 10 | 1050 | 800 | 300 | — | 1100 | 580 |
| 11 | 1250 | 800 | 300 | 140 | 1240 | 590 |
| 12 | 1690 | 800 | 300 | — | — | 0 |

## （四）利用折线图管理库存

使用折线图表示采购金额、销货成本及库存金额等动态状况时，就会形成流动数曲线图。例如，观察图 7-26 时，可知销货成本累计与采购额累计的差额，便是当天的库存额。其间的距离较宽时，表示库存增多，因此利用折线图很容易获知当前库存状况，通过比较计划与实际之间的差距，制定改善措施，提出改进工作的对策。

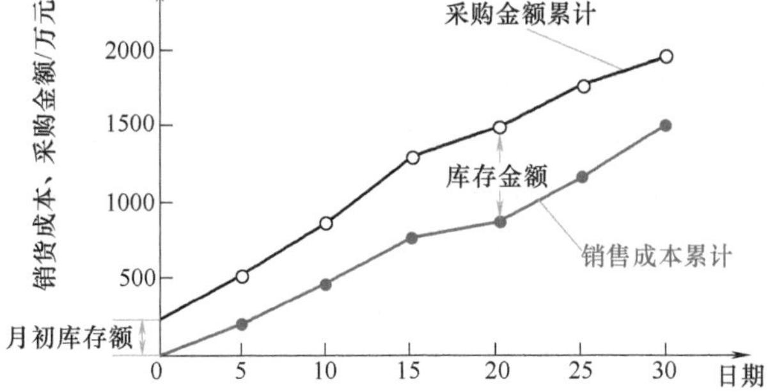


图 7-26 用折线图了解库存额

# 案例

## 案例 7-1　詹姆电子：寻找有效的库存管理策略

詹姆（JAM）电子是一家生产工业继电器等产品的韩国制造企业，总部在首尔。

美国詹姆公司是詹姆电子的一个子公司，专门为美国国内提供配送和服务。公司在芝加哥设有一个中心仓库，为两类客户提供服务，即分销商和原始设备制造商。分销商一般持有詹姆公司产品的库存，根据客户需要供应产品。原始设备制造商使用詹姆公司的产品来生产各种类型的产品，如自动化车库的开门装置。

詹姆电子大约生产 2500 种不同的产品，所有这些产品都是在远东制造的，产成品储存在韩国的一个中心仓库，然后从这里运往不同的国家。在美国销售的产品是通过海运运到芝加哥仓库的。

近年来，美国詹姆公司已经感到竞争大大加剧了，并感受到来自客户要求提高服务水平和降低成本的巨大压力。不幸的是，正如库存经理艾尔所说："目前的服务水平处于历史最低水平，只有大约 70% 的订单能够准时交货。另外，很多没有需求的产品占用了大量库存。"

在一次与美国詹姆公司总裁和总经理及韩国总部代表的会议中，艾尔指出了服务水平低下的几个原因：

（1）预测客户需求存在很大的困难。

（2）提前期太长。美国仓库发出的订单一般要 6 ~ 7 周后才能交货。存在这么长的提前期主要有两个原因：①韩国的中央配送中心需要 1 周来处理订单；②海上运输时间比较长。

（3）公司有大量的库存。如前所述，美国公司要向客户配送 2500 种不同的产品。

（4）与其他地方相比，美国的订单的提前期一般要长 1 周左右。

为了说明预测客户需求的难度，艾尔向大家提供了某种产品的月需求量信息。

但是，总经理很不同意艾尔的观点。他指出，可以通过用空运的方式来缩短提前期。这样，运输成本肯定会提高，但是，怎么样进行成本节约呢？

最终，公司决定建立一个特别小组解决这个问题。

**问题：**

1. 詹姆公司如何针对这种变动较大的客户需求进行预测？
2. 詹姆公司如何平衡服务水平和库存水平之间的关系？
3. 提前期和提前期的变动对库存有什么影响？詹姆公司该怎么处理？
4. 假设你是特别小组的一员，请说出你对公司库存管理策略的建议。

## 案例 7-2　某计算机公司的库存管理

几年前，Ben 成立了一个计算机公司，进行 PC（个人计算机）的生产和销售，市场范围限于在某几个省组成的区域。在竞争力方面，他有两个特点：第一，他有计算机的独特设计；第二，他承诺对于当地和区域内的市场都实现两天之内送货。其他计算机制造商也能很快地生产和配送，但是由于他们一般是全国性的竞争者，对于一些距离较远的市场，Ben 在配送时间方面略胜一筹。第三，Ben 不仅能快速送货，而且能提供快速服务解决任何技术性问题。因此，Ben 很快就有了一些忠诚的客户，较多的是本区域内的小企业。他们对计算机依赖性很强但内部技术力量又不够，计算机制造大企业不能给这些小客户提供良好、及时的服务，所以 Ben 的优质售后服务对于这些小企业来说很重要。

虽然市场前景良好，但是 Ben 的公司在运转几年后，出现了比较多的问题，尤其是在售后服务的零配件库存管理方面。因此最近他们专门新设了售后服务库存经理职位，聘请了 Ross 来担任这项工作。上任第一周，与几个部门的员工面谈之后，Ross 对于库存管理现状有了比较清晰的了解。以下是各个员工的说法。

客户服务经理 L："我认为，当前我们主要的竞争优势是客户服务，但是现在却经常由于缺少一些关键零部件而不能很好地完成售后服务，这招来了客户和现场服务人员的诸多抱怨。情况往往是客户要求提供售后服务时，我们发现缺少特定的零部件，因而无法及时提供服务。目前顾客还算忠诚，但是我想他们的耐心是有限的。我们的服务目标是提供至少 98% 的客户服务水平，不能降低。但是，这还不是唯一的问题。由于我们的服务水平下降，顾客正在考虑我们的产品价格。我建议降低销售价格，但是财务部说我们的利润已经非常低了，无法再降价，主要原因是我们的库存及其相关成本太高。在我看来，好像咱们有太多的原材料、零部件堆积。可是为什么我们需要的零部件又经常缺货呢？"

总工程师 A："库存问题正在折磨着我们。Ben 以独特的设计而著称，我们一直努力在这方面保持竞争优势。问题是大多数时候，当我们努力做出了新的设计时，库存和财务人员都告诉我们要等待。看起来他们总有太多旧货库存，而财务上的问题使得这些闲置库存的问题变得更严重。他们告诉我，一旦我们提出一个新的设计，而很多顾客也等待这些新设计，那么现有的设计原料甚至是服务，都变得陈旧，这会造成大量材料浪费，造成成本大幅提升，因此我们的新设计常常由于被其他公司抢先实现而浪费了。我们也试图在新设计将要做出的时候尽量提早告诉库存管理人员，以便让他们尽快把旧的物料用完，但是这看起来并没有奏效。"

采购经理 J："我们部门的问题更令人头疼，现在面对着多方面压力，有时候不知道该如何处理。首先，财务部一直告诉我节约成本、控制成本，这就需要大批量采购才能实现。但是我们的工程师总会有新的设计、推出新产品，而且大多数的新设计都要采购新的零部件，旧的零部件就会用不完从而浪费掉。我们大部分时间都在与供应商洽谈新设计，试图以低价格快速得到新的零部件，尽管大部分条件可以满足，但是令他们头疼的是频繁改变订单。另外一方面，我们的现场服务人员经常告诉我们，他们缺少某些零部件，需要马上送货。而很多情况下，他们并没有提前对这些零部件下订单要货，我们怎么提供呢？还有一点就是他们会临时希望我们取消一些一天前还说是很关键的订单，让我们十分为难。我们的顾客和供应商都很好，但是他们也不是神仙，不能立刻完成一些事情。我们的一些供应商甚至威胁我们，如果我们仍然如此变动频繁的话，就不再与我们合作，因为这使得他们非常难做且提升了他们的成本。我们也尽力为现场服务人员提供解决办法，但是并不奏效。可能他们根本就不关心。"

财务总监 M："如果你能帮助我们解决库存问题，那你真的就太棒了。我们在价格、配送和高效服务方面有很强的优势，但是我们的库存成本已经完全失控。在过去的两年里，我们的总库存上升了 200% 多，而我们的服务收益只增加了 15%。最主要的是，在这两年时间内，没有任何价值的废旧材料库存上升了80%。另外，库存相关成本明显上升，除了采购成本上升外，有些售后服务零部件需要进行紧急运输，仅去年，由于关键部件短缺引起的空运花费了我们67000元。你知道吗？这几乎是我们服务业务20%的毛利润。再加上我们的利息、仓库和废旧库存成本，我们的库存持有成本达到了23%。如此巨大的库存量吞噬了我们很大一部分利润。我们必须得控制这种状况，否则我们就会垮掉。”

现场服务主管F：“我不愿意打击你，但是这确实是一项不可能完成的任务。采购人员购买了一系列标准的箱柜，他们说对某种零部件，只有我们的需求能够装满一箱时才能下订单采购。由于大部分零部件的提前期是1周或更短，这样做是有道理的。所有的订单都记录在计算机内，因此，当只剩下1周库存量的时候，计算机会告诉我们应该下订单了。但是有些事情经常出错。第一，现场服务技师经常抢夺零部件而不填写领料记录，这使得我们的记录严重不准确。2个月前我们进行了一次完整的盘点，发现我们库存记录的准确度居然还不到30%。第二，由于我们的记录太糟糕，以至于现场服务技师也不能告诉我们，某些零部件是否还有。有些服务技师甚至开始私自储存大量的关键零部件。每次整理他们自己的“私人仓库”时，总能发现很多库存零部件。这使得根据库存记录得到的需求数据完全不准确，例如某天我们在库存记录中看到还有大量库存，第二天就可能发现实际发生了缺货。紧急采购、紧急送货都会造成很大的成本上升。我们是有规定的，技师只能自己保存一部分特殊的、已授权的零部件，但是实际上很多技师已经违反这一规定很长时间了。”

现场服务技师K：“库存中的一些问题确实已经非常糟糕，我和其他一些技师都很烦恼。公司规定我们除了一些常用零部件外，不能自己保有库存。如果我们现场服务的时候需要一个零部件，需要从公司的仓库领取。问题是，大多数情况下，公司会缺少必需的零部件。我们需要花费时间催促采购、送货，同时在等待到货期间安抚我们的客户，因为在此期间客户的系统不能正常使用，就会影响他们的业务，客户很快就会对我们发怒。我想采购人员并不关心这一点，我们需要不停地催促他们。所以，我经常会自己保管一部分零部件库存，尽管这是违反规定的，但我知道其他一些技师也是这么做的。这会节省我们的时间，但是实际上情况变得越来越糟糕。”

经过调查，Ross已经了解了库存管理的基本情况。现在，他需要马上开始行动解决问题。他要做的第一件事情，就是挑选一部分零部件，然后考虑能否改善订购方式。

她选择的第一种零件是A233电路板，单位成本是18元，订货提前期是1周，签发一次订单的成本是16元；平均每周需求32个，满一箱的订购数量通常是64个；现在，供应商答应，如果每次订购电路板200个以上，就给予每个电路板2元的折扣。第二种零件是P656电源，单位成本是35元，由于供应商只接受传真订购，所以订货成本是每个订单2元，订货提前期是2周；平均每周需求是120个，公司通常一次订购350个。

**问题：**

1. 根据已给的两种零部件的数据，请全面评价订购原则。比较现在的年平均成本和EOQ模式下的成本，并讨论其他的订购原则。
2. 是否应该接受价格折扣？为什么？
3. 你认为其他一些问题的根源是什么？请尽可能完整地具体陈述和分析。
4. 建立一个完整的计划，帮助Ross控制库存。

## 习题

1. 简述库存的分类以及库存持有成本的构成。
2. 库存管理的功能体现在哪些方面？试举例说明。
3. 试说明有哪些类型的库存控制系统。
4. 比较定量订货系统与定期订货系统的不同。
5. 试述企业进行库存管理的步骤。
6. 库存控制决策包括哪些内容？
7. 表7-27、表7-28为A公司为期16周的库存数据，请据此构建出库存时间曲线，分析其主要特征，并计算出平均库存，为管理库存提供基本信息。

**表7-27　某库存物品的已知数据**

| 基本参数 | 数　据 | 发出的订单 | 订货数量 | 提前期 |
|---|---|---|---|---|
| 期初库存 | 130 | 订单1 | 150 | 2周 |
| 订货点 | 80 | 订单2 | 170 | 2周 |
| 安全库存 | 30 | 订单3 | 120 | 4周 |

**表7-28　某库存物品为期16周的需求数据**

| 时间 | 每周需求 | 时间 | 每周需求 | 时间 | 每周需求 | 时间 | 每周需求 |
|---|---|---|---|---|---|---|---|
| 第1周 | 30 | 第1周 | 60 | 第1周 | 30 | 第1周 | 10 |
| 第2周 | 20 | 第2周 | 20 | 第2周 | 50 | 第2周 | 10 |
| 第3周 | 40 | 第3周 | 10 | 第3周 | 30 | 第3周 | 30 |
| 第4周 | 20 | 第4周 | 60 | 第4周 | 20 | 第4周 | 30 |

8. 已知各种物品情况见表7-29，试对其进行ABC分析。

**表7-29　各种物品的单价和年需求量**

| 物品编号 | A01 | A02 | A03 | A04 | A05 | A06 | A07 | A08 | A09 | A10 |
|---|---|---|---|---|---|---|---|---|---|---|
| 单价 | 15 | 5 | 10 | 22 | 8 | 16 | 3 | 12 | 18 | 5 |
| 年需求量 | 26 | 65 | 220 | 750 | 1100 | 1750 | 85 | 25 | 420 | 20 |

9. 某产品年需求为1000单位，并且保持恒定不变。该产品单位成本为50元，再订货成本为100元，存储费率为25%，并且不允许出现缺货现象。请制定出针对这个产品的最佳库存政策。

经济订货批量为多少的情况下，总体可变成本可以控制在最优总成本的10%以下？如果供应商每次只能供应200个单位，总体成本是多少？

10. 物品A与B的情况分别如下：物品A的年需求量为50000件，每次订货成本为25元，物品价格为0.2元/件，存储费率为20%；物品B的年需求量为1000件，每次订货成本为25元，物品价格为50元/件，存储费率为30%。

请回答：

(1) 物品A与物品B的经济订货批量各是多少？库存总成本各是多少？比较结果有什么发现？

(2) 如果物品A的需求被平均分配在5个地点，对物品A的经济订货批量将会有什么影响？

(3) 如果物品B的价格是45元/件，每次订货量为100件经济吗？

11. 某中心医院药房的库存政策是在92%的时间里可以直接履行医院订单。如果订单中某些产品缺货，整个订单就会被作为延期交货订单而延期履行，以免产生额外的运输成本。订单通常包括10种产品。对去年订单的抽样分析表明，如表7-30所示的六种产品组合在订单中频繁出现。

**表7-30 产品组合与频率**

| 订单种类 | 产品组合 | 订单频率 |
|---|---|---|
| 1 | A、C、E、G、I | 0.20 |
| 2 | B、D、E | 0.15 |
| 3 | E、F、I、J | 0.05 |
| 4 | A、B、C、D、E、H、J | 0.15 |
| 5 | D、F、G、H、I、J | 0.30 |
| 6 | A、C、D、E、F | 0.15 |
| | | 1.00 |

将产品分为两组设定库存水平，A、B、C、D、E、F各种产品的服务水平同为0.95，其余产品的服务水平定为0.90。

该医院药房是否达到了其库存服务目标？如果没有，为达到92%的订单履行率，两组产品的服务水平应定在多少？

12. 某企业需要某种物资量为14400单位，该物资单价为0.4元，存储费率为25%，每次订货成本为20元，一年工作52周，订货提前期为1周。试求：

(1) 经济订货批量是多少？

(2) 一年订货多少次？

(3) 年库存总成本是多少？

(4) 订货点的库存储备量为多少？

13. 某种产品的需求服从正态分布，每周需求的平均值为400件，标准差为60件。订货和运输成本为300元，存储费为每年每件产品12元，订货提前期为3周。请制定一个能保证服务水平为95%的订货策略，并计算在这种情况下持有安全库存的成本是多少。如果把服务水平提高至98%，成本将会上升多少？

14. 某食品厂向某商店供应某种饼干。食品厂试图确定每天应制作的饼干箱数。这种饼干要是当天不能销售出去，就完全失去价值。每箱成本为10元，以12元出售给商店。在过去的100天中，食品厂记录了每天的销售量，见表7-31。试利用期望值法确定每天应制作的箱数。

    如果食品厂能够以每箱8元的售价将当天未售完的饼干卖给当地的一家公司，则每天应制作的箱数是多少？最大期望利润是多少？

**表7-31 某种饼干销售情况统计**

| 每天出售箱数 | 26 | 27 | 28 | 29 | 30 |
|---|---|---|---|---|---|
| 天　数 | 10 | 20 | 40 | 20 | 10 |

15. 某企业要举行一次春游活动，须为每人准备1个面包。参加春游的人数服从正态分布，平均值为200人，标准差为40人。如果提前2周并订购较大数量的订货，某商店愿以每个1.5元的价格提供面包。但是若到时面包不够，就必须在春游地以每个2元的价格购买。问应提前订购多少个？

## 思考题

1. 参考其他书籍，对库存管理的具体方法进行了解或复习。
2. 说一说你对供应链管理环境下库存管理存在的问题如何理解。

# 第八章

# 现代化的仓储管理

### 作 用

本章综合介绍现代化的仓储管理技术、方法和业务等，以便进一步了解仓储管理的发展。

### 关 键

了解仓储管理的发展趋势；了解仓储信息管理技术的发展与应用；了解仓储分析技术；了解仓储管理业务的发展。

## 第一节 仓储管理的发展趋势

由于JIT、QR（Quick Response，快速响应）及ECR等经营理念的出现，以及直拨、不间断供货等经营模式的实践，有些人预言“二十一世纪没有仓库。”但是，很显然，这只是一种愿望。在新形势下，仓库依然有存在的极大必要，仓储依然连接着供应商与顾客，并且在实现供应链协同运作的过程中不断改进，而企业需要做的是紧跟新形势，不断进步，以更好地完成服务功能。本节将分析影响仓储管理发展的几个变革因素，并试着对仓储管理方法与技术的未来发展做出较为细致的描述。

### 一、影响仓储管理的重要变革因素

以下几个方面的变革，对于仓储的发展趋势起到了关键作用。

1. 仓库设置方式的变革

随着整合等理念深入人心，今后的一个趋势是仓库在数量上将减少，但每个仓库的规模将变大，工作量也会加大。这意味着出入库的加快，以及收货、储存、拣货及装卸搬运作业的增加。这一趋势将对物料处理系统提出更高的要求，对叉车和传送带等设备产生重大影响。

2. 仓储作业技术的变革

首先，仓储作业的处理量增长迅速，而人力资源成本又不断上涨，因此仓储作业需要大大提高自动化程度。例如，在仓库里需要使用更多的传送带来长距离运送小件物品，更多地使用包装机和装卸作业平台，更多地使用自动分拣设备等。因此，在货物搬运等增值很少甚至无增值的作业方面，自动化设备将继续替代劳力。

其次，仓库管理者一般会把货物从仓库的进出（包括收货、放货、分拣和装运等）作业看作他们工作中的最关键部分，但在执行这些工作时往往遇到一个很大的困难——难以及时获取精确的信息。实施仓库工作的无纸化可以改变这一现状。从原则上讲，无纸化仓库意味着所有物流活动的电子化操作，从而减少甚至消除在产品识别、存储地点确认、数据输入和准确分拣方面可能产生的传统错误。同时，电子控制系统还能避免数据输入的延误，并能够即时更新库存、随时找到所需的货物。

3. 仓储业务方式的变革

首先，直拨方式发展较快，即物品在物流环节中，不经过中间仓库或者站点，直接从一个运输工具换载到另一个运输工具的物流衔接方式。分销商在将商品存入仓库之前，常常将收到的货物以直拨方式发给顾客，以满足已被延期交付的订单。由于每个仓库需要处理的订单会更多，这一趋势将使大多数的分销中心希望能通过直拨方式来提高效率。这对参与各方之间的紧密合作和即时的信息交换有较高要求。

其次，不间断供货的要求越来越明显，这也就是要求产品在供应链系统中同步化顺畅运作，避免巨大的库存。以前的仓库有可能每个月甚至每个季度才发一次货，现在却经常每星期就会发一次货，甚至是每星期两次。因此，信息的流动也需要加速，以和物流保持协调一致。在线或即时信息系统将替换原先的滞后系统。在信息时代，仓储在数据处理方面将会有巨大的变化和改进。

最后，在客户化定制、拉动式生产流行的今天，客户订单日益呈现出批量减少、频次增加的趋势。造成这一趋势的原因包括信息更易获得、技术进步、VMI（供应商管理库存）计划的执行和一些地方批发仓库的取消等。尤其是随着很多企业“直接供应商店”（Direct-to-store）和“直接供应客户”（Direct-to-customer）计划的实施，大批量装运的日子一去不复返。将来，为任何规模的订单服务对企业来说将不仅仅意味着挑战，更意味着机遇。

4. 先进理念的施行

首先，“以顾客为中心”的理念在各行业均得到广泛实施。成功的企业必然与其客户交流顺畅并倾听他们的意见，因为他们知道，必须在适当的时间以适当的方式存储或发送适当的产品，在满足客户需要的基础上实现产品的增值。另一方面，成功的企业将和供应商及客户发展真正的合作伙伴关系，从而通过信息共享、计划沟通等取得双赢。而运作高效、反应迅速的仓储是实现这一目标的关键。

其次，物流外包与第三方物流理念深入人心。现在的企业基本都认识到了培育、巩固他们的核心竞争力的重要性，从而不愿再为高库存专门设立存储场所，而是将这一部分业务外包，这在一定程度上促进了第三方仓储的发展。这和第三方物流的发展大趋势是一致的，会有越来越多的企业借助第三方仓储来减少资本投入，提高服务水平。从长期来看，第三方仓储因具备许多优点，必定会成为仓储运作的市场主体。

5. 员工技能的提高

仓库作业的自动化和电子化将要求工人必须不断提高他们的技能，尤其是计算机操作技能，不仅要熟悉仓储工作而且要懂管理和经营的管理者。培养和吸纳技术、机械和管理类相结合的复合型管理人员是重中之重。

根据以上分析可以看出，社会经济发展对于仓储管理提出了更高的要求，要求仓储管理方法更加先进合理，仓储设备与手段更加先进适用，仓储作业更加高效、优质、安全。而科学技术的长足发展及其在物流领域的充分应用又为仓储管理的发展提供了保证与基础条件。下面从仓储管理方法和仓储管理技术两个方面来描述仓储管理的发展趋势。

## 二、仓储管理方法的发展趋势

现代化的科学管理方法及手段在仓储管理中将得到更加广泛的运用，仓储管理向着科学化、现代化发展。

1. 系统管理方法的应用

仓储系统是一个由人及被储存的物资、储存场地、储存时间、储存设备诸要素组成的具有统一功能的系统，因此，运用系统工程方法进行仓储管理，是一个行之有效的方法。仓储的系统管理主要是运用系统论的整体原则，来设计现代仓储管理结构，探讨仓储管理与市场经营之间的有机联系，运用运筹学的定量分析方法研究仓储营运的最优计划以及仓库布局、货位规划的最佳方案，运用控制论的观点组织和协调仓储管理各个环节的关系，运用信息论的方法研究现代仓储管理系统的信息传递，为实现现代化的仓储管理提供科学依据。

2. 仓储质量管理的推行

仓储质量管理的主要目标是保证物资质量的完好、维护物资的使用价值和安全。全面质量管理就是从采购、入库验收、储存养护检查、分装换装直至出库、售后服务、综合管理全过程中对物资的质量进行管理，建立严密的质量保证体系，实行工序或环节控制的方法，重视物资质量信息反馈，运用数理统计原理，以概率论为理论基础，根据检测或观察到的数据，对库存物资质量的变化做出种种合理的估计和正确的判断，从而发现可能出现的问题的预兆，及时加以控制和解决。常用的数理统计工具，如直方图法、因果分析图法、主次分析图法、管理图法、相关图法和正交试验设计法等在仓储质量管理工作中将得到广泛运用。

3. 仓储管理形式的转变

仓储管理工作的改善，从节约人力和节省资金发展到以节省空间为主要目的，强调仓库的“活货”储存，在“流动”中储存物资，力求做到进货与发货同步进行。物资在库内停留时间很短，有的还可不停留，入库物资经过分货、配货、加工之后随即出库。在传统的仓储服务以外，仓库还积极开展分货、配货、包装、配送、流转、加工、商情咨询、代办运输等增值服务，仓库不再仅仅是储存物资中心，也将成为服务中心。

4. 信息化的应用

可以肯定，未来的社会，将是一个完全信息化的社会，信息在社会生活及各行各业中的作用愈加明显。随着计算机技术与通信技术的充分发展以及全球信息网络的建成，仓储管理的信息化趋势也将得到进一步发展，使物资的收发运转实现计算机控制，仓储计划的编制、质量管理的数理统计也都由计算机完成。

5. 储存规划的科学化

储存保管规划的好坏，直接关系着仓储设施的利用率、收发的准确性、物资流动更新的及时性。今后，SLP（Systematic Layout Planning，系统布置设计）技术等设施规划技术会得以更广泛地推广应用，各类物资的储存布局会更加规范合理，仓库内部的布局也将更加适合收发作业流程的要求，这将使仓储作业效率大大提高。

## 三、仓储管理技术的发展趋势

前面提到，仓储管理是边缘学科，因此各方面的技术发展都影响着仓储管理技术的发展。

1. 仓储系统柔性化

多批次、小批量的柔性生产已成为趋势，为了适应这种生产方式的需要，仓储系统与设备要具有足够的柔性，能适应不断变化发展的要求，而且作业效率要高，费用要少。例如，为了适应储存运输物资多变的要求，未来仓库的结构和存取方式将可以变化，越来越多地使用一种可拆卸或可移动的仓库结构，可以根据储运方式和货物的品种批量进行拼装组建。

2. 仓储技术标准化

未来社会的经济发展，将越来越呈现出一种完全国际化、全球化的趋势，因而，为社会生产和经济发展服务的物流产业也呈现出一种完全社会化与国际化的趋势，这对物流技术发展的全球标准化提出了更高的要求，对于仓储技术而言也是如此。将来，无论是仓储设备还是仓储系统，其设计与制造必须首先满足标准化的要求，从而适应高效率物流的要求，如推进装卸搬运、存储设备的标准化，适应各种货物国际联运与“门到门”直达运输的要求；推进票据标准化，以满足电子数据交换的需要等。

3. 储存集装化、单元化

为了使物资储存方式更适于机械化作业，未来物资储存必将普遍实行集装化、单元化，可以提高空间利用率，减少作业次数，减少物资损失，避免配套差错，并且可以帮助实现“门到门”运输，加快物资周转速度。因此，集装箱、托盘及一些辅助工具等将被更广泛地应用。

4. 仓库作业机械化、智能化

首先，装卸搬运作业呈现出机械化、智能化趋势。在高层立体仓库以及其他现代化仓库中，库内物资流动可以全部实现机械化，充分利用叉车、牵引车、起重机、托盘搬运车、码垛机、自动拣选机、输送机等实现流水作业。人工智能在仓储作业中也会得到更广泛的推广应用，例如，在自动导引车和智能吊车中应用专家系统确定行走路线和运行方案，在物资存取过程中应用专家系统指挥机器人进行入架操作和出架操作等。随着时间的推移，这些方面的研究将逐步趋于成熟并不断增强，从而将研制出更多的各种各样的智能化仓储设备和系统加以应用。

其次，仓库内的包装和流通加工作业也有操作机械化、装载定型化和包装规格化的趋势。未来的仓库将会十分注意包装在仓储中的作用，根据社会大生产的发展趋势，仓库将成为“第二次包装”的主要场所，仓库不仅分装、配装、配送等需要包装作业，而且随着物资出现的多品种、小批量、多批次、运送快的新要求和新的发展趋势，仓库业务也开始由以储存业务为主，逐步转为储存与包装、流通加工兼顾。简单的流通加工和包装基本可以混起来进行，不能非常清楚地区分，例如，将大包装加工改为小包装以适应物资勤进快销，既是流通加工活动的一种，又是包装活动。随着这种趋势的盛行，包装技术和设备也会得到大的发展，各种新式包装机械如自动充填机、自动打包机、自动捆扎机、吸塑机及真空包装机等将在仓库得到普遍运用。包装将逐步达到标准化、定型化，包装的规格与托盘、集装箱、运输工具以及立体货架的尺寸构成模数系列，均可互换通用。

5. 物资质量检测技术处理优质化

储存物资的质量检测技术处理实现优质化是仓储作业系统中一项十分重要的内容，是掌握储存物资质量状况及变化规律，维护储存物资使用价值及安全的重要手段及保证。一些新的先进的检测技术将会得到更普遍的应用，用感官进行物资入库验收将被仪器自动检测取代，如无损检测技术、激光检测技术、气相色谱测定技术、磁共振检测技术、质谱测定技术、光谱检测技术、超声波及原子吸收检测技术、样品试片检测技术、模拟试验技术、“灵境检测技术”等，将被广泛应用于储存物资的质量检测，使物资质量检测的准确性大大提高。

6. 储存环境监控自动化

储存环境的优劣直接影响着物资的储存质量和使用价值。未来，储存环境监控技术将得到飞速发展。一是利用先进的技术手段对自然灾害如台风、暴风雨、地震、山洪、水灾、泥石流等进行准确的监测、预报和警报，避免物资遭受自然灾害的侵袭；二是采用先进的技术手段，对物资储存的微观环境如温度、湿度、光照度、粉尘、有害气体浓度、烟雾等因素进行准确定量测试；三是采用先进的技术对储存环境状态的图像进行监控与自动报警等。总之，先进的技术集群将安全报警、物资管理、图像处理和环境自动控制融为一体，并对各种环境信息具有储存、检索、放大、打印的功能，从而使储存环境监控自动化。

总之，尽管由于科学技术的飞速发展而无法对仓储管理未来的发展情况做出更详尽的具体描述，但是随着仓储功能的进一步延伸和变化，相信仓储管理必将向着更为先进、合理、适用的方向发展，并将一如既往地在供应链之中发挥其重要作用。

## 第二节　仓储信息管理

如上一节所言，过去，仓库被看成一个无附加价值的成本中心，而现在，仓库不仅被看成形成附加价值过程中的一部分，而且被看成企业成功经营中的一个关键因素。仓库是连接供应方和需求方的桥梁。从供应方的角度来看，作为流通中心的仓库，从事有效率的流通加工、库存管理、运输和配送等活动。从需求方的角度来看，作为流通中心的仓库必须，以最大的灵活性和及时性满足各类顾客的需要。仓库管理系统（Warehouse Management System，WMS）作为一套应用型的操作软件，其所包含的方法和技术为流通中心的仓库完成流通功能提供强大的支持和保证。

### 一、WMS 概述

WMS（Warehouse Management System，仓库管理系统）是通过入库业务、出库业务、仓库调拨、库存调拨和虚仓管理等应用，实现综合批次管理、物料对应、库存盘点、质检管理、虚仓管理和即时库存管理等功能的管理系统，有效控制并跟踪仓库业务的物流和成本管理全过程，实现完善的企业仓储信息管理。该系统可以独立执行库存操作，也可与其他系统的单据和凭证等结合使用，提供更为完整、全面的管理信息。

#### （一）WMS 与 ERP、进销存软件的比较

除了 WMS，ERP 和进销存软件也涉及仓储管理业务。

ERP 仓储管理模块是 ERP 功能中针对仓库管理的一个模块，一般和财务系统连接使用，用于核算企业的物料成本及库存情况，主要作用集中在采购信息的辅助以及事后成本的归集计算。二者面向的管理对象相同，但功能上有很多不同的地方，主要如下：

（1）管理方式不同。ERP 仓储管理强调的是结果管理，面向的是财务核算，WMS 强调和面向的是过程管理。

（2）精细程度不同。ERP 仓储管理虽然也将仓储划分为库区库位，但因为没有过程的校验功能，很容易出现错乱乱放的情况，导致库存管理的凌乱。而 WMS 则利用条码技术对每个库区库位进行条码标识，上下架都需要进行扫描确认，可以保障每笔出入库业务的准确性，因而能实现精细的库存管理。ERP 仓储管理一般能实现物料的批次管理，但没办法进行唯一化区别确认。WMS 则可包容批次管理及唯一性管理，针对部分贵重物品或关键物料可进行唯一性编码，增加物料管理的准确性。

（3）效率不同。对 ERP 仓储管理模块，部分厂家也集成了条码管理功能，但功能上存在缺陷，不能对其他厂家的条码进行解析应用，没有和条码硬件及检测硬件的集成，导致最终不能应用于实践，出入库、盘点、检验等作业仍需要手工输入，效率低下。WMS 则解决了以上问题，通过扫描出入库及盘点提高了工作效率及准确率，而其和检测设备的集成减少了仓储人员的工作量，增加了物料质量追溯的完整性，方便对供应商进行精细化考核。

（4）适用范围不同。ERP 仓储管理适用于品种批次不多、出入库频率不高、对保质期和追溯性要求不高的企业。WMS 则适用于品种批次较多、出入库频度很高、对保质期和追溯性有很高要求的仓库。

（5）硬件集成应用不同。ERP 仓储管理基本没有硬件的集成应用，WMS 则能够和条码设备、输送设备、叉车终端、检测设备等集成，实现仓库作业管理的自动化应用。

（6）拓展性不同。ERP 仓储管理属于成型的软件模块，基本不支持客户化开发，不能完全贴近自己的需求。WMS 则灵活性很高，属于在基础软件框架上的二次开发，更贴近客户的需求。

进销存软件可以理解为减少了 BOM 和 MRP 功能的 ERP，由于不是专业仓储管理软件，所以更偏重于对于各种业务数据的结果记录，针对特定对象（如仓库）的商品、单据流动进行作业结果记录、核对和管理（报警、报表、结果分析等），比如，记录商品出入库的时间、经手人等。与之相比，WMS 的仓储作业管理更为专业，除仓库作业的结果记录、核对和管理外，最大的功能是对仓库作业过程的指导和规范，即不但对结果进行处理，更是通过对作业动作的指导和规范保证作业的准确性、速度和相关记录数据的自动输入计算机系统，提高仓库的效率和管理的透明度、真实度，降低成本。WMS 加入了更多的作业策略管理和精细化作业，可以在业务实际发生前做出操作指引，如上架建议、拣货策略等，根据软件设定的规则做智能化的分析，形成仓管员的最优化操作指引。进销存软件往往不能支持一种物料入库时摆放到多个储位的情形，WMS 可以在物料入库前，就自动分析推荐具体的、最优化的多个储位。

总之，ERP 是管大账的，负责告诉作业员要做什么、做多少。进销存软件是管明细账的，告诉作业员东西在哪里、何时进出的。WMS 则侧重现场作业优化和指挥调度，告诉作业员如何进出才合理，哪个货位上哪个东西应该进出。ERP、进销存软件、WMS 各自都在相互融合，尤其是 WMS 和 ERP 系统的集成是制造企业信息管理的重点内容。

（二）WMS 的基本功能

WMS 包括仓储管理和作业管理系统，一般而言，具有物料分类管理、仓储资源及配置管理、仓储作业计划和执行等功能。

1. 物料分类管理

WMS 的物料管理取决于物料属性的分类方式。目前，物料属性分类方式有两种：一种是代码继承式分类，这种方式通过代码分段方式进行物料属性分类，优点是相同属性物料在排序上归为一类，容易管理。但该方法随着物料种类的增加易造成代码过长、字段过多，且不同物料属性类别使用同一字段易造成管理不便，在数据存储上表现为稀疏矩阵，浪费存储资源。另一种是采用属性结构表方式进行物料属性定义，主要特性是先定义物料的分类以及分类属性，然后再定义属性值，其结构类似于金字塔形。这种分类方法可以做到物料代码的编撰方式与物料属性无关，分类可以无限增加。采用属性结构表方式建立物料属性的描述体系，可以在同一数据库系统中表达不同的属性描述类别，但不存在属性类别的浪费和字段空值过多的稀疏矩阵情况。

2. 仓储资源及配置管理

仓储资源包括仓库、仓储设备、仓储作业人员等。WMS 可以通过对资源的合理管理、调配和配置，提高仓库利用率、提高设备完好率、提高人员工作效率。其中，对仓库资源的识别和管理最为关键，需要配置的仓库资源信息主要有仓库编号、仓库面积、货位编号、货位面积和货位储存规划等。通过资源配置，可以根据实际作业要求制订优化所需的仓储作业计划，从而实现对仓储资源的高效利用，即以有限的面积存放更多的货品，以有限的资源得到更大的仓库吞吐量，以有限的人力物力获得更高的作业效率和速度。

3. 仓储作业计划和执行

这是指通过采集收发货品订单，根据仓储资源配置数据，结合设定的作业规则，在规定的时间内给出仓储作业时序安排。仓储作业计划主要涉及收货、质量检验、入库上架、拣货、补货、站台装载、盘点、账目管理等活动。从执行的层面看，仓储作业系统不仅是一个计划管理系统，更是一个业务执行管理系统。许多 WMS 系统都配有执行解决方案和相应的产品。

4. 仓储作业成本管理

仓储管理的优化最终体现在作业成本的降低和作业效率的提高上，除了上述功能所实现的作业效率提高，成本控制是应用 WMS 的另外一个主要目的。与 ERP 系统不同，WMS 的成本管理必须以作业成本为中心，仓储作业成本的可控性和优化是 WMS 的重要功能。因此，WMS 可以提供基于作业的成本管理功能，帮助仓储管理人员精确地计算仓储作业成本，为进一步优化仓储管理和提高仓储效率奠定基础。这也有助于从现代物流管理的角度，帮助仓储作业逐步从成本中心走向利润中心。

WMS 软件开发商非常多，不同开发商的软件各有特点，在以上基本功能基础上会有各种变化，在为客户服务时还会根据客户要求进行客户化设计，因此并没有统一的功能架构模式。图 8-1 显示了某公司开发的 WMS 系统的一般架构[⊖]。

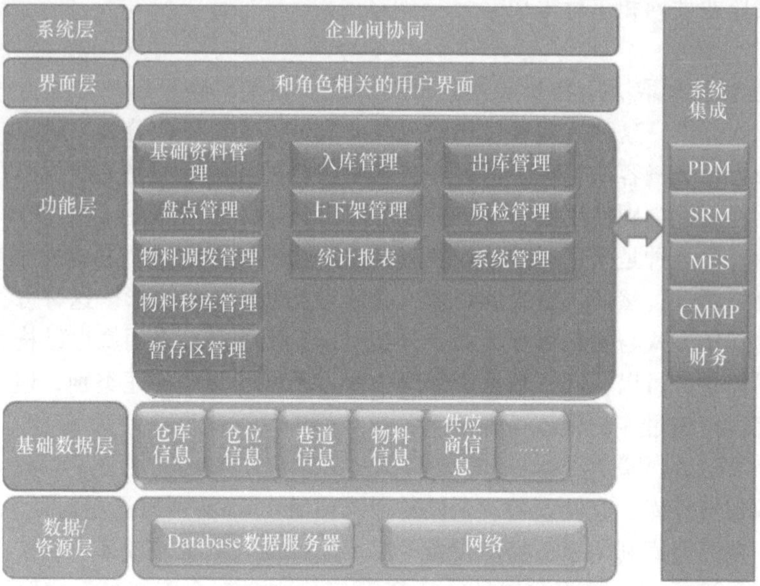


图 8-1 某公司开发的 WMS 系统一般架构与功能

图 8-1 中的这款软件的基础功能包括：

（1）入库管理。物料入库业务通过 PDA（指手持设备，包括条码扫描器、RFID 读写器等）进行，入库过程中可以以暂收数量为基础，对入库数量进行调整，调整后系统自动进行记录，物料暂收通过 PDA 进行，暂收过程中可以进行正废品区分，PDA 中完成业务操作后，系统自动进行数据记录并为下一业务节点发送任务，同时对物料库存量进行更新。入库业务包括采购入库、赠品入库、自制入库、外协入库等。

（2）出库管理。物料下架拣配完毕后，库房需进行出库确认，出库确认后的物料于总装车间交接时需进行交接确认，上述确认操作均于 PDA 或 PC 中实时进行，确认完毕后系统将确认信息进行实时记录。出库处理业务包括领料出库、废品出库、销售出库、追加出库、退货业务等。

⊖ 来源：http：//www. hoteamsoft. com/ProductContent316. html。

（3）盘点管理。物料盘点包括随机明盘、随机暗盘、计划盘点三种方式，由计划员生成盘点计划，由保管员或其他用户通过 PDA 完成盘点操作，盘点记录由系统自动生成相关报表。盘点业务于 PDA 中进行，通过 PDA 的信息采集，将盘点信息第一时间提交监控部门，避免信息人为篡改等现象的发生。同时，PDA 盘点还支持不停线盘点和实时盘点。

（4）质检管理。物料外检通过 PDA 进行操作，外检不合格物料处理通过 PC 操作，外检业务可以贯穿整个入库环节，外检不合格系统将禁止入库。

（5）暂存区管理。物料暂收通过 PDA 进行，暂收过程中可以以送验计划数量为基础，对暂收数量进行调整，调整后系统自动进行记录，暂收过程中可以进行料废兑换及正废品区分，PDA 中完成业务操作后，系统自动进行数据记录并为下一业务节点发送任务。

（6）上架管理。物料上架通过 PDA 进行操作，系统根据物料是否组盘，以确定是否进行叉车等资源的呼叫。库房库管员对已接收确认的物料进行上架操作，此时如果物料存在紧急上线任务，系统将直接引导库管员于暂收区进行出库，而禁止物料上架。物料上架后，系统将物料信息与仓位信息进行关联，以满足后续下架任务的检索。

（7）下架管理。系统根据出库信息自动形成下架任务，下架任务信息包括图号、名称、供应商、数量、批次、货位，通过条码扫描对相关信息进行正确性判定。物料拣配至转运器具上时，通过 PDA 扫描，建立物料与转运器具的对应关系，对于需要叉车进行下架处理的物料，系统将以巷道为单位生成叉车下架任务，指导叉车进行作业，并指导叉车将拣配后的托盘进行回架。

（8）物料调拨管理。不同库房间的物料移动定义为物料调拨，物料调拨由源仓库与目的仓库保管员通过 PDA 交接完成，并需要源仓库出库员进行出库确认。物料完成调拨后系统自动对源仓库库存及目的仓库库存进行调整。

（9）物料移库管理。相同库房间的物料货位移动定义为物料移库。物料移库由保管员自行发起，并由保管员协调叉车等资源完成业务操作。系统通过物料出入库频次信息进行物料活跃性分析，并通过系统策略，出具最佳移库方案，以指导库管员通过移库业务完成库内物料存储的最优化管理。

（10）物料台账管理。物料台账包括仓库的收发存报表、仓库的出入库汇总表和各部门库房材料的领用消耗表等。

### （三）WMS 的支持技术

一般情况下，高效率的 WMS 系统往往集成了信息技术、无线射频技术、条码技术、电子标签技术、WEB 技术及计算机应用技术等，其中的关键技术主要有无线射频（Radio Frequency，RF）技术、电子标签、数据接口技术等。

WMS 如果缺少了 RF 系统的有力支持，仓储水平未必能有大幅度的提高，完善的 WMS 是离不开 RF 系统支持的。因为 WMS 的高效率运作，是以快速、准确、动态地获取货物处理数据作为其系统运行的基础。而 RF 通信系统使得 WMS 实时数据处理成为可能，从而大大简化了传统的工作流程。如把原来的50余种移动码简化为一两个操作。实践证明，以RF技术为基础的WMS，无论是在确保企业实时采集动态的数据方面，还是在提高企业效率与投资回报率方面都具有很大的优势。RF无线射频识别是一种非接触式的自动识别技术，它通过射频信号自动识别目标对象并获取相关数据，识别工作无须人工干预，可以工作于各种恶劣环境。

电子标签即射频卡，又称为感应卡，是一种通过无线电波读取卡内信息的新型科技IC卡，它成功地解决了“无源”和“免接触”的难题。在实际应用中，电子标签附着在待识别物体的表面。阅读器可以无接触地读取并识别电子标签中保存的电子数据，从而达到自动识别的目的。通常，阅读器和计算机相连，所读取的标签信息被传送到计算机上进行下一步处理。

语音拣选技术是最新的无线拣选技术，是值得推广的新技术，特别是当语音拣选代替了传统的纸质拣选单或从无线终端拣选过渡到语音技术时，可以实现实时、准确、交互、及时确认等目标，提升拣选效率，大大降低差错率。

此外，WMS能否与企业的ERP等系统实现无缝连接，是评价其功能的重要因素，也是企业尤其是制造企业实施供应链管理或物流一体化管理的重要基础，而这个基础是通过接口技术来实现的。

**（四）WMS的选择与应用**

选择WMS是一个巨大的挑战。事实表明，无论自己建设系统还是购买系统，选择对了专业公司开发的产品，或者自建的系统合适，就能将仓储作业提升到世界级水平；反之则会扰乱正常仓储秩序，得不偿失。在这方面，对于典型的制造企业，需要考虑的问题就包括：

（1）新系统的性价比如何。

（2）是否有能力改变仓库布局。

（3）是否能满足公司大客户包装和贴标签的要求。

（4）是否能在销售旺季之前保证新系统上线。

（5）是否能方便地与现有企业ERP系统和其他供应链工具集成。

（6）是否能实现既定的运作和财务目标。

（7）系统供应商的财务状况是否稳定。

因此，需要根据企业具体情况，在对仓储作业进行详细评估的基础上，设定具体指标，进行供应商和系统方案选择。

在系统具体应用中，关键问题包括对现有仓储设施和作业流程的再造或者优化、相关管理方式的改变、人员培训、新购设备、与其他系统的集成等。如果这些工作不能配合完成，WMS的应用效果会大打折扣甚至产生负面影响。

### （五）小结

仓储管理系统 WMS 关注的核心理念是高效的任务执行和流程规划策略，建立在成熟的物流理念基础之上，高性能的 WMS、高效的管理流程和先进的设备可以共同铸造成功的仓储管理系统，实现对仓储过程的有效管理，诠释现代化物流管理理念。

## 二、智能技术在仓储管理中的应用

### （一）智能仓储系统

智能仓储是智能物流的一部分，现阶段智能物流又与物联网密不可分。智能物流以物联网广泛应用为基础，通过信息集成、技术集成和物流业务管理系统的集成，贯穿供应链过程，将先进的信息采集、传递和智能处理技术广泛应用于运输、仓储、配送、包装、装卸等基本活动环节，实现物流过程的自动化运作和高效率优化管理，提高物流行业的服务水平，降低成本，减少自然资源和社会资源消耗。

智能仓储管理系统采用自动识别技术、计算机网络技术与无线通信技术，集成先进的自动识别设备和完善的仓储管理软件，是一种自动化无线实时仓储管理系统，实现自动化、智能化仓储管理，通常也追求实现可视化。具体而言，智能仓储系统利用集成智能化技术，通过信息的智能获取技术在仓储过程中自动获取和分析信息，通过智能传递技术进行企业内部和外部的数据传递，将智能处理和运用技术应用于企业内部决策，通过对大量数据的分析，对客户的需求、商品库存、智能仿真等做出决策，全方位应用于仓储管理的优化、预测、决策支持、建模和仿真等方面，使企业的决策更加准确和科学。进入物联网时代，智能的含义又更进了一步，仅仅通过自动采集信息来做出判断和选择已经不够了，还要与网络相连，随时把采集的信息通过网络传输到数据中心或者指挥部，由指挥中心做出判断，进行实时调整，这种动态管控和动态的自动选择才是这个时代的智能。也就是说，智能应该具有三个特征，即自动化、信息化和网络化。

智能仓储系统的应用一般都会以智能仓库为核心，其中经常采用的智能技术有自动控制技术、智能机器人堆码垛技术、智能信息管理技术、移动计算技术、数据挖掘技术、移动通信技术等。智能的可视化仓库能够实现库存信息可视化、库存物料及其状态的可视化跟踪、可视化查询结果的输出，自动生成库存操作单据，为管理者提供多方位、直观的统计信息，并且解决库房仓储管理中各个业务流程的数据采集、识别与信息交换问题，进行资源信息全程追溯，并通过运用自动识别技术极大地提高工作效率，降低人为出错率，从而确保用户需求得到快速响应。

在国内物联网的应用中，感知技术应用情况比较好。目前，我国仓储业运用最多的物联网感知技术是 RFID 技术。在一些先进的仓库里，RFID 标签及智能无线射频（RF）手持终端有比较广泛的应用，因此目前应用比较多的是基于 RFID 的智能仓储系统。本节前面所述的基于语音辅助拣选的系统也开始有所应用。

### （二）专家系统

专家系统是人工智能中最重要的也是最活跃的一个应用领域，它实现了人工智能从理论研究走向实际应用、从一般策略探讨到专项知识运用的重大突破。专家系统是一个程序系统，其内部含有大量的某个领域专家水平的知识与经验，它应用人工智能技术和计算机技术，根据该领域一个或多个专家提供的知识和经验，进行推理和判断，模拟人类专家的决策过程，以便解决那些需要人类专家处理的复杂问题。同时它能对决策的过程做出解释，并有学习功能，即能自动积累解决问题所需的知识。

专家系统在物流领域也有了应用，但普及还有困难。物流专家系统是一个能在物流领域内解决复杂问题并达到专家水平的计算机程序系统。物流专家系统包括人机接口、综合数据库、推理机、知识库和解释器五个部分。在仓储管理中，专家系统可以在自动化仓库出入库调度中进行应用。

对于给定的自动化立体仓库，其运行效率高低与出入库调度系统设计的好坏有密切关系，如果在对常见的自动化立体库作业调度和货位分配原则进行归纳总结的基础上，建立专家系统的知识库和推理机制，就能够产生单一的调度算法不具备的功能和效率。立体仓库的出入库调度任务主要包括作业任务调度和货位管理。作业调度又可分为作业调度原则、任务优先权原则、处理时间最短原则、处理时间最长原则、随机规则、联合出入库原则、中断抢先原则等。货位管理又可分为分巷道存放原则、就近原则、货架受力均匀原则、先入先出原则、货位分区原则等。知识库就是建立在作业调度原则和货位管理原则基础上，知识库建立的好坏，直接影响整个专家系统推理机制的速度和效率。推理子系统按照一定的策略从知识库中选择规则前提与综合数据库中的已知事实进行匹配，如果前提与综合数据库的某条信息一致，则认为匹配成功，将结论加入到综合数据库，或执行前提所得的操作。

由于专家系统积累了领域内很多专家的经验，形成推理规则，根据专家系统执行调度比常用的模拟退火算法、遗传算法、神经网络、弹性网算法等单一算法进行调度更合理、更有效率。

由于物流活动涉及面广，立体仓库、配送中心的规划涉及具体因素而错综复杂，专家系统在物流领域的应用依然很少，期待早日能出现成熟的专家系统为我们的物流活动提供宝贵的经验。

## 三、自动识别技术在仓储管理中的应用

### （一）概述

自动识别技术就是应用一定的识别装置，通过被识别物品和识别装置之间的接近活动，自动地获取被识别物品的相关信息，并提供给后台的计算机处理系统来完成相关后续处理的一种技术。自动识别技术将计算机、光、电、通信和网络技术融为一体，与互联

网、移动通信等技术相结合，实现了全球范围内的物品跟踪与信息共享，从而给物体赋予“智能”，实现人与物体以及物体与物体之间的沟通和对话。

物联网中非常重要的技术就是自动识别技术。自动识别技术连接起了物理世界和信息世界，是物联网区别于其他网络（如电信网、互联网）最独特的部分。自动识别技术可以对每个物品进行标识和识别，并可以实时更新数据，是全球物品信息实时共享的重要组成部分，是物联网的基石。通俗地讲，自动识别技术就是能够让物品“开口说话”的一种技术。

在计算机信息处理系统中，数据的采集是信息系统的基础，这些数据通过数据系统的分析和过滤，最终成为影响我们决策的信息。在信息系统发展早期，相当部分数据的处理都是通过人工手工录入，这样，不仅数据量十分庞大，劳动强度大，而且数据误码率较高，也失去了实时的意义。为了解决这些问题，人们就研究和发展了各种各样的自动识别技术，将人们从烦琐、重复但又十分不精确的手工劳动中解放出来，提高系统信息的实时性和准确性，从而为生产的实时调整、财务的及时总结以及决策的正确制定提供正确的参考依据。

在当前比较流行的物流研究中，基础数据的自动识别与实时采集更是物流管理信息系统（Logistics Management Information System，LMIS）存在的基础，因为物流过程比其他任何环节更接近于现实的“物”，物流产生的实时数据比其他任何工况都要密集，数据量都要大。

自动识别技术是以计算机技术和通信技术的发展为基础的综合性科学技术，它是信息数据自动识读、自动输入计算机的重要方法和手段，归根到底，自动识别技术是一种高度自动化的信息或数据采集技术。一般来讲，在一个信息系统中，数据的采集（识别）完成了系统的原始数据的采集工作，解决了人工数据输入的速度慢、误码率高、劳动强度大、工作简单且重复性高等问题，为计算机信息处理提供了快速、准确的数据采集输入手段，因此，自动识别技术作为一种革命性的高新技术，正迅速为人们所接受。自动识别系统通过中间件或接口（包括软件的和硬件的）将数据传输给后台处理计算机，由计算机对所采集的数据进行处理或加工，最终形成对人们有用的信息。在有的场合，中间件本身就具有数据处理的功能。中间件还可以支持单一系统不同的协议的产品的工作。

完整的自动识别计算机管理系统包括自动识别系统（Auto Identification System，AIDS）、应用程序接口（Application Interface，API）或者中间件（Middleware）和应用系统软件（Application Software）。

自动识别系统完成系统的采集和存储工作，应用系统软件对自动识别系统所采集的数据进行应用处理，而应用程序接口软件则提供自动识别系统和应用系统软件之间的通信接口，将自动识别系统采集的数据信息转换成应用软件系统可以识别和利用的信息并进行数据传递。

（二）仓储管理中的自动识别系统

自动识别系统一般由标签、标签生成设备、识读器及计算机等设备组成。其中，标签是信息的载体，识读器可获取标签装载的信息，并自动转换为与计算机兼容的数据模式传入计算机，实现信息的自动识别以及信息系统的自动数据采集。

物流过程中，标签装载着物流信息，并附于物流单元上，保证标识信息与实物同步，识读器则成为物流单元与信息系统的纽带。自动识别技术在物流中的作用很突出。例如，仓库的交接运输过程是这样的：货物进入仓储中心的入口端时，工作人员需要一面卸货，一面根据订货单要求对货物进行调配，并确定货物的出货模式及目的地，最终从仓储中心的出货端将货物运出。如果不使用自动识别技术，“物”与信息完全分离，货物卸货后，工作人员只能坐等货物信息和货物处理指示信息，因为没有这些信息，人们无法得知哪个箱子与哪个订货单对应，各箱子是要通过常规渠道运输，还是要进行其他处理，运输的目的地是哪里。如果使用自动识别技术，工作人员收到货物的同时，利用识读器可获取随货物同时到达的物流信息，并传入信息系统，从而获得货物处理指示，按照要求卸货，货物顺利“流”向下一环节。自动识别技术能帮助减少仓库存储空间占用，减少出货调配用的单据数量，消除人工处理产生的费时和人为错误问题，还能帮助动态了解物品运行全过程情况。

自动识别技术近几十年在全球范围内得到了迅猛发展，初步形成了一个包括条码技术、磁条磁卡技术、IC 卡技术、光学字符识别、射频技术、声音识别及视觉识别等集计算机、光、磁、物理、机电、通信技术为一体的高新技术学科。而中国物联网校企联盟认为自动识别技术可以分为光符号识别技术、语音识别技术、生物计量识别技术、IC 卡技术、条码技术、射频识别技术（RFID）。各种自动识别技术间没有优劣之分，只能根据具体应用确定最适合的自动识别技术。目前，物流过程中常用的自动识别是条码技术和射频识别技术。

（三）仓储管理中常用的自动识别技术

（1）条码技术。条码技术属于自动识别范畴。它是随着电子技术的进步，尤其是计算机技术在现代化生产和管理领域中的广泛应用而发展起来的一门实用的数据输入技术。从整个系统看，条码技术涉及编码技术、光传感技术、条码印刷技术以及计算机识别应用技术。

条码主要用于货物的识别，将识别的货物信息输入计算机，能对货物进行跟踪。条码的识别方式有人工和自动两种。人工识别是通过手工将识码器在条码上划动，读取条码上的信息并储存在计算机内。自动识别是通过固定的识别读码器，当货物在传送带上通过时，货物上的条码被识码器识别，然后可以利用一些机械设备或手工操作将货物送往指定的通道，同时将信息储存在计算机内。现时我国自选商场的商品全都采用条码技术，主要是便于收款和计数。物流中货物的条码一方面反映货物的名称、性质、生产日期等信息，另一方面则反映货物的发货人、收货人、起讫点、批量、交货日期等信息。它既反映了货物的属性，又反映了货物的运输信息。条码技术减轻了工作人员的劳动强度，避免了差错，又提高了工作效率，并与计算机连接，将识别的信息输入计算机系统，实质上是对货物信息的查验和跟踪。

条码功能强大，输入方式具有速度快、准确率高、可靠性强等特点，在仓储管理中获得了广泛的应用。

在仓储管理作业的入库验收环节中，根据订货合同（或订货单）将订货数据传送给手持终端，没有原包装商品条码的商品准备好内部条码，货到后先将内部条码标贴到没有原条码的相应商品包装上，用手持终端扫描一种商品的条码后，手持终端的显示屏上可以自动显示出该商品应到货的数量，经核对无误后可直接确认，否则用键盘输入实际到货数量。货物入库后按照其分类和属性将其安排到相应货位上，用手持终端扫描要放置商品的条码后再扫描一下货架上的位置条码，所有该次到达货物商品安排完后，将手持终端放到与计算机系统相连的通信座上，就能够将商品的到货和库存位置数据传送给计算机。

在仓储管理作业的库存管理环节中，一般使用手持终端依次扫描仓库货架上的商品条码，并输入实际库存数量，操作完成后将实际库存数传送至计算机系统，由计算机系统进行处理，做出各种库存损益报告和分析报告。

在仓储管理作业的出库发货环节中，根据各分店的补货申请，由计算机系统对照库存相应商品数量，制定出各分店的补货指示书，将须补货的商品集中后，使用已存储好该批出库数据的手持终端，扫描商品的条码和确认出库的数量，完成后将手持终端数据传送至计算机系统。

（2）无线方式。无线信息传递方式广泛应用于人和物移动的仓储系统中，十分有效，且应用范围较广。

1）射频（Radio Frequency，RF）方式。RF 在日本称为数据载体。数据载体方式由 RF 终端和数据载体组成，响应来自读取装置的呼叫信息，然后进行信息收发作业。这种方式是用读取装置把装在移动托盘上的 RF 的信息读取出来或者写入数据载体中。它有以下优点：信息是双向的（能够进行信息的读写）；储存的容量大；不易污染。

例如，在托盘上安装 RF 装置，就能够把放置托盘的位置代号和托盘上的货物信息等写进这个数据载体中去。当这个托盘移到别的场地时，也能把新的地址写进去。RFID 即射频识别，就是通过射频信号自动识别目标对象并获取相关数据的一种非接触式的自动识别技术，识别工作无须人工干预，可工作于各种恶劣环境。RFID 技术可识别高速运动物体并可同时识别多个标签，操作快捷方便。

2）RFDC（Radio Frequency Data Communication，RFDC）方式。RFDC 即射频通信，是无线通信的一种。管理计算机通过无线方式与移动终端进行信息交货有很多方法。比如把终端安装在叉车上，通过无线方式来指示托盘货架的位置及拣选的货物名称、数量等。叉车的驾驶员根据终端指示进行作业。由终端显示作业完了的指示，通过在线联网可以掌握在库情况，也能进行叉车的运行管理，这种方式称为 RFDC 方式。

3）便携式终端。便携式终端（Portable Data Terminal，PDT）是一种袖珍式的信息机器，它有各种各样的用途和方法。可以通过无线方式使它接收信息，进行拣选；也可以把信息直接传输给便携式终端或者通过 IC 卡，把信息传递给它，进行拣选。便携式终端把拣选作业的结果信息储存起来，当作业结束后，可以把这些信息传给计算机，作为在库信息更新和作业管理之用。

便携式数据终端可以把那些采集到的有用数据存储起来或传送至一个信息管理系统。把它与适当的扫描器相连可有效地用于许多自动识别应用中。便携式数据终端一般包括一个扫描器、一个体积小但功能很强并常有存储器的计算机、一个显示器和供人工输入的键盘。在只读存储器中装有常驻内存的操作系统，用于控制数据的采集和传送。便携式终端一般都是可编程的，允许编入一些应用软件；存储器中的数据可随时通过射频通信技术传送到主计算机。操作时先扫描位置标签，货架号码、产品数量等信息就采集到了，再通过 RF/DC 技术把这些数据传送到计算机管理系统，可以得到客户产品清单、发运标签、该地所存产品代码和数量等。

在仓储管理的入库管理中，利用便携式数据终端可以大大简化人工工作。因为利用它可以无须人工输入商品数据，轻轻一扫即可使该商品所有信息录入仓储数据库，减少差错率，缩短商品入库时间，便于管理与维护。

在库管理过程中，如果需要进行盘点或对所存储的货物进行查询，只要轻轻一扫，要盘点的商品信息立即反映在终端上，又快又准确。在对在库商品进行养护管理时，养护员工可以对仓库中须养护的产品进行实时查询，只需轻轻一扫，就可立即反映出该产品的养护记录表。利用这张表可以判断进行相应的在库货物养护时间和方式。通过计算机无线技术，增加按商品批次管理的准备性，极大地降低了工作人员的差错率，提高了工作效率。

在出库管理过程中，商品出库时直接与仓储数据库连接，利用便携式数据终端把采集到的信息传送给信息管理系统。这样可以把所有出库商品数量及时在仓储数据库中扣除，时效性强，同时，还可对入库时的商品进行批号跟踪，了解每一批商品从入库到出库的整个运转流程，从而可以更加有效地设计管理方案。

4）IC 卡。IC（Integrated Circuit）卡的英文名字有“IC Card”“Smart Card”等，在我国将带有 CPU（中央处理器）的 IC 卡统称为智能卡。国际标准化组织（ISO）在 ISO 7861 标准中规定的 IC 卡，是指在聚氯乙烯酸醋（PVCA）材料制成的塑料卡内嵌入微处理器和存储器等，IC 芯片的数据卡、CPU 和存储器可以集成在一个芯片上。根据卡中所镶嵌的集成电路的不同，IC 卡可以分为存储卡、CPU 卡、非接触式 IC 卡、光卡、非接触式智能 IC 卡。这些不同的 IC 卡各有特点。

IC 卡常应用于拣货中。IC 卡拣货是一种计算机辅助的拣货方式，其原理是利用计算机及条码扫描器的组合，将订单资料由计算机主机拷到 IC 卡上，拣货人员将 IC 卡插入计算机，根据计算机上所指示的货位，刷取货位上的条码，如果与计算机的拣货资料不一致，终端就会发出警告声，直到找到正确货位为止。如果与计算机的拣货资料一致，就会显示拣货数量，根据所显示的拣货数量拣货，拣货完成之后按确认键即完成拣货工作。拣货信息通过 IC 卡传回计算机主机，同时将料账扣除。IC 卡拣货也是一种无纸化的拣货系统，但不是即时的处理系统，而是批次处理系统。此种拣货方式可以用在按单分拣方法中，也可以用在批量分拣方法中，尤其适用于货物品项很多的场合，因此常被应用在多品种、小批量的拣货上，与拣货台车搭配最为常见。IC 卡拣货成本低且作业弹性大，拣货生产力约为 300 件，而拣货错误率约为 0.01%，拣货的前置时间约为 1h。

## 四、电子标签辅助拣选

在普通的仓储系统中，除了基于条码的自动识别技术具有广泛应用，“电子标签辅助拣选系统”也有一定的应用。这里所谓的电子标签指的不是 RFID 标签，而是采用电子指示标签进行拣选作业的系统。利用这一系统，将出入库订单经计算机系统分解后，传输到货架各货位，用电子显示技术引导拣货的辅助拣选系统。这一系统简洁实用，应用较广。

在过去的仓储作业中，标签拣选是半手工作业，即打印出相当于拣选数量的标签，把它贴在需要被拣出的货物上，然后按照贴上的标签进行拣选。对于如纸板箱这样的大货物，按标签拣选特别有效。

在现代化的仓储作业管理中，标签拣选多利用计算机辅助来进行，即电子标签拣选。电子标签拣选系统是一种计算机辅助的无纸化的拣货系统，其原理是在每一个货位安装数字显示器，计算机将订单信息传输到数字显示器，拣货人员根据数字显示器所显示的数字拣货，拣完货后按确认键即完成拣货工作。这种分拣方式中，电子标签取代了分拣单，在货架上显示分拣信息，以减少寻找货物的时间，分拣的动作仍由人力完成。分拣员在货架通道行走，看到灯亮的电子标签就停下来，并按显示数字来确定该货物的拣取数量。电子标签拣选系统主要包括电子标签货架、信息传送器、计算机辅助分拣台车、条码、无线通信设备等设备，如图 8-2 所示。

电子标签拣选系统具有弹性控制作业流程、现场监控、处理紧急订单的功能，能有效地降低拣选错误率、加快拣选速度，具体表现在：

（1）提高拣选速度及效率，降低拣选错误率。电子标签借助于明显易辨的储位视觉引导，可将拣选作业简化为“看、拣、按”三个简单动作，减少拣选人员思考及判断的时间，从而降低拣错率，节省时间。

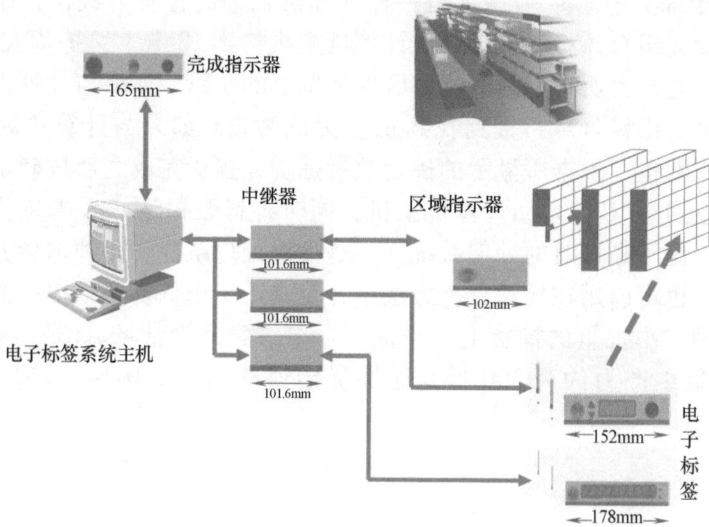


图 8-2　电子标签拣选系统结构

（2）提升出货配送物流效率。

（3）降低作业成本。除了拣选效率提高之外，因拣选作业所需熟练度降低，人员不须特别培训即能上岗工作，这样可以降低劳动力成本。

### 五、通信网络技术

所谓计算机通信网络，就是利用通信设备和线路将地理位置不同的、功能独立的多个计算机系统互联起来，以功能完善的网络软件（即网络通信协议、信息交换方式及网络操作系统等）实现网络中资源共享和信息传递的系统。

计算机通信网络是计算机技术和通信技术迅猛发展、相互渗透而又密切结合的产物。计算机网络可以提供的主要功能包括资源共享、信息传输与集中处理、均衡负荷与分布处理、综合信息服务等。现在的发展趋势是无线网络，不再受时间和地域的限制。其在仓储管理中的应用与其他行业是类似的，不再赘述。

## 第三节　仓储分析技术

### 一、物品需求特性分析

由于仓储管理的主体就是“物”，因此对于物品的需求特性分析是进行仓储管理其他工作的基础。仓库在进出货量方面容易出现问题的是出货，常有出货日程不确定、前置时间短、出货量变化大等现象。如果出货品项繁多、订单资料量又大，规划分析者则往往无从下手。分析者在无法深入分析的情形下，常用总量或平均量来概括估计相关需求条件，往往与实际需求有很大的差异。若能掌握数据分析的原则，通过有效的资料统计以及进一步的相关分析，将能使分析的过程简化，并把握实际有用的信息。

物品需求特性分析包括物品储运单位分析、物品特性分析、订单特征分析等。常用的EIQ分析就是利用“E、I、Q”这三个物流关键要素，来研究仓储系统需求的特性，为仓储系统提供规划依据。其中，“E”（Entry）代表客户或者客户的订单，I（Item）代表货物品项，Q（Quantity）代表货物数量。EIQ被广泛用于配送中心规划中，而在普通仓库的仓储系统规划中也同样适用。

需要说明的一点是，EIQ等分析是针对仓库的出货作业的，不针对入库。因为相对出货而言，商品入库的批量、时间、频率、储运单元等数据与企业的采购策略有关，容易掌握，也较有规律性，在库储存数据也较为固定，因此比较简单，在此不再做专门阐述。

### （一）物品储运单位与物品特性分析

#### 1. PCB分析

考察仓储系统的各个作业（进货、储存、拣货、装货、出货等）环节，可以看出这些作业均是以各种包装单位（P——托盘、C——箱子、B——单品）作为作业的基础，每一个作业环节都需要使用到设备、人力资源，而且不同的包装单位对应着不同的设备、人力需求。因此，掌握仓储过程中的作业单位的变化过程相当重要，需要将包装单位要素加入EIQ分析。此即PCB分析，可以通过对EIQ资料表进行分析，以得知包装单位特性。

进行EIQ分析时，如果能够配合相关物性、包装规格及特性、储运单位等因素，进行关联及交叉分析，会更易于对仓储设施进行规划布局。结合订单出货资料与物品包装储运单位的EIQ-PCB分析，即可将订单资料以PCB的单位加以分类，再按照各分类别分别进行分析，得出P-EIQ分析、C-EIQ分析、B-EIQ分析等结果。

一般，企业的订单资料中同时含有各类出货形态，有的订单中包括整箱与零散两种类型同时出货，有的订单中仅有整箱出货或仅有零星出货，整托盘出货并不多见。为保证仓储区域适当规划，需要将订单资料依出货单位类型加以分割，并与入库单位、储存单位相结合，以正确计算各区实际的需求。

#### 2. 物品特性分析

除了储运单位特性外，其他物品特性资料也是产品分类的参考因素，如依储存保管特性分为干货、冷冻品和冷藏品，依产品重量区分为重物、轻物，依产品价值区分为贵重物品、一般物品等。针对一般基本物品特性与储运单位的分析要素见表8-1。

表 8-1 物品特性与储运单位分析表

| 特 性 | 资料项目 | 资料内容 |
|---|---|---|
| 物料性质 | 1. 物态 | □气体 □液体 □半液体 □固体 |
| | 2. 气味特性 | □中性 □散发气味 □吸收气味 □其他 |
| | 3. 储存保管特性 | □干货 □冷冻 □冷藏 |
| | 4. 温湿度需求特性 | ____℃，____% |
| | 5. 内容物特性 | □坚硬 □易碎 □松软 |
| | 6. 装填特性 | □规则 □不规则 |
| | 7. 可压缩性 | □可 □否 |
| | 8. 有无磁性 | □有 □无 |
| | 9. 单品外观 | □方形 □长条形 □圆筒 □不规则形 □其他 |
| 单品规格 | 1. 重量 | ____（单位： ） |
| | 2. 体积 | ____（单位： ） |
| | 3. 尺寸 | 长×宽×高（单位： ） |
| | 4. 物品基本单位 | □个 □包 □条 □瓶 □其他 |
| 基本包装单位规格 | 1. 重量 | ____（单位： ） |
| | 2. 体积 | ____（单位： ） |
| | 3. 外部尺寸 | 长×宽×高（单位： ） |
| | 4. 基本包装单位 | □个 □包 □条 □瓶 □其他 |
| | 5. 包装单位个数 | ____（个/包装单位） |
| | 6. 包装材料 | □纸箱 □捆包 □金属容器<br>□塑料容器 □袋 □其他 |
| 外包装单位规格 | 1. 重量 | ____（单位： ） |
| | 2. 体积 | ____（单位： ） |
| | 3. 外部尺寸 | 长×宽×高（单位： ） |
| | 4. 基本包装单位 | □托盘 □箱 □包 □其他 |
| | 5. 包装单位个数 | ____（个/包装单位） |
| | 6. 包装材料 | □包膜 □纸箱 □金属容器<br>□塑料容器 □袋 □其他 |

### （二）EIQ 分析

1. 订单出货资料的分解

订单出货资料，通常信息量庞大，最好能从企业管理信息系统的数据库中直接取得电子化数据，便于数据格式转换和处理。

在进行订单品项数量分析时，首先必须考虑时间的范围与单位。在以某一工作日为单位的分析数据中，主要的订单出货资料可分解成表 8-2 的格式，并由此展开 EQ、EN、IQ、IK 四个类别的分析步骤。主要分析项目及意义说明如下：

（1）订单量（EQ）分析：单张订单出货数量的分析。

（2）订货品项数（EN）分析：单张订单出货品项数的分析。

（3）品项数量（IQ）分析：每单一品项出货总数量的分析。

（4）品项受订次数（IK）分析：每单一品项出货次数的分析。

**表 8-2 EIQ 资料统计格式示例（单日）**

| 出货订单 | 出货品项 | | | | | | 订单出货数量 | 订单出货项数 |
|---|---|---|---|---|---|---|---|---|
| | $I_1$ | $I_2$ | $I_3$ | $I_4$ | $I_5$ | … | | |
| $E_1$ | $Q_{11}$ | $Q_{12}$ | $Q_{13}$ | $Q_{14}$ | $Q_{15}$ | | $Q_1$ | $N_1$ |
| $E_2$ | $Q_{21}$ | $Q_{22}$ | $Q_{23}$ | $Q_{24}$ | $Q_{25}$ | | $Q_2$ | $N_2$ |
| $E_3$ | $Q_{31}$ | $Q_{32}$ | $Q_{33}$ | $Q_{34}$ | $Q_{35}$ | | $Q_3$ | $N_3$ |
| ⋮ | | | | | | | | |
| 单品出货量 | $Q_1$ | $Q_2$ | $Q_3$ | $Q_4$ | $Q_5$ | | $Q$ | $N$ |
| 单品出货次数 | $K_1$ | $K_2$ | $K_3$ | $K_4$ | $K_5$ | | — | $K$ |

注：$Q_1$（订单 $E_1$ 的出货量）$= Q_{11} + Q_{12} + Q_{13} + Q_{14} + Q_{15} + \cdots$

$Q_1$（品项 $I_1$ 的出货量）$= Q_{11} + Q_{21} + Q_{31} + Q_{41} + Q_{51} + \cdots$

$N_1$（订单 $E_1$ 的出货项数）= 计数（$Q_{11}$，$Q_{12}$，$Q_{13}$，$Q_{14}$，$Q_{15}$……）>0 者

$K_1$（品项 $I_1$ 的出货次数）= 计数（$Q_{11}$，$Q_{21}$，$Q_{31}$，$Q_{41}$，$Q_{51}$……）>0 者

$N$（所有订单的出货总项数）= 计数（$K_1$，$K_2$，$K_3$，$K_4$，$K_5$……）>0 者

$K$（所有产品的总出货次数）$= K_1 + K_2 + K_3 + K_4 + K_5 + \cdots\cdots$

在资料分析过程中，要注意数量单位的一致性，必须将所有订单品项的出货数量转换成相同的计算单位，否则分析将失去意义，如体积、重量、箱、个或金额等的单位。金额的单位与价值功能分析有关，常用在按货值进行分区管理的场合。体积与重量等单位则与仓储作业有直接密切的关系，也将影响整个系统的规划，但是在资料分析过程中，须再将物品特性资料加入，才可进行单位转换。

2. EIQ 资料取样

要了解仓储系统尤其是仓库实际运作的物流特性，单从一天的资料分析将无法进行有效判断并得出结论，但是若分析一年以上的资料，往往因资料量庞大，使分析过程费时费力。因此可先就单日别的出货量进行初步的分析，找出可能的作业周期及其波动幅度，若各周期内出货量大致相似，则可缩小资料范围，以一较小周期内的资料进行分析；若各周期内趋势相近，但是作业量仍有很大的差异，则应对资料做适当分组，再从各群组中找出

代表性的资料进行分析。一般常见的分布趋势有：一周内出货量集中在周五、周六；一个月内集中于月初或月尾；一年中集中于某一季出货量最大等。实际分析过程如能找出可能的作业周期，分析则更容易，如将分析资料缩至某一月份、一年中每月月初第一周或一年中每周的周末等范围。

但是，一般企业仓库一天的订单可能有上百张，订货品项资料可能上千笔，要集中处理这样多的资料不是一件容易的事，这就需要资料的取样分类。当 EIQ 的资料量过大，不易处理时，通常可依据仓库的作业周期性，先取一个周期内的资料加以分析（若仓库作业量有周期性的波动），或取一个星期的资料分析。若有必要再进行更详细的资料分析。

同时也可依商品特性或客户特性将资料分成数个群组，针对不同的群组分别进行 EIQ 分析；或是以某群组为代表，进行分析后再将结果乘上倍数，以求得全体资料。或是采取抽样方式，分析后再将结果乘上倍数，以求得全体资料。不管采用何种分类和抽样方式进行资料取样，都必须注意所取样的资料是否能反映、代表全体的状态。

3. EIQ 分析使用的统计方法

EIQ 分析以量化分析为主，常用的统计方法包括计算平均值、最大最小值、总数，柏拉图分析，次数分布分析及 ABC 分析等。

（1）柏拉图分析。在一般仓库的作业中，如将订单或单品品项出货量经排序后绘图（EQ、IQ 分布图），并将其累积量以曲线表示出来，即为柏拉图，此为数量分析时最基本的绘图分析工具，如图 8-3 所示。其他只要可表示成项与量关系的资料，均可以柏拉图的方式描述。

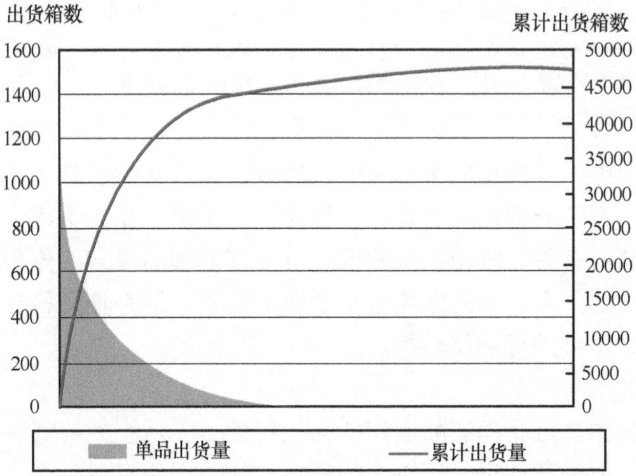


图 8-3　产品别出货量的 IQ 分布示例图

（2）次数分布。绘出 EQ、IQ 等柏拉图分布图，常可得到如图 8-3 所示的图形，但是若想进一步了解产品别出货量的分布情形，可将出货量范围做适当的分组，并计算各产品出货量出现于各分组范围内的次数，其例如图 8-4 所示。

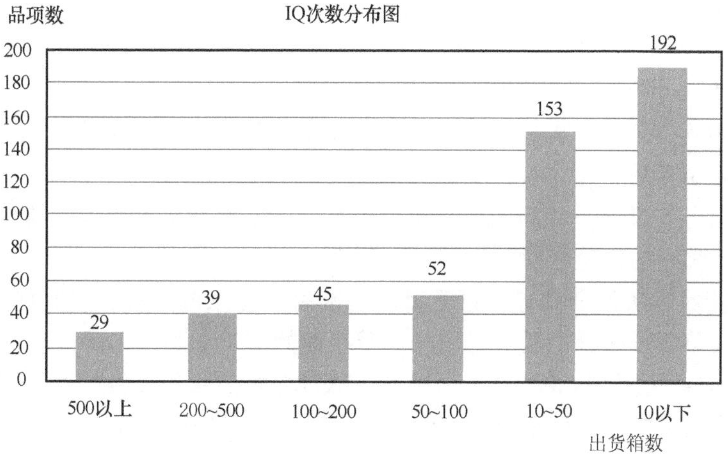


图 8-4 出货量分布示例图

由图 8-4 可知，次数分布图的分布趋势与资料分组的范围有密切关系，在适当的分组之下，将可得到进一步的有用信息，并找出数量分布的趋势及主要分布范围。但是在资料分组的过程中，仍有赖于规划分析者的专业素养和对资料的敏感性，以快速找出分组的范围。

（3）ABC 分析。在制作 EQ、IQ、EN、IK 等统计分布图时，除可由次数分布图找出分布趋势外，还可采用 ABC 分析法将一特定百分比内的主要订单或产品找出，以做进一步的分析及重点管理。通常先以出货量排序，以占前 20% 及 50% 的订单件数（或品项数），计算所占出货量的百分比，并作为重点分类的依据。如果出货量集中在少数订单（或产品），则可针对此产品组（少数的品项数但占有较大出货比例）做进一步的分析及规划，以达事半功倍之效。相对的出货量很少而产品种类很多的产品组群，在规划过程中可先不考虑，或以分类分区规划方式处理，以简化系统的复杂度。

（4）交叉分析。在进行 EQ、IQ、EN、IK 等 ABC 分析后，除可就订单资料个别分析外，也可以就其 ABC 的分类进行组合式的交叉分析。如以单日别及年别的资料进行组合分析，或其他如 EQ 与 EN、IQ、IK 等项目，均可分别进行交叉汇编分析，以找出有用的信息。其分析过程是先将两组分析资料经 ABC 分类后分为三个等级，经由交叉汇编后，产生 $3\times3$ 的九组资料分类，再逐一就各资料分类进行分析探讨，找出分组资料中的意义及其代表的产品组。在后续的规划中，如结合订单出货与物性资料，也可产生有用的交叉分析数据。

### (三) EIQ 分析的用途

通过 EIQ 分析，可以得到许多有用的信息，对仓储系统的规划和改善具有重要意义。EIQ 分析对仓储系统规划的作用可从以下几方面说明。

1. 可以了解仓储系统内的物流特性

利用 EIQ 加以分析后，可归纳出如下一些特征：

（1）订单内容。订单上的内容，即客户订购何种物品、订购多少数量，这些“种类”及“数量”为物流系统的基本要素。

（2）订货特性。从客户处接收的订单，依客户的不同而具有不同的特性。统计分析这些特性，可得出客户的订货特性。

（3）接单特性。从各个具有“订货特性”的客户处来的订单，对其加以搜集累积后，即成为一天的接单，长久分析后可看出仓库及企业的“接单特性”。

（4）仓库特性。除了接单特性外，再加上入库特性、保管特性，即构成仓库特性。

（5）EIQ 特性。将客户订单（E）中的种类（I）、数量（Q）加以收集，得到一日、一个月、一年中的接单特性，当业务状态稳定时即形成一定的特性，此特性即为 EIQ 特性。

2. 得出配合仓储系统特性的系统模块

组成一个仓储系统的子系统，如仓库、分类机、拣货系统，各种货架、输送机等模块，台车、叉车等要素是有一定规则的，从 EIQ 分析资料可以得到选择子系统、模块、要素等的条件。依据这些条件，选出候选的各个模块，这样可以节省许多设计时间。

3. 帮助选择仓储设备

事先建立仓储设备选择时所需的条件，只要 EIQ 分析结果符合这些条件要求，即可得出所需的仓储设备。

4. 帮助进行仿真分析

EIQ 资料为日常物流资料，可用以仿真分析系统所需作业人员数、作业时间。

5. 进行仓储系统的基础规划

在规划仓储系统时有件重要的事必须先加以确定：规模上的需求是什么？有多少出货量、多少进货量？由 EIQ 的分析可得出过去（历史）的需求状况，这些数据可以当作假定的需求，将这些数据与阶层式的系统设备条件加以对照，即可得到概略性的系统规格（系统轮廓）。这些方案可能有好几个可供选择，若将入库条件、库存条件、预算金额、建筑法规等条件列入考虑因素，即可进一步将系统的轮廓细致化，最后定案的系统规格也可依据实际的情况加以展开。

## 二、物流与信息流分析

在进行仓储系统规划的过程中，除了量化信息的分析，定性资料分析也有必要，包括作业流程分析、业务流程分析、作业时序分析、人力需求与素质分析、自动化水平分析等。

### （一）作业流程分析

可针对一般常态的及非常态的作业加以分类，并整理出仓库的基本作业流程。由于产业与产品不同，作业流程也不尽相同，可依企业自身的特性找出原有作业流程，并逐步分析其必要性与合理性，经合理化分析以后再依序建立其作业流程规划。

### （二）业务流程分析

仓储作业与其他支撑业务，如财务会计、人事薪资管理、决策支持、成本等密切相关，共享和传递许多信息。相关信息的管理在各项业务中均有必要，包括数据（例如客户资料、订单数据、退货数据、进出库数据等）的维护和处理、相关决策制定（例如货位分配）等，其过程中以结合物流、信息流及相关窗体流程为主，其核心主要体现为信息流程的管理。一般仓库由于品项多、每日处理量又大、使得数据处理工作量非常大。目前，很多企业已朝无纸化方向努力，其关键就在于相关信息流程的分析与规划。具体进行流程分析与优化时，可以先找出所有仓储作业相关信息窗体的流程步骤、输入输出方法以及资料接口传递方式等的现状，然后逐步分析其必要性、合理性，经过窗体与信息接口合理化以后，再依序重新建立优化后的业务流程。

### （三）作业时序分析

在仓储系统的规划过程中，须了解过去的作业形态及作业时间的分布。如目前大部分的便利店和超市已采用夜间进货，可避免日间车流量过大造成的交通拥堵，也可充分利用购物低谷时段处理进货点收作业；很多其他企业的物料准备工作也与生产时间相错开进行。基于服务客户的原则，作业时段的配合已成为必要的考虑因素。相对的，仓库内拣货及分货作业即须配合送货时段的需求，向前或向后调整，其次才考虑与供应商进货时段的协调。通常，对商品或渠道主导权较大的经营者常约束厂商进货的时段，以有效规划作业人力及设施的利用。若不限定供应商进货时段，则容易造成进出货同时进行、人力与设备调度困难及作业空间混乱等问题。

### （四）人力需求与素质分析

这是指对仓储系统所需要的人数、人员背景及各层级人数进行分析，以作为后续规划仓储系统经营效率、设备自动化与机械化程度的参考。具体方法在此不做阐述。

### （五）自动化水平分析

如果是对现有系统进行改造，则需要对现有设备自动化程度进行分析与研究，看是否有过度依赖人力现象或自动化设备的过高配置，其分析结果可以作为后续规划仓储系统设备的参考依据。

仓储自动化可以分为以下五级：

（1）手动：完全以人力完成相关作业的方式，如以人手堆码货物。

(2) 手动+机械：有机械化设备辅助操作完成作业，如以堆高机叉取货物等作业。

(3) 半自动：人员执行简易的操作、键入动作，经由自动化机械设备完成作业，但无任何控管作业。

(4) 全自动+人工监控：虽由机械设备自动完成相关作业，但需人员进行监视及核对作业。

(5) 全自动：由自动化设备完成相关作业，自动核对修正，自动收集资料进行反馈与监控。

## 三、仓储绩效分析

从仓储基础数据的分析中，可以发现目前仓储作业过程中存在着许多问题，同时还可以发现提高仓储绩效的各种可能的途径。仓储系统对于所要达到的绩效水平要求不同，具体的规划设计也会不同。因此，本节专门介绍仓储绩效的衡量方法与比较方式，这些对于仓储系统设计是非常重要的事情。

### (一) 仓储绩效衡量指标

不同的专家、企业对于仓储绩效衡量指标的看法稍有不同，分类依据也不尽相同，但是相似的成分还是比较大的。一般可以将仓储绩效衡量指标分为五大类，每大类包括一些具体指标，见表8-3。

表8-3 仓储绩效衡量指标体系

| 指标大类 | 具体指标 | | | | | |
|---|---|---|---|---|---|---|
| 数量指标 | 最高储存量 | 仓库吞吐量 | 平均库存量 | 装卸作业量 | 库存品种数 | 商品保管周期 |
| 质量指标 | 平均保管损失 | 库存商品损耗率 | 平均收发货时间 | 收发货差错率 | | |
| 效率指标 | 仓库利用率 | 仓库设备利用率 | 仓库劳动生产率 | | | |
| 经济指标 | 资金利用率 | 仓储成本 | | | | |
| 安全指标 | — | | | | | |

注：仓储绩效衡量指标另可参考我国国家标准《仓储绩效指标体系》(GB/T 30331—2013)。

### (二) 考虑竞争的仓储绩效衡量

国外对于仓储绩效的衡量更加偏重于从竞争角度考虑，认为一般商业活动中所适用的竞争力指标同样适用于仓储运营。一般商业活动的竞争建立在财务业绩、劳动生产率、产品质量水平以及周转时间的基础之上，在仓储运作当中也可以使用这些一般商业活动所使用的业绩测量方法。表8-4是爱德华·弗雷兹对各种指标的总结[⊖]。

⊖ 参见：爱德华·弗雷兹. 当代仓储及物料管理 [M]. 北京：人民邮电出版社，2004。

表 8-4 主要的仓储活动绩效指标

| 项目 \ 指标 | 财务绩效指标 | 劳动生产率绩效指标 | 利用率绩效指标 | 质量指标 | 周转时间绩效指标 |
| --- | --- | --- | --- | --- | --- |
| 收货 | 平均每项产品的收货成本 | 每人时收货量 | 卸货平台通道利用率 | 准确收货所占百分比 | 平均每次收货作业时间 |
| 入库 | 平均每项产品的入库成本 | 每人时入库量 | 入库操作员或设备利用率 | 无差错入库所占百分比 | 平均每次入库作业时间 |
| 储存 | 单位产品的存储空间成本 | 每平方米（立方米）存货 | 平面区位或立体体积利用率 | 无误差存货所占百分比 | 在库产品库存时间 |
| 订单拣选 | 平均每项产品的拣选成本 | 每人时订单拣选量 | 拣选员或设备利用率 | 无差错拣选作业所占百分比 | 订单拣选周转时间 |
| 装运出库 | 平均每项订单的装运成本 | 每人时准备装运出库量 | 装运平台利用率 | 无差错装运作业所占百分比 | 仓库订单周转时间 |
| 合计 | 每项订单、每项产品、每件产品的合计成本 | 每人时装运的产品种类 | 全部吞吐量以及存储容量的利用率 | 无差错订单完成所占百分比 | 总的仓储周转时间 = DTS 时间 + 仓库订单周转时间 |

注：DTS 时间（Dock-to stock Time），即装卸平台—存货时间，指从货物到达仓库时算起到随时可以对该批货物进行拣选或装运作业所经历的时间。

可以看出，具体指标与我国常用的指标并无大的差异。

在了解了各项绩效指标数据之后，可以采用仓储绩效差异分析（Warehouse Performance Gap Analysis，WPGA）方法来评价比较本单位的仓储绩效，可以从中发现自身在各项关键绩效指标上与目标水平的差距。通过计算，这种分析方法还可以揭示出因缩小差距而节省的成本。图 8-5 即是一个例子，其中的辐射线代表的是衡量仓储作业绩效的关键指标，外边的圈表示的是国际水平的仓储绩效。

运用这种方法，可以明显看出仓储作业中的长项和短板。而且，差距图表也可以用于计划目标的制定，并和其他企业进行对比，常用于定点超越分析。另外，还可以把差距分析法用于证明对新的仓储系统进行投资的合理性。因为这种分析表将现有的绩效水平与国际水平之间的差距量化了，可以据此计算出缩小各个领域的差距所能带来的资金收益（节省成本、避免不必要的成本支出、收入的增加），从而确定一个用于缩小差距的合理投资额。

这种分析方法的应用价值在很大程度上依赖于外圈信息的正确性。为了帮助经营者确定外圈的国际目标，国际物流资源管理组织（Logistics Resources International）为不同的行

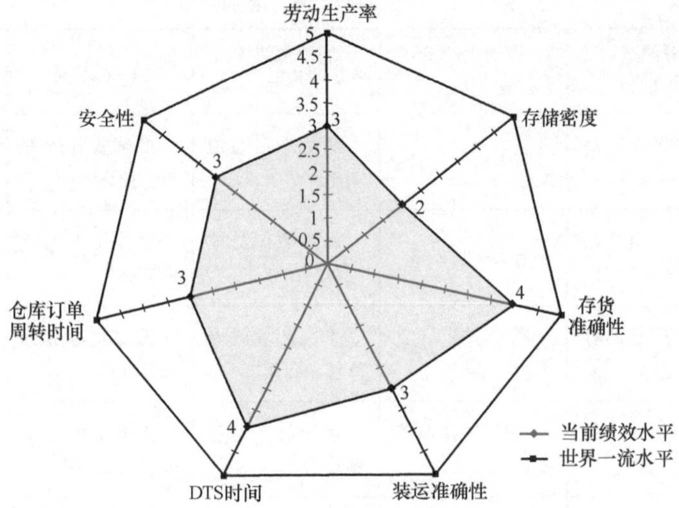


图 8-5　仓储活动绩效差异分析示例

业制订了一些仓储绩效指标的国际标准数据，可供参考。

另外，是否有可能把所有的仓储绩效指标合并成一个来对仓储绩效进行估算？美国的爱德华·弗雷兹等已经做了一些研究，目的就是寻找一个能将所有的仓储绩效指标合而为一的指数，以便更好地对仓储绩效进行描述。这一合并而来的指数就是仓储绩效指数（Warehouse Performance Index，WPI）。它是根据一系列要素投入量（如劳动时间、仓储面积、系统投资）和产出量（如装运的订单数、存储的物料等）计算出的一个劳动生产率指数，可以参考其书籍进行了解。

总之，通过计算各种仓储绩效指标，进行仓储绩效衡量和定点超越分析，可以使仓储系统的规划目标向着世界一流水平靠近。此外，还可以运用仓储绩效分析逐步验证项目投资的合理性，为仓储系统规划提供背景资料的支撑。

## 第四节　仓储管理业务

### 一、客户化仓储管理

根据延迟理论（Theory of Postponement），各种活动都应该被尽可能地推迟，以增加它们满足实际需求的可能性。客户化仓储正是延迟理论在需求链上满足客户需求的应用，它包括了推延生产的最后环节，以使产品能按客户的需求生产。

注意，使用“需求链”这个术语而非“供应链”是非常重要的，从这种意义上讲，一个“供应链”表明了一个“推”的配送流，即产品是按生产商希望满足客户需求的预测来生产的，而一个“需求链”表明了一个“拉”的配送流，即产品是按照满足客户实际的需求来生产的。客户化仓储的本质，就在于储存一般的通用商品，直到收到客户订单再开始进行最后的生产步骤。在这点上，仓库完成了按客户需求将普通商品客户化的增值服务。客户化仓储可以包括很大范围的内容，这取决于这种“通用商品”是否真的很基本、客户在定制其需求时有多大的可变性，以及仓库可以完成什么样的增值服务。

仓储的增值服务包括托盘化、包装、贴标签、产品配套、涂装、组配甚至生产。客户化仓储的作业可以很简单，如将成品分成更小的包装，或者集结到一个独立的托盘上；也可以很复杂，甚至可能涉及传统上认为是生产的某些部分。

客户化仓储的范围与以下几个因素有关：增值服务的成本、库存的成本、客户化产品所需前置时间与满足客户需求前置时间的比较。随着批量生产的经济性变得更重要，客户化仓储的范围将变小；随着客户化功效越来越大，客户化仓储的范围将变大。随着仓储成本的降低，客户化仓储的范围也将变小，反之亦然。另外，随着客户化前置时间的增长，客户化仓储的范围也将缩小；随着客户前置时间减小，客户化仓储的范围也将减小。

因此，增强仓储作用的关键，在于定义一个适当的客户化仓储的范围，以便能最经济地满足客户的需求。今天，仓储所面临的挑战来自于变动的仓储环境、增长的客户需求及对更佳仓储表现的要求。客户化仓储是解决生产与销售之间冲突的很好的方案。

### （一）客户化仓储的优势

就在十五年前，仓储还被认为是商业中不得不从事、不能增值的一项日常开支，而今天，大多数的管理者都将仓储看作一项能产生时间和空间效用及产品可得性的增值活动，正如其功能所描述的那样——在恰当的时间提供恰当的产品。客户化仓储具有下列优势：

（1）减少所需的库存空间。

（2）减少库存增加对仓库的压力。

（3）提高客户服务水平（减少退回订单，增强反应能力，增强客户化能力）。

（4）减少客户退货及退货费用。

（5）减少储存单元的重组工作。

（6）降低储存时间过长和周转缓慢物品的库存水平。

（7）增加应对特殊和快速订单的灵活性。

（8）可以有效地安排生产计划，使其在最经济的批量下生产，而不是以库存为基础。

(9) 可以降低生产线变动频率。

(10) 提高库存周转率。

### (二) 客户化仓储带来的变革

客户化仓储使生产和销售的责任界线变得模糊，工厂完成的一些任务将转由仓储完成，并将导致四个区域的重大转变：

(1) 设施。由于生产的是基本产品，因此生产简单化了，同时，减少了成品数量和所需的存储空间。但是，客户化仓储需要更多的储存空间来储存包括商标、包装纸、包装箱在内的物品，或者和生产供应、摆放货架、托盘、组装、涂装、定价、包装、贴标签、装配相关的空间，以及进行进一步客户化仓储的可变空间。

(2) 设备。随着储存需求的改变及一些生产功能的进入，客户化仓储需要更多新的设备，需要具有更大灵活性的合适的设备。

(3) 技术。为了能处理客户化需求，仓库必须拥有一个实时的、以条形码为基础及应用射频技术的先进的仓储管理系统。除了典型的仓储管理系统的功能外，客户化仓储管理系统还需要有以下功能：管理客户化所需物料，按照加工单安排生产任务，追踪工作进程等。

(4) 劳动力。在特定的客户化仓储设计中，需要更多的劳动力，并且要求劳动力有更高的技术水平和灵活应变能力。这可能使一些生产工人从生产线上转移到仓库中去，完成由生产转至仓储的任务。

### (三) 客户化仓储战略计划

成功的客户化仓储的应用，需要以客户化仓储战略计划为基础。制订客户化仓储战略计划可以遵循以下步骤进行：

第一步，理解客户化和客户化仓储目前的地位。

应该完全弄懂以下问题：

(1) 目前所提供的库存的范围有多大?

(2) 客户要求的库存还有多少?

(3) 市场所需求或认为的库存应有多少?

(4) 应如何看待未来的库存?

(5) 目前仓库中的客户化情况如何?

第二步，建立目标、优先权和价值评价标准。

应与公司领导层协商以建立短期、中期和长期的客户化仓储目标，理解在如下几方面的组织优势：客户服务，竞争威胁，弱点，力量与机遇，库存减少，容量限制及会影响客户化仓储的战略方向的其他因素，同时理解用于可选水平质量分析中的价值评价标准和客户化仓储的方法。

第三步，建立数据库，获得以下操作信息：

（1）对所有商业的市场预测和库存增长情况。
（2）12 个月的生产计划。
（3）12 个月的订单，用以确定订单的大致情况及成本分析。
（4）确认产品特征（如装卸单元的定义）。
（5）目前的设备和平面布置、场所计划及限制条件
（6）目前的运作成本。
（7）经济的价值评估标准和因素。
（8）目前的储存、拣选和包装过程。
（9）对一年产品库存水平的月度回顾。
（10）仓库中计算机应用水平。

第四步，分析数据，制订初步可选方案。

确认和记载可选择的客户化仓储战略，分析收集的数据以判断大多数产品的共同点，然后分析生产过程，以确定在哪一个步骤上建立客户化仓储将会是最有利而最不易引起混乱的。然后，考察可选的客户化方法，包括设备、资料、劳力、系统和需求的发展，在每种可选方案中，审视客户化过程以决定循环时间，并将其与目前的订单前置时间相比较，在此基础上，确定基本产品与成品库存的合理组配。一旦此比例确定下来，就可以计划出合适的库存水平，在这些计划的基础上建立合适的库存结构。最后，再确定每种方案需要的空间、设备及人员计划。

第五步，评估可选方案，选定最佳方案。

评估可选仓储战略，确保仓储管理和其他功能可以组合成一个有效的系统，并确定每个方案的投资、安装和操作成本，完成经济分析和质量分析，从而选择最佳的客户化仓储方案。

第六步，制订行动计划。

已选定的客户化仓储战略计划应该变成一个企业的行动计划。行动计划必须是分阶段的，并且清楚描述了物料搬运系统、储存系统、包装系统及物料控制系统等。

总之，客户化仓储为企业提供了一个巨大的机会以增强它们的竞争地位，应该得到充分的重视与利用。

## 二、仓单质押业务

通常来说，股权融资与债权融资是现代企业融资的重要方式，但由于两者在管理原则、控制方式、风险分担与利益分配等方面的特点，那些正处于快速发展阶段且拥有着优质项目来源和良好盈利模式的企业往往偏好于寻求银行融资。这是为了避免股权被过早或过度稀释而丧失公司控制权。

然而，有些企业普遍缺乏能为银行所接受的固定资产或有实力的第三人为其担保，

如果以传统方式向银行申请融资，其结果多半是到处碰壁。同时，企业的产品库存占用了其大量的资金，如何盘活这部分资金，加快资金周转速度也是企业在思考和探索的问题。

银行方面，它们也遇到了资金发贷不畅和如何规避风险的问题，正在积极探索和寻找变现快而风险低的金融产品。

由此，为了突破企业融资难、银行放贷难的瓶颈，一些物流企业勇于创新，与国内部分银行合作，适时推出仓单质押业务。

仓单质押是传统储运向现代物流发展的一个延伸业务，同时，它也被看成一种金融产品。仓单质押比较适应我国目前企业融资难、银行放贷难的市场现状，能够较好地解决银行和企业之间的矛盾。它通过物流企业作为第三方担保人，有效地减小了金融风险，同时可以部分解决我国目前信用体系不健全的问题。

### （一）仓单质押业务的含义

仓单是指仓储方签发给存储人或货物所有权人的记载仓储货物所有权的唯一合法的物权凭证，仓单持有人随时可以凭仓单直接向仓储方提取仓储货物。仓单质押业务的核心在于企业以在库动产（包括原材料、产成品等）作为质押物向银行申请贷款，物流企业经银行审核授权后，以第三方的身份承担监管责任，受银行委托提供代理监管服务，对质押物进行库存监管。质押货物的存放地点可以是仓单出具方的仓库，也可以是具有一定仓储能力和仓储管理经验、行业信誉良好的第三方或出质人自办仓库，但后者须由仓单出具方派人监管并承担监管责任。企业质押物灵活多样，原材料、半成品、产成品均可以作为质押物。

其操作要点是：申请贷款企业将质押物运至指定物流企业的监管仓库，仓库向其出具仓单，并交付银行，银行据此发放贷款。当申请企业须支用该部分动产时，须征得仓单出具方及银行的双重同意。若由于物流企业工作失职，导致银行质押物落空，则物流企业须向银行承担连带赔偿责任。

仓单质押业务使质押物可正常进入市场流通，可以加快资金周转，改善现金状况，减少库存占用资金，从而从根本上满足了企业对流动资金的需求。它使许多经营发展势头良好的规模较小的企业有足够的资金，支持业务的快速发展。使用该业务，企业可以根据自身经营需要，在保证仓内质押存货总体价值不低于银行融资额度的情况下，采用以物易物和以保证金置换等方式，使质押物可持续流动更新，企业资产得以正常周转。这对企业正常产销活动几乎没有影响。这一创新为需要扩大流通规模的企业提供了便捷易行的贷款融资、仓储管理、运输配送一体化的服务。银行选择有信誉、有专业技能、有规范的操作、有控制风险经验的物流企业与之合作，为银行提供了保障，便于其安全放贷，带来经济利益。物流企业与银行合作，代理银行监管客户的质押商品，一方面，物流企业增加了配套服务功能和仓储附加值，提升了企业综合竞争力，稳定和吸引了众多客户，另一方面，物流企业作为银行和客户都信任的第三方，可以更好地融入到客户的商品产销供应链中去，加强了战略关系。

（二）仓单质押业务的一般流程

由于仓单质押业务涉及物流企业、申请贷款企业（以下简称借款人）和银行三方的利益，因此要有一套严谨、完善的操作流程。

（1）借款人和物流企业签订《仓储保管合同》，并依此向物流企业交付自有所有权仓储物，经物流企业验收后（包括货物验收和货权验收）将货物存入物流企业仓库，物流企业向借款人填发专用仓单。借款人同时向指定保险公司申请办理仓储物保险，保险单指定第一受益人为银行。

（2）借款人向银行申请质押贷款，提供《仓储保管合同》和拟出质仓单及保险单证。银行审核货物品种、规格、数量、金额、期限等项。

（3）银行同意接受仓单出质后，三方签订《仓单质押合作协议》。在协议中要重点约定：质押品种、数量，认定质押物价值，质押贷款的折扣率（具体折扣比例根据质押货物种类、型号、品牌确定）；物权的认定方法，三方控货流程，拍卖变卖、委托销售、回购；价格下限；违约质物的处置方法；三方的权利义务等。物流企业与银行签订《不可撤销的协助行使质押权保证书》。

（4）借款人在仓单的背书“转让方”栏内签章，银行在仓单的背书“受让方”栏内签章，物流企业在仓单的背书“保管方”栏内签章并记载“出质”字样，该仓单即设定以银行为质权人的他项权利。出质仓单由银行持有。借款人、银行双方的质押关系成立，质押手续完成。

（5）借款人与银行签订《银企合作协议》（《人民币资金借款合同》）、《账户监管协议》（《质押贷款合同》），银行按约定比例放款至借款人在银行开立的监管账户。

（6）质押期间，物流企业按三方约定的流程和认定的进出库手续控货。在质押期间，必须见银行出库指令方可办理出库。在动态质押（循环质押、多仓单质押、置换仓单质押和动态控制存量下限）中要分别按照业务流程操作。

（7）贷款期内实现正常销售时，货款全额划入监管账户，银行按约定根据到账金额开具分提单给借款人，物流企业按约定要求核实后发货；贷款到期归还后，银行在仓单的背书“转让方”栏内签章，借款人在仓单的背书“受让方”栏内签章，物流企业在仓单的背书“保管方”栏内签章并记载“解除质押”字样，仓单返还借款人，物流企业解除对该仓单记载的仓储物的特别监管，当笔质押融资业务完成。

（8）当质押物出现损毁时，保险公司负责赔付。清偿银行贷款本息后如有余额则划付借款人，如有不足部分，则银行继续向借款人追偿。

（9）其他事项。若由于借款人违约，银行可将质押物进行拍卖、变卖或由第三方回购，以清偿债权。银行委托物流企业对质押物市场价格进行监控。在市场价格低于约定预警价格时，要及时通知银行。

图 8-6 为仓单质押业务简要流程图。

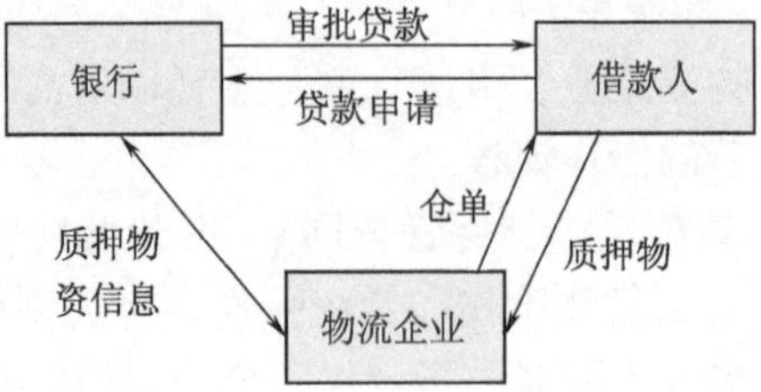


图 8-6　仓单质押管理过程示意图

在上述流程中，需要注意以下问题：

（1）在借款人履行债务期间，银行和客户双方可签订《质押合同的补充协议》，可以用新入库的货物生成仓单来置换原来质押的（旧）仓单，形成动态质押，以达到客户货物周转的目的。

（2）质押贷款期间，因市场波动引起所质押货物市场价格下跌幅度达到 10% 时，银行有权要求借款人追加质押物或现金保证，否则，银行可以提货拍卖、变卖质押物以清偿债权。

（3）借款人在银行要开设结算账户和质押监管专户，分别办理借款项上货物经销的结算业务和为弥补库存不足而增加现金质押。

（4）所质押的货物在流通过程中须保证库存货物先进先出，同时满足库存量按确定比例折扣后的价值加上信用保证金后，不小于银行提供给借款人的信用额度。当最低库存下限要下调时，借款人应事先有相应数量的保证金存放于质押监管专户内或冻结相应数量的货币资金，增加现金质押，以补足额度缺口，或者提前归还差额部分借款。

（5）银行根据所提供的信用额度计算确定或调整最低库存下限，最低库存下限确定或调整方法为：最低库存下限 =（银行提供信用额度 − 该笔信用额度之保证金）/确定的折扣比例。

（6）在确保库存货物价值不低于最低库存下限的情况下，仓库管理人员可以依据银行开具的提货单办理发货；当库存货物数量下降到最低库存下限时，仓库管理人员停止发货并及时通知借款人。

（7）作为质押入库货物的种类、型号、规格须征得银行同意，在银行同意的情况下，货物种类、型号、规格内各货物可以相互串换。

（8）办理货物质押期间，借款人对所质押货物的质量负责，贷款发放后要定期检查、盘点质押物，进行账实核对。

（9）仓库管理人员的工资性支出、保险费、仓储费、公证费及其他费用由借款人负责支付。

（10）相关的协议、贷款合同及质押合同及附件经当事人签字盖章并经公证机关公证，是具有强制执行效力的债权文书。

## 三、仓储保税制度

### （一）货物保税制度的出现

货物保税制度诞生于英国。自中世纪以来，英国以及一些欧洲的沿海地区和港口已从特别关税的便利中获取很大的好处。1547 年，意大利在西北部的热那亚湾建立了被认为是世界上第一个具有保税性质的自由港——雷格亨（Leghoyh）自由港。19 世纪以前，保税区域一般集中在欧洲的地中海地区，如意大利的热那亚、那不勒斯、威尼斯，法国的敦刻尔克，丹麦的哥本哈根，葡萄牙的波尔多等。进入 19 世纪以后，随着航海技术的进步和国际贸易的发展，保税制度逐步扩展到印度洋、东南亚等地区，如直布罗陀、亚丁、新加坡、中国香港、中国澳门等。20 世纪以后，自由贸易区又在美洲大陆兴起，1936 年，美国的纽约市的布鲁克林建立了美国第一个具有保税性质的外贸区。过去，无论免税区的名称是自由港、自由贸易区、保税区还是保税仓库，主要都是为促进国际间的贸易而在一国的土地上提供一块保税的空间。

### （二）实行保税制度的几种形式

目前，在世界上建立的具有保税、贸易功能的经济区域，因其政策和目的有所不同，形式、规模各有差异，故名称上并不统一，如有称自由港、自由贸易区、免税贸易区、对外贸易区、自由区、出口加工区、保税区、保税仓库、保税工厂等。然而，就其基本功能来说，却有相似之处，即在划定的特殊区域内实行一定的优惠政策，以吸引国际投资，发展国际贸易，促进仓储和运输。几种主要的形式特点如下。

#### 1. 自由港

自由港是指在一国土地上划定的一块置于海关监管的特别区域。该区域凭借优越的地理位置、优良的港口条件和先进的技术，以及豁免货物进出口关税和其他优惠政策，来吸引外国商船，扩大转口贸易，开展货物储存及允许的加工，以达到促进当地经济发展的目的。

#### 2. 自由贸易区

自由贸易区通过在区内减免关税等优惠政策来促进国际间贸易的发展。它利用其良好的条件吸引外商投资设厂，发展出口加工、金融、信息等产业。因此，自由贸易区是一块以贸易为主，兼有工商的多功能区域。它与免税贸易区、保税区等无明显差异，但开放自由度比自由港相对低些。

3. 出口加工区

出口加工区是设在一国交通便利的区域内，划有一定范围，并提供相应设施。在区域内，提供减免税等一系列优惠政策，以吸引外商投资。其主要发展面向国际市场的出口加工业。

4. 保税仓库

保税仓库是为适应国际贸易中的时间和空间差异的需要而设置的特殊库区。货物进出该库区可免交关税。此外，保税仓库还提供其他的优惠政策和便利的仓储、运输条件，以吸引外商的货物储存和从事包装等业务。保税仓库的功能比较单一，主要是货物的保税储存，一般不进行加工制造和其他贸易服务。

在我国，主要的保税形式是保税区。我国的保税区涵盖了保税仓库的功能。

### （三）保税仓库的意义和作用

1. 保税仓库的定义

保税仓库是保税制度中应用最广泛的一种形式，是指经海关批准设立的专门存放保税货物及其他未办结海关手续的货物的仓库。那些须交纳关税和其他税赋，以及按限制进口规定或其他经济、税收和海关规定办理的货物，如存放在置于海关监管下的特定区域内，可免交这些税赋。无论这些货物是直接来自于国外进口，或转口运输到某个内地海关，或从海关结关场所取出的货物，还是作为暂时进口核销的货物等，都可以存入保税仓库。

除了另有规定外，货物存入保税仓库，在法律上意味着在全部储存期间暂缓执行该货物投入国内市场时应遵循的法律规定，即这些货物仍被看作处于境外，只是当货物从保税仓库提出时，才被当作直接进口货物对待。

货物存入一国的保税仓库，应受该国的一般法律的约束和管理，特别是有关公共秩序或公共卫生等方面的法律规定。此外，保税仓库与保税区或自由港制度稍有区别，货物一旦存入保税仓库，将由海关登记入册，而国外的保税区或自由港制度下的货物进出无须办理任何海关手续。

2. 保税仓库的作用

在对外贸易中，建立海关监管下的保税仓库具有多方面的优越性。其作用主要体现在以下几个方面：

（1）有利于促进对外贸易。在国际贸易中，从向国外贸易伙伴询价、签订合同到货物运输，需要一个较长的贸易周期，为了缩短贸易周期，降低国际市场价格波动的影响，采用保税仓库方式，先将货物运抵本国口岸，预先存入保税仓库，可以使货物尽快投入使用。在国际贸易中，还可以利用国际市场上货物价格的波动因素，将货物存入保税仓库，待时机成熟后推入市场。

（2）有利于提高进口原材料的使用效益。建立保税仓库后，可以使需要进口的原材料统一进口，相互调剂，这样可以避免过去各家企业各自进口原材料所造成的积压和浪费，以提高原材料的利用率。采用这种方法，可以在原材料国际市场价格较低的情况下购入保税仓库，以降低进口价格，提高经济效益。

（3）有利于开展多种贸易方式，发展外向型经济。参与国际贸易的企业可以利用保税仓库暂缓交纳关税等优惠条件，发展多种贸易方式，如可以在保税仓库内进行来料加工、来件装配，然后复出。这种方式有利于外向型经济的发展，扩大出口货源，增加外汇收入，还可以利用国际市场上的价格变化和各国价格的差异，借助于保税仓库开展转口贸易。

（4）有利于加强海关的监管。随着灵活的贸易方式的发展，海关的关税征收工作也做出了相应的变化。例如，对于来料加工并复出的货物，采用进口原材料时海关征收关税，复出时海关再退税，这不仅会增加许多烦琐的手续，延误贸易时间，甚至有可能失去贸易机会，这显然不利于贸易的发展。建立保税仓库后，可以借助仓库管理人员的力量协同海关人员管理，而海关对于保税仓库的监管主要是制定各种管理制度，对保税货物出入保税仓库实行核销监督管理，对加工业实行重点抽查与核销，以防止擅自内销的行为发生。这既严密了海关监管，又可以简化手续。

（5）开发保税仓储业，有利于促进一国经济的发展。从事外贸的企业利用保税仓库，可以充分发挥仓库的效能，开展一系列的相关业务，如报告、装卸、运输、允许的加工、整理、修补、包装、中转、保险、商品养护等，使外贸仓储逐渐发展称为综合性的、多功能的商品流通中心。与此同时，保税仓储业务的开展便利了国家对外贸易的发展，促使一国的经济进入国际经济的大循环之中，这有利于国家经济的良性发展。

### （四）保税仓库的类型

保税仓库的形式在不断发展，各国情况也不尽相同。欧共体曾给出了可供参考的保税仓库的类型。当然，这种分类并不具体，只是规定了海关保税仓库的监管规则。按欧共体对保税仓库的分类，可以分成公共保税仓库、自有公共保税仓库、专用保税仓库、保税工厂、海关监管仓库等形式。

#### 1. 公共保税仓库

公共保税仓库是一种最普遍的保税仓储方式。在欧洲，它的开设需要经过国家财政部的审批。公共保税仓库的选址、建筑形式以及经营管理都必须经过海关的批准，以确保满足海关的监管条件。这类仓库面向公众，任何想利用保税仓库存储海关监管货物的人均有权使用。

对于一个保税仓库的具体运作，应按国家财政主管部门规定的经营方式制定相应的规则，理顺保税仓库的经营者与客户之间的关系。按规定，每个保税仓库均有一个主管海关机构进行监督管理，存入仓库的货物都必须到主管海关办理有关海关手续，然后，保税仓库将在海关不间断的监督之下。保税仓库的所有出口原则上均应加双道锁，其中一把由海关人员掌握，另一把由仓库经营者掌握。

2. 自有公共保税仓库

如果在一些贸易比较集中的地方，因不宜设公共仓库，或者公共仓库不能满足需要，或公共仓库远离货物运输目的地时，可以开设自有公共保税仓库。这类仓库须海关批准，主办者除可以是公共保税仓库的经营者外，也可以是从事公共仓储经营业务的任何组织和法人，甚至是自然人。自有公共保税仓库的管理条件与公共保税仓库基本相似，但海关原则上对其不实行不间断监管。

3. 专用保税仓库

专用保税仓库是由那些从事国际贸易的企业，经海关批准后，自己建立的自营自用性质的保税仓库。保税仓库内仅储存本企业经营的保税货物，并多设在其所属的区域内，除海关有监管权外，该类保税仓库是根据生产和贸易的需要而开设的，它不受地点限制。保税仓库的审批只须由海关批准，并规定仓库内存储的货物所应具备的条件即可。

专用保税仓库的申报由指定的海关管辖，并向其办理所有的海关手续。然而，由于储存地就是收货人的所在地，这类保税仓库可以享受较宽松的监管方式。海关手续可按简化的方式和就地结关程序办理。

4. 保税工厂

保税工厂是将整个工厂或部分专用车间置于海关的监管之下，专门从事来料加工、进件装配复出等业务。对于这类生产性的保税工厂，海关审批较为严格，对其加工项目的规定也做了严格的限制。

5. 海关监管仓库

海关监管仓库主要存放已经进境而无人提取的货物，或者无证到货、单证不齐、手续不全以及违反海关有关规定等，而海关不予放行，需要暂存在海关监管下的仓库里等候处理的货物。海关监管仓库还可以储存已对外成交和结汇，但经海关批准暂不出境的货物。

这类保税仓库原先主要由海关自己管理，当贸易量不断增加，海关作为行政管理机构的行为逐渐规范时，这类保税仓库多交由仓储企业经营管理，海关则行使行政监管权。

**（五）货物保税制度的实施**

1. 货物存入保税仓库

根据我国现行海关法令规定，保税仓储货物入库时，收发货人或其代理人持有关单证向海关办理货物报关入库手续，海关根据核定的保税仓库存放货物范围和商品种类对报关入库货物的品种、数量、金额进行审核，并对入库货物进行核注登记。一般程序为：

（1）填写保税报关单。申请货物保税者应填写保税报关单，该报关单上应写明申报者有关履行法律法规规定的义务和承诺。报关单上除有一般报关单所需的所有内容外，还应有从保税仓库提取货物时计税需要的一些详细情况。除公共保税仓库外，存入保税仓库的申报均应提供担保。对于存入自有公共保税仓库的申报，担保可由保税仓库经营人提供。

（2）报关单签字。存入保税仓库货物的报关人应是货主本人或经授权的代理人。他们应在报关单上签字。在海关的规定中，允许报关代理人对价值不超过某一限额的货物以本人的名义向海关申报。在这种情况下，报关代理人就有义务监督自己承诺的履行情况，并承担相应的法律责任。

（3）检验。报关手续完成后，货主或代理人应对货物履行检验手续，必要时，还应采取某些保证海关监管权利的措施，如取样、加封等，以保证货物脱离海关监管后仍能对其进行辨认。

（4）海关登记。存入保税仓库的货物应由主管海关进行登记，并按加工业务的不同进行分类。货物的登记将在货物存放保税仓库期间继续记录有关情况。

2. 货物在保税仓库内的存放

（1）货物在保税仓库中所允许的变动。在多数情况下，从国外市场进口的货物存入保税仓库时为散装，故在重新投入市场前需要进一步包装或提高商品的商业质量。这样，货物将需要进行一些保税仓库制度所允许的处理。货物在保税仓库中允许进行一些搬动活动，但货物的搬动不能使其数量和质量发生变化。

存入保税仓库的货物可以由存货人将所有权转让给第三方，这是一项保税仓库的基本经济功能，其作用在于允许货物在关境外出售，以促进仓储货物的商品化。在进行货物转让时要填写专门的报关单，以保证将出让人的义务转移到受让人身上。应该注意的是，这类报关单均应实行担保。

存入保税仓库的货物可以进行转仓保管，甚至可以转移到不同类型的保税仓库中，但须办理另一类保税仓库要求的手续。

（2）货物在保税仓库中的失灭。货物在保税仓库的存储期间，海关有权对货物进行各种必要的监管和清点。当海关提出要求时，应将货物交海关检验，如货物数量和质量与原货不符，存货人应承担补税义务，甚至承担相应的法律责任。涉及禁止或限制进口的货物，则存货人须支付与货物等值的资金。而关税和其他税赋的税率则按缺少之日的税率计征，若无法确认短缺日期，则按货物入库至发现短缺之日间最高税率计征。

但是，对于存入保税仓库后未按期复运出口的货物，海关有权决定予以销毁。这一规定可以避免人为拖延时间，而试图将可能损坏的货物转为进口，以尽可能地减少纳税。然而，如果出现属于人力不可抗拒的货物灭失，保税仓库经营者和货主将有资格免交这部分关税以及与关税有关的税赋。在具体执行时，对人力不可抗拒的范围有严格的规定，并由存货人举证。有些国家对于因盗窃引起短缺的货物仍须缴纳关税。

3. 货物提出保税仓库

无论是哪一类保税仓库，都应当在存放期限满之前将货物从保税仓库中取出并申报。根据我国现行海关法令规定，下列情形的保税仓储货物，经海关批准可以办理出库手续，海关按照相应的规定进行管理和验放：运往境外的；运往境内保税区、出口加工区或者调拨到其他保税仓库继续实施保税监管的；转为加工贸易进口的；转入国内市场销售的；海关规定的其他情形。

保税仓储货物出库运往境内其他地方的，收发货人或其代理人应当填写进口报关单，并随附出库单据等相关单证向海关申报，保税仓库向海关办理出库手续并凭海关签印放行的报关单发运货物。

从异地提取保税仓储货物出库的，可以在保税仓库主管海关报关，也可以按照海关规定办理转关手续。

出库货物批量少、批次频繁的，经海关批准可以办理集中报关手续。

保税仓储货物出库复运往境外的，发货人或其代理人应当填写出口报关单，并随附出库单据等相关单证可向海关申报，保税仓库向海关办理出库手续并凭海关签印放行报关单发运货物。

出境货物出境口岸不在保税仓库主管海关的，经海关批准，可以在口岸海关办理相关手续，也可以按照海关规定办理转关手续。

货物在规定的期限内提走，并改按新的海关监管制度办理后，便可办理核销手续。如果存放期满仍未转为进口也不复运出境的，由海关将货物变卖处理。

但是，对于公共保税仓库，如果货物未能按期以允许的办法处理，则应由保税仓库的经营人负责履行这项义务，否则，海关对于超期存储的货物，依法进行变卖处理，变卖所得扣除运输、装卸和储存等费用和关税后，从变卖之日起一年内，经货主申请可以返还，逾期无人申请则上缴国库。

## 四、越库作业

### （一）越库作业的产生与发展

越库（Cross Docking）是指货物从收货过程直接“流动”到出货过程，其间在仓库基本不做停留。越库作业用最少的搬运和存储作业完成货物从收货到发货，减少了收发货时间和仓库存储空间占用，同时也降低了保管成本。越库操作成了供应链绩效一个主要的贡献，如果要想缩短供应链的循环周期，那么越库是必不可少的。

越库是近些年美国一些企业为降低库存成本所采用的一种策略，不同供应商的各种货物到达仓库后，对货物加以分拣与组配后，直接送至装载区，省去其间上架入储位、存储等物流程序，立刻把货物转运至下游消费点，如零售商、大卖场。随着信息技术的飞速发展，企业对成本的控制越来越重视。同时，客户对速度和准确性的要求也在不断提高。这一切都在促使仓储管理经历着一个变革——从一个用于缓解供需矛盾的物理设施，转变为一个以最短时间和最低成本进行产品配送的系统，这就是越库战略。

越库作业并不是一个新概念。在美国，美国邮政（USPS）是越库最早的实践者，它和 UPS（联合包裹）、FedEx（联邦快递）等公司，将原来的邮局中转站等仓储设施变成先进的转运中心，拥有精心设计、能力巨大的分拨设施，不仅具有货车运输中转作用，还能够停靠起降货运飞机，包裹在收到的当天完成分拣和发货。

在早期的配送领域，越库被称为订单跟踪，被用来满足客户的一些较为苛刻的需求，对这些包裹特殊对待。随着铁路业的发展，企业常用汽车同时装载几个客户的货物，在将货物拼车运输时出现了越库作业，即货运站的一边为铁路，另一边为货车站台，仓库工人将货物从大批量运输而来的铁路车上卸下，越过站台再放至仓库另一边的货车内送至客户。后来，随着制造业 JIT 模式的盛行，越库被推到了变革的前端。在 JIT 模式下，零部件必须在继续下一道工序前的某规定时间点备齐，许多企业都认识到保留几天的零部件库存并不必要，可以将缓冲库存降低到几小时。物流人员很快发现这种管理思想可以用于配送中心，即不做大量储存，而是需要发货之前才进行收货操作，降低库存。逐渐地，JIT 模式在配送管理的实践中形成了越库这种形式，并成为一种成熟的物流作业方式。到 20 世纪 80 年代早期，很多企业都采取了这种作业方式，如沃尔玛等。早在 1994 年，在沃尔玛的配送中心，90% 的纺织品即已采取了越库作业。

**（二）越库的定义**

美国仓储教育协会（WERC）对越库的定义如下：越库是产品在作业场所，与其他去向同一目的地的产品迅速集中配载，不经过长时间的存储便尽早运出的过程。

首先，无论是在收货还是发货过程中，货物的集结时间都必须尽可能减少。一些专家认为，如果货物在临时堆放地点存放的时间超过 1 天以上，就不应该称为越库。当然，货物经常会需要集中等待，以配合商店每周的送货计划，发货和收货过程中出现时间延误在所难免，因此常有一些商品在货车上停留待发。总之，需要在尽可能短的时间内方便货物从收货到发货的流动。

其次，收货后，货物应当被直接运出，最多在暂存区短时间存放或者进入拣货区，而不能成为正式库存。正因为越库使得货物在收到之后能够被立即运出，因此对储存作业的需求大大减少。

另外，这个作业过程应当十分迅速，这意味着系统能够同时对货物和信息进行快速有效的交换。协调越库作业涉及的相关执行者，会对供应商的送货计划和仓库的发货计划给予足够关注，通过计划、调整使二者尽量相匹配，以达到货物不必长时间停留的目的。理想的越库系统，应当能够处理不断进入的货物，并为下一个计划中的供应商设计出合理流线，甚至能够在货物到达之前就做好所有准备。

### （三）越库的类型

由于在供应链上的很多位置都可以进行越库作业，所以越库作业通常可以采取不同的形式。

#### 1. 制造商越库作业

在制造领域，制造商或为制造商提供服务的第三方企业可以实施越库作业，即将来自于多家供应商的预先已经确定数量的原材料、零部件，进行收货、集货并发送至生产厂。产品所需数量的零部件可以实现 JIT 配送，在生产线组装需要前的几小时发货。正因为 JIT 本质上要求快速响应，因此供应商和越库配送中心经常位于离生产厂很近的地方，例如，很多制造商会要求供应商仓库距离生产厂不能超过几公里或者 10 分钟车程等。图 8-7 显示了越库配送如何支持了 JIT 生产。

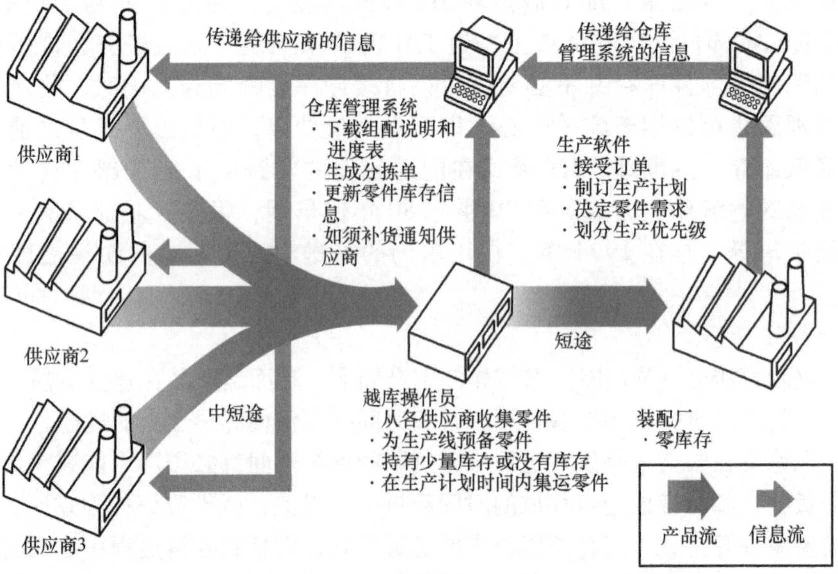


图 8-7　越库配送支持 JIT

#### 2. 经销商越库作业

对于经销商而言，越库作业需要针对多品种类别的商品。一般的操作方法是各地供应商向一个共同的经销商补货，这个经销商对产品进行重新组配，并码放至放有多种货物的托盘上，再将托盘送至下游。

3. 零售商越库作业

在零售行业，很多超市、百货公司的越库作业使用率很高。产品在这些零售商的配送中心被接收后，进行越库作业，不同商品合并后共同配送到商店。有时供应商可以提供能直接上架的商品和已经分好类的托盘货物，这样零售商就能在几分钟内完成托盘的收发。大部分情况下，货物需要在零售商的配送中心进行越库作业，高交易量或季节性商品在配送中心的“快速收发区”完成收货，并按照商店的订单进行拣选、贴标签，然后往往经由一个自动化分拣系统，与同一订货门店的其他商品进行集配。

4. 运输企业越库作业

运输企业的越库作业以 UPS、FedEx 等为代表，操作水平极高。这些公司对于承运的包裹和托盘货物按照货物目的地的不同进行分类和合并拼装，通过对发往同一区域的货物进行拼装，可以提高货物满载率，降低运输成本，也可以降低集货所带来的时间迟滞。一般情况下，分类合并作业需要大量人工劳动，并通常需要对托盘进行重新整理，而在这些包裹快递公司，自动化程度很高，包裹首先从各个收货地集结到大型转运中心，然后进入不同的处理系统，再按照到货地的不同重新分拣，在几分钟到几小时不等的时间内即可发往各个目的地。其大型转运中心往往利用空运方式进行包裹集散，因此运输非常迅速。

5. 机会型越库作业

上述几种越库类型通常用作标准的业务实践或称为固定作业的一部分，以实现企业在相对低的成本基础上提高客户服务水平的战略目标。与此有着明显区别的是机会型越库作业，这种作业视需求而定，预先并没有越库作业计划，在有需求的时候才进行，例如将刚收到的产品迅速发出以满足以前未能完成的订单。在传统仓库管理中，WMS 可以预测订单量和到货量并提供决策支持，给出越库作业的建议。这种越库方法不能产生像其他正规的越库作业一样的长期收益，因此对供应和配送的提前计划才是越库系统长期有效运行的保障。

**（四）越库的优势**

实践证明，越库作业有以下几点优势：

1. 加速生产流程

越库使产品在供应链上的流动变得迅速。从一接到产品开始，它们通往最终目的地的线路就已经设定好了，产品不会以库存的形式在仓库停留等待指令。

2. 节约成本

越库对降低成本能起到很大的作用。随着产品的迅速接收和发运，与之相伴的是存储过程的消除和存货的减少，因此所有相关的作业费用和库存持有费用也会消除或减少。

3. 运输路线经济快捷

越库是将从多个供应商处来的产品经过分拣集结后再统一发送给客户，这样就可以很容易达到运输的规模效益，使用更省钱和更快速的运输模式。

4. 支持客户需求

越库作业使得企业能够满足并支持客户的各种特殊需求，如JIT生产、多个供应商共同配送、促销等。

## 案　例

### 案例8-1　萨克斯配送中心的越库作业[⊖]

#### 一、概述

越库配送模式早就是各大制造商、经销商和零售商热衷的话题。萨克斯有限公司在其位于美国阿拉巴马州斯蒂尔的一个配送中心广泛地应用了越库配送模式，成为这方面的表率。萨克斯（Saks Inc.）是美国的主要零售商之一，在40个州经营着386家奢侈品牌店、专卖店和传统百货商店，年营业收入超过60亿美元，有员工近55000名。公司旗下的商场出售样式俱全的时装、饰品、化妆品、家居装饰品，以及来自别具一格的设计师和著名品牌的特色精品。

1. 把握需求，精心规划

1997年，萨克斯开始制定远期发展目标，并从此踏上了通向越库配送之旅。当时，经过长达10年的多次并购，萨克斯已将业务规模扩大了一倍，而其各个配送中心也充满了各种不同的系统。萨克斯希望在整个配送网络中部署相同的管理系统与专业流程，并对该配送网络进行优化利用以降低运输成本，逐步实现物流设施的现代化。

基于此目的，萨克斯聘请了IBM全球服务部（IBM Global Services）来协助其实施选择管理系统。到1999年年底，他们又选择德马泰克作为物料输送系统集成商和输送系统、高速分类设备及物料输送控制系统的供应商，并允许德马泰克先从物料输送系统规划入手，然后再设计建筑物框架，将整个自动化系统包裹起来。当时，采用这种自动化项目管理模式的公司仅此一家。德马泰克提出了一项独特的设计：在出库端，通向发货站台的输送机被设计成来回交叉模式，而不是采用将货箱从一条中央输送带转运至装运门的做法。尽管这种设计增加了输送机的长度，却极大地减少了建筑的宽度，从而节省了大量建造成本。该配送中心布局示意图如图8-8所示。

---

⊖ 资料来源：改编自《萨克斯树立配送中心越库作业典范》，作者：朱佳，发表于《物流技术与应用》2009.01，P42-47。

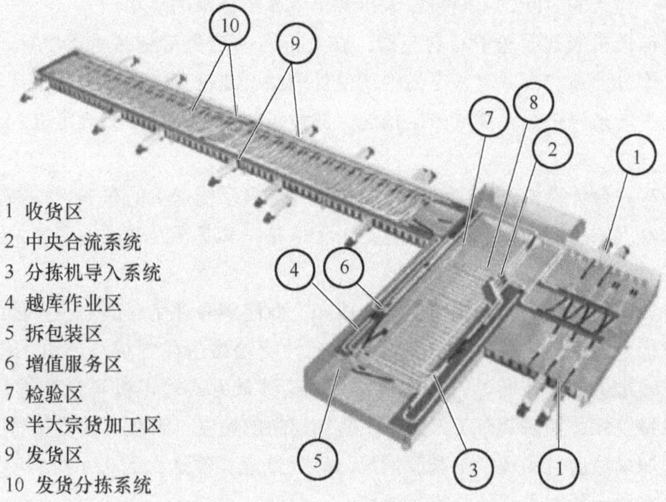


图 8-8　萨克斯配送中心布局示意图

### 2. 周密考量，充分准备

德马泰克为萨克斯配送中心开发的物流解决方案非常有效，这是针对其具体需求而量身定做的结果。要完成像这个项目一样复杂的系统设计任务，必须进行周密的准备。因此，德马泰克首先启动了支持程序，帮助萨克斯明确项目的目标，然后用行之有效的过程模型来分析模拟系统数据，并以此为基础，确定了所需各个物流设备的性能、规格，以便从投资和经营成本两个角度对各种可行性方案进行对比。对萨克斯而言，基于通过细致的分析而提出的先建设物料输送系统、后建造外部建筑的方案，有利于优化物流流程和节省成本。

此外，在斯蒂尔配送中心项目中，要获得最佳越库性能，需要进行大量前期工程准备，以达到机电一体化无缝集成。这无疑是一种涵盖机械、电气和信息技术组件的综合方法。德马泰克的最新控制系统、高速分类系统和输送机系统，全部需要与模拟的和各种现有的仓库管理系统信息技术功能完美融合。要设计出最好的系统，就必须全面掌握核心学科和边缘学科的知识，包括厂房工程设计、物料流和信息流规划、系统工程设计和细化设计以及控制技术。斯蒂尔配送中心部署的越库系统之所以能大获成功，与德马泰克掌握的所有这些领域的专业知识与行业知识是分不开的。

## 二、作业流程

萨克斯位于斯蒂尔的高度自动化配送中心占地面积为 18 万 $ft^2$。55ft 长的送货半挂车在 16 个收货站台前一字排开卸载货物。根据条码标签及其与 ASN（预先发货通知）的预先关联，多数货箱都通过输送机直接从半挂车送至相应的收货线路。收货时采用可延伸进货车内部的伸缩式输送机，以优化卸货流程，节省劳动力。由于陆续到来的货车所运货物有各种不同的限制，会对卸货速度造成影响，因而需要使用不同类型的收货设备。

由于入库半挂车中的货物可能要发往 100 个不同的商店，因此，货箱一般被送到约 80 辆出库半挂车中（有些车向多个商店送货）。入库半挂车应尽可能快地从泊位开离，这一点至关重要。但在出库泊位，半挂车最长却可能停一整天的时间，不断接收来自各个入库半挂车的货箱。

接下来，货箱沿输送机来到配送中心的夹层，在此汇入一台处理速度为540ft/min 的滑靴式分拣机。随后，货箱被送到入库分类站，由此进入下游的增值处理站，或被直接送往发货站台。在此处，一种可视系统自动对每个货箱上的条码拍照，读取条码信息，测量包装长度，并据此确定进入某一具体增值处理分流道的货箱的数量。

在分类站台之后有一台计算机，其中的系统监控软件可显示输送机的布局。如果输送机的某个模块发生错误，计算机显示器上的相应图标将变成红色。由于这是一套基于互联网的系统，因此公司总部可以同步查看系统运行状态。

对于直接送往发货站台的货箱，则用喷墨打印机印上商店编号和所属部门——借助该信息，装车工人可以准确无误地为发货至多个门店的半挂车装货。然后，货箱被送往发货分拣机，再进入相应的发货线路。货箱通过重力式输送机从夹层向下进入发货站台，这种重力式输送机可延伸进货车，以加快装货速度。输送系统采用独特设计，如果装车工人跟不上货箱运送的速度，系统可使货箱送回到发货端，从而避免输送机发生堵塞。如果输送机出现货箱满载情况，靠近重力式输送机的指示灯将亮起。通过这种方法，配送中心管理者可以重新分配工人工作并排除堵塞。

借助这种与高速分类系统集成的输送系统，配送中心的基本作业流程实现了自动化。货箱通过输送系统的速度惊人。如果货箱未进入增值处理通道，则可在7min 内通过整个输送系统。

在发货站台，工人以“通道模式”（Tunnel Load）向货车上装货。例如，他们将发往一家门店的货箱放在货车的一侧，发往另一家店的货箱则放在另一侧。或者，如果货物全部发往同一家店，则一个销售区（如男装区）的产品将与另一个销售区（如女装区）的产品分开码放。货车中部不装货，从而形成一个通道。

在某些情况下，如果半挂车已装满货物，但送货时间却是在那个星期的后几天，就先将半挂车从泊位拖走，临时停放在货场中。实际上，此时半挂车就成了微型仓库。而物流瓶颈通常存在于门店那一端，如果门店缺少卸货人力，送货就将毫无意义。因此，萨克斯要求供应商以楼层就绪（Floor-ready，指服装先套架再装箱）模式发货，以便减少商店所需人力。

在斯蒂尔配送中心，并非所有货箱均以上述模式通过输送系统。除了越库配送的货物，还有一些货物须经过其他流程。通常有以下两种情况：

（1）需要查验的货物。这些货箱会被分流进入检验区。萨克斯设有一套复杂的入库验货程序。对于某些供应商，有40%的货箱需要查验。此外，如果没有ASN与某批货物相关联，萨克斯将逐一扫描每件货品。对于可靠性极高的供应商，入库商品则无须检验。验货软件包含在WMS解决方案所用的一种插件模块之中，其中集成了萨克斯提供的详细数据。

（2）某些要求增值服务（VAS）的产品。这类产品同样被转至一个特别区域。增值服务的内容包括打印价格标签，给贵重商品装置安全器件，以及先装上衣架再装车发运等。在斯蒂尔配货中心，系统对分流产品进行处理，然后使其重新进入输送系统。

## 三、项目特点

萨克斯处理商品时使用的不是托盘而是货箱。96%的货箱都直接到达装运站台，而无须存储。但萨克斯从实践中获知，有必要在中央配送中心保留少量库存，以便对热销商品进行快速补货，避免跨店调货或逆向物流。

实施越库配送模式的关键是，信息先行、商品随后。来自供应商的货物信息采用电子数据交换（EDI）和基于互联网共享的预先发货通知（ASN）的形式发给萨克斯，而萨克斯则采用电子载货清单的形式将货物信息发给各门店。其中，90%以上的货物均采用ASN的形式。与其他大型零售商的做法一样，如果供应商没有提前向萨克斯发送UCC128的ASN信息，未正确给货箱贴条码标签，如果短货或者送货货车到达不及时，萨克斯会要求对其扣款。在越库配送实施过程中，供应商服务的可靠性十分关键。萨克斯在这方面的成功是以多年与供应商打交道而积累的丰富经验为基础的。对于负担不起EDI的供应商，萨克斯提供了一种基于互联网的应用程序。通过该程序，即使规模再小的供应商也可以生成ASN、UCC标签和必要的装箱单。ASN在对配送中心运营进行预先规划方面具有明显的优势。这些优势与越库配送流程相结合时，就显得尤为突出。

斯蒂尔配送中心的容量规划得到改善、劳动利用率得以提高，这是能够节省人力的原因之一。萨克斯奉行的越库模式与制造生产中用到的约束理论（TOC）流程极其相似。通过以可视化手段对作业进行监控，合理安排卸货程序以维持稳定的作业步调，配送中心管理人员便可确保工作流程稳定、顺畅。举例来说，如果VAS区比较繁忙，则可先安排为ASN比例较高的半挂车卸货，这有利于减少VAS处理者的工作量。

配送中心管理规划人可在货场管理系统（YMS）里选择哪辆半挂车驶至哪个入库泊位。YMS具有提醒功能，有助于提高劳动生产率。如有入库泊位闲置超过5min，系统将通过页面显示提醒管理者。同样，如果某辆货车不能如期到达，系统同样会提醒管理者。在实施YMS之前，斯蒂尔配送中心的货车周转时间是10~12min。采用YMS解决方案使其缩短至7min或更短。

## 四、实施效果

首先，采用越库配送模式的最大好处莫过于提高效率、节省人力、降低成本。在斯蒂尔配送中心，通过整合常规系统、物料输送设备和越库模式，货物处理速度高达45000箱/班。而过去，同样面积的配送中心最多只能处理15000箱/班。而且，越库配送使库存大大降低，这使萨克斯得以将过去3个配送中心的业务整合到一起。另外，采用越库模式后，萨克斯配送每箱货物的人力成本大幅降低。如果采用ASN发货模式，一个货箱的搬运成本只有0.14美元；如果不采用ASN，成本则高达1.40美元。

其次，越库模式使萨克斯的供应链周期缩短了两天时间，同时提高了向各门店送货的能力与服务水平。配送中心的发货次数可根据发货量按需确定。对于大型商店，旺季时每天发两次货。同时，配送服务标准大大提高，即使是VAS商品，也都可在4h内完成收货并发货。而且，越库作业还提高了萨克斯各门店的补货准确率。当提高越库作业模式处理的商品比例后，补货准确率也随之提高。除此之外，实施少量多次的采购计划，可大幅提升越库作业的价值，因为这种采购模式更能满足消费者的需求。但是，如果零售商未制订“随时采购”（或机动采购）计划，则无法尽享越库配送模式的优势。

最后，斯蒂尔配送中心最初预测的投资回报期为3年，但后来的数据分析表明，该项目的回报期实际上只有短短的18个月。萨克斯位于斯蒂尔的新型越库配送中心树立了一个良好的典型，展示了迎接各种配送挑战的可行途径。事实表明，当创新规划和创新设计、最新物料输送系统、IT接口技术与整体系统集成相结合并完美交融时，一切目标皆有可能实现。

## 习题

1. 说明仓储管理的发展趋势，并选取其中你感兴趣的一点进行详细解释。
2. 什么是客户化仓储？它有什么作用？
3. 解释 WMS 的概念及其构成。
4. 试描述仓储管理中信息技术的使用情况。
5. 什么是仓单质押业务？简述仓单质押业务的一般流程。
6. 保税制度可以表现为哪些形式？保税仓库的作用何在？
7. 试举例说明什么是越库作业，并分析其优势何在。
8. 表 8-5 为某企业仓库某时间段的订单出货情况，试对其进行 EIQ 分析。

**表 8-5 某仓库订单出货情况**

| 出货订单 | 出货品项 | | | | | | | | | | | | |
|---|---|---|---|---|---|---|---|---|---|---|---|---|---|
| | P01 | P02 | P03 | P04 | P05 | P06 | P07 | P08 | P09 | P10 | P11 | P12 | P13 |
| A001 | 30 | 20 | 50 | 15 | 80 | 30 | | 30 | | 9 | 10 | | |
| A002 | 30 | | | | 50 | 50 | 70 | 80 | 8 | | | | |
| A003 | 45 | 30 | 50 | | | 30 | | 10 | | | | | |
| A004 | | | 30 | 30 | 50 | 50 | | 40 | | | | | 10 |
| A005 | 10 | 10 | 60 | | 50 | 30 | | 30 | | | 20 | 20 | |
| A006 | | 10 | | 29 | | 10 | | 10 | | | 10 | | |

## 思考题

1. 查找资料，了解更多的仓储管理的现代化发展情况。
2. 查找资料，了解上海自贸区中的保税区，研究保税制度究竟可以起到哪些作用，并查找更多案例来支持你的想法。
3. 试分析哪些企业、哪些产品适合采用越库作用，实施越库作业有什么难点和问题。

# 第九章

# 综 合 案 例

## 作 用

本章介绍了两个综合性的案例，对本书的知识做一个总结和扩展。读者可以通过这些案例获得更多的实践性认识。

## 关 键

根据案例后面的思考题进行详细的案例研究。

## 案例 9-1 制造企业仓储管理

### 一、企业概述

#### （一）企业基本情况

SG(集团）有限公司是中国以设计制造透平机械为核心的大型成套装备的集团企业，主要生产鼓风机，是国际质量、环境和职业健康安全管理三体系认证企业，始建于1968年，总占地57万 $m^2$，拥有总资产34.48亿元、在岗员工2933人、研制装备近3900台。

公司属多品种、单件、小批量生产类型，主要产品为离心式鼓风机、离心式压缩机、轴流压缩机、能量回收透平机及大型通风机共五大类、30个系列、300多个品种规格。产品主要应用于冶金、石油、化工、电站、城建、环保、发酵、试验研究等国民经济的支柱产业领域，产品远销美国、西班牙、巴西、印度、伊朗、朝鲜等十多个国家。

近年来，SG的各项工作取得显著成效。2001—2005年，企业产值从4亿元迅速增长到25亿元，增长了5.15倍，销售收入、利税、利润三项指标五年的累计值达到了建厂以来前33年（1968—2000年）的3.90倍、6.61倍和10.72倍，年均递增率分别达到了55%、80%和115%，呈现出效益增长快于规模增长的良性态势。

### （二）企业生产状况

SG属于加工装配制造型企业，企业生产运作是以生产计划为核心的。除了一些标准件外，产品的零部件均由企业内部的各个车间完成，不需外协配套，有利于管理和组织生产。企业的主要生产特点是多品种、单件、小批量，这种生产方式决定了企业具有如下特点：

1. 原材料采购方面

由于所生产的产品品种多、生产数量少、规格多变，所有原材料都是按客户订单进行采购，以生产计划为基础编制采购计划进行采购，采购计划的制订和实施由企业供应处负责。企业具有相当规模，在原材料市场上处于买方优势，因此采购一般都能按照企业要求的时间、地点、数量、金额等完成。此过程中变动因素较少，但由于需求相对较难准确预测，采购只能根据目前订单完成，难以形成规模优势，因此在管理方面还存在很大的改善空间。

2. 生产管理方面

（1）产品各部件之间的时序约束关系和成套性要求严格，关键设备的能力平衡和利用率是生产与控制的关键环节。

（2）对交货期要求严格，且每次订单上所需求的产品与以往相同的不多，虽非全新产品，但可能在设计、大小、尺寸、形状上有新的变化，根据交货期，以订单中的独立需求为对象下达工号组织生产。

（3）产品结构复杂、生产周期长、重复作业比率低，较难采用流水线或专用工装设备生产。为了保证按期交货，企业一般难以在产品技术资料全部准备齐全后才开始生产，而是边设计、边生产、边修改。这是大型单件生产企业最显著的特点之一。

（4）生产组织困难。大型单件产品的生产组织要在完成产品设计和工艺后，才能编制出较为合理可行的生产计划和作业计划，生产准备周期较长。所以，在手工管理的条件下，由于各部门、各工程之间的大量信息沟通不及时，生产组织不可避免地存在如下问题：相同零部件的技术资料不一致；生产资源冲突难以避免；产品总装不能有效配套；物资供应难以保证；加工过程中难以实现限额发料。

（5）成本难以动态监控。大型单件生产是根据订单组织生产的，产品工艺成本及构成须在完成产品设计、工艺编制，形成物料清单、工艺线路、工时定额后才能确定；产品定额成本的控制视工程项目而不同，数据量大，从而导致成本控制困难。

3. 原材料供给方面

企业生产的所有产品完全按照生产计划的安排进行生产，车间按计划向各个仓库发出领料申请，包括所需原材料的名称、数量、种类、时间等具体内容，由仓库负责向车间供给。仓库工作的主要任务就是完成各项日常作业以保证生产。仓库的管理是保证生产过程的连续性，而不将创造用户价值、降低用户成本、协调制造活动、提高企业敏捷性、提供用户服务、塑造企业形象、提供信息反馈、协调供需矛盾等方面作为工作的重点，可以说，管理还处于比较传统的层次。但是多变的现代市场环境要求企业加速资金周转、快速传递与反馈市场信息、不断沟通生产与消费的联系、提供低成本的优质产品、生产出满足顾客需求的顾客化的产品、提高用户满意度，这就势必要求企业转变固有的管理思想，建立现代仓库管理理念，为提升企业竞争力创造条件。

## 二、仓储管理现状分析

企业主要拥有四个仓库，分别为综合材料库、板材库、圆钢库和废品库。其中，综合材料库为2002

年新建的现代仓库，目前共有10名员工，分别从事台账管理、理货、搬运等工作，其余为传统类型仓库。

表9-1为以上四个仓库2001—2004年的资金占用情况，从中可以看出企业的营业收入处于连年上升的阶段。在各个仓库的资金占用方面，综合材料库占主要部分，大约为20%，而其他仓库年资金占用率总和约为5%，由此可以看出，对于减少资金占用、加快资金流动、提高收益率等方面，综合材料仓库是企业仓库管理的重点，也是本案例的重点研究对象。

**表9-1 企业主要仓库资金占用情况**

| 年份 | 营业收入/万元 | 资金占用/(万元/年)/年资金占用率（%） | | | | | | | | |
|---|---|---|---|---|---|---|---|---|---|---|
| | | 综合材料库 | | 板材库 | | 圆钢库 | | 废品库 | | 年资金占用率合计 |
| 2001 | 37867 | 8323 | 21.98 | 232 | 0.61 | 1530 | 4.04 | 12 | 0.03 | 26.66 |
| 2002 | 70756 | 14498 | 20.49 | 462 | 0.65 | 3270 | 4.62 | 27 | 0.04 | 25.8 |
| 2003 | 120871 | 23908 | 19.78 | 634 | 0.52 | 5241 | 4.34 | 33 | 0.03 | 24.67 |
| 2004 | 190996 | 36000 | 18.85 | 893 | 0.47 | 7243 | 3.79 | 37 | 0.02 | 23.13 |

### （一）储存业务管理现状

#### 1. 入库业务

送至综合材料库的物品一般要经过以下几个环节（如图9-1所示）方可入库：

（1）到货登记。对于送至综合材料库的物品，仓库管理人员一律进行到货登记，包括物品的名称、质量属性（外包装是否完整等）、产地、规格、型号、数量以及送货车辆情况等具体内容。

（2）入库检验。综合材料库委托质检部门，根据仓库所提供的技术协议和标准对到货进行质量检验，然后根据检验结果进行不同的操作。对检验合格的物品进行入库操作，未合格但经过简单修复不影响使用的（如轻微损伤）可进行厂内修复；如果物品受到一定程度的损伤但还可以正常使用，可与供应商协调进行让步使用，即由供应商做出让步，适度降低物品价格；对于受损严重、无法进行修复再使用的物品，综合材料库管理人员可申请退货。

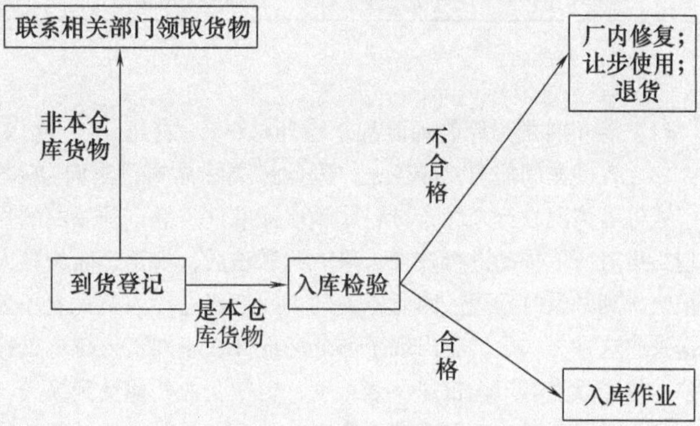


图9-1 入库管理流程

（3）入库作业。检验合格的物品，由仓库专业人员根据事先安排好的货位，运用各种现有设施设备进行入库作业。

#### 2. 在库储存

（1）物品日常储存管理简单。目前，综合材料仓库主要储存的物品是配套件，包括各种阀、伺服电动机、连轴器、泵、齿轮对等；标准件；刀具工具；电器材料；礼品文具；水联管件等。

由于所储存的物品大部分是金属类制品，储存环境要求相对较低，库房内设有完善的通风换气防潮设备，因此入库后除较为简单的日常维护、保养工作外，主要是对物品进行盘点。一般一个月进行一次全面盘点。盘点的主要内容包括用户、图号、名称、单价（元）、上期库存（套）、合计金额（元）、进货日期、供货商、发货数量、发货日期、库存数量、存放位置等。

（2）原始的储存管理为仓储管理带来隐患。由于没有一套仓库管理系统，一切记录完全依靠手工记录和账本实现，日常工作量小，工人工作强度低，但是难以及时了解仓库货物情况的变动，给企业采购计划的制订、月末盘点、年终汇总、数据分析等工作带来很大困难。

（3）货位编号不科学。综合材料库的货位编号是管理人员在实际工作中摸索出来的，表 9-2 为部分物资的货位编号示例，其中，“存放位置”栏显示了目前的货位编号。可以看出，虽然应用中具有一定的查询便利性，但是其编号规则不科学，往往只是内部几个熟悉某种物资存放位置的工作人员能快速查找到相应物品，因此编号的通用性差，有时会出现因知情人不在而影响物资出库的情况。

**表 9-2　货位编号示例**

| 配套件台账（冷油器、泵） | | | | | | | | | |
|---|---|---|---|---|---|---|---|---|---|
| 序号 | 到货时间 | 名称 | 型号 | 库存数量 | 存放位置 | 供货厂家 | 发货时间 | 发货数量 | |
| | | | | | | | | 总装 | 铆焊 |
| 1 | 上年结转 | 滤芯 | SPL-40 20u | 10 | 0043-1-5 | 南通 | | | |
| 2 | 上年结转 | 烛式滤芯 | sll80 30um | 80 | 045-4-3 | 南通 | | | |
| 3 | 上年结转 | 滤油器 | LSW-A2200×20FS | 2 | 屏风对面 | 备件公司 | | | |
| 4 | 上年结转 | 冷却器 | 2LQFWO-10/10F | 2 | 屏风对面 | 西安大众 | | | |
| 5 | 2006-1-3 | 电动执行器 | DKJ-4100 | 1 | 045-4-4 | 天津瑞德 | | | |
| 6 | 上年结转 | 电动油泵 | HSNH280R46 | 1 | 屏风右 | 黄山 | | | |

### 3. 出库业务

（1）标准件的出库管理混乱。综合材料库内存有 1 万件以上的标准件，由于数量、种类繁多，体积小，加之各个车间需求差异较大，因此该类物品实行车间自取的领料方式，即车间人员根据自身需求时间、数量等情况自行来综合材料库领取标准件，登记须领用的物品信息后进行入库拣选，出库时须经仓库管理人员对所取物品进行核查。采取此做法后，由于车间领料人员对所经常领取物品的位置较为熟悉，可以很快找到并及时领用，因此原先的车间抱怨仓库人员送料不及时、仓库人员作业繁重等情况得到缓解。但是采取这种方式后，也出现了部分标准件在车间工人拣选过程中摆放错位甚至丢失的现象，给仓库日常维护、月末盘点等工作带来一定难度，也使企业利益受到损失。

（2）非标准件出库管理较为合理。对于配套件（包括各种阀、伺服电动机、连轴器、泵、齿轮对等）、刀具工具、电器材料、礼品文具、水联管件等物品，仓库一般采取送料方式以满足各个车间的需求。此类物品一般体积较大，各车间所需数量较小，须用专门设备进行装卸搬运，因此一般由仓库根据各个车间的需求进行送货。车间发出书面送料申请，仓库人员核实后进行入库拣选、出库，在规定时间送货至车间。

## （二）库存管理现状

原材料库存是企业库存管理中的一项重要内容，原材料的采购是企业生产物流的起点。原材料库存可以缓解由于供应商供货、材料运输、外部市场环境等不确定性因素给企业生产经营秩序带来的负面影响，同时也可以应对由于企业内部生产计划的改变而形成的对原材料的需求变化。但是，原材料库存过多，占用了大量的流动资金，增加了库存成本，影响了其他材料的采购供应，造成原材料供应的不均衡。SG公司2004年综合材料库平均的库存占用资金为3600万元，是原材料总库存的81.5%，是原材料库存管理的重点。下面就主要对综合材料库的库存问题及原因做分析。

1. 库存物资管理无重点

综合材料库中储存的物资数万种，每种物资的价格、库存数量、需求时间等情况不尽相同，而管理人员对每一种物资都一视同仁。这样一来，少数的重点物资得不到充分重视，大量的普通物资受到过多关注，其结果使工作失去重点，降低管理效率，而且增加了不必要的库存资金占用和重复劳动，使企业资金、人力、物力使用不合理。

2. 采购计划对库存控制要求高

SG的供应处负责物料需求计划和采购供应计划的编制，它的主要职责是及时采购生产所需的材料，保证生产经营活动的顺利进行。

物料需求计划是由企业年生产计划和季度计划决定的。供应处的计划员根据订单编制的年度生产计划和季度生产计划，通过产品的材料定额和掌握的零件所需物料的生产提前期，粗略地计算出企业对物料需求的数量和时间，编制年度物料需求计划。有了物料需求计划，再结合企业的原材料库存情况形成物料采购计划。需求计划和采购计划的计划期都以月为单位。供应处按照采购计划的要求，结合供应商的供货周期和生产状况，与供应商签订物料供货合同，组织物料的采购和供应。同时，在每月的月初，供应处的计划员根据生产制造部编制的各车间的生产作业计划，计算出物料的月需求，参照库存状况，编制当月生产物料欠缺情况表，通过物料欠缺情况表检查物料的短缺情况，督促采购员采购。

由于SG是单件小批量生产，产品种类多，因此所采购的原材料专用性较强，对原材料的库存情况要有较精确的了解才能准确制订采购计划。由于仓储管理手段不完善，没有相应管理软件辅助，造成库存难以动态更新、时时掌握，为采购计划的编制带来相对大的困难。

采购计划员为了保证企业生产材料的及时供应，规避内部需求和外部环境的不确定性，在编制企业的采购供应计划中，往往加大物料的进货提前期和提前量。这样做无形中增加了库存资金占用、库位占用、仓库工作人员劳动强度等，另一方面又因为资金紧张，生产急需的原材料不能及时进货，严重影响生产的顺利进行。

3. 信息传递系统效率低

SG的物料需求计划主要来源于企业内部的生产计划、产品的材料定额和零件的生产提前期，这些最基础的数据分布在企业不同的部门中。由于目前没有一套ERP系统以使整个企业实现信息共享，只是各生产车间内部部分实现了信息共享，因此大量的信息滞留在企业的各个部门。有限的信息流动也仅仅局限在人工的票据和非正规的渠道传递，这种方式就会造成信息的严重滞后和失真。再加上管理方面的问题，各部门对企业内其他部门的变化缺乏了解，不能及时对产品的设计、计划调整、市场销售等变化做出反应，也就不能及时、准确地调整物料需求计划。正是由于缺乏信息传递的有效性、及时性和准确性，采购人员不得不延长采购提前期、加大采购提前量。

**（三）仓库布局及设备现状分析**

1. 仓库布局

综合材料仓库主要分为较重配套件区、隔板式货架区、横梁式托盘货架区、精密刀具区、办公区、作业整理区及预留区域等（平面布置见图9-2）。库房建筑容积为120m（L）×21.4m（W）×9m（H），其中，工具、刀具、量具、砂轮标准件约占用$750m^2$，配套件约占用$650m^2$。配套件中较重的（最大的7t）约占用$300m^2$，较轻的（一般为1～3t）占用$350m^2$。

具体布置情况如下：

较重配套件区面积为43.65m×8m，隔板式货架区分为18m×8m同样大小的两个区，共700个货位，精密刀具区共8只铁皮柜，规格为1000mm×500mm×2400mm（W×D×H）[⊖]，横梁式托盘货架区面积为39.7m×21.4m，共900个货位，用来进行零件待检、托盘码放、整理、登记等工作的作业整理区1规格为8.5m×5m（每块），作业整理区2规格为8.9m×7.5m（每块）。

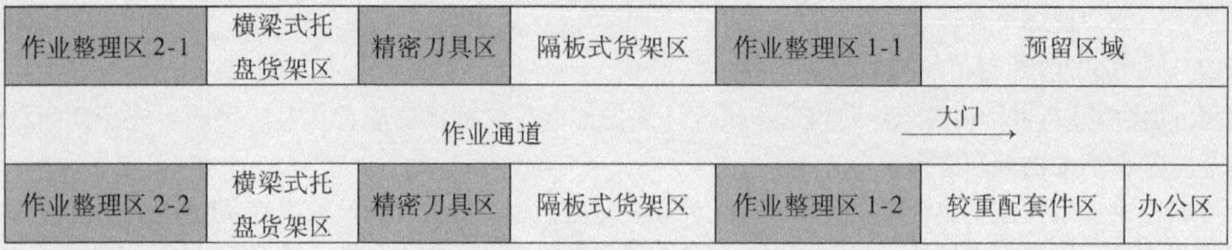


图9-2 综合材料库平面示意图

从仓库的整体布局来看，基本实现了分区管理，根据所储物资的特性及作业要求等较为合理的分区，表9-3反映了各存储分区所占用的实际面积。库房面积利用率的计算公式为

$$\text{库房面积利用率} = \frac{\text{储存区实际占用总面积}}{\text{库房面积}} \times 100\%$$

从表9-3可以看出，仓库面积利用率并不高，还存在很大的改进空间，特别是标准件存放区、隔板式货架区和作业整理区如果在现有设备基础上稍加改动，仓库面积利用率将得到明显提高；另外，在较重配套件区管理区的物资大致可分为两类：大型物资（体积较大）和重型物资（一般质量大而体积适中）。其中大型物资堆垛为纵列式，一般采用航吊等机械设备，因此对通道面积要求较低，所以可以通过改变堆垛方式来提高仓库面积利用率。

**表9-3 仓库面积利用率**

| | 库房面积/$m^2$ | 储存区实际占用面积/$m^2$ | 库房面积利用率（%） |
|---|---|---|---|
| 较重配套件区管理区 | | 317.772 | |
| 隔板式货架区 | | 182.2128 | |
| 横梁式托盘货架区 | | 253.15 | |
| 精密刀具区 | | 8 | |
| 作业整理区1 | | 89 | |
| 作业整理区2 | | 129.5 | |
| | 979.6348 | 2427.6 | 40.35 |

⊖ W×D×H，即宽×深×高，下同。

2. 仓库设备

在仓库中主要配有的设备包括：

- 钢制托盘 420 个，规格为 1200mm × 1000mm × 150mm（W × D × H）。
- 托盘式仓储笼 300 只，载重 1000kg，规格为 1200mm × 1000mm × 450mm（W × D × H）。
- 塑料制零件盒：规格为 300mm × 450mm × 177mm（W × D × H）的有 130 只；规格为 200mm × 450mm × 177mm（W × D × H）的有 40 只。
- 检验工作台 2 个，规格为 2000mm × 1000mm × 850mm（W × D × H）。
- 登高车 2 辆，高 1400mm。
- 物流台车 2 辆，外形尺寸为 1120mm × 595mm × 870mm（W × D × H，两层）。
- 手动液压搬运车 2 辆，载重 1000kg。
- 两台叉车。

仓库现有设备的选用都是按照现代自动化仓库设计而选用，各项设备都较为先进，基本能满足日常作业要求，实现仓储的自动化。但是由于仓库管理人员的思想还停留在传统仓库管理的水平、作业人员综合素质较低、仓库信息化水平较低等，这些较为先进的设备无法充分发挥其应有的作用，在一定程度上造成资源的浪费，因此存在很大的改进空间。

## （四）仓储管理信息化现状分析

随着企业的发展壮大和市场竞争的不断加剧，仓储管理逐渐显现出一些问题：手工记账误差较大；物资数量、存放位置通过账本查找费时费力，工作效率低；结账工作量较大，人工劳动强度大，不能够随物流的变化随时反映资金流动；手工管理难以做到信息共享，各业务部门及车间不能及时掌握仓库物资的情况；物资领用需要专人进行核发，以确保物资领用与生产计划的一致性。造成这一切后果的主要原因就是当前仓储管理信息化落后，不能紧跟企业发展步伐，形成管理上的被动局面。

1. 信息化水平低

虽然企业整体发展已经处于行业先进行列，但仓库管理还是没有脱离传统的重硬件轻软件的思想。从前面仓库布局及设备现状的分析可以看出，仓库综合材料库在硬件设施设备方面较先进，高层货架、托盘作业、叉车装卸等都在一定程度上改善了原有落后的手工作业，提高了工作效率，降低了工人劳动强度，但是在企业不断发展壮大的趋势下，没有适合的“软件”，导致现有的设施设备无法充分发挥作用，造成资源浪费。同时，由于信息化程度相对较低，仓库管理跟不上企业发展，严重影响整体实力的提高。

（1）仓储管理效率低下。信息化进程处于起步阶段，各种信息技术没有得到广泛使用，虽然仓库内部已经配有两台计算机，但其作用的发挥远不足以支持整个仓库的管理升级。物资的出入库、库存情况等仍依赖手工记账，产生较大误差；依靠账本很难对物资数量、存放位置进行查询，不能时时准确掌握库存物资的真实情况，工作效率低；月末盘点、结账工作量大，基本上每月月末要花一周时间专门从事这些工作，导致仓库日常作业的顺利进行受到影响，这期间车间领料人员的抱怨声极高，仓库管理人员也意识到了危机的存在；物流与资金流相对脱节，账本无法随着物流的变化随时反映资金流的变化，无法为管理者提供更及时、确切的仓储情况，无法对各项决策工作提供有力支持；由于未实现计算机管理，没有采用条形码、射频等技术，各种物资须经过专人核发方可领用，加之物资数量巨大，使得查找更加困难，而且也增加了仓库的人工成本和管理难度。

（2）与企业其他部门合作难度大。在企业内部，信息未实现流畅传递，大量信息孤岛的存在，使得各部门间信息资源不能共享，依靠各种纸质单据严重降低了信息流动的速度和效率，容易导致相关部门之间的摩擦，形成抱怨等不良情绪，影响良好有序的合作。

综合材料库与车间领料员之间的矛盾就是最直接的体现。领料员凭领料单来库房领取原材料，由于库房作业人员无法提前获知领料的详细情况（包括领料时间、数量、名称等），加之查询须依赖物资保管账，于是造成领料过程不顺畅，引起车间领料员不满，而仓库作业人员的工作强度也很高，因此他们之间的合作往往不能顺利进行。

在综合材料库与财务部门之间也存在着同样的问题。仓库每月都要向财务部汇报库存各类物资的详细情况，仓库月末盘点费时费力，手工操作又增加了误差的发生，交给财务部门的报表往往不能准确反映物资的真实情况，这给财务部门的各项工作增加了难度，也使得企业决策层失去真实有效的参考依据，决策的准确性、全面性等受到影响，从而影响到企业整体的发展。

2. 仓储管理信息化改进空间大

仓库软件系统的建设远远落后于硬件基础的发展，导致它们的功能都不能得到充分发挥，甚至阻碍各自的正常运行，因此加快仓储管理信息化的进程是当务之急。

**问题：**

根据SG企业仓储管理现状分析，试为其提出改进方案。

# 案例9-2 快递企业配送中心运作

## 一、概述

快递是指快递企业收取寄件人托运的快件后，按照寄件人要求的时间，以最快的速度将其运到另一地点，递交指定的收件人，掌握运输、派送过程的全部情况，并能向有关人员提供即时信息查询的门到门服务。快递对象包括函件快递和包裹快递，前者以处理文件、资料、图样、贸易单证为主，后者以处理样品、高附加值物品、社会活动礼品和家庭高档商品为主。快递业是以最快的速度在寄件人和收件人之间运送急件的行业。快递业的性质和运输方式与一般航空货运业务基本上是一致的，区别之处在于它延伸和拓展了航空服务，是运输业中最快捷、最周到的服务形式。

20世纪50年代以来，随着世界各国经济贸易往来的日益频繁，以及跨国经济活动的增加和世界经济一体化进程的加快，快递在世界范围内迅速发展，快递行业从业人员队伍不断壮大，已成为促进国际经济贸易发展、繁荣运输经济、满足货物运输关系人服务需求的一支重要力量。发达国家的几个快递公司发展水平较高，控制了世界快递服务市场，如德国的DHL（敦豪国际）、美国的FedEx（联邦快递）公司、美国的UPS（联合包裹）公司、荷兰邮政等。他们的制度比较完备、公司规模大、网络健全、人员素质高、业务发达。我国快递行业起步较晚、历史较短，但是由于国家重视，政策鼓励，发展十分迅速。由于我国快递行业历史较短，绝大多数快递企业成立不足10年，服务功能较少，不能提供有关法规和规章允许的所有服务，多数快递企业缺乏精通有关业务的专业人才。

安全、及时地将货物送到客户手中是一个快递企业优秀服务的保证，而作为快递企业末端的配送中心则直接面向客户，肩负着完成“最后一公里”派送的重任。快递企业配送中心的选址直接影响着派送的效率，其应遵循的原则包括供需平衡原则、战略统一原则和效益最大化原则。目前，快递企业配送中心的选址主要采取的方法有新建法、拆分法和撤并法。相比大型物流企业的配送中心，快递企业配送中心的主要业务相对简单，主要包括分拣作业、配送作业以及信息处理作业，其中配送作业为核心作业。完善的信息系统对于快递企业十分重要，目前，快递企业配送中心常用的信息技术包括条形码技术以及 EDI 技术，随着 RFID 技术的不断成熟，其也将成为快递企业中重要的信息技术。

UPS 于 1907 年 8 月 28 日作为一家信使公司在美国华盛顿州西雅图市创立，总部设在亚特兰大。通过明确地致力于支持全球商业的目标，UPS 如今已发展成为拥有 426 亿美元资产的大公司。除了是全球最大快递业者和包裹派送公司外，UPS 也是专业运输、物流支持、金融商品和电子商务的领导者，其在全球的业务范围覆盖 220 多个国家及地区。根据 2013 年 12 月 31 日 UPS 公司的财务报告，其 2013 年度总收入为 554. 91 亿美元（其中快递业务营业额为 430 亿美元），总资产为 362. 12 亿美元。仅就快递业务而言，UPS 占有国际快递市场超过 15% 的份额，据其官方网站上的数据，2013 年 UPS 货运量为 430 亿份包裹及文件，每日递送约 1690 万份包裹及文件，全球固定客户为 940 万人/天（150 万人取件、790 万人送件）。其现有员工 39. 83 万名，自有喷气机队拥有 237 架飞机，租用飞机 388 架，全球运输车队由 96000 多辆包裹运输车、客货车、货运汽车、摩托车组成，其中包括 3000 多辆替代型能源汽车。自 1999 年成为公开上市以来，UPS 主要通过收购 40 余家公司，包括货车运输和航空货运、零售发运和商业服务、海关报关以及金融和国际贸易服务的行业领军者，显著扩大了其业务范围。因此，UPS 与其众多客户所建立的关系已不断加深，远远不止基本的运输服务。

UPS 在国际市场上已经逐步建立起竞争优势，目前正积极扩大在亚洲市场的占有率。随着中国市场的持续增长，UPS 更加关注于日常运营的操作以及北京操作中心的扩张。UPS 正在中国国内城市增设全资运营网点，以满足二、三线城市不断增长的快递与物流需求。这些城市覆盖了中国的北部、东部及南部，包括威海、烟台、嘉兴、南通、武汉、绍兴、江门、惠州、珠海和泉州等。UPS 已完成了对北京运营设施的扩建，目前北京拥有 3 个操作中心，能更广地覆盖城市。同时，UPS 与电子服务技术供应商建立起战略协议关系，并且将 UPS 的电子商务系统同这些供应商与他们的用户之间的网络整合起来，使得 UPS 的网络渗透到更多的电子商务系统。

## 二、UPS 北京配送中心㊀的选址与内部布局

### （一）配送中心选址

目前，UPS 在北京共设有三个配送中心，分布在朝阳区麦子店、海淀区玲珑路以及大兴区亦庄经济开发区。三个配送中心负责全北京五环以内的派送。以长安街为分界线，长安街以南由南区（亦庄）配送中心负责派送；将长安街以北划分为东、西两个区域，西单以西由西区（玲珑路）配送中心负责派送，以东由东区（麦子店）配送中心负责派送。图 9-3 为三个操作中心的分布以及派送区域的划分。

㊀ 根据公司内部俗称，有时也称其为“操作中心”。

图 9-3　操作中心区域分布

其中，位于亦庄经济开发区的操作中心为 2007 年 6 月新建成，新建操作中心主要有以下两点原因：

（1）新建操作中心是公司长期发展战略的需要。从公司的长远战略目标来看，UPS 要提高在中国的市场占有率，并将包裹快递以及小件快递作为其核心业务，而快递业务最根本的要求就是速度快、时限高。要提高速度、缩短时限，就必须提高取、派环节，运输环节和中转环节的速度，对操作中心的分布进行优化以及新建。

（2）新建操作中心是平衡供求关系的需要。UPS 在国际市场上已经逐步建立起竞争优势，1999 年营业额为 37 亿美元。由于国际快递市场规模的增长速度远远大于美国国内市场，UPS 已将越来越多的精力放在国际市场的发展上。作为亚太地区一个重要的竞争中心，中国成为 UPS 在亚太地区最大的发展地点，随着业务的增长，供求关系发生了变化，原有的两个操作中心无论是取送件时间还是覆盖的服务范围都无法和日益增长的业务量相适应，已经不能很好地满足客户的需要。

因此，考虑到北京复杂的交通环境以及业务增长的需求，UPS 于 2007 年 6 月在亦庄开发区新建了一个操作中心。亦庄操作中心的建成既减少了其他两个操作中心的派送压力，又增加了派送范围、节省了派送时间，并提升了服务质量。目前，东、西、南三个操作中心覆盖了北京五环的所有取送件业务，三个操作中心独立运作。表 9-4 为新增南区操作中心后服务改善的情况。

**表 9-4　新建南区操作中心后取派送时间对比**

| 服务项目 | 新建前 | 新建后 |
|---|---|---|
| 取件时间（三环内） | 2 小时 | 1 小时 |
| 取件时间（四、五环） | 3 小时 | 2 小时 |
| 12 点前派送邮编 | 21 个 | 33 个 |

但是，由于操作中心所处的地理位置有各自不同的特点，而且南区操作中心刚刚建成不久，目前快件处理量并不平均。东区操作中心处在CBD核心商业区以及住宅密集区，处理的快件数量占总数量的52%左右，其次为西区操作中心，处理快件数量占总数量的31%左右，南区为17%左右，如图9-4所示。

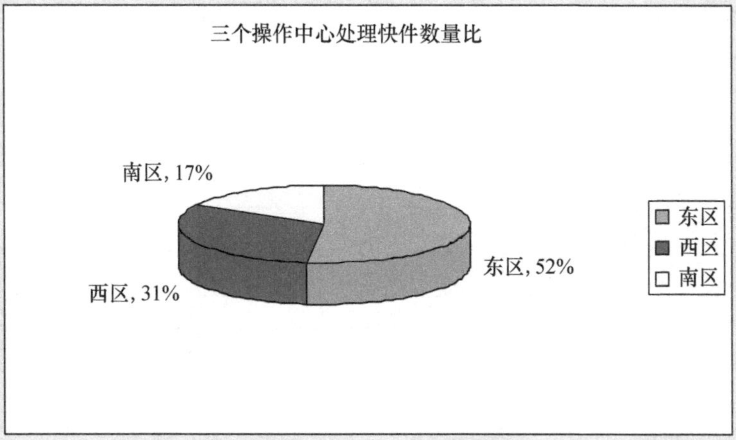


图9-4　三个操作中心处理快件数量比

不可否认，目前三个操作中心处理快件数量在分配上存在着不合理的地方。由于货量分布不平均，导致西区南区操作中心出现了一定的空闲，而东区操作中心却非常忙碌。现在，相关人员也着手进行相关问题的改进，逐渐将工作分离，使得三个操作中心能够独立运行，并将配送区域划分得更加合理。

## （二）配送中心内部布局

布局设计是指确定相应作业场所的位置、面积的大小、形状等内容。配送中心内部要保证配送作业顺畅的前提下合理配置装卸、保管等作业场所以及办公室、计算机房等相关设施。目前国际上还没有一套较为成熟的配送中心规模确定方法，一般是通过横向对比国内外已有的配送中心建设规模来确定新建配送中心的建设规模。

UPS的操作中心占地面积不是很大，主要分成办公室、进口操作区和出口操作区，如图9-5所示。

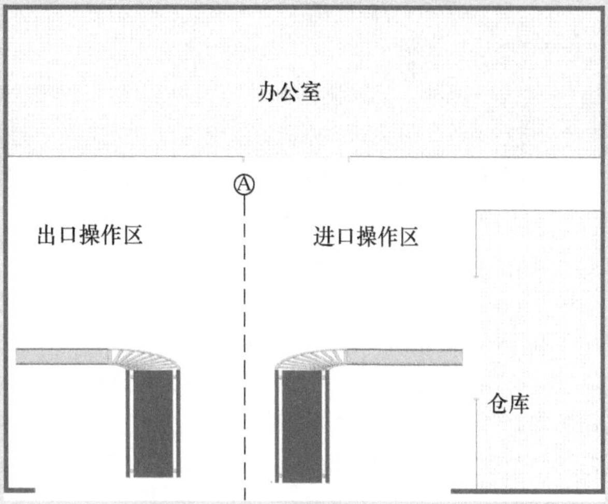


图9-5　配送中心布局平面图

整个操作中心为租用，车辆均停在操作中心外面。由于是快递企业，所有货物均要求快速派送，因此仓库的占地面积不是很大。仓库分为两部分，一部分存放带税的货物，另一部分存放不带税的货物。仓库外面连着轨道，这样可以减少人工搬运的工作量，节省劳动时间。

## 三、UPS 北京配送中心作业流程

### (一) 总体流程

配送中心虽然处在整个公司结构的末端，但它直接面向客户，为客户提供最直接的服务，因此整个配送中心的运作是非常重要的。在 UPS，配送中心主要分为出口操作和进口操作两个部分，一个文件或者包裹的出口到进口的总体流程如图 9-6 所示。

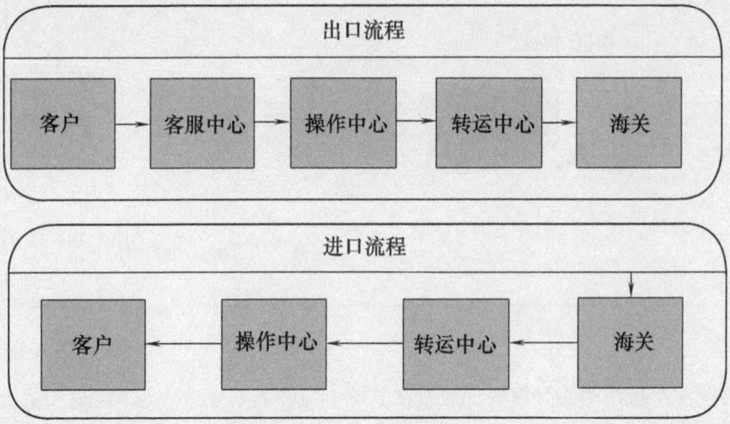


图 9-6　快件总体流程

一个快件从发件人寄出到收件人收到是一个很复杂的过程，需要各个部门的通力协作。首先，客户打电话到位于上海的客服中心叫件，将客户的具体地址以及取件时间告知给客服中心。客服中心的工作人员将相关信息录入系统，该系统与操作中心调度室的系统相匹配，操作中心的调度员会根据客服中心的信息安排司机进行取件，每天司机将取回的快件以及包裹集中到操作中心进行出口处理。出口部门由专门的分拣员将货物分拣运送到机场海关等待出口报关。同样，货物出口到国外先到 UPS 位于当地的转运中心，由转运中心分派到各个派送中心进行派送。

### (二) 出口、取件流程

出口流程如图 9-7 所示。在 UPS，每一位司机都会有一个对应的手持计算机终端（Delivery Information Acquisition Device，简称 DIAD，为 UPS 使用的手持速递资料收集器，现已发展到第四代，简称 DIAD Ⅴ）。当客户有快件或者包裹需要邮寄时，首先须打电话到客服中心，客服中心的工作人员将取件地址录入相应的系统，与此同时，调度中心的工作人员也会在相应的系统中看到信息。根据路线，调度中心会将相应的信息录入司机的手持电脑终端上，这样即使司机不在操作中心也能知道相应的取件信息，以便更快地完成取件服务。

DIAD 的使用是 UPS 操作中心的一大特色，其工作流程如图 9-8 所示。它的使用减少了手工操作，也避免了很多不必要的麻烦。DIAD 与一个工作站相连接，此工作站又与服务器和计算机相连接。如果有需要上门取件服务，客服中心会将信息录入计算机，信息会从计算机中反馈回工作站，相应的信息就会传入派送员的手持计算机终端中；当包裹送达到客户手中时，客户直接在派送员的 DIAD 上完成签收，相应的

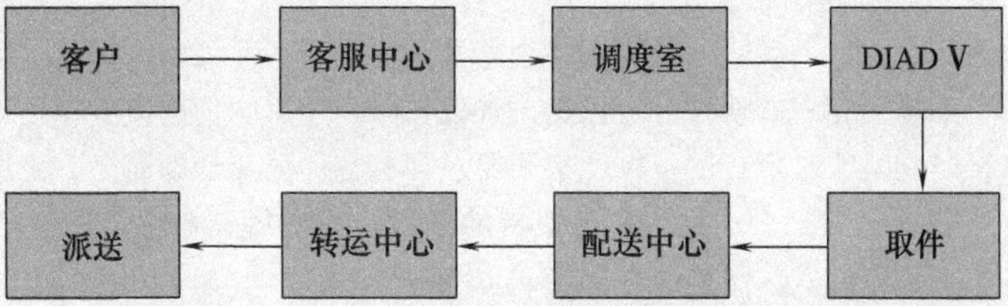


图 9-7　出口流程

签收记录会通过服务器上传到 UPS 的官方网站上，方便查询。

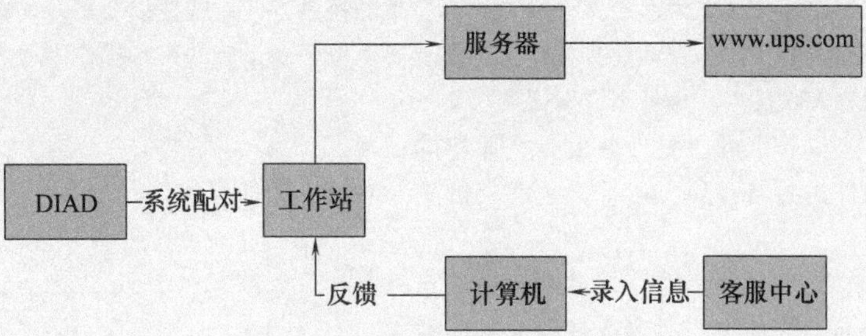


图 9-8　手持计算机终端工作流程

UPS 建立的亚特兰大“信息数据中心”可将 UPS 系统的包裹的档案资料从世界各地汇总到这里。包裹送达时，员工借助 DIAD 摄取客户的签字，再通过邮车上的转换器，将签名直接输送到“信息数据中心”，投递实现了无纸化操作。送达后，有关资料将在数据中心保存 18 个月。这项措施使包裹的管理工作更加科学化，也提高了 UPS 服务的可靠性。

## （三）进口、送件流程

进口流程如图 9-9 所示。在 UPS 的配送中心，其负责区域以邮编为单位划分成小的路区分配到各个派送员身上。操作中心路区的划分十分重要，因为路区划分得越合理就越能保证服务质量，能够保证包裹快速地送到客户手中。UPS 操作中心在划分派送路区时，利用相关经验，充分考虑了服务范围、客户数量、路况等因素。以位于朝阳区麦子店的东区操作中心为例，共负责 35 个邮编，以工作量为参考依据又细划分为 20 个路区，每个区由一名派送员负责。每天晚上由专门的分拣员将快件及包裹按照路区进行分拣，将货物装到相应的车上便于司机第二天早上进行派送。

图 9-9　进口货物流程

每天中午 12 点和晚上 9 点会有专车到位于空港工业园区的 UPS 仓库取件，将报出关的货物统一拉到东区操作中心，其中货物包括送往北京、天津以及一部分外地错转到北京的。由派送员将货物进行统一分拣，分为四大类：下午可以进行派送的、需要转到西区操作中心的、需要转到南区操作中心的、外地错转货。

其中，下午可以进行派送的由派送员分配到各个路区进行派送，每天西区以及南区操作中心会有相应的派送员到东区操作中心取回相应的快件进行派送，外地错转到北京的货物将放在出口处进行处理。

对快递企业而言，时间是非常重要的，因此必须要求司机在保证安全的前提下快速及时地将货物送达客户手中。在UPS的配送中心，每个司机有自己负责的区域，司机每天会将自己区域的货物按照地点远近、重量等顺序装到车上进行派送。派送流程如图9-10所示。

如果派送成功，客户会在司机的DIAD上签名，这样签收记录就会自动上传到UPS公司内部的信息系统中。如果由于某种原因不能派送成功（如收件地址无人、电话错误、客户搬家等情况），包裹会由司机带回操作中心交给相应的工作人员进行查询。

客户之所以选择快递公司作为递送文件的方式，看重的就是方便、快捷以及高效。因此，对于那些因各种原因无法递送出去的快件，查询业务显得尤为重要。以位于麦子店的东区操作中心为例，据统计，主要无法派送的原因为无收件人、地址不详、搬家等。

UPS操作中心查询作业的主要任务就是将库存降低为零。对库存快件进行统计后，发现产生库存的主要原因有以下几点：

（1）发件方未将运单填写完整，导致收件方信息不正确。在需要查询的快件中，很多都是因为具体地址不详细或者收件人联系方式不完整造成的。解决这个问题需要发件国的相关工作人员提醒发件人将运单填写完整以便及时派送。

（2）各个部门之间缺乏及时有效的沟通。一个快件或包裹要及时送达收件人手中是需要很多部门通力合作的。但由于报关部门和派送部门所使用的不是同一套操作系统，导致很多快件滞留在派送中心。包裹在报关之前都要由专门的报关人员与收件人进行联系，尤其是那些在运单上没有留下有效联系方式的包裹，报关部门用的是另外一套操作系统。而这些包裹运送到配送中心后，配送中心的工作人员无法联络到客户，同时也无法查询报关部门的联络详情，这样无形中会造成库存的增加以及包裹递送的延误，使得很多包裹滞留在操作中心等待查询。

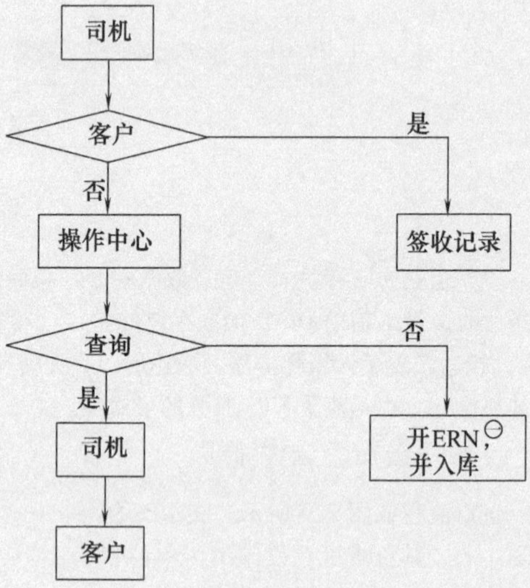


图9-10 派送流程

目前操作中心常用的查询方法主要有打电话、上网、查看客服的新信息等。经过查询，找到收件人地址或联系方式的会安排司机进行再次派送；若仍未查询到结果的则需要与国外的发件方联络来获得收件人的联系方式等，对于未派送出去的货物要标上相应的例外代码并入库。在UPS，例外代码由两位字母或者数字组合而成，每一个相应的代码对应一个意思，较常用的有AD（无此收件人）、AA（需要房间号码）、A7（搬家）、AH（更改派送地址）、AX（收件人放假）、AT（收件人要求迟送）等。

---

⊖ ERN：Exception Resolution Notification，可以译为“例外决议通知”。

对于需要查询的快件的处理，UPS 有严格的规定，每天都要对退件数量及原因进行统计。

## 四、配送中心运作能力分析

配送中心对于实效性很强的快递企业来讲十分重要，配送中心运作的好坏直接影响着快递企业的服务绩效。与国内快递企业的配送中心相比，UPS 配送中心还是有很多值得学习的地方，总结有以下几点：

### 1. 不断提升的操作能力

操作能力是递送路线的预期工作能力，它与递送路线所在的地理位置、顾客需求和递送路线在服务区的工作时间有关。随着 UPS 在中国区业务的增加，配送中心不断完善路区的划分，派送区域越来越细化，取送件的时间大大缩短。UPS 操作中心路区划分的主要依据是区域的货量大小、交通状况等，综合各个方面的因素，力求路区划分合理。通过不断完善派送路区的划分，有效缩短了派送时间，提升了服务质量。

### 2. 高水平的服务质量

服务质量的提高体现为在规定服务时间内完成送收件操作的比例增加，服务失败的比例减少。能否在规定的时间内完成操作，跟顾客需求的数量和递送路线的操作能力有关。另外，无论是客户服务部员工、业务人员还是送派件人员的专业水平和服务态度都在逐渐提升，从而直接提升了客户对 UPS 服务质量和企业形象的评价。

### 3. 强大的网络系统

UPS 的配送网络掌握在自己手中，从空中到地面，基本以一致的标准提供一致的服务项目和内容。就操作中心而言，它要负责快件在发件地国家取件、制单、分拣直至送上飞机飞往目的地国家或中转口岸的航班前的所有操作。网络对各项服务内容和操作流程有详细的规定。对必须执行的规定，UPS 通过培训逐步统一各国的各种作业系统（软件）和全球审计等多种方式，使网络成员国主动遵守和执行统一的标准。这些做法的目的是使整个操作中心网络的运作更合理、更有效、更便于管理。

### 4. 先进的信息系统

作为快递企业，一个良好的信息系统是非常必要的。在 UPS 内部，各个环节之间紧密相连，无论包裹在哪里，客户可以在任何时间从网站上追踪到包裹。目前，UPS 常用条形码技术和 EDI 技术，信息流要先于物流在公司的各个部门进行传递并且每一步都要严格控制时间。每一个包裹都对应着一个唯一的条形编码，一般编码是由 11 位字母和数字组合而成，客户可以根据编码在 UPS 的官方网站上追踪到货物的信息，因此这组编码也被形象地称为 Tracking No. 。当派送员进行送件时，用个人的 DIAD 扫描货物上的编码，货物的所有信息就可上传到操作系统中。

UPS 的即时追踪系统是目前世界快递业中最大、最先进的信息追踪系统。所有交付货物都能获得一个追踪条形码，货物走到哪里，这个系统就跟到哪里。这个追踪系统已经进入全球互联网络，UPS 网站每日平均接到 4750 万次包裹在线追踪请求。非网络客户可以用电话询问客户服务中心。

良好的信息系统是保证 UPS 配送中心正常运作的前提。目前，UPS 的信息系统建设利用企业信息门户、消息流、工作流等技术手段，对构建的所有应用系统进行应用和数据的整合，形成信息化整体框架，将各个应用系统融合为一个统一整体。如今，竞争日益激烈的商业环境迫使公司对内要持续压缩成本，对外要增加销售商品或服务的特色。运作信息化则在降低成本的同时，保证了配送速度以及良好的服务品质，提高了客户满意度，从而提高了企业的竞争力。信息流的畅通促进物流和商流的畅通，有利于及时、准确地进行上下游沟通。货主和客户可以根据货运单号在线查询所有交运物品的状态，如是否发运、途中、到站以及签收等情况，以便及时对各种业务环节进行处理，提高服务质量的同时提高客户满意度。

5. 良好的管理模式

良好的管理模式是有效提高配送中心配送效率的关键。在 UPS 的配送中心，无论是司机还是办公室的工作人员，都有相对应的管理者进行管理。每周开两次会议，分别对上周的派送情况进行总结和改进，有效地避免了问题的重复发生。

对于派送员的管理则更为严格，每周都要进行安全教育，定期进行安全考核。派送员的取送记录会通过个人的 DIAD 传入计算机，由计算机自动统计出数据作为绩效考核的标准。

**问题：**

1. 谈谈 UPS 公司的配送中心给了你什么启示。
2. 选取一家国内的快递企业，将其配送中心与 UPS 进行对比分析。

# 参考文献


[1] 王皓. 仓储管理 [M]. 北京：电子工业出版社，2013.
[2] 田源. 物流管理概论 [M]. 2 版. 北京：机械工业出版社，2011.
[3] 徐丽蕊，杨卫军. 仓储业务操作 [M]. 北京：北京理工大学出版社，2010.
[4] 王国文. 仓储规划与运作 [M]. 北京：中国物资出版社，2009.
[5] 王国文. 仓储管理与战略 [M]. 北京：中国物资出版社，2009.
[6] 田源. 仓储规划与管理 [M]. 北京：清华大学出版社，2009.
[7] 托尼·阿诺德，等. 物料管理入门 [M]. 北京：清华大学出版社，2008.
[8] 詹姆斯·汤普金斯，等. 设施规划 [M]. 北京：机械工业出版社，2008.
[9] 邹晓春. 仓储部规范化管理工具箱 [M]. 北京：人民邮电出版社，2008.
[10] 姜启源，等. 数学模型 [M]. 3 版. 北京：高等教育出版社，2008.
[11] 田源，李伊松，易华. 物流运作管理 [M]. 北京：清华大学出版社，北京交通大学出版社，2007.
[12] 中华人民共和国国家标准 物流术语（GB/T 18354—2006）[S]. 北京：中国标准出版社，2007.
[13] 鲁晓春. 现代物流基础设施与设备 [M]. 北京：中国物资出版社，2006.
[14] 王文信. 仓储管理 [M]. 厦门：厦门大学出版社，2006.
[15] 左生龙，刘军. 现代仓储作业管理 [M]. 北京：中国物资出版社，2006.
[16] 唐纳德·沃尔特斯. 库存控制与管理 [M]. 北京：机械工业出版社，2005.
[17] 赵启兰. 库存管理 [M]. 北京：高等教育出版社，2005.
[18] 李伊松，易华. 物流成本管理 [M]. 北京：机械工业出版社，2005.
[19] Ronald H Ballou . 企业物流管理 [M]. 北京：机械工业出版社，2004.
[20] 爱德华·弗雷兹. 当代仓储及物料管理 [M]. 北京：人民邮电出版社，2004.
[21] 韩岗. 如何进行仓储物料管理 [M]. 北京：北京大学出版社，2004.
[22] 卢宝亮，王丰，张剑芳. 仓库安全管理与技术 [M]. 北京：中国物资出版社，2004.
[23] 田源，周建勤. 物流运作实务 [M]. 北京：清华大学出版社，北京交通大学出版社，2004.
[24] 徐昭国. 物料控制员工作一日通 [M]. 广州：广东经济出版社，2004.
[25] 徐昭国. 仓库管理员工作一日通 [M]. 广州：广东经济出版社，2004.
[26] 王蓓彬. 现代仓储管理 [M]. 北京：人民交通出版社，2004.
[27] 张远昌. 仓储管理与库存控制 [M]. 北京：中国纺织出版社，2004.
[28] 王蓓彬. 现代仓储管理 [M]. 北京：人民交通出版社，2003.
[29] 蔡临宁. 物流系统规划——建模及实例分析 [M]. 北京：机械工业出版社，2003.
[30] 程国全，柴继峰，王转，等. 物流设施规划与设计 [M]. 北京：中国物资出版社，2003.
[31] 李永生，郑文岭. 仓储与配送管理 [M]. 北京：机械工业出版社，2003.
[32] 林立千. 设施规划与物流中心设计 [M]. 北京：清华大学出版社，2003.
[33] 秦明森. 物流作业优化方法 [M]. 北京：中国物资出版社，2003.
[34] 邓世祯. 高效库存管理技法 [M]. 广州：广东经济出版社，2002.

[35] 凌乐进，熊昌顺，胡忠顺，等. 物资保管简明使用手册 [M]. 北京：中国物资出版社，2002.
[36] 鲁晓春. 仓储自动化 [M]. 北京：清华大学出版社，2002.
[37] 唐纳德 J 鲍尔索克斯，戴维 J 克劳斯，M 比克斯比 · 库珀. 供应链物流管理（英文版）[M]. 北京：机械工业出版社，2002.
[38] 田中一成. 库存管理 [M]. 顾月花，译. 上海：文汇出版社，2002.
[39] 现代物流管理课题组. 物流库存管理 [M]. 广州：广东经济出版社，2002.
[40] 现代物流管理课题组. 保管与装卸管理 [M]. 广州：广东经济出版社，2002.
[41] 王槐林. 采购管理与库存控制 [M]. 北京：中国物资出版社，2002.
[42] 真虹、张婕姝. 物流企业仓储管理与实务 [M]. 北京：中国物资出版社，2002.
[43] 陈义仁. 现代企业物资管理 [M]. 广州：广东经济出版社，2001.
[44] 窦志铭. 物流商品养护技术 [M]. 北京：人民交通出版社，2001.
[45] 千高原，等. 库存管理胜经 [M]. 北京：中国纺织出版社，2001.
[46] 秦明森，王方智. 实用物流技术 [M]. 北京：中国物资出版社，2001.
[47] Kenneth B Ackerman. Practical Handbook of Warehousing [M]. New York：Chapman & Hall，1997.
[48] 王家善. 设施规划与设计 [M]. 北京：机械工业出版社，1995.
[49] 中国铁道学会物资管理委员会. 物资仓库建设与改造 [M]. 北京：中国铁道出版社，1994.
[50] 李振. 物资仓储管理学 [M]. 北京：中国物资出版社，1993.
[51] 李振. 仓储管理 [M]. 北京：中国铁道出版社，1990.
[52] Dimitris N Chorafas. Warehousing：Planning，Organising and Controlling the Storage and Distribution of Goods [M]. London：Macmillan，1974.
[53] 朱佳. 萨克斯树立配送中心越库作业典范 [J]. 物流技术与应用，2009（1）：42-47.
[54] 田元方. 采取综合立体控温措施散装储存高水分玉米 [J]. 粮食储藏，2008（4）.
[55] 王佐. 北美仓储业发展现状和启示（1）[J]. 中国储运，2007（4）.
[56] 王佐. 北美仓储业发展现状和启示（2）[J]. 中国储运，2007（5）.
[57] 赵皎云. 李宁首吃仓储外包西红柿 [J]. 环球供应链，2006（3）.
[58] 马绝尘. 戴尔的库存管理 [J]. 中国物流与采购，2004（9）.
[59] 王军. 古代粮食仓储制度考析及启示 [J]. 人民日报，2002（7）.
[60] 王梦婷，于晓波. 农机仓库温湿度管理 [J]. 农机化研究，2001（3）.
[61] 陈政明. 21 世纪仓储与物流的发展趋势 [J]. 物流技术，2000（1）.
[62] 金真. 传统仓储业务与现代物流中心作业 [J]. 商品储存与养护，2000（8）.
[63] 抑扬. 二十一世纪的企业没有仓库 [J]. 中外管理，2000（1）.
[64] 迈克尔西姆斯. 明日仓储今日观 [J]. 裴怡，耿涛，编译. 日用化学品科学，2000（12）.
[65] Masayuki Toda. 日本仓储业的现状及 21 世纪展望 [J]. 商品储运与养护，1999（4）.
[66] 沈绍基. 日本仓储与物流业考察报告 [J]. 商品储运与养护，1999（4）.
[67] 山东时风集团. 山东时风集团物资仓库管理制度 [J]. 企业管理，1999（10）.
[68] 刘北辰. 美国仓储行业简介 [J]. 物流技术，1998（4）.
[69] 李力. 美国的对外贸易区与保税仓库的区别 [J]. 浦东开发，1998（10）.

[70] 梁燕君. 香港仓储业一瞥 [J]. 物流技术，1998 (1).
[71] 国际仓库协会联盟简介 [J]. 商品储运与养护，1998 (4).
[72] 国际仓库协会联盟章程 [J]. 商品储运与养护，1998 (4).
[73] 刘仁军. 四号定位与磅码单在仓库管理中的应用 [J]. 铁道物资科学管理，1997 (6).
[74] 石永铎，方建成. 钢材库仓储系统的设计与优化 [J]. 物流技术，1995 (4).
[75] 张继民. 调整我军仓库布局的宏观思考 [J]. 军事经济研究，1994 (2): 38-42.